随想 百の頂に蘇る日本

平山 喜代志
HIRAYAMA KIYOSHI

百名山心象風景

随想　百の頂に蘇る日本

百名山に登攀して、山の魅力、畏怖、艱難、尊崇性等を体感した。暫くすると、初期の感動や知見とは別の新たな情感が溢れるように派生した。精査してみると、百名山（山岳）症候群と鑑別診断出来た。山中での実見、感懐とは趣を異にする民族、歴史、宗教、文芸、自然回帰等の多岐の要因で形成されていた。これは深層心理の発現、即ち心の風景とも見做され、山岳地勢と歩んだ日本の実像や自分の回想も浮かび、山々との不思議な因縁を放縦不羈に集成してみた。

平山　喜代志

上高地の桂川から仰ぎ見た穂高連峰

目　次

序章 ……………………………………………………………………… 5

第1章　日本民族及び国家の成立 …………………… 8

第1節　日本民族 …………………………………………………… 8

第2節　国家の成立 ………………………………………………… 10

第2章　山と宗教・信仰・修行（総論）………… 44

第1節　日本の山 …………………………………………………… 46

第2節　宗教・信仰・修行 ………………………………………… 69

第3章　宗教 ……………………………………………… 77

第1節　社寺の数 …………………………………………………… 77

第2節　宗教の特徴 ………………………………………………… 79

第3節　各宗教間の関連性 ………………………………………… 80

第4節　山と宗教 …………………………………………………… 83

第5節　神道、仏教、儒教 ………………………………………… 83

第4章　信仰 ……………………………………………… 159

第1節　故園の宗教、信仰 ………………………………………… 159

第2節　怨霊一考 …………………………………………………… 181

第5章　修行（修験）………………………………… 184

第1節　役行者（生没年不詳）…………………………………… 187

第2節　玄奘（602 ～ 664）……………………………………… 192

第3節　空海（774 ～ 835）……………………………………… 199

第4節　開山・開祖 ………………………………………………… 211

第6章	神話編	216
第1節	日本武尊	216
第2節	猿田彦命	221

| 第7章 | 説話編（姥権現） | 226 |

第8章	文芸編	232
第1節	漢詩	232
第2節	和歌	289
第3節	俳句（松尾芭蕉）	310

第9章	山道編	317
第1節	暴羆馮渓	317
第2節	一期一会	322

| 第10章 | 峠編 | 328 |

第11章	郷愁編	331
第1節	炭焼き場	331
第2節	清水（湧水）	333
第3節	源頼朝	336

第12章	動植物編	346
第1節	山（高原）の花	346
第2節	動物・鳥類	364

第13章	登頂一覧表	382
擱筆		396

序章

2016年8月10日は、初の祝日となった「山の日」である。私、「孤登の翁」（孤翁）にとっても、丸3年かけて日本百名山を完登した記念日となった。この登山記録は随筆、『孤翁百名山に往く』（以下、前作）として刊行した。書見を賜れば幸いである。

その後は、健康志向の軽登山中心に歩いている。不思議なことに、記憶を頼りに山に登る経緯、山の事蹟、登山情報等に何気なく触れていると、これまでの実体験、感懐以外の意趣が次々と新たに湧き起こった。それらはこれまでの感情や思考で把握した山嶺のものとは異なり、視座を一新するかの如く、創造的に誘発されてきた複雑な派生物に思えた。雑駁な中身を個別に精査すると日本の歴史、文化、社会の実像、虚像、未知の姿が錯綜しながら現れた。山は脇侍であっても、国家・国民という本尊と深い因縁で結ばれ、離れがたい絆を演じていた。

当初、「人はなぜ山に登るのか」という平素からの単純な疑問を登山の命題に掲げ、少しでも近づけたらとの念慮を嚆矢とした。山に登るとは、頂上を極めれば、平地と高地の対照性、対比、例えば日常性と非日常性、仰視と俯瞰等によって、これまで閑却していた領域で何か新規な発見でも叶えられるのではと安易に思い込んでいた。或いは不正確でしかも味到しないまま、山岳特有の多様性を安直に把握していたことも確かである。

たまさか、百名山に登攀する幸運な機会が訪れた。普通、天上に聳える山を視界に収めれば、多くの人は自然と山に登りたいと思うだろうし、叶えなくても山との因縁とか固有の絆を無意識に感じるのではないか。

畢竟、国土の約7割を山で占めている日本に於いて、その存在は絶対的で、古来より人との結び付きは、具象的日常生活から発し、森羅万象生成流転・壊滅の理に至るまで縹渺として広範である。自然科学的に考察すれば、普段我々の知る山岳は有形の存在であって、その本質、根本原理は自然の摂理に支配さ

序章

れている。しかし、人はこの摂理の一部、又は全てを自然ではなく、神（霊魂）という存在に委ねてもいる。人が畏怖し、超越的能力を持ち、信仰する存在が神という観念である。山はそんな存在に都合よく適合し、山そのものを神と見做すか、山に神が宿るという発想が創出され、信仰された。

散歩道の碓氷峠で触れた碑には、威霊を粛然、ほのぼのと黙示する歌詞が綴られていた。

昇る陽は
浅間の雲をはらいつつ
天地霊ありあかつきの光
　（杉浦翠子）

論理的矛盾に陥るでもなく、確然と可知、不可知を分離して、人は自然である山と観念である神を介して、古来より不離な相互関係を築き、均衡の取れた共存を保持した。こうした一連の思想は概念上神道と称され、仏教と双璧の宗教へと成長した。山と特別に関係の深い両宗教が、本書の主題の一つになった。両者の関係は歴史的に日本人の生活、文化、習慣、信仰心、宗教観や伝統様式を整然と反映、習合している。

人はなぜ高いリスクを覚悟しつつ山に登るのか。何を見たいのか、何を聞きたいのか、何を嗅ぎたいのか、何を味わいたいのか、何に触れたいのかの疑問に関しては、五官の機能、則ち五感にヒントが隠されているのかと一人勘考し、古今の智恵、第三者の示唆に依拠した。限られた読者からの反応であっても、直接の指南、メッセージほど心に刺さるものはなかった。自分の提起したテーゼに対する感懐なり感想を拝受して、本作執筆の機縁ともなった。

本稿では、百名山登山後に醸成された思いの丈を、直感的暗黙知に従って披瀝した。鮮烈な事象をしみじみと思い巡らしていると、思考は多面的に増幅されて、想像性や仮想性も併行して高まる。不思議なことに回想し、脳裏に描いて嫌な事柄、虚しい想像は一毫もない。山行体験から派生した副産物、則ち遺

珠を見つけ、僅かでも新たに知ることは楽しく、山の効験と確信した。

　具体的に日本国家樹立に関わった民族、歴史、伝統的形態（天皇制、宗教、信仰、文化等）、自然の豊潤を主眼に据え、百名山登高で醸成された功徳を独自の視座で描いた。それにしても、我々は民族という縛り、国家という括りからは脱却出来ない。

　山行で体得した学習は、その瞬間に視覚、聴覚で捉えた単純な画像や音声に止まらず、連綿と続く国家と民族、政治と宗教等と密接に関連し、追想の彼方に仏法的、神道的因縁もよぎる。つまるところ、百代の旅人として、如何なる民族が如何なる歩みを、この山島に篆刻してきたかを再見した。勿論、それ以外、山行に関わる新知見の発見、目的の達成感、自然景観等の記憶が蘇れば、美酒で夜光の杯を挙げたい心境である。

　本稿は山に対する情緒的感想を礎石として、派生的に炙り出された別次元の深奥にして遠大な日本の歴史、文化、伝統等を反芻して編纂した。粗漏なく纏めきれてはいないが、前作を補完して紡いだ私の趣意が、山に興味がある人々に僅かでも共感され、登山の楽しさ、奥深さを見詰める一里塚になれば望外の喜びである。

第1章　日本民族及び国家の成立

第1章　日本民族及び国家の成立

　私の国家観は基本的に民族及び統治体制に依拠している。従って、前段に日本民族、後段に国家の成立を概説する。

第1節　日本民族

　大多数の国は複数民族で構成されていて、単一は珍しい。歴史的に日本が最大の影響を受け続けてきた隣国の中国は、50以上の民族によって構成される代表的な複合多民族国家である。一方で朝鮮は単一民族である。民族の定義を概略すると、「伝統的な文化、生活様式を共通に持つ集団」とされ、更に「意識の存在」が重要といわれる。文化的指標として、土地、血縁、言語等の共有意識や宗教、神話、世界観、社会組織、経済生活等が選択される。いずれにしても、明確な基準で定義することは至難である。一つ確然としているのは、この列島に住みついた民族は自然界の諸事物に霊魂、精霊等の存在を認めて、それらを信仰するアニミズムの宗教観を持っていたといえる。いわゆる、多神教である。

　則ち、霊的存在を強く意識している民族（集団）を権力保持者が、祭祀の主催を兼ねて統治していたものと考えられる。初期の祭政一致の統治制度が、後に日本独自の天皇制及び神道へと発展していく起源となる。一般に古代諸文明には祭政一致制度が存在し、政治と宗教の分離は難しい統治上の課題で、日本でも法的制度として維持された。後述するように、二大宗教とされる固有の神道と外来の仏教が主役を演じ続けた。

　一体、日本人はどこから来たのか。ルーツに定説はない。一方、人種としてはモンゴロイドとされる。いつの時代かは同定しがたいが、想定以上の前から渡来し、住み始めたようだ。アメリカ先住民が2、3万年前にユーラシア大陸から北米大陸に移動していたこと等から比定すれば、遅くとも3万年以前には大陸の突端に辿り着いた複数の集団も海洋を前にして、持続的に新天地の日

8

本列島渡来の機会を狙っていたに違いない。しかし、地上の移動とは全く異なり、船舶技術も未熟で、途中で引き返すこと、止まることが海洋では許されない。危険を知りながら、舟人がそれでも大海に乗り出した心中を察すれば、生き残るには新天地への旅立ち以外に選択肢はなかった。正否の分岐の確信を持たないまま、少なくとも10人以上の集団が乗り込んだ信頼性の低い小舟が次々、航行期間も定まらぬまま、生死をかけた漂流に旅立ったのだ。

　成功と失敗の確度は不明だが、列島伝いに島を利用しながらでも本土に到着するまでは、海流を利用することを学習して存外早かったものと推定しうる。恐らく、数万年前から朝鮮半島からの渡来を主に南方諸島、北方の千島列島、樺太方面から複数の民族が移り住み始めたといえる。日本民族形成の過程は単純には語れないが、包括すれば渡来集団が、相互に分離独立と吸収併合を繰り返し、混血しながら固有の文化、風習を兼備した日本人が誕生したと考察するのが至当であろう。

　当初、日本各地に渡ってきた複数の集団は規模が小さく、海岸沿いの定住可能な平地で当面の生活を開始する。地勢的に日本から太平洋を渡ることは不可能に近く、逃げ出すことも出来ず、領地も簡単には増やせないので、対立と抗争が部族にとって致命的なことは直ぐ理解した。

　当初は他集団との広範な接触を避け、同族内で採集、漁労、狩猟の採集により生活の糧を確保しながら、長い時間をかけて交流範囲を拡張していった。異なる背景を持つ集団が糾合される過程は複雑で時間を要した。食料、衣服、住居といった生活の質の向上に比例して、人口が増加してくると、集落は巨大化し、穏便な地域間交流が始まる。地域変化の最大の要因は人口増加によるが、生産様式の変革は新たな対立の火種となる。

　暫くは穏便な地域的結合が進み、部族集合体は拡大した。圧倒的強大な勢力が小集団を統一することなく、緩い関係を保ちつつ、定住地で独自の文化、風習に従って存続出来たのだ。多くの部族集合体が各地域で共生する環境が整い、血で血を洗う殺傷、暴力行為、その結果生じる憎しみの応酬が少なかった。このことは日本人の民族意識や国家観を醸成していく過程で重要な役割を果たす。

第1章　日本民族及び国家の成立

　しかし、散在する集落単位では有機的結合が欠けていた。

　国家として生き抜くには部族統合し、大陸国家に拮抗する国力を醸成する課
題があった。安易な統合の手段は、武力による。しかし、お互いが損耗し合う、
怨讐の連鎖を起こす戦いによる決着ではなく、最高権威者（大王）を部族間の
総意に基づき、選任する智恵を生み出したのである。日本の基本的国体はこの
時に決定したと見られる。

　考証学的に縄文期は海岸沿い、弥生期は内陸部へと進み、国家的集団となる
古墳期ではほぼ全土へと生存域が拡大していったことは遺跡、遺物の発掘から
検証出来る。

　古墳期、後の大和政権に連なる最強豪族が、散在していた地域の諸勢力を統
合し、中央集権国家、則ち国家の樹立と天皇（大王）主権の確立へと向かう。
日本国家誕生の揺籃期を5〜6世紀と見て、十分な体裁でないにしろ、7世紀
の飛鳥時代には大陸王朝と対等の外交関係を結ぶ自立国家へと成長した。紀元
節由来の神武天皇即位をもって国家成立とするのは、実証的ではない。

　尚、神話では天皇家は万世一系の血筋で継承されたとされるが、第10代崇
神天皇、第15代応神天皇、第26代継体天皇の代には王朝が交代したとする複
数の異説がある。崇神天皇は大陸から渡ってきた騎馬民族の後裔とした江上波
夫氏の有力な見解もある。文字で検証されない空白の歴史が、神話が核心をな
す『古事記』（712）、『日本書紀』（720）という国史を生む背景となった。

　関東で広範に存在する代表的古墳をあらたかな視座を持って探訪していると、
江上氏の騎馬民族征服説に心揺さぶられるし、歴史の真贋の見極めには資料（文
字、書物）の発見や遺跡の発掘に加えて、既成観念からの解放と透徹した発想
が必須となる。

第2節　国家の成立

第1項　神話由来

　国家の成立には幾つかの要件（都、法制度、国史等）が必要とされ、それら

に応じて成立時期が変わるし、諸説を生み出す。古代日本が世界史に初めて紹介されたのは、中国の『魏書東夷伝（魏志倭人伝）』（三国志）で、これは考証可能な一級資料である。しかし、自国の成立が外国史書を論拠に認定する訳にはいかず、明治政府は神話頼みで紀元節を打ち出した。

　最古の固有の資料は奈良時代の『古事記』、『日本書紀』（以下、二書を記紀）があり、『続日本紀』（797）等が続く。一方、記紀は内容から神話性、創作性が濃く、一概に国家成立の根拠とするには危険性が高い。記紀はほぼ同時代に第40代天武天皇（？～686）の勅命が嚆矢となり、編纂が開始されたとされる。実際のところ両書作成の目的、意義、記紀の関係性は諸説あって明解ではない。概説すれば、『古事記』は、神の末裔である天皇（大王）及び既存の支配体制が正統性を有していることを国内向けに叙述し、『日本書紀』は、天皇が支配する国家の歴史を外交的目的（対中国）に沿うべく、編修したと推認される。譬えれば中国の『史記』（司馬遷）に匹敵する国史である。日本の古代国家の淵源を語るに避けて通れない原書と捉え、日本最古の『古事記』と最初の正史となる『日本書紀』を視座に据えた。

　尚、神話という言葉を今後何度も使用する。しかし、神話には明確な定義がある訳ではなく、定義は不可能に近い。従って、共通の分かり易い理解として、神話は事実が混在した神聖な説話とでも解釈すれば分かり易い。それでも神話の核心は実態のない偉大な神の観念が前提である。

　神話を核心とした形式で編纂された記紀とはいえ、個々の神話の根幹は史実を拠り所に、時の支配者（天皇・大王）の政権基盤を盤石化する目的で書かれた。権力者の常套手段として修飾、誇張、改竄等を駆使して創作された。偉大で神秘的な神々の存在を無辜の人々に周知せしめ、天皇は偉大な神の末裔という論理を活用し、天皇を権威づけする作成者の趣意が滲む。

　①『古事記』
『古事記』は諸家に伝わる帝紀（天皇の系譜）、旧辞（口承伝説・神話）に虚偽が多いことに不信を抱いた第40代天武天皇は、帝紀及び旧辞の見直しを行い、

第1章　日本民族及び国家の成立

　自分の希求する史実を求めた。恐らく、帝紀、旧辞の中身は天武の理想とする歴史観とは程遠いものだったに相違ない。この背景には、日本でも固有の国家観、則ち民族及び国家意識が醸成されつつあって、それらの本証となる正統な史書の完成が必要であった。しかし、この時期は国家の完成期にあり、都の建設、律令体制の法整備等も喫緊の課題として山積していた。

　中国歴代王朝のように史書が沢山残されていた事情とは異なり、日本は文字で残された信頼に足る文献類は決定的に不足していた。先祖や歴史の伝承は主として口承によって唱誦（歌い継ぐ）することが一般的であり、一種の伝言ゲームといえた。問題は伝承の正確性である。

　後述する仏教を例に取ると、正確な伝達が如何に難しいかが分かる。釈迦の説いた教えが仏教であるが、死後数百年間は文字ではなく、弟子達の口誦（くじゅ）によって伝承され、やがて梵語等で経典化された。その後、国をまたぎ新宗派の誕生と併せて、仏典、法典、経典等は無限に自己増殖した。釈迦の教えを今日の我々が、どれだけ正確に知り得たかは仏のみが知る。せめて、核心部分は的を射ていることを願うしかない。

　献上を待つことなく天武は世を去った。彼の初志を第43代元明天皇（661～721）が継ぎ、稗田阿礼が誦習したものを太安万侶（おおのやすまろ）（民部卿）に漢文体で筆録させて完成（712年）したと伝わった。一時、『古事記』は真贋説が浮上したが、太安万侶の墓が十輪寺（真言宗、奈良）で発見されたことで、安万侶の実在が確認された。

　構成は3巻からなり、上巻は神代（じんだい）（神話時代）、中巻は初代神武天皇から第15代応神天皇まで、下巻は第16代仁徳天皇から第33代推古天皇までの記事を収め、神話、伝説、歌謡等で構成される。

　国史編纂の出典は文献、記載資料ではなく、口伝を記録した経緯を考慮すると、編纂者は天皇の意向を反映する自由度が広く、伝承を史書として自在に改編し、現体制を論理的に担保することが出来た最側近と推測しうる。只、勅命から完成まで30年以上経った原因は国家の揺藍、最初の史書編纂で経験不足、編纂主導者の不在等が影響していた。

閑話休題

　神話時代の神代について補足する。日本の紀元は『日本書紀』に記す神武
天皇即位の年を皇紀元年（西暦紀元前 660）として明治政府（1872）が定めた。
これは中国古代の予言説の讖緯説によって作られた神話を参考にしている。こ
れにより、頻用する神代とは、皇紀元年以前を指す日本固有の年譜基準となる。
よくよく考えてみると、『日本書紀』そのものの大部分が神話要因に埋め尽く
され、無理な紀元設定としか言及しようがない。勿論、考証学的に検証された
初代天皇の即位した時代でもない。

　明治初期になっても、神話に依拠した皇統に頼って、新国家の成立を正統付
けようと試みたのである。現在は建国記念日が 2 月 11 日で祝日となっている
が、紀元前 660 年に古代日本が建設されたと信じるならば、迷妄としかいい
ようがない。因みに、紀元前 660 年は中国の周代の春秋戦国時代（紀元前 770
〜紀元前 255）にあたる。中国史を通覧してみて、私は中国人の文化的智恵が
最大に発出されていたのはこの時代と見ている。当時の周は最先進国家として
君臨していたので、明治政府は国家成立の時期を周代に合わせた可能性がある。

　日本では縄文時代（紀元前 1 万年前後から紀元前 4 世紀頃）の晩期に符合し、
生産様式が狩猟・採集・漁労の採取経済によって生活が支えられた。稲作農耕
の始まる弥生時代（紀元前 4 世紀頃〜紀元 3 世紀）に移る数百年前である。

　天皇親裁の中央集権君主国家を樹立したとはいえ、近代的憲法もなく刑法、
民法等の法体系が未整備の明治初期の状況下、維新の為政者、側近達は新体制
の正統的な論理を神話に基づき唱道する有様であった。神話に溢れた国史なの
で、深掘りした考証を行い、論理的修正を済ませていれば、誤った皇国史観の
陥穽にはまらずに済んだはずである。

　②『日本書紀』

『日本書紀』は、国家成立要件の一つとされる勅撰国史（30 巻）である。天
武天皇の勅命で編纂が始まり、天武の遺志を継いだ皇孫の第 44 代元正天皇（680
〜 748）へ、720 年に編纂総裁の一品舎人親王から奏上されている。『古事記』

第1章　日本民族及び国家の成立

同様に帝紀と旧辞に基づき、『古事記』編纂の経験と検証を参考に編纂され、正史となる。最初の正史となる『日本書紀』は漢文で書かれ、神代から第41代持統天皇（645～702）までの記事を編年体形式で記述した公式歴史書である。編纂総裁から奏上されたのは事実にしても、本当の編纂者が誰であったかは諸説ある。古事記同様、天武の命で作業は開始され、疑いなく『古事記』より少し遅れながらも、併行して整合を図りながら進められた。

　大胆な推測だが、持統天皇の寵遇を得た後述の藤原不比等が、編纂を主導したと見ている。縷々述べるが、後世の藤原家の尋常ならざる繁栄を説明するには、天皇系以外に誰か一人、偉大な権威者の存在を仮想しなくては難しい。彼は自分が描いた国家の基本構想（国体）を持統天皇の許諾を得た後、歴史、国文、漢文を得意とする多数の役人に伝えて、それぞれの領域を担当させる。この中には大陸からの帰化人も相当おり、史書の書き方や漢文の校正には実力を発揮したであろう。先行していた『古事記』編纂の経験と新知見を活用出来たチームは、紀伝体ではなく、編年体でより格調高い漢文を駆使して国史を作成した。

　随時仕上がる著述や編修の実質監修は不比等であり、肝心な天皇支配の国体、論理構成や将来構想には自らが主筆で手を入れている姿が浮かぶ。和紙に墨と筆である物語が創作されて仕上がる一方、伝承された歴史と脳裏に去来する永劫国家との繋ぎ目を、如何にして矛盾なく整える至難さに不比等は懊悩する。そんな彼の後ろ姿に光明が差していた。

　内容はといえば、神代はまるまる根拠の薄い神話物語である。神武天皇から大和政権の時代の歴史も神話、伝説で埋められ、しかも口承内容を文書化したものだけに歴史的信憑性は鵜呑みには出来ない。先述した通り、記紀は事実と断定しかねる旧辞、帝紀を基に創作した歴史なので、事実と虚構が混同した口承文学と理解する必要がある。

　しかし、古代に於いてはどの国でも国家の成立、歴史、人物、事象等は全て検証された史実として今日に伝わっている訳ではない。特定するに足る客観資料が欠落し、史書と見做されていても、支配者に都合良く改竄されているのが普通で、真贋を見極めるのは甚だ難儀である。とはいえ、神話、伝説、説話

14

等の伝承も最初から否定、排除する必要はなく、考古学的並びに仮説の検証を駆使して固めた傍証により、当時の外貌を把握し得れば貴重な資料となる。神話作成の意図を洞察すれば、真実と隠蔽箇所は自ずと白日の下に晒されてくる。恐らく、支配者は支配の正統性と権威（威厳）を被支配者に武事ではなく、文事によって示顕し、治政と民心の安定を最優先に図ろうとした。

③ 記紀編纂の主旨

　当時、後進国の日本にとって記紀編纂の直接的契機は、唐から外交上対等な国家として認定してもらうための一要件であった。『日本書紀』は正史とはいえ、成立の論旨が神々によって造られ、神話、伝説の要素で満ち溢れていることに触れた。伝承された帝紀、旧辞の史話類とはいえ、そこには未来を見据えた仕掛けがあり、実によく考案、編纂されている。永続する国家像、国体構想を秘匿しつつ、影絵のように描写している。

　初となる国史の編纂は、当時の英知の総力を挙げて取り組まねばならない大事業であった。天皇を中心とした中央集権体制は構築されてはいても、権力基盤は脆弱で、いつ体制崩壊が起きても不思議でなかった。有力な保守的氏族は依然強い勢力を保持しており、彼等を押さえつつ、合意、納得させるためには壮大な国家像を描き、神を先祖とする天皇の絶対的権威と法典による支配の具現化を国史に裏書きする必要があった。実務の主役は、天皇の腹心として活動した不比等と仮託している。国史編纂は膨大な熱量と智恵が必要な課題で、同調する派閥、優秀な官僚群の支持、協力を得て推進しなければならなかった。この難題に尽力したのは漢籍、仏法に秀でた官僚群であり、彼等の幾人かは百済滅亡後に日本に来た渡来系の人々であった。勿論、最大の支援者は不比等を寵遇、信任した持統天皇だったに違いない。

　不比等は国家像を想定するにあたり、千年先まで継承される天皇家の永続的地位の安泰及び共存して藤原一族の吉祥、繁栄を前提とする仮説を立てる。その実現のために、天皇権威の強化と法による支配の確立が必須条件と判断する。唯一無二の支配者として天皇の正統性を唱えた。ここで重要な点は偉大な神か

第1章　日本民族及び国家の成立

ら継いだ権威である。側近の貴族は無双の権威の確立に腐心する。

　権威とは神聖たる天皇個人と付随する全ての有形及び無形の力を指す。この時代、国史に反映して公知化を図ることが最優先された。その他天皇を権威化する仕掛けは多々あり、天体観測、暦法、占術等、庶民が無識の世界を統括し、日常生活に役立てた。

　法典は律令制度として発令することとなる。この構想の先に記紀、大宝令（701）が完成される。古今、どこの国の支配者も、権力簒奪後は英知の限りを尽くして、永続を担保する体制構築を図る。その多くは新権力者の正統性を主眼に、都合の良い歴史捏造と法令発出である。これは社会悪ではなく、社会性を嗜好する人間の特性であり、社会の混沌を安定へと改善する処方箋でもあった。

　世界史を総覧しても実際、千年続いた継承王権は日本の皇室以外見当たらない。それほど、専権の中央に居座ることは難しい。この千年未来を透徹し、現実化させる意思を込めて、恰も予言者の託宣の如く、天皇の権威を極大化するべく記紀は書かれている。皇室が奇跡に近いほど永く続いている理由の主因は、先述の神聖化による天皇の権威にあったと推断する。別角度から分析してみると、巧妙な智恵が浮かび上がる。権威を大別すると、神聖と武威で構成される。天皇は他家を侵害する武力を放棄する代わり、神聖不可侵の立場を強調し始めている。このお膳立てをしたのは後述の藤原氏である。神の子孫として、神聖視される王権へと構造変換を図り、天皇の権威の最大化を企図したのだ。帝紀に窺える事例を参考にして、血生臭い所業から懸絶するために武力を第三者に付託する選択をしたのだ。統治体制を別にしても、武力を保有しない最高実力者の出現は異例である。

　記紀作成の問題を簡易に挙げておく。編修に時間を要した割に、国史となる記紀は神話、伝承等を寄せ集めて体系化しているので矛盾した内容、一貫性に不整合、欠陥も見られる。この理由の一つは、初めての壮大な歴史書編纂事業であり、計画から完成までの運営管理が未整備で、有力者との調整が困難を極めたこと。二つ目は史実、伝説、構想等を錯綜して弥縫的に編纂した結果、理

路整然と纏めきれなかったこと。三つ目は『古事記』が国内向け、『日本書紀』が唐王朝を意識して編集されたことによるものと推察した。

　記紀は非現実的に見えても、内実を読み解けば、歴史的事実と伝承神話を脚色して、未来構想を描いた史書と類推しうる。只、歴史的事実とは権力抗争、侵奪であり、時に生殺与奪の歴史的流れを理想的且つ正統性のある国家として唱道する上で、神話で直截に話を盛り、牽強付会に走り、更には誇大修飾することは前提であり、且つ必須であった。

④ 記紀神話の国造り

　簡明に国の始まりの梗概を記紀神話に則り書き下してみる。神々の世界を歴史が伝える現実世界に仮託してみると共通点が多く、理解し易い。中身の虚実は別にしても、神の代から幾つかの段階を経て、人の代に変遷してきたという流れが本筋である。

　神話の基本構成は、天の原（高天原）に住む天つ神と国土（地上）に住む国つ神の相克と和解の物語である。天の原の伊弉諾尊と伊弉冉尊夫婦には、姉の天照大神と弟の素戔嗚尊の二人の子供がいた。この２神が天つ神系の主役で、日本の国造りを始める。天照大神は文字から読めるように太陽神である。太陽を神として祀る例は古代文明には一般的に見られ、エジプトのファラオも太陽神の子とされる。天照大神は後に皇祖神として伊勢神宮に祀られ、王権の確立に太陽崇拝が重要な要素として働く。素戔嗚尊は出雲系神々の嚆矢となり、血族の内訌を避けている。

　粗暴な素戔嗚尊は「天の岩屋戸」事件を起こして天の原を追放され、出雲（島根県）に降臨した。降臨とは神仏が地上に天下り、一般人となることを指すが、元が神様だけに権威や威光は超絶に高い。平安時代から天皇の血筋の貴人が姓（源氏、平氏等）を賜って、都を離れて地方に下向することを臣籍降臨（降下）と表現されるのは、この謂れである。現在でも俗っぽい官僚の天下りなどと揶揄されながらも、成語として通用している。

　彼には息子の大国主神がいて、共に出雲の国造りに励む。八岐大蛇を退治し、

田畑を開墾し、山に植林し、平和で五穀豊穣、繁栄の地の開拓に成功した。出雲は決して広い沃地でもなく、なぜ経済的繁栄を果たせたかについては、疑問も残るが、海流を利用した朝鮮との盛んな海洋交易の興隆も考察されている。

大国主神の治績を天上から見ていた天照大神は使節を送り、地上の理想郷である出雲国を譲るように大国主神を説得した。この時の使節が武甕槌命(タケミカヅチノミコト)と経津主大神(フツヌシノオオカミ)であり、それぞれ鹿島神宮と香取神宮の主神とされる。

経津主大神を祀る香取神宮（香取市）

社格最上位の両神宮は古来、軍神として武人の尊崇が厚く、歴代王権が東方の蝦夷を征討する際には武運長久を祈願している。因みに、社格は明治政府の太政官布告（1946年廃止）で定めた神社の格式を指し、現在の最上位は神宮（伊勢、熱田、橿原、明治、平安等）である。神宮は歴史の古さではなく、天皇家又は三種の神器に関わる、格式の高い称号とされる。

大国主神は天照大神の要求を受け入れる条件に、巨大な社殿の建造を求めたとされる。いわゆる、「国譲り」である。祭神が大国主神で

香取神宮拝殿

ある出雲大社は日本最古の神社といわれ、この社殿が出雲大社の淵源ではないかと考証される。

国譲りが妥結した結果、天照大神の孫にあたる瓊瓊杵尊(ニニギノミコト)は、国譲りをされた豊穣の地を治めるために高天原から日向の高千穂峰（霧島山）に降臨する。この際、天皇の認証に必要な三種の神器、豊穣を約束する稲の種を授けたとされるが、異論、諸説も多い。

素戔嗚尊が追放された降臨とは違い、平和裡に治国の正統性を主唱する天孫

降臨である。記紀の皇室系譜によれば、瓊瓊杵尊のひ孫の子供であった神武天皇が初代とされる。従って、神であった天照大神の血筋を受け継ぎ、地上で誕生した神武天皇も神の系統という論理を展開したのだ。

初めて、地上で興国を達成した素戔嗚尊は、祭神として須佐神社（出雲市）に祀られ、歴史の要所に現れる。又、緑樹の薄い山々にスギ、マツ等の木を植えたことで、素戔嗚尊は木の神にもなっている。これは樹木を大切にする日本人の文化と整合する。このように、日本の神社

天孫降臨瓊瓊杵尊降臨之霊峯（高千穂峰）

（神宮）は天の原の神々を起源とし、信仰、崇敬の対象として拡大した。この経緯から神社は当初から公式の権威を賦与されていて、その典型を須佐神社に窺える。

これに類似する神社展開は権力構造が変わる度に出現する。宇佐神宮（宇佐市）はその好例である。当神宮の祭神は第15代応神天皇・比売神（ひめがみ）・神功皇后である。神功皇后は応神天皇の母で、熊襲征伐で勇名を馳せている。武力で霊妙を帯びる活躍をした人物が神様として神社に奉祀される一つの事例が生まれた。因みに、武略により政権を奪取した鎌倉幕府以降の武士階級が軍神、守護神を祀る宇佐神宮、八幡宮系の神社を信仰するのは、ある意味摂理に適っている。忘れてならないのは、神武天皇から大和政権までの歴代天皇は、『日本書紀』で語られる神話上の存在で、実在性は分からない。神話だけに実態は不明でも、全て架空の空想物語とも考えづらい。恐らくそれぞれの天皇は、神格化された人間をこと寄せて誂えたように読める。文字による確証が得られない大和政権までの歴史は、複雑に交錯した口承にしか頼れず、編者も論理的構築には手を焼いたに違いない。

高千穂峰に降臨した瓊瓊杵尊の曽孫にあたる神日本磐余彦尊（かんやまといわれひこのみこと）（後の神武天皇）はやがて日向の地を離れ、東征して大和に向かおうとしたが、難波には上陸出

第1章　日本民族及び国家の成立

来ずに熊野から大和に入り、橿原宮で第一代天皇に即位したという。この時の道案内役が八咫烏である。神話が伝える建国である。この神武天皇の偉業に対し、明治政府は神武天皇を御祭神として橿原神宮を創建した。

　この後、第10代崇神天皇は三輪山（桜井市）を中心にした政治勢力を築き、5代後の応神天皇と息子の仁徳天皇は河内を基盤にして巨大な前方後円墳（天皇陵）を残した。しかし、九州に降臨した勢力と大和の勢力の間には不連続性、不整合があり、王朝交代説や騎馬民族征服といわれる新説が生まれる由縁となった。降臨後も、国家に偉大な貢献をした神々の後裔や天皇は活躍した分野に従い、様々な形態を取りながら、神社に最高の栄誉である祭神として祀られる構図が顕現してくる。

橿原神宮外拝殿

　先の国譲りの交渉で功績のあった武甕槌命と経津主大神は、それぞれ鹿島神宮と香取神宮の軍事の祭神として奉祀される先例となっていた。最上位の社格であるこれら二つの神宮は、大和政権が東夷征伐の軍事的守護神として崇敬していたもので、後世幕府の将軍や武人も神領を寄進、幣物（贈物）を奉納している。武力を司る神を祀る神社なので、天下を掌握した天皇・貴族等の宮廷人、又は武将から厚い庇護を受けた。権力者と神道はいつも相互に相手を必要とし、不可分の存在と暗黙知していた。

　一方、釈迦の教えが基本の仏教は、国家の庇護の下に思想統制の手段、鎮護国家の役割を果たし、蜜月関係が続いた反面、次第に新たに勃興した独自の宗派と政治権力との間に深刻な対立を抱える。世界有数の仏教篤信国の日本ですら、仏教は外来宗教であり、神道は固有の教義と認識する文化的背景がある。この対比は中国に於ける儒教（道教）対仏教の関係に似ていて面白い。長期的視座で宗教を捉えると、どこの国でも自国宗教は国粋趨向性が発現し易い。

第2項　主役の構想

① 藤原不比等

　山と宗教の脈絡を探っていたら、思わぬうちに日本の歴史に辿り着いた。山と一体の神仏を語れば、歴史的流れを放擲する訳にはいかない。歴史は国家の運営及び民族の活動の変遷である。かいつまんで中心人物及び関連性のある歴史的事象を注釈した。

　飛鳥期に至る大和政権以前、首座を務めたのは天皇（大王）であり、脇侍役は支持勢力の有力氏族と任じている。統治形態を簡略すれば、天皇を中心に複数の強盛氏族が合議で政治的決裁を行う部族社会の特徴を示した。天皇家を支えていた氏族の中に祭祀を統括した中臣氏がいて、後に藤原姓を賜った鎌足（614〜669、藤原鎌足）を輩出する。祭政一致の本質を見抜いた藤原氏が一頭地を抜き、平安期の政体を主導した背景が見え隠れする。この後、度重なる政変を利用して、有力貴族を排して天皇近臣で一番隆盛を誇ったのは藤原氏であった。約400年にわたり側近政治を差配した結果、史上例を見ないほど藤原の誉れを上げた。数多い俊英の中で歴代天皇の信任厚く、家門の基盤を確立した人物を精察すると、不比等（659〜720）が浮上した。

　後述するように、彼は今日に至る「国の原型」創造に関わったことで大功を治めた。国の原型とは現在に整合する不磨の国家体制、法典、国史を確立した功績を意味する。人間は社会的動物といわれ、社会性の実体である制度、法律に一旦馴致すると、世代が交代してもその縛りから逃れられない性質を有している。千年前の社会制度を軛と轅とは思わずに容認し、頑なに拘泥する傾向を現す。人間は進化の特徴である言葉と文字を駆使して、高度な科学的、文化的発展を遂げた。それでも、一旦身につけた原初的生存様式は安易に断捨離しようとはせずに、個人も国家も因襲と変革のはざまで呻吟し続ける。

　不比等は、知悉の「乙巳の変」（645）で中大兄皇子（626〜671、第38代天智天皇）と共謀して、天皇家に危険な存在となりつつあった蘇我氏を滅ぼした鎌足の次男とされる。藤原氏の始祖となる鎌足は天智天皇と共に大化の改新を遂行した天下第一の功臣だが、後の持統天皇に寄り添って親を凌駕する功績

第1章　日本民族及び国家の成立

を刻み、藤原一族を一等の皇室側近として永続的地位に導いたのが不比等と思われる。以降、縷々述べる不比等の功業を分かり易く解説すると、天皇を神輿に担ぎ上げ、天皇家と不離密接で共存共栄の臣従関係を探し当てている。その結果、今日に繋がる最も枢要な、永続的天皇制を旗幟とする国家の原型を構築する偉業を為した。

　幼い頃から英才教育を受け、滅亡した百済から逃れてきた政治家、知識人、僧侶等から中国の史書である後漢書や文選、仏法等を学習し、側近政治家として研鑽を積んだ。こうして、鎌足の後継者として経験を深めたことが彼の将来を決定付ける。貴種尊重の身分制社会に於いて、皇族との付き合い、親の七光りを光背にして、将来を約束されて順風な少年時代を送った。満帆の人生に陰りが生じたのは父親の鎌足、天智天皇が相次いで亡くなった以降である。

　その後、思いも寄らぬ史上最大の内乱、「壬申の乱」（672）が彼の運命を一変させる。天智の弟である大海人皇子（〜 686、第40代天武天皇）が近江朝廷に反乱を起こし、勝利したのである。結果、多くの一族が近江朝廷側であったことから、不比等は一時辛酸を嘗めることになる。この経験は元服前の若き不比等に試練となり、その後の成長と政治家としての活躍に不尽の精彩を添える。戦いに勝利し、天皇に即位した天武は唐の律令政治を布石とし、日本型の大宝律令の完成と国史編纂を目指す。唐との対等な外交関係を構築するに必要な喫緊の課題でもあった。旧弊を打破する偉大な治績を築いた天智体制が崩壊した背景には、功罪相半ばする政策への保守勢力の潜在的不満があった。

　天武は二つの政策の完成を見ることなく没し、後継は皇后が持統天皇として即位（690）した。持統は父である天智及び夫である天武の意思を引き継ぎ、律令国家及び国史編纂の完成を目指すことになる。

　支配者として欠点のない持統であったが、後ろ盾の父、夫を失った女性権力者が重大な国政を一人で動かすことは容易でない。後に天照大神と尊称される彼女には、切り札となる有能な側近が待機していた。国策遂行の責任者に持統が抜擢した逸材が、天武朝では隠忍自重をかこっていた不比等であった。新時代を構築するに相応しい政治的カップリングが、この時誕生した。永年、彼女

は身近に父や夫の施政者としての姿を通して、人材の登用の目を養っていた。国策遂行に向けて幼時から目をかけていた、漢語に堪能で政治、法律に詳しい不比等以外、当該難局を打破する政治力を持った人材はいなかった。主上に一番忠臣であるので、三顧の礼で迎える必要もない。不比等は20代後半の壮年期を迎えていた幸運にも恵まれた。この辺の事情は、第33代推古天皇が聖徳太子を摂政として政務を任せた状況に酷似していて、執政者としての両女帝の慧眼は甲乙つけがたい。

　ここで持統と不比等の相関関係に触れる。持統の父、天智と不比等の父、鎌足は天皇家を滅亡させかねない蘇我一族を駆逐し、天皇親政を築いた最強の主人と臣下であった。しかし、この当時、天皇家と藤原家に血縁関係はなく、あくまで信頼し合う主従君臣の関係に過ぎない。

　王家の姫は、忠臣鎌足の傍に侍る不比等より年長であり、将来天皇家が必要とする気鋭の凜々しい不比等に慈しみの情を抱き、成長を見守っていた。近親結婚が当たり前の時代、持統は父の弟、則ち叔父の大海人皇子と夫婦となる。この後、千変万化の政局を潜り抜け、持統と不比等が国家の原型を紡ぐ主役へと変幻していく。

　一方、不比等は幼少時から天皇家と父との因縁浅からぬ関係を目にして、君臣水魚の自分の立場を了知し、学問に励んだ。学び疲れて外を眺め、春の野に遊ぶ天女とも覚しき美姫の姿を見る度に、えもいわれぬ天皇家・藤原家の一蓮托生の予感に包摂されていた。

　順風の二人の運命に激変が生じたのは、天智と鎌足が相次いで亡くなり、先述の壬申の乱が勃発した。持統27才、不比等14才の時であった。勝負は時の運とはいえ、夫婦共に戦った大海人側が勝利し、天武天皇として皇位を継ぎ、持統は立后し、夫を助け政権中枢に座した。執政14年にして天武が没して、更にその4年後、女帝として自らが天皇に即位という青天の霹靂を迎えた。

　この一連の経緯を追っていると、少なくとも天武没後の天皇選出に関して、宮廷内で権勢を握った不比等の思惑が強く反映された。将来の天皇家と藤原氏の不離の相関を構築し、彼の国家観を実現するために権勢の保全、強化の知謀

第1章　日本民族及び国家の成立

が発揮され始める。摂関政治の種を蒔き、第45代聖武天皇（701〜756）には
娘が光明皇后として立后された。

　明晰で透徹した政治理念を抱いていた不比等は、女帝からの寵遇に真摯に向
き合う。学識に限らず、政務の実行力、企画力に光彩を放ち、在任中に大宝
令（701）、『古事記』（712）は完成し、『日本書紀』（720）もほぼ完了した。記
紀の2冊は単なる国史に止まらず、威厳ある天皇支配の理論的正統性を主唱し、
国体を構想する原典を意味した。

　政治家としても叡慮を斟酌して、神の末裔である天子の期待に応える聡明さ
を不比等は兼備していた。比肩なきほどの権勢を持てば、つい驕慢な態度をと
りがちであるが、彼の卓抜さは常に臣下として天皇に寄り添う藤原一門を築き
上げる努力を惜しまなかった。天皇家の永続性が担保された一因は、不比等が
考案した両家の密接で暗黙裡の関係といえる。

　これまで天皇（大王）家を支えてきた有力氏族（物部、蘇我、大伴、紀、橘、
和気、菅原、中臣等）による後見、補佐体制では、いつか天皇制度が瓦解する
危険性に晒されるものと認識した。それは二つの理由による。一つは第32代
崇峻天皇（〜592）のように蘇我馬子に暗殺されたこともあり、有力者に天皇
制が乗っ取られてしまう認識である。二つ目は皇位が変わる度に天皇を支え
る公家の地位と繁栄が保証されなくなり、中臣一族もその限りでないと憂慮し、
藤原氏存続の叡智を働かせたのである。要するに、天皇家と藤原一族の永続的
唯一無二の関係と繁栄を担保する仕組みの構築へと帰結し、後の摂関政治の礎
を築いた。

　天皇（大王）は創設以来、常に安泰であった訳ではない。天皇家も、支えて
くれる勢力が嘗てのように血みどろの抗争と混乱を経て頻繁に変わるよりは、
安定的に特定の一族と結託し、支援を受ける方が天皇制維持に有益と考えても
不思議ではない。漠然とした不安を払拭するために両家の利害が一致し、暗黙
の合意に辿り着いたのである。この頃、王権内で水魚の交わりの如く、親密で
離れがたい関係を結び、永続的な国家像を描いていた一人の若き皇子と一人の
臣下がいた。両家が一体で不可分の関係にはまる歴史的事件が、先述の乙巳の

24

変である。

　蘇我一族の強大化を恐れていた中大兄皇子が、中臣鎌足と組んで起こした蘇我一族壊滅事変であった。しかし、この変は第34代舒明天皇（593〜641）の皇子中大兄が直接首謀した血なまぐさい結果を招き、天皇家にとっては「負の遺産」を背負う禍根を残した。中大兄皇子と鎌足が起こした入鹿誅殺の場面は、後世鎌足を祀る談山神社に残る絵巻に臨場感たっぷりに絵に描かれて伝わり、史実と洗脳されてきた。虚飾でなければ、飛鳥期以前には皇宮内でもこうした刃傷沙汰が頻繁に起きていた反証ともいえる。

　乙巳の変を朝廷内の権力闘争、内紛と捉えても、天皇直系の皇子が画策実行した事件は異例であり、権威を汚す汚点だったに違いない。それを打ち消すかのように実質的権力を握った中大兄と鎌足は、革新的政策として天皇制及び公地公民制を主体とする大化の改新を断行した。しかし、外交的には白村江の戦い（663）に大敗し、政治危機を招いた。中大兄は強権を振るう支配者であったが、第37代斉明天皇没（661）後も即位の式を挙げずに、天皇の政務を行う称制を採用し、神妙な立場を示した。最高権力を実質的に保持、執行しつつ、負の遺産に十分配意した対応に映る。こうした背後に血判の誓いを結んだ腹心の鎌足がいた。天皇家が最も隠匿したい謀議の加担者が中臣氏（藤原氏）で、極秘遵守義務を二家で共有する運命に拘束されつつ、他の氏族では築き得ない託生で繋がっていた。

　中臣氏は大和朝廷に代々神事・祭祀を司り、連、後に朝臣姓を名乗る有力者ではあったが、政治的影響力は限定的であった。鎌足は政治的主導権を握った中大兄皇子の寵幸を得て、律令国家建設では実質的功績を残した。臨終に際しては大織冠内大臣に任ぜられ、藤原朝臣の姓を賜る栄誉にも浴した。新姓を与えることは、天皇と臣下の身分を確定することであった。天智の権威を改めて証明し、授かることは臣下の功績が言質されたことで、政権を担当する身分の藤原一族は、名実共に国家権力の次席に格上げされた。実に敏感な政治的機微を藤原氏は嗅ぎ取り、主家の甘心を得ていた。この辺の事情を隈無く知りうる人物は、天皇家側が天智、天武、持統、藤原家側が鎌足、不比等の5人と推測

第1章　日本民族及び国家の成立

した。この5人が日本国家創造の原作者、脚本家、主演、監督と断定しても真実との誤差は小さい。

　乙巳の変以降、日本は大化の改新として知られる天皇親政の独立律令国家へと発展していく。大化の改新は、中大兄と鎌足が構想した新国家建設に不可欠の画期的政策であったが、永年王家を支えた有力者の誅殺は天皇家には負の遺産となったことは確かである。それは仏教に起因した。仏教の教えに十善十悪がある。十善とは10種の善行（不殺生、不偸盗、不邪淫、不妄語、不綺語、不悪口、不両舌、不貪欲、不瞋恚、不邪見）で、十悪はこれらと真逆の10種の悪行を指す。中国も日本も仏教の影響を受けて、十善の君という考えがある。人の上に立つ天子や天皇は、前世に十善を守った功徳によって生まれるとする意味である。神仏の加護によって授けられる徳を天子は身に付けねばならない必然性に連なる。

　日本の氏姓制度に少し触れる。大和政権の支配体制の基盤である氏姓制度は不明なことが多く、時代により変化して複雑である。天皇（大王）を支える豪族は氏という血縁集団を形成して、政治的地位や世襲的職業に応じて姓という尊称を併せ持ち、私有地や部民を所有していた。奈良期までは朝廷に奉祀した貴族は、家系を他と区別する氏と社会的地位（臣、連、等）を姓により秩序づけられた。両方とも、天皇（宮廷）から賜り、世襲的に改められていた。乙巳の変を因襲的氏姓制度の変革を狙ったという見方も出来る。大化の改新の諸施策が進むにつれ、氏姓制度は次第に崩壊する。因みに、天武天皇が制定した八色の姓では中臣氏が称した連は第7位となっている。

　氏姓の名残は、源平藤橘が4大姓として人口に膾炙する。分かり易い引例として、平安期の氏姓は賜姓に関わり、源氏、平氏へと変換していく。つまり、平安期は国家が安定しただけでなく、皇室の肥大化を伴い、多くの皇孫が爆発的に誕生した。天皇家の親族増加は血統断絶の不安から解放される一方、経済的問題が誘発され、高貴な血脈を受け継いだ数多の皇族の処遇が問題となった。解消には皇宮を離脱する皇族の数を増やす必要が生じた。処方箋としては、出家等により寺社に所属するか、姓（臣籍）を得て皇室から民間に下る（降下）

26

かが通例となった。後者は賜姓皇族、いわゆる臣籍降下と呼ばれるものである。奈良時代から賜姓皇族の制度は行われていたが、平安期は宮廷費削減と併せて、1世皇親にまで遡求される特徴を示した。

こうして第50代桓武天皇、第52代嵯峨天皇時代から天皇の濃い血縁を持つ皇族（男女）が、源氏、平氏という由緒ある姓を賜って地方に降下していった（「平将門の乱」参照）。下向といっても、多くは任国（下総、越前、等）の国司といった地位を得ている。下向先の任国の条件は、貴種性に負うところが大きく、天皇家、賜姓皇族が優位であったことはいうまでもない。彼らの子孫は国衙の役人となって国家組織の末端に連なっていくか、在地豪族と婚姻関係を結び、勢力拡大を図っていく。この流れが、武士勢力の拡大と武家政権誕生に繋がった。

昔、天孫が日向に降臨して国家を成したという空想を神話に編纂し、支配の根拠にしたように、今、都の官人が鄙に降臨して、地方統治の正統性をまるでこの世の仕組みとして応用していた。この源氏と平氏の末裔が、約4世紀後に武士政権を擁立していく。不可解な政権交代ではないし、天皇由来の日本式政治構造にも符合した。又、寺社組織に多くの皇族が入ったことで、寺社勢力が権門構造の一極にのし上がり、政治権力に影響を与える。神社発意は皇室の宗廟で神の末裔である天皇家を祀り、寺院は国家鎮護や先祖の冥福を祈るために王権が官寺として保護、育成しているので、天下り先ともいえる。伊勢神宮、東大寺はその代表的存在である。

不比等は藤原氏が永代、宮廷と共に歩むために、遵守すべき私的家訓を伝家の宝刀として秘密裏に伝えたものと推測した。当然、父鎌足の影響が具現化したものであろう。藤原家は時代が天皇親政からどんな政治体制（例えば、摂関政治、院政、武家政治等）へと政治権力が誰に掌握されようとも、天皇制の基幹となる皇族と公家の維持を最優先に置き、それの中心母体である次席の藤原家の存続を図る。傍目には双頭体制に見えても、本旨は天皇家の執事として仕え、決して臣下の矩を越えない体制作りと訓戒を子々孫々に遵守させている。偉大な先人の意志や趣旨で未来を固定することは不可能でも、歴史というキャンバ

第1章　日本民族及び国家の成立

春日大社（四神を祀る藤原氏の氏神）

天照大神を祀る伊勢神宮（内宮）

スに不比等の構想は結果的に描かれ、1300年後まで紡がれた。

　天皇制擁護に徹する藤原一門は興福寺を氏寺、春日大社を氏神として篤く奉祀していく。これは天皇家由来の官寺、神社を模したのではなく、むしろ代々、朝廷の祭祀、神事を担当していた藤原氏が積極的に誘導して、民衆の官寺、氏神への持続的奉祀へと繋げた。

　皇室の関与する官寺、祖先神の天照大神を祀る伊勢神宮等との一糸乱れぬ整合を図り、子孫が道を外さぬように堅牢な外郭を生前に構築した。寺社が奈良期以降に想像外の発展を遂げていく背景に、2家の神社仏閣との揺るぎない関係構築があった。元々、祭政一致時代から神官であった藤原氏は、天皇家の権威と国家支配には神仏は欠かせない立場と仮託した。この方針に対し、他の有力諸家は神仏との付き合い方を見習い、自分達の氏族に相応しい神仏を分祀又は勧請し、氏寺、神社を参拝、奉祀する礼拝儀式を取り入れた例は枚挙に暇がない。こうして天皇家と藤原氏の協働路線は、想像を超えて神社仏閣が全国的に普及する一因になった。

　中国に朝貢しても、冊封されずに対等の外交関係を築けた政治的安定も、独自の宗教環境を醸成する上で有利に働いた。天皇親政から武家政治に統治体制が画期的に変化した後も、自家薬籠中の氏神、氏寺として護国、現世のご利益、先祖の供養等を基本的信仰の核心に据えている。神仏と国家、自家の関係は天皇家が構築し、藤原家が範例化し、諸家が継承するという不磨の様式が慣習化した。

　遺命として遺しても、子孫も三代目（孫）あたりまでは守れても、それ以降

の保証はないので、天皇家と運命共同体的に機能する家門構造を造り上げた。彼が連綿と複数の子供、一族に託した藤原一門の遺戒は、用意周到に緻密で錬磨されて透徹した分かり易い内容であって、次の七戒（仮称）の類と想像している。恰も、信者が守るべき宗教の戒律の類に該当し、後人に向けた訓戒、規範の基本綱領となった。

- ・皇室と天皇を崇敬し、権威を保全する
- ・皇室が主、藤原家が従の絶対関係を維持・永続を図る
- ・政治体制の根幹を天皇親政に置く
- ・藤原氏の氏神、氏寺は伊勢神宮、皇室崇敬の寺院より権威を高めない
- ・政務は藤原氏が、神祇、祭祀は中臣氏が専念する
- ・皇室と天皇の権威、地位を凌駕しない
- ・最高権力執行者となっても天皇には代わらない

　最後に示す如く究極の訓戒は、朝廷を牛耳る地位と権力を掌握しても、藤原氏が天皇に即位しない約束と考える。天皇を権力の籠に担ぎ上げ、藤原氏が実権を恣意的に振るう政体が摂関政治であり、政治的智恵が具現化した。天皇家と藤原家が永劫共栄し、国家が繁栄するために一族が必修すべき戒めだったに違いない。彼の遺戒は、これまでの不安定な王権制度への疑義並びに強大な中国歴代王朝の脆弱性を肝に銘じた厳しい省察による。

　唐（618〜907）は、歴代王朝で最も繁栄し、国威は周辺に広がった古代の大帝国であった。同時に国家成立期にあった日本に政治、経済、文化、宗教等で最大の影響を与えた。

　隆盛期の唐で中国史上類を見ない緊切な事態が起きた。高宗（3代）の妃であった則天武后が周朝（690〜705）を建国し、史上唯一の女帝に即位した。いわゆる武周革命である。この頃、朝廷の最高実力者として国政を仕切っていた不比等にとっては、驚天動地の王朝交代に驚愕の色を隠せなかった。見習うべき先進国の中国で皇帝が廃帝となり、皇后が新国家を建設し、自らが皇帝についてしまう政治風土に強い不信を抱いた。衝撃的政変であり、中国の王権交代と同じことが、日本では決して起こさない仕組みが喫緊に必要と考えたに

第1章　日本民族及び国家の成立

違いない。模範とした唐の律令ではなく、武力で支配者となった皇帝と宮廷の統治権力に於ける脆弱性を見抜き、政治権力に於ける日本固有の天皇制、皇室、朝廷等の位置付けを見直した。これは天皇家と藤原氏との関係に直結し、先の七戒に収斂するきっかけになったと推測する。

如何に眼力鋭く、先見の明に優れた先祖の遺訓としても、千年未来にわたり藤原家の末裔が天皇家と良好な関係を維持し続けながら、千変万化の政治状況に対応することは不可能に近い。それでも、皇室と一蓮托生となって、最強の側近集団として藤原一族が政権の中枢で、栄華を極め続けたことは奇跡といえよう。これは不比等の戦略的知謀ともいえる遺戒が、基本的に遵守された証左となる。大化の改新を契機に鎌倉初期に至るまで藤原一族の宮廷貴族としての地位と権勢は揺るがず、一貫して要職に就いて政治の表舞台で活躍した。この結果、平安期に確立した宮廷、官位制度は近代まで基本的に維持されている。

およそ400年にわたる平安王朝時代の指導者は、飛鳥・奈良期の国家成立後に咲き誇った百花繚乱の春を満喫している。その主体は宮廷を支えた殿上人と称される官位五位以上の貴族であり、三位以上の位階で高い官職に任命された公卿であった。後述の通り、氏姓では藤原一族が一頭地を抜いて廟堂を領導した。大化の改新以降、政治的権勢を安定して維持したのは藤原氏であり、不比等の係累が異例に栄えた。

不比等の4人の息子は四家（南家、北家、式家、京家）に分家し、二人の女がそれぞれ文武天皇妃、聖武天皇后となり、摂関政治の原型を生み出した。以降、藤原氏は諸家との相克に止まらず、一族内の競合を経つつ稀代の王朝政治の主役を演じていく。

諸補任一覧を参照して、平安期（794〜1192と暫定）にどの程度、藤原一族が職掌に定められた高い官職（摂政、関白、太政大臣、左大臣、右大臣）に藤原氏が就いていたか、他家との比率を概算で調査した。摂政（857〜1186）は、19人中13人、関白（880〜1192）は、23人中18人、太政大臣（857〜1149）は、19人中18人、左大臣（825〜977）は、15人中11人、右大臣（798〜1190）は、35人中13人が藤原氏姓で記録されていた。又、その他重要な補任も圧倒

的に藤原姓が多かった。藤原氏の栄華を何度となく耳にしていても、割合を初見するに及んで驚嘆した。古代から中世の貴族政治（藤原氏の一強他弱）の実態をこの割合は明示している。結果、隋代に始まった科挙により、皇帝一族とは別に、皇帝直轄政治の担い手となる官僚選抜を行っていた中国とは対照的に、日本では因襲的家門政治が平家の時代まで続く。

11世紀初頭に迎えた藤原家の盛期は道長（966〜1027）の「望月の歌」でよく知られるが、子孫達が時代変化に順応して天皇との理想的関係を維持し続ける困難と天皇制瓦解の危機に晒されてもいた。藤原氏専横への他家の反発も強く、それを裏書きする五つの事例を概述した。これ以外、藤原氏が他氏排斥を狙って起こしたとされる「安和の変」（969）もあり、藤原氏の摂関政治に於ける専権が確立していく。

{道鏡の皇位継承の企て}

道鏡（？〜772）は奈良時代の地方豪族出身の僧侶で、葛城山に籠もり秘法を修得、東大寺でも修行したとされる。病中の孝謙天皇を看病して、平癒（761）したことを契機に深い寵愛を受ける。藤原仲麻呂（南家）の失脚後、法王に上り詰め権勢を振るっていく。孝謙は重祚して称徳天皇になっていたが、皇太子が未定であり、政治的混乱を誘発しかねない状況であった。称徳の弱点を看破していた道鏡が不穏の挙動を示したのである。

父聖武天皇譲りの女帝は仏国土建設を願い、仏教政治を理想としていた称徳の政治信条を意図的に悪用しようと、道鏡の取り巻き勢力が、信仰篤い宇佐八幡宮の神託と称して道鏡を皇位に即ける画策を図った。前代未聞のこの企ては宇佐八幡宮神託事件とも呼ばれ、藤原氏の勢力を背景にした和気清麻呂により阻止された。宇佐神宮は古代から天皇即位時や国家の大事に際し、奉告し幣帛を奉る社格が高い存在であった。道鏡は称徳死後に失脚し、下野国薬師寺別当で生涯を終えた。天皇家以外の血統が天皇に即位していたら、如何なる皇統が伝えられたのだろうか。

宗教で権力に取り入り、歴史に名を残した人物は世界中にいる。殊更、ロシアのラスプーチン（1871頃〜1916）は、道鏡そっくりの経緯で中央政界に密

着した。彼はロマノフ王朝の宮廷内で血友病に苦しむ皇太子に治療を施し、皇帝ニコライ夫妻の絶大な信任を得る。次第に帝政末期の国政に深く容喙して、崩壊を早めたとされる。

{薬子の変}

第50代桓武天皇には後継となる複数の異母皇子がいて、平城天皇、嵯峨天皇、淳和天皇と皇位を継いだのだが、最高権力の移譲にはいつももめ事が伴う。平城が嵯峨天皇に譲位して上皇になった際に薬子の変（810）が起きた。この変は上皇の寵愛を受けていた藤原薬子（式家）が兄の仲成と一緒になって政治に容喙し、天皇方と上皇方との重大な対立に繋がったことを指す。持統天皇から始まる譲位の慣習の隙を突いて、現行天皇を廃嫡して上皇が重祚を狙った変であった。数日で仲成は捕殺され、薬子は自殺する顛末を辿った。因みに薬子、仲成は長岡京造営中に暗殺された藤原種継（武家）の子供である。藤原四家では式家の凋落と嵯峨天皇の信任の篤い藤原冬嗣の台頭が著しく、北家の繁栄が進んだ。

{応天門の変}

宮廷内の権力闘争に於いて、藤原氏の政敵排除と藤原一族（四家）の内訌で特徴付けられる紛争が、先の薬子の変とこの応天門の変である。

応天門炎上事件（866）に至る経緯を描いた『伴大納言絵詞』は、平安期を代表する一級の絵巻物であり、歴史教科書に載っているので誰でも目にしたことがあろう。この事件は大内裏の朝堂院の正門にある応天門が焼亡し、当初出火の真相は闇の沙汰であった。しかし、約5ヶ月後、炎上は大納言伴善男父子が共謀して放火したものであるとの密告があり、一転善男父子は犯人とされ、遠流に処せられてしまう。

後に事件の経緯は絵巻で精彩に描かれ、恰も犯人が善男父子の如く、真相として擦り込まれてしまう。一方で藤原一族が起こした宮廷内の謀議とする見方も根強く残る。疑念の背景には応天門炎上以来、事件解明を差配したのは太政大臣の藤原良房（804〜872）であり、事件の最中摂政となって、政敵を駆逐する冤罪を容易にでっち上げられる立場にいたことである。皇室の血筋でない

良房が摂政に就く人臣摂政の初例となった。朝廷内の政敵を倒し、天皇家の外戚となって権力を実効支配する構想が完成し、これ以降、藤原北家による摂関政治が花開いていく。不比等以降では、藤原家繁栄の中興は良房であろうか。

{阿衡の紛議}

これは慢心した藤原基経（良房の養子）が、天皇への絶対臣従の原則に反旗を翻した事件に見える。基経が第59代宇多天皇（867〜931）からの勅令（宜しく阿衡の任を以て卿の任となすべし）の句を巡って起こったのが阿衡事件（887）である。宮廷最高実力者の基経は、阿衡の任とは「政」に関与しない官職との文書博士の見解を受け入れ、政務を放棄してしまう。空白期間ほぼ１年間にわたり、万機に政治的停滞を起こした。見解の相違とはいえ、勅令を無視した基経は悖逆無道であり、天皇に逆らう態度を取ってしまい、不比等の遺戒には明らかに違背する。この問題の背景には二通りの解釈がされている。一つは摂政、関白、阿衡といった高位の政務の職掌が確立していなかったこと。二つ目は強大になりすぎた藤原氏の権力を抑制しようとした宇多の意思が働いたとも考えられる。因みに、宇多は一旦臣籍降下した賜姓皇族が親王として即位した唯一の天皇であり、菅原道真を寵遇し、意欲的な国政を推進したことでも知られる。増長した基経への天皇の不満が見られる。

{平将門の乱}

天皇中心の公家貴族に代わって武家政権への道標を立てたのは平氏、源氏の姓を賜った賜姓皇族の子孫であった清盛、頼朝であった。その前、10世紀前半、平将門が東国で私闘に始まり、王朝を揺るがす反乱を起こし、一時関八州を支配して自ら新皇と称した。乱の数ヶ月後に書かれた『将門記』のお陰で、発生から終末までを正確に知ることが出来る。

将門の祖父は桓武の皇族高望王で、平姓を賜り任国の上総介として下ったのは９世紀末であった。その子の代になると、常陸、下総、相模へと勢力を拡大した。そうした矢先、一族に内訌が起こり、在地の豪族、国司、朝廷を巻き込む反乱へと展開したのだ。10年弱続いた将門の一連の反国家的行動は、平貞盛・藤原秀郷率いる朝廷軍の襲撃を受けて、討ち死により終止符を打った。桓武

第1章　日本民族及び国家の成立

　5世にあたる将門は関八州の新国家建設に失敗したが、正統性を遡求する十分
な知略と武略が整えば、京都の本皇に代わりうる、又は拮抗勢力たり得た可能
性があった。皇統譜によれば、歴代の継承事例では第26代継体天皇は、第25
代武烈天皇の血統ではなく、応神天皇5世にあたり、将門にも皇位継承を正当
に主張しうる事件であった。しかし、その後賜姓皇族は本皇への回帰ではなく、
各地に根を張り続け、朝廷貴族権力に代わる武士団の拡大、養生に努めていく。
勿論、彼らの力は、依然権威に裏付けられた神格化された皇統を拠り所にして
いた。

　② 国体描写
　記紀の論理には明確な意思と将来構想、国家のあり方と長期的グランドデザ
インが描写されている。天武・持統朝の国家体制の必然性と正統性の根拠を体
制側（皇室、朝廷）の視点から包摂、披瀝した。てんでんばらばらな帝紀、旧
辞、神話、伝承等の出典を元に、弥縫的ながら国家の筋書き（歴史）を漢字で
記録した。神武天皇以来、求め続けても得られなかった、天皇（大王）家の永
年の夢を叶えた国史となった。
　国体の基本は常に統治の頂点に神聖化した天皇を据え来歴、意義、責務は記
紀を通じて暗示している。

　・降臨した天皇は神の系譜
　・天皇の継承は兄弟姉妹で長子が優先
　・皇室は家父長制の家族形態
　・天皇は豊穣な国造りと国家安寧の責務
　・国譲りは武力による侵攻・併合ではなく、平和的統合
　・天皇が日本の正統な支配・統治者

　記紀は今の世の中が万世一系続くことを願い、当時の権力者（天皇）が天皇
制の安泰と国家構想を担保する目的で、無類の才略を持つ側近に命じて、筆録
させた先祖の仮想履歴書でもある。同時に日本の国家像を天皇中心の森厳な国
体として初めて描述した。まだ、政治、経済、文化、どの領域でも後進国の日

本が、千年未来を描いて歴史的に構想したことは、主導者の国家支配に関する分析、戦略、決断、洞察、政策遂行能力には兜を脱がざるを得ない。構想者が一人か複数いたかは問題ではなく、千年物語の国家像を描いた「慧眼の士」が飛鳥・奈良時代に間違いなく存在していた。

記紀神話を何度も反芻していると、神々の住む高天原の記述では脈絡が不詳で荒唐無稽な箇所、時代の不整合が見られる一方、編成者が当時の支配者に忖度して、史実を参考にしながらも王権の正統性を都合良く脚色した内容に改作した痕跡が見える。

編纂責任者は最初から関与した不比等と任じた。天照大神を持統天皇（高天原広野姫）に置き換えて読むと、歴史上のよく似た実話を寄せ木細工のように創作した史書に思える。

③ 権威を支えた神仏

皇室を中心とした統治の正統性を主唱しても国家の鎮護、統治及び民心安定を盤石にするには、圧倒的な武力か民衆が畏怖し、平伏する威光又は権威が伴う必要があった。これに向けて、慧眼の士は武力ではなく、平和的な威光、権威を選択した。権威ある天皇が支配し、武力による政権の交代を是認しない。国家モデルと仰いでいた中国の歴代王朝が次々、必然的に武力で倒壊し、天子（皇帝）が変わってしまう状況を他山の石として学習した。日本型統治様式の天皇制が不磨の存在となり得た裏には、天皇家の宗教的寛容性が認められる。独自の神と渡来の仏への均衡の取れた政策と崇敬であり、殊更、飛鳥・奈良期には顕著となった。

改めて、宗教が歴史に顔を出す背景を見詰めた。『魏志倭人伝』に記されたように、国家成立以前の日本は国土が分断され、混沌とした部族社会で、民衆も開明的とはいえなかった。当該状況にあって有力部族を統合しつつ、大和地域に国家的勢力を堅持したのが大和政権といえる。時期や勢力の中心人物が誰かは諸説あって断定不能だが、最強部族の中心が天皇（大王）の起源だったことは確かである。そして、この一族は祖先を神として崇拝していた。

第1章　日本民族及び国家の成立

　恐らく、この体制の成立初期から2世紀ほどは民情も不安定で、各地域集団は離合集散を繰り返していた。有力指導者の間に、民衆の教化と国家意識醸成が喫緊の課題と認識し始める動向が生じた。

　教義が成熟していた仏教を国教化し、仏法の威光を視野に入れたのである。奈良時代から平安時代にかけて、渡来仏教に対する国家政策は総じて保護、育成的に施策され、上流貴族等から支持を受け始めていた。その一方、民衆の支持を得るために、古来より土着信仰であった神道を放擲せずに権威の背景に据え、仏教との両立を図ってもいた。しかし、仏教伝来後、暫くは排除派と容認派の対立があり、「丁未の乱」が起きた。対立は深刻な事態を招くことなく、後に両者が受容し合う神仏習合という融和的形態に落ち着く。宗教に関しては統一を望まず、宗教に万里同風を避けた政策であった。則ち、一神教を志向しなかった。

　穏当な宗教政策の結果、教義が定まらず未体系であった神道は、仏教に追いつく機会に恵まれる。元来、権力を下支えしてきた背景、柔軟性があり、皇室権力の正統性を唱える宗教勢力に変貌する。皇室を中心にした貴族社会から権力が武家に移ってからも、支配者は祖先神を祀る神社への崇敬、神領の寄進等を通じて権力の正統性を認証付けている。

　キリスト教世界の千年説は希望的信仰に過ぎないが、天皇制を基盤とした国体は21世紀の現在にまで続いた。記紀編纂から約200年後に撰集された『古今和歌集』の賀の部立てに、国歌「君が代」の原歌である「我が君は千代に八千代にさざれ石のいはほとなりて苔のむすまで」が収載され、天皇親政体制への礼賛、恩恵の気風を感得出来る。尚、「さざれ石」は神格化され、筑波山神社や下鴨神社境内に奉納されている。

　一方、統治体制に関しては統治者の天皇像は見えても、国家として認知される必要条件は不備なので、中国に匹敵しうる条件整備は必須の課題と認識していた。それは都建設、律令制度、国史編纂の3要件である。

　3世紀後半に成立した『魏志倭人伝』は2、3世紀の日本の事情を知る上での貴重な資料であり、邪馬台国、卑弥呼も俗伝ではなく、本書の叙述が発端で

ある。それ故、記録に残るに値する部族社会と有力なリーダーの存在は否定出来ない。当時は有力氏族が大王（卑弥呼？）を共立して、族長による連合体が族長国家として機能していたと思われる。邪馬台国は畿内に存在した確証はなく、この不分明な国家形態を大和政権とは確証出来ないので、国家誕生の揺籃期は200年ほど後と推測している。同時にこの大王が皇統と直結するか、真贋のほどは定かでない。

　日本側に記録がなく、明確に体制が確立していなかったにしろ中国、朝鮮と交流、交渉関係にあったことは確実である。こうした一連の推移から、4、5世紀頃には原初的な古代国家が成立していたと考察する。中国の認定する先述の国家の要件を満たしてはいない。しかし、古代日本の勢力が朝鮮半島で任那を支配し、高句麗、新羅、百済等の諸国に勢威を及ぼしていたので、海峡を挟んで激しい緊張関係が持続していた。日本の統一は不十分で国力も脆弱の上、朝鮮半島も抗争、分裂を繰り返す不安定な時代であった。従って、統合した国同士の対立というよりも、分断勢力の相克といえる。そんな最中、562年に任那府を新羅に奪われる事変をきっかけに、大陸との関係は新たに重大な局面を迎える。

第3項　考証学的考察

① 国家アイデンティティ

　幻想的神話世界から文書、碑文のような文字化された検証可能な現実に目を向ける時代がやって来る。事実認定される歴史という意味を表す。『魏書東夷伝』に初めて登場した頃（2〜3世紀）に残した土着豪族の離反糾合の事蹟に正解の鍵がある。社会性を持つ集団的土豪の存在は判然としている。従って、弥生期から古墳期は国家及び民族意識を抱く先駆期と見ると、以降の歴史的変遷を無理なく読み解ける。

　考古学的には「好太王碑」（高句麗、414建立）や『宋書』（南朝、488）に倭国五王の記事があり、日朝、日中との外交関係の明証となっている。五王の一人（武）が第21代雄略天皇に比定されているが、結論は得られていない。

第1章　日本民族及び国家の成立

　国家として大和政権が成立したかの鍵は、三輪山の麓に位置し、墳長280mの長大な前方後円墳型の箸墓古墳とされる。
　というのは、『日本書紀』に唯一箸墓古墳の記載があり、それ以前には小型の墳墓しかみられず、この時期に多数の豪族勢力が統合されて、全国的に支配力を示す強大な政権の誕生が想定されるからである。この墳墓の築造時期、誰を埋葬したのか、諸説あって統一見解は得られていないが、古墳時代を経て飛鳥時代に至る時期に王権が成立した蓋然性は高い。これは大和政権の信頼性を担保する。問題は統合国家の支配者としての特徴が検証されるかである。この間に今回取り上げた神話、伝説、宗教等の原点への探索が発出してくる。

箸墓古墳　古代の玉手箱？

　山に囲まれた要衝の盆地に拓かれた奈良は大和政権の中心としてかなり古く、日本国家の礎の地とされる。しかし、降臨した日向から熊野を経て奈良盆地に入った神武天皇の東征が、日本誕生の原初と認証するには史実が欠落し過ぎる。このように日本成立の時期は明瞭でなく、記紀神話を根拠にこじつけるのは、誰も甘心しないだろう。正しい国史は、考古学的探索により検証されるべきである。畿内には未調査の多くの古墳が残存していて、これらを発掘して神話や古文書との整合性を確認する必要がある。

　確証が高まるのは、聖徳太子（厩戸皇子、574〜622）が活躍した時代で、遣隋使派遣が両国の歴史上初の整合点となる。遣隋使の記録は『日本書紀』、『隋書』にあり、両国の資料に不整合の記述もあるが、公式な外交が開始されたことは確実である。これを有力な根拠とすれば、広義の飛鳥時代（6世紀〜710）に国家を意識し、国家神話の体系化とされる『古事記』及び『日本書紀』が作成された7世紀末から8世紀初頭には民族意識の芽生えが認められる。

　日本の開闢を主題にすると、神話は史実を歪曲する障害である一方、重要な

示唆を含んだ道標にもなる。神話に語られる神々と国家誕生の密接で複雑な関係を推理する感覚は、妙趣に富む。絵空事のように、虚偽や誇張に満ち溢れた物語であっても、神様によって創造され、神の国日本などと幼時より教育又は洗脳を受ければ、嘘と知りつつ自然と擦り込まれても仕方ない。言い換えれば、故事来歴の信頼性が弱く、歴史的な事象の殆どが推断の賜と化していても、僅少の史実に巨大な想像が融合して、真実味のある古代社会像が出現する。但し、国史である以上、嘘、まやかしで全てが編纂されてはいないだろうし、歴史的真実と相似するような事変を起源として、神話化したことは否定出来ない。地道な発掘作業、新資料の発見と解釈、最新理化学技術を駆使した考古学的探索の進歩により、神話、伝説由来の仮説が時に立証されることもあり、通説があっさり覆される事例は教科書の改訂、変更に反映されている。

　これまでの経緯は、神話に彩られた記紀に基づいての話である。天皇（大王）中心の日本国家の原型は6世紀中頃から末（欽明天皇〜用明天皇）にかけて構築され、遣隋使による外交機能を持つに至った7世紀初頭（推古天皇）には国家が成立したと判断している。だが、この時代は、蘇我氏が天皇を上回る独断専横な振る舞いが目立ち始め、蘇我氏滅亡後の大化の改新を分岐に国家成立を考える方が論理的かも知れない。

②民族アイデンティティ
　果たして、日本はいつ頃、北海道を除く国土全体に及ぶ統一政権を樹立して、自分達は大陸と離れた列島に住む独立した日本民族という意識、アイデンティティを抱いたのだろうか。真実の解明は後代に委ねるにしても、現代日本人には、原始神々が創造した由縁であろうとも平和で、豊穣な、秩序ある、千代に栄える日本が誕生し、愛国的に矜恃を抱き、感謝する通念が共有されている。日本人の心を育んだ時期は、国家創世期と前後している。

　皇極天皇から天智天皇が主体で大化の改新を遂行していた時代、民族意識発揚と堅固な国家築造に向かわせる契機となった最大の事象が外政、内政両面で勃発した。対外面では、唐・新羅連合軍との白村江の戦（663）に於ける大敗

第1章　日本民族及び国家の成立

と朝鮮半島からの退却であった。逆に侵攻されるかも知れない安全保障上の危機に晒された。外交の窓口であった太宰府防衛が重くのしかかる。更に、国内では8年後、天智天皇亡き後、皇位継承を巡る最大の戦争となった壬申の乱が起き、古代史上最大といえる内憂外患のダブル危機に直面した。

　後を継いだ天武・持統朝は疲弊、荒廃した人心、国力の快復に努めるべく、内政及び外政改革に着手し、安定した天皇親政に基づく中央集権的体制樹立へと舵を切る。従来、有力豪族に支えられた天皇の統治体制では、豪族間の勢力地図の塗り替えでは政権が安定しない上、天皇継承の法的整備に不備があり、政争の具に利用されてきた弊害にも頭を痛めていた。自国を中国と対峙する一等国と過信したのは手前味噌に過ぎず、国家として成熟すべく原点回帰を余儀なくされた。改めて、中国から突きつけられた古代国家成立の3大要件（都の建設、法律の制定、国史の制定）の達成が改革の道標となった。具体的には、第1弾は飛鳥に都を築造、第2弾は大宝律令の施行、第3弾は記紀の編纂、第4弾は唐王朝との外交関係を改善し、遣唐使の再開に漕ぎ着ける政策であった。その前提は天皇親政の中央集権体制の樹立であった。

　紀元700年前後、日本はまだ独立自尊して唐と対等な関係を結ぶには政治的に非力であり、学術、文芸面でも立ち後れていた。こうした環境下、国策として優秀な政治家、留学生等を派遣し、先進の唐の政治制度、技術、宗教、文芸を学ばせて導入せざるを得なかった。当該政策の本旨は、明治期に行った欧米からの文明開化政策と基本同じである。この天武・持統朝の国家像の策定により、後継の天皇は代を重ねつつ着実に改革を推進し、日本の骨格に肉付けて国体を成育していく。この時期は奈良時代（710〜784）にほぼ重なり、飛鳥から奈良に遷都し、平城京を営んだ。大和政権は狭い橿原から進発し、平城京で完結した。以降、国力増強、外交政策に伴い、奈良から京都へと政治の中枢を遷したのは自明であった。

　奈良時代には大陸からの危険性が低減し、国内基盤を強化する統治政策に転換、傾注することが可能となった。天武・持統朝以前には列島の隅々まで支配領域を拡大していた訳ではなく、辺地の豪族勢力は不服従で、しかも反乱を起

40

こすことも頻繁にあり、畿内の大和政権（地域政権）にとって脅威となっていた。俯瞰すると、壬申の乱が分岐となり、地域性の強い大和政権から全国に跨る統一政権へと向かった。

　国家成立とも深く関係する代表的な蛮夷征伐の二つの話を、伝説も交えて紹介する。一つは後述する神話伝説上の日本武尊、二つ目は『日本書紀』に顔を出す阿倍比羅夫（奈良時代）である。第37代斉明天皇（皇極天皇の重祚）時代の将軍で、秋田、青森、北海道の蝦夷を征討し、北海道では後方羊蹄に政所を置いたと伝承される。

復元された平城宮の大極殿

羊蹄山の旧称は後方羊蹄山であり、4本ある登山ルートの一つが比羅夫コースで、比羅夫という地名も阿倍比羅夫の功績を讃えた名残であろう。異民族征伐で大功を示した彼は天智天皇の寵遇を得て、大船団を率いて唐軍と先の白村江で戦うも大敗を喫してしまう。古代海戦史に名を刻んだこの戦いに勝利していたら、極東の歴史は激変し、国内には比羅夫（阿部）神社が各所に造立されたに違いない。

　平安時代に入ると、決定的な政治上の動勢が起きてくる。それ以前、異種族と見做していた南九州の隼人（熊襲）や東北の蝦夷を征討し、版図の拡大、部族統合と同化が加速化されている。第50代桓武天皇が派遣した坂上田村麻呂の数次にわたる蝦夷地経略は国家としての一大事業となった。田村麻呂はこの功績により、征夷大将軍、正三位大納言にまで昇進している。光が当たった坂上氏とは対照的に、軍門に降った蝦夷の族長2人（アテルイとモレ）は、京都に連行後斬首され、影となった。長谷部日出男（作家）に「みちのくの

比羅夫の功績を山道に残す羊蹄山

41

第1章　日本民族及び国家の成立

俘囚」と形容された蝦夷の悲劇を語る歴史である。

　尚、征夷とは夷（蝦夷）を征する意味で、後の幕府の征夷大将軍（将軍）は朝廷に任命された武門の最高位となる。更に、中国は東方の日本を夷（蛮人）が住む東夷と蔑んで呼んでいた。『魏書東夷伝』はその一例である。因みに、京都の清水寺は坂上氏の氏寺ともされ、深い因縁を持ち、古来有数の人気スポットとして発展してきた。

　干戈を交えなくても、その後も巨大唐王朝と全面的に対峙する状況下、大陸の東海に神仙の如く浮かぶ島国日本は政治、文芸等の影響を常に切迫して受けていた。日本列島は背水の陣を敷く地勢的環境にあった。それにも関わらず、大陸の中原に中華思想を抱き、東夷西戎南蛮北狄と睥睨しながら、四囲の国々を圧倒していた中国王朝の直接支配を免れ、独立自尊の国際関係を維持した。学ぶべきは学び、尊ぶべきは尊び、敬うべきは敬い、拒むべきは拒む節度ある外交姿勢を堅持しつつ、新国家として独自にして特有の態勢を徐々に確立した。

　中国由来の文化、宗教面では固有の発展を招来し、平安時代に自前の「仮名」の使用、鎌倉時代には日本式仏教宗派（浄土宗、浄土真宗、華厳宗、曹洞宗、臨済宗等）の成立を見た。インド発祥の仏教は、アジアを中心に多様な宗派が形成され、拡大していた。日本でも同様に一宗一派の始祖が誕生して民間信仰として定着した。これは宗教の成熟度が先進国に追いついた証左と見做せるし、釈迦の教えを忠実に伝える役割も果たす一大仏教圏を築いていく。

　これまで先史も含めて、大和政権から奈良・平安期に至る国家の誕生と発展に深く関わる重要な歴史的出来事を中心に総覧した。この間、国家存亡に関わる大禍はなく、比較的平穏な時代の下に諸勢力が政治的に統合され、文化的同質化を通じて穏健な民族文化が醸成された。殊に国家の柱石となる神道、仏教は時の政権と整合を図りながら布教の伸張を遂げ、政治的存在感を高めていた。この結果、相克するのではなく、共存する神仏融合の智恵を生んだ。

　国学者の本居宣長は儒教と仏教の排斥派であるが、「しきしまのやまとごころを人間はば朝日に匂ふ山桜花」と詠った。しかし、日本人固有の「大和心」は、神道や桜という単一的習俗のみで形成されたのではなく、独自のものを尊

重しつつ、多様性も受容する寛容性により醸成された心情と考える。

第2章 山と宗教・信仰・修行（総論）

　山の好事家で高校時代の同窓M・M君からのメッセージが届いた。「古稀を越えても山歩きを続けています。なぜ山に行くのか、山の魅力は何かを問われても、十分な説明が出来そうにありません。達成感、爽快感、美しい景観、小さな発見はあるのですが」信仰ではなく、彼も又何かを求め、山を歩き続けている。

　時が経つにつれ、山岳の登下山中に於いて巡り会った体験、知見、神社仏閣及び関連事蹟等の淵源に辿り着きたい欲求が無意識に湧き、もう少し掘り下げてみたい念慮が疼いた。そこで本章では山岳と人為の世界、とりわけ宗教・信仰・修行に焦点を当てた。

　山と宗教との関連性は、山名からも明確に窺える。宗教的用語を由来に命名されたと覚しき百名山（蔵王山、武尊山、両神山、鳳凰山等）を拾ってみると、15座前後確認出来る。中でも、鳳凰山は、地蔵ヶ岳、観音ヶ岳、薬師ヶ岳の3山を総称した山名である。これだけ揃って仏教用語が使われたのは珍しい。篤く信仰された証であるが、菩薩等の事蹟は地蔵ヶ岳の岩塔直下にのみ多く見られる。山名に限らず、地名等に仏教関連用語が頻用されていて、如何に仏の教えを命名の手段に活用したかを示唆する。一方で至仏山、聖岳のように、仏、聖といった宛字が使用されながら、宗教的来歴を全く持たない山名もあった。

　自然の山は多くの特徴を持ち姿、形、色、特性も万別で、それらは存在する場所、標高、誕生の時期、気温、雨量、岩石の組成、土壌、動物、樹木、植物、苔等が特色となる。俯瞰すれば、列島は中央山嶺が背骨のように走り、人との関連性の濃淡で更に色味がかる。

　なぜ、人々は精神的絆の醸成、肉体的鍛錬を海、湖、川ではなく、山岳に求めたのであろう。海、湖、川等の魚介類を捕獲して食料にしたので、水辺の方が生活依存性は山岳より深い。

　宗教、信仰といった形而上学的世界にはまると、人は危険極まりない山岳を

悟り、修行の場となぜか見做し、今日でも尚営々と霊験あらたかな対象と盲信する。山岳信仰は仏教渡来以前からあり、入山修行は存在していた。又、峰入り、開山のような様式は釈迦の修行が原義となったに違いない。現在でも、峰入りは滝行や垢離を掻く慣行的な修行になった。

　一般に、僧侶や出家者は修行を必須と信じ、時に誦経しながら跋渉を重ね、山道をよじ登り、山巓登破を繰り返す。こうした分かり易い行為が信仰心を増幅し、神仏から授かり物を得る良い方法と信じる。本格的な修行を励行しても、解脱や悟りの領域に達することは至難であろう。

　宗教に触れ、信仰に従い、修行に進むのは一体的で自明の理といえる。反面、山岳で信者の心に仏の功徳である智恵、慈悲、救済の感応に繋がるかは、解き明かせない。だが、巍々峩々たる山体に祀られる宗教的光景を目にすると、人はなぜそうするかという不可解さと同時に、正解の一端が垣間見えるようにも感じた。その光景とは無極性の神仏にまつわる事蹟の類である。かねてより、山岳信仰、修験、宗教儀式、登拝、寺社、遺跡類に対して耳をそばだて、目を注いではいても実感に乏しかった。数多の山道を歩き、稜線を踏み越え、渓流を渡ることにより、信仰、修行の臨場を肌で実感した。宗教、信仰の実態は数知れない僧侶、信者、修験者、寄進者の偉功として各所に見られた。これらは、山と関わりを持った人々の善行の表象とも映る。

　修行が喪失した本性を取り戻す契機になるという仮説を立てた。仏教を発端とする修行は、悟りとか煩悩からの解脱を目的とする。しかし、難行、苦行を重ねても論理的に悟り、解脱は難しい。それは本性が失われてしまったからで、本性の回帰が必須となる。本性の回帰を何かと問えば、「自然界で生きる力」と答えたい。この力が人に取り憑いた苦悩、煩悩からの解放に導く条件と考えた。生きる力、則ち本性の回帰は、自然界に於ける修行が一里塚となる。

　非日常感漂う自然界では、人間が喪失してしまった本能が五官を通じて五感の作動によって、復活してくる可能性がある。脈々と流れ続ける人の原点回帰の本性は、人工物のない自然の中に於いてのみ発現するとも推認しうる。換言すると、人が山中に身を投じた際、修行という行為が、社会生活で喪失した本

45

第2章　山と宗教・信仰・修行（総論）

性に戻ろうとし、本能を作動させることはあり得る。自然摂理に則れば、生物は理路不明のまま、闇雲に命を危険に晒してまでの愚行はしない。

　森林に限らず、同様の静寂の自然環境では精神的作用が発現されてもおかしくない。例えば、昔から一貫して、神社仏閣の静謐さに身を封じ込めた時、或いはその社寺に向けて、巨木に挟まれて延伸する参道をそぞろ歩きしているだけでも、汗が引き、身震いする異次元の体感を覚える。この種の体験をした人は多いだろう。則ち、神仏の関わるある領域には、神仏の醸す通力の存在を認め、当該体験の積み重ねから結界や浄土の概念等が誕生した可能性がある。

　付言すれば、人里でも寂寥とした小さな森林に佇立する、小さな祠や仏像の傍を抜けていく場合も同感である。これは神仏が人に示す不可思議な力、則ち霊験又は効験とすれば、不可視、不可知なるものが顕然化したといえる。深山幽谷に身を進めた際も平生とは異なり、心身に緊張感が走る。生理的作用が当該環境に晒されると、自然と無意識に起きる現象である。その原因を神仏の力と仮託すると、人々が不可解なある現象を認知した場合、それは論理的に説明しうる神妙な霊験に収斂されていく。

第1節　日本の山

　山に関しては国土地理院発行（2万5千分の1）の地図には1万7千以上の山が記載されている。日本は国土の70％ほどが山に覆われ平坦地、耕作面積が少ない地勢から精神文化の醸成に山が奇特な影響を及ぼしてきた。因みに、山の数のトップ5は北海道、新潟県、岩手県、長野県、福島県と続き、最少は千葉県で沖縄よりも少ない事実を知る人は少ない。

　山らしき高みの少ない県で、しかも平坦な台地で生まれ育った私の視座から、改めて百名山を省思した。概念的に日本は山岳に覆われた列島と認識しても、具体的に実体を知れたのは、百名山を含めて多数の山との接触があったからに他ならない。その結果、山で把握した形而上世界、精神文化は宗教、信仰、修行、修験等で生み出され、山と宗教のそれぞれの役儀は一体感を帯びていた。

46

尚、島については北から北海道、本州、四国、九州と連なり、沖縄及び周辺の諸島、三千数百から構成されている。地勢的な山と島、それを取り巻く大海は日本人及び国家誕生の主要な成因となり、民族、言語、生活、習慣、宗教、文化等々の形成に根源的影響を与えている。

　百名山登山を体験したことで、日本の山岳の概観には一応触れ合えた。万座重なる日本の山は無辺に連なり、登り尽くすことは叶わない。しかし、目的を掲げ、登るべきと選定した幾つかの山がいつも掠めていた。

　これから紹介する3座はそんな山で、百名山とは異なる視点に立脚し、老体に鞭打って紀行してみた。本書の趣旨を伝えるには所要の山行であった。

　その前に、私が感心した余話を一つ紹介する。日本に住んでいると、頻りに「列島」という2文字の言葉を使用し、誰もがこれで日本のイメージを会得する。本書を執筆中にこの列島よりも日本の地勢を簡明に示す「山島」という言葉を知った。『魏書東夷伝（魏志倭人伝）』は、「倭人は帯方の東南大海の中に在り、山島に依りて国邑を為す。……」と日本を的確に伝えた。日本の特徴を山と島で表し、山島と示した。山島は列島より遙かに正鵠を言い得ているではないか。不確実で混沌とした情報が行き交った約1800年前、漢字を発明した隣国の祐筆は、核心をついて古代日本を捉えていたことには驚嘆した。

第1項　比叡山（大比叡）

　現代人が山と聞けば、富士山はその標準であるように直観し、全く違和感なく全体像を連想するだろう。更に百名山を知れば、その具体像は形象と自然美に収斂することが多い。

　その他、山には原意がありそうな気がし、山の基点にでもなるかと、ふと、広辞苑で山の意味を引いてみた。「平地よりも高く隆起した地塊。谷と谷との間に挟まれた凸起部、古く、神が降下し領する所として信仰の対象とされた。特に比叡山、又、そこにある延暦寺の称」とある。神が降下し領すると示しているので、山そのものをご神体とした発想が窺える。

　南都北嶺の北嶺は比叡山を、南都は法相宗（開祖玄奘）の興福寺をそれぞれ

第2章　山と宗教・信仰・修行（総論）

指しており、山の代表と宗教の関係性の原点が明示されている。更に、これを裏書きするかのように、比叡山延暦寺に見るように、寺院には寺号（延暦寺）の上に称号である山号（比叡山）が冠せられ、山の名をもって呼ばれてきた。寺院の多くは山にあり、この山号は中国より伝えられ、後に平地の寺院（金竜山浅草寺等）にも普及した。有史以来、山と宗教は一蓮托生であった。

延暦寺にある国家鎮護碑

北嶺と称される以上、日本人にとって平安時代は政治、文化、経済、宗教・信仰・修行の中心であった平安京（京都）に近い比叡山を、第一義の山として共通認識していても不思議でない。

平安京は四神（玄武、青龍、白虎、朱雀）相応に合致した風水の宮都といわれる。北の玄武は山を示し、古来神山と崇められ、天空の聖なる比叡山がこれに該当する。しかし、比叡山は鬼門の方向に峙つため鬼門除けとして、最澄が延暦寺を創建して以来、王城並びに国家を鎮護する比叡山延暦寺と総称されていく。更に、鴨川や宇治川の水上交通、北陸道や山陰道の陸上交通と繋がる利便性の良さが造営の一因であった。

こうして比叡山は政治的、宗教的色彩が極端に強い背景を有し、古来擦り込まれるが如く山の代表と認知されてきた。従って、現代人が理解している山（岳）とは来歴が異なる。

① 比叡山行

標高1千mに満たない比叡山は、「日本三百名山」（日本山岳会選）の1座である。京都盆地と近江盆地を分断し、東西両側に断層崖が走る地塁山地で、山頂部に平坦地が多い地勢を示す。主峰は四明岳と最高峰の大比叡とに分かれる。

長きにわたり歴史・宗教・信仰・修行、政治、文化の中心であった京都並び

に国家を鎮護した比叡山延暦寺ほど強烈な個性を今に伝えている山は他にない。比叡山が一名山としてのみではなく、日本社会を日夜映してきた縮図といえる存在でもある。

　山の代表として富士山が辞書に載らず、比叡山が載ったことは背景を知ると、納得する。只、辞書で山として引用される比叡山には登っていないという忸怩たる気持ちがあり、いつか京都側から登りたい誘惑に駆られていた。そんな矢先、思いとは別に2019年からの3年、繰り返される新型コロナウイルスの蔓延の余波で、行

京都タワーから展望した比叡山

動自粛を余儀なくされていた。幸い、2022年の10月から規制解除が施され、比叡山行を決行したので、顛末を概述した。これまで京都には何度となく、訪問していたが、「比叡山に登らずして山、京の都を語ることなかれ」の呪縛から解放された瞬間でもあった。

　今回、西の京都側から急崖を登り、頂上部の平坦地を歩き、東の滋賀側の急崖を下るコースを選択したが、山の地勢を体感した山行となった。のみならず、京都と比叡山延暦寺を知る上で目から鱗が落ちる体験にもなった。

・2022年11月9日（晴）
・9時50分　修学院駅出発
・12時47分　登頂（大比叡）
・15時20分　比叡山登山口（坂本、日吉大社）帰着

　修学院駅を出発し、音羽川沿いに進み、雲母（きらら）橋を渡ると登山口がある。この登山口まで20分ほどで着くのだが、見つけるのに手を焼いた。市街地と住宅地の舗道を歩いたので、比叡山登山口の案内はなく、通りがかりの3人の方に道を聞いても、親切に方向は示せても正確な道順を知らない。山好きでもない限り、登り口を知らなくても無理はない。

　急坂の広葉樹の山道（雲母坂）をジグザグに上っていくと、針葉樹林帯に変

第2章 山と宗教・信仰・修行（総論）

わり、山稜へと続いていく。因みに、雲母坂の雲母は「きらら」と読み、雲母が取れた地名に付けられていて、この坂周辺で雲母が産出されたことを暗示している。傾斜が緩くなった幅広の稜線歩きになると、音羽川の水音が聞こえ始め、開けた一角に「水飲対陣之跡石碑」が建てられている。ここで京都を取り巻く山々を繋ぐ京都1周トレイルが合流し、山道と重複して延びていた。トレイル道を歩き、途中京都市内を俯瞰する休憩地で一服する。後醍醐天皇を支えた千種忠顕の石碑を過ぎると、急な階段状の上りとなる。

12時11分にスキー場跡を横断したら、大変広い平坦な巻き道となり、数分で大原を俯瞰する広場に出て、この展望地では数名が休憩しながら景観を楽しんでいた。頂上に至る杉林の山道を上り返し、12時30分に比叡山バス停がある駐車場に着いた。休憩を挟み、小高い丘のような大比叡に向かう。

12時47分に大比叡（848 m）に登頂した。広さ10坪ほどのお椀状の形をした頂上は薄暗

樹林に覆われた比叡山頂

比叡山阿弥陀堂

く、杉木立に覆われ、展望は完全遮断されている。宗教的来歴を窺わせる事蹟は見当たらず、石塊で囲まれた三角点が自己主張することもなく設置されていた。

5分ほどの滞在後、山頂を下りて延暦寺に至る山道に戻る。道幅のある平坦で緩い坂道を下っていくと釈迦堂のある西塔と根本中堂のある東塔の分岐があり、後者へ更に下った。因みに、比叡山は西塔、東塔、横川の三地域に分けられ、これらを総称して比叡山延暦寺といわれる。比叡山頂を目指すだけの登行であ

れば、延暦寺の堂宇を参拝する必要はなく、山道を一心に下るのみで良かったのだが、ここほど寺院と一体化した山はないので、実物学習のため東塔地域に踏み入った。

13時36分に東塔地域にある法華総持院（東塔、阿弥陀堂）に着いた。

これを皮切りに坂を下りつつ順次、戒壇院、大講堂、満拝堂、大黒堂、根本中堂、文殊楼の堂塔伽藍に参詣した。残念だったのは、総本堂の根本中堂は大規模改修工事中のため、外観は全面シートで覆われ、内部も足場が組まれて詳細を見ることが出来なかったことだ。荘厳な佇まいの各堂宇は、舗装整備された、傾斜の強い参道で結ばれていた。特に文殊楼に行く石の階段は想像以上に急斜面で、危険に感じた。足腰の弱った老体には、幅の狭い急階段の下りは殊更恐い。

平日にも関わらず天気に恵まれ、ドライブウェイを利用したツアー客が続々と押し寄せていて、木立に囲まれた閑静な信仰と修行の聖地は、人気の観光スポットに復活していた。

40分ほど滞在した後、14時15分に文殊楼の急階段から坂本に向けて発った。ここからの道は幅広くて直線的だが、急傾斜の上に深く掘れていて、剥き出しの岩が下山を遅らせていた。往路は普通の山道、途次から広い巻き道であり、復路も同じ感覚で下った。危険でなくても、一貫して歩きづらい針葉樹に覆われた急坂が続く。仏教色の最も強い山の一つの比叡山でありながら、道沿いには思ったほど奉納された石碑群、鉄剣類が見当たらず、御嶽山、高妻山、岩手山等と比肩すべくもなかった。伝教大師最澄が創建した延暦寺という巨大な寺院への忖度心が働き、参拝途上には雑駁な石仏類の設置を遠慮したものかと下種の勘ぐりも湧いた。

15時11分に樹林帯を抜け出し、琵琶湖を見下ろせる開放地に着き、ここからは緩やかな舗道と階段を下っていく。

15時20分、日吉大社脇の比叡山登山口（坂本）に到着した。延暦寺建立以前からこの神社はあったというから、琵琶湖周辺は豊穣で文化的一帯であることを示唆した。古来、比叡山は山岳信仰の対象として山神が祀られていたとされ、初期の日吉大社を中心に神道が広まっていた可能性は高い。ここから少し

第２章　山と宗教・信仰・修行（総論）

下っていくと最澄生誕地という生源寺があった。

下山時、直感的に２点気づいた。神仏習合を示唆する神社と寺院が共存していることが１点目で、２点目が下山してきた道が延暦寺参詣に向かう表参道であったことである。

この山に登るには基本、滋賀側からの参道と京都側からの山道の二つのルートが開削されていた。前者は最澄等が修行、開山の宗教目的で開削した山路であるのに対し、後者は平安末期、比叡山延暦寺が寺院勢力として巨大権門にのし上がった結果、僧兵（山法師）等が朝廷へ政治的強訴に向かった際に利用した。

最澄生誕の生源寺

② 比叡山と政治との関係

強訴とは、徒党を組んだ集団が為政者に対して、自らの要求を実現するために勢威をもって強硬に訴える示威行動といわれる。院政期前後に南都北嶺の僧兵が強訴で頻繁に入洛し、政治問題を引き起こす。譬えれば、親に素直だった子供の反抗期が始まった。

とりわけ、1079年には比叡山の僧徒約１千人がこの道を下り、内裏に強訴した事件は衝撃的であった。国家及び王城鎮護に殉ずるはずの僧侶集団が、武器をとって強訴を目的に山の上から入洛すれば、平時僅かな内裏守衛の兵士しか持たない丸裸の朝廷、貴族達は混沌に陥り、その後も沈静化に苦慮した。私の山行体験から推定すると、延暦寺を出立した僧徒は一旦登り返し、雲母坂を下り、２時間前後で平安京に入れた。僧兵が強大化したとはいえ、軍備、兵站面からも不十分で政権を強奪する目的は低く、権益確保が優先目的であった。強訴に手を焼いた話として、白河法皇（1053～1129）が己の意に従わないものとして、「賀茂川の水、双六の賽、山法師」の三つを挙げて嘆いたのは有名である。

延暦寺に限らず、南都の興福寺、東大寺、その他の諸山諸寺の僧兵が政治権力と軋轢を生じて、抗争は政権が変わっても各所で強まった。奈良・平安期に寺社は公認され、共に国家の厚い庇護を受けて成長した。しかし、寺院は律令制の崩壊に伴い、増大した寺領を各寺院が自衛する状況が発生し、政治権力と対立する武装寺院が定常化していった。寺門は幕府主導の鎌倉期以降も、政治に干渉する一大勢力を維持する。

　延暦寺は歴史上、特筆される極みを戦国時代に迎えた。1571年の織田信長（1534～1582）による比叡山焼き討ちである。極みとは、政治と宗教の対立が甚大な犠牲を強いた衝撃性を指す。主要な堂塔伽藍は灰燼に帰し、檀家を含め僧職者数千人が殺されたと伝わる。天下統一の過程で、本分を忘れ、宗教権威、経済権益を背景に武力行使に走り、信長に抵抗していた門徒衆はその存在を否定されてしまった。比叡山焼き討ち後も、各地で蜂起した寺門の一揆を徹底的に掃討していく。ここまで時の権力者と信徒が抗争した背景には、鎌倉期の宗教改革があった。旧来の天台宗から浄土真宗が広がり、拍車をかけるように室町幕府の政治的混乱及び戦国時代が政治的対立を深め、真宗門徒による一揆が各地で頻発し始める。

　信長への延暦寺側の抵抗とは何を意味したのか。裏返せば、これは信長の延暦寺攻略の対応と重なる。近江の地は内陸にありながら日本の中央部にあり、古来、水陸交通の利便性を生かして発展してきた。特に琵琶湖は比叡山を挟んで京都に近く、北陸道、東海道が繋がる重要な水上輸送の機能を持ち、信長の天下取りには要衝であった。

　両者対立の構図を結論からいえば、政治的及び経済的側面から浮かび上がる。延暦寺は政治的には信長が対立した朝倉（越前）と浅井（近江）とは同盟に近い関係を築いていた。経済的に恵まれた琵琶湖周辺の農民、商人等の多くは檀家であり、延暦寺は膨大な権益を保持していたと考えられる。全国的に当時の城下町では、旧来の商人が市座の独占的権益を有し、新規商人の参入を拒んでいた。信長はどこで誰から学んだか、支配領域では新経済活性化策として楽市楽座を導入した。この政策は既存市座の独占的権益を廃し、新規の商人にも自

第2章　山と宗教・信仰・修行（総論）

由な営業を認めたのである。自発的経済活動により効率的で莫大な富を生み出す、現代の革新的サプライチェーンの構築に近い。この新経済主義は領国内の財政を豊かにして、天下制覇に導く処方箋ともなった。

　湖上、湖岸の特権的経済利益を巡る双方の対立は、熾烈な戦いに向かう蓋然性があった。信長は天下布武の旗幟の下、1570年に朝倉・浅井を討滅する一方、既に触れたように翌年には両大名に最後まで与した延暦寺に矛を向けた。当初から、琵琶湖を天下支配の本拠とする構想は、東岸に安土城の築城で具体化した。更に攻略した琵琶湖周辺の安定統治に向けて、最も信任していた麾下の羽柴秀吉、明智光秀をそれぞれ長浜、坂本に築城させて盤石を期した。

　革命的と評される信長の政治哲学には、既存の仏教宗派には経国済民の権利と能力はないと論断していた節があり、反面渡来して間もないキリシタン（イエズス会カトリック教）への関心と信頼は亢進していた。国土は微塵に分断され、戦争に明け暮れている下克上の世にキリシタンを受け入れた背景に、ルネッサンスを経て神中心の中世文化から清新な科学的且つ人文主義的近世文化を身につけた宣教師の力を借りて、有職故実に縛られた制度、文化を革新して、疲弊した日本の強靱化を遂げなければ、先進的ヨーロッパに対抗しうることは不可能と彼は見抜いたのだ。信長の宗教政策は本能寺の変で横死した結果、道半ばで途絶えた。地歩を固めつつあったキリスト教は、最大の支援者を失い、その後、豊臣秀吉、徳川幕府により排斥、禁教の道を辿り、1873年まで解禁されなかった。

　延暦寺はその後、天下人となった秀吉、家康が領地を与えて復興を支援し、17世紀前半には殆どが再興された。この経緯を知るだけで、旧態を破壊して新秩序の構築を目指した信長と因襲という軛と轅を排除せずに国家統治した秀吉、家康との器量は懸絶していた。

　琵琶湖を挟んで北東に聳えるのが、百名山の伊吹山である。信長は宣教師の助言を受け入れて、病気の最新治療に必須の薬草栽培をこの山で行っている。広大な薬草園を開き、西洋から持ち込んだ約3千種類の薬草を植えた。それまで中国由来の漢方医学に懐疑的であった信長は、科学的合理性に裏付けられた西洋の医学、薬学知識を信頼し、果断に導入した。

彼は戦争の武器として火縄銃の価値をどの戦国大名より理解、活用し、天下統一に繋げていたので、一武将として語られることも多いが、むしろその慧眼は国家を導く特質を帯びていた。古い文化、伝統の支配する隣国中国には関心を示さず、固定観念を払底し、何よりもヨーロッパの先進性を日本に応用しようとした卓越さが信長の真骨頂であった。

総括：

　忌憚なき意見を一つ述べたい。比叡山は延暦寺と連座した宿命により、仏教の矩を超えて政治色の露わな舞台と化した側面が強い。しかし、山の品格、歴史、個性のどの観点から評価しても、比叡山は百名山の栄誉を賦与されて然るべき山であった。

第２項　高尾山（599ｍ）

　百名山の雲取山が東京都にあることは意外と知られていない一方、高尾山の認知度は絶対的である。昨今は外国観光客にも知られ、人気はうなぎ登りである。都心から至便の電車で登り口まで快適に到着出来、四季を問わずハイキング感覚で安心に登れる山として人気が高い。山頂手前に行基の創建と伝わる薬王院有喜寺（真言宗智山派）があり、真言と修験の教行一致の道場として民間信仰を集めてきた。寺域は山上方向に広がり、本堂、本社、奥の院等の堂宇が点在している。

　因みに、登山者を含め、ケーブル、リフトを利用して参詣、観光で訪れる人が多く、年間数百万人が登る世界一山行者の多い魅力の山である。比叡山同様に人々を惹きつけて止まないこの山を歩かない選択肢はなかった。ノー高尾山、ノーライフ。

　　・2023年3月30日（晴）
　　・14時　　　　京王線高尾山口出発
　　・15時10分　高尾山登頂
　　・16時40分　京王線高尾山口帰着

第２章　山と宗教・信仰・修行（総論）

　標高差を 400 m 前後と見て、高尾山口から登頂まで 80 分と予測した。気温、天候に問題なく、絶好の登山条件に不安はなかった。高尾山口から数分沢沿いに歩くと、ケーブル、リフト乗り場がある。乗り場前の広場からは３本の登山道が開かれていて、稲荷山コースは閉鎖中であった。自然研究路１号路（表参道）、又は沢沿いの６号路（琵琶滝コース）の二者択一で後者を選択した。

　14 時３分にケーブル駅から登り始める。舗装路は直ぐに山腹を練る根っこの多い、１～２ m 幅の山道に変わる。人気の高い山と聞いてはいても、直ぐに気になったことは予想以上の山行者の多さであり、中腹に至るまでは数珠繋ぎと化した集団、単独の下山者とすれ違った。谷側は低いながらも多摩川の源流の一つである前ノ沢に切れ落ちているので、集団者の場合は何度も道を分け合いながら進んだ。又、比較的高齢の外国人グループが多かった。行き違い時は軽い挨拶を交わしたが、傾斜のきつい坂路で続々下りてこられると登攀者には結構厳しい。全般に登路は十分確保されていて、誰でも安全に上れる。高尾山の魅力の一つとなる、植物、動物、鳥類が息づく自然観察を喚起する看板が数カ所立てられていた。自然との対話を打ち消すかのように、喧噪過ぎる人の多さに降参しつつ、水量も少なく短い琵琶滝を右手に眺め、歩を進めた。

　14 時 56 分、樹林帯を休憩なしに黙々上り詰めていくと、新しく整備された木段の急登が始まった。一気に５分ほど上り詰めると、かなり広い開けた尾根に着き、座り易そうな数台の長椅子に 20 名前後が小休止していた。一角に立てられた立派な案内図に、この一帯は「明治の森高尾国定公園」に属し、高尾山域は「都立高尾陣場自然公園」と紹介されていた。ここから山頂への舗装された広い周回路となっており、数分上ると、碧空を仰げる平坦な広場に着いた。久しぶりに山を登り切った爽快感が湧いた。

　15 時 10 分に高尾山に登頂した。楕円形の広場の中央に幅約 40 ㎝角、高さ約 250 ㎝の木製の標柱が立っていた。広場は長軸約 100 m、短軸約 50 m あり、ビジターセンターには食堂、売店等の設備が完備している。まだ新芽も萌え出ない周囲の樹木の中、満開の数本の桜のみが春の彩りと景色を醸していた。総勢 100 名前後の若い人から老人、小さな子供を連れた家族、複数の外国人（英

語、独語、仏語、中国語)等の山行客で頂上部は、賑わっていた。遺憾ながら天気晴朗なれど、山頂の極みである富士山の絶景は、彼方に浮かぶ雲に遮られていた。

　山頂での驚きは、頂上部が想定以上に広大であること、多様性に富む人達の多さに尽き、嘗ての山行体験にはなかった光景であった。ここ数年、行動自粛を強いられた人々は、やっと日常生活に戻った喜びに溢れていた。これが春秋のピーク時にはどうなるのかといらぬ心配までしてしまった。

高尾山頂

　15時28分に薬王院経由のコースで下山を開始した。杉林に整備された広い道を多少の昇降を繰り返して7分ほど進む。このコースで下ると、通常の薬王院参詣とは逆の道となる。

　薬王院は、東京を代表する霊山で真言宗智山派の古刹である。聖武天皇の勅令(744)で東国鎮守の祈願寺として、行基が開基したと伝わる。中世から飯縄大権現を祀り、修験の地として栄えている。則ち、固有の神と外来の仏の絶妙の均衡が保たれている。このように薬王院は

薬王院権現堂

後述の神仏習合を色濃く残すだけでなく、民衆の支持獲得に最も成功した寺院の一つであり、それが今日の殷賑に至った経緯を示唆した。

　15時35分、直下に最初の堂宇の不動堂(奥の院)が現れた。急な石段を慎重に下り、裏手から正面に回り、合掌する。山寺に多く見かける、急斜面に敷設した急な石段を更に下る。

　15時39分、赤い鳥居の立つ権現堂(本社)に到着した。朱塗りに彩色された彫刻が巡らされていて、華麗さが放たれている。

第2章　山と宗教・信仰・修行（総論）

　15時43分、薬王院本堂に到着した。ここには本尊の薬師如来、飯縄大権現が祀られている。建物で見比べると壮麗な本社よりも大きく、寺門には「開運大天狗」と「厄除小天狗」が安置され、敷地も広く荘厳さが漂う。

　天狗伝説は霊場に止まらず各地で耳目を集める。ここの境内にも両翼を付け、羽のうちわを持った様々な天狗像が各所に建っている。一般に人に害を与える悪い印象のある天狗だが、天狗信仰の強い高尾山では開運、厄除として信仰され、真逆の良い評価に転じている。

　天狗の起源の定説はないが、日本では奥深い山中で修験道の修行をする人達（修験者、行者、山伏等、以下修験者）を天狗に見做した可能性が高い。修験の実態が不明の古代、異様な姿で薄気味悪い修験者を見かけた麓の人々は、恐ろしい妖怪と誤認しても不思議ではない。更に、住民に降りかかる不可解な罪業は彼等の所業に負わせてしまう事例もあったとされる。修験者の大半は世間との接触は皆無に近く、誤解や悪い噂を晴らす機会はなかった。こうして彼等は

薬王院本堂

開運大天狗

いびつなりに伝承され、江戸期には現在目にする天狗像に変貌した。しかし、修験者の実像を知るにつれて、人々にご利益をもたらし、親しみを感じる存在へと変貌し、信仰にまで至る事例が各地で現れる。高尾山の天狗はその好例に違いない。

　因みに、中国では隕石の落下音が犬（狗）の鳴き声に似ていたことから天の狗、天狗と名付けられ、犬の姿の妖怪を意味する由。不幸にも日本では、犬の妖怪である天狗が妖怪とされた修験者に仮託されてしまい、修験者には不名誉

な汚名を着せられてしまった。それでも、天狗と付く名称は地名、山名を含めて広範囲に及び、馴染み深い言葉となった。

又、境内には至る所に「六根清浄」の石柱が立ち、行者、登山者、参拝者等が願いを込め、六根清浄を唱えながら上っていた姿を伝えていた。鎌倉時代に起きた新宗派の誕生により、仏教は一般庶民に広く普及していくが、この転機は仏法を分かり易く表現した称名念仏（南無阿弥陀仏）や御題目（南無妙法蓮華経）等の布教方法にもあり、意味が明解で語呂も良い六根清浄は、多くの人が合唱すれば、信仰の義とは無関係に登る苦しさが和らぐ効用を示したのだろう。

山門

15時49分、本堂から境内の一角にある展望所に寄り、神奈川方面の市街地を望む。「厄除開運」、「願叶輪潜（ねがいかなふわくぐり）」及び大錫杖を鳴らして諸願成就を祈念する仕掛けがあり、子供達が楽しんでいた。

15時52分、山門を過ぎ、ケーブル駅に向かう。境内も含めて、参道には多数の奉納された献灯の類が立ち並んでいた。数え切れないほど多くの献納者の氏名を表示した真新しい板が、数十メートルにわたり道沿いに並べ立てられていた光景には目を奪われた。神社仏閣は寄進者、献納者等に対しては氏名、企業名等を掲示することはよくある。しかし、こんな山奥に開山された薬王院にあれほど多数の寄進者がいるとは想像出来ず、薬王院が如何に篤く信仰され、繁栄しているかを知った。時代と人々は変われども、企業経営同様に寺社も存続、繁栄をかけて運営されていた。登山者数世界一といわれる高尾山と参拝者を惹きつけて止まない薬王院は一心同体の関係にあり、宗教・信仰・修行が理想的に融合した結果に映る。篤信の多寡によらず人々を惹きつける高尾山と薬王院の魅力が何か弁ぜんと欲しても叶わない。高尾山は薬王院の賜ともいえるし、背景には誰かが描く緻密で周到な戦略があると確信する。全ての永続的な

第2章　山と宗教・信仰・修行（総論）

人為の繁栄には、かような戦略が必要である。

16時4分、ケーブルカー乗り場の高尾山駅に着く。50名以上が列を作り乗車を待っていた。様々な乗客の態様を眺めながら小休止する。

16時11分、駅の横道を抜けて1号路に入る。この4〜5m幅ある下山道は、コンクリート製簡易舗装がされていて、許可車が運行されていた。山腹を巻き、沢沿いに緩急織り交ぜて下る道は、上りに利用した6号路とは真逆で一般車道に近い。峻険な山岳に覆われた日本では、今でも施設のある山頂部まで車道が敷設されている山は少なく、限定された物資等の輸送は歩荷、ヘリ利用が一般的である。高野山では山頂部まで簡易舗装された道が整備され、ケーブルカー、リフトと併用すれば、人と物資の搬送については圧倒的優位性が保証されていた。

舗装路を20分ほど淡々と下った。この間、下る人4名、上る人2名しか遭遇せず、登路で会った下山者の登った際の方法が気になった。

16時34分、ケーブルカー乗り場に到着した。駅前には出発時と同じくらいの観光客がいた。普通、百名山級の山を下山してくると、登山者の表情には緊張から解放された安堵感が漂っているのだが、ここでは普段と変わらない観光客の楽しげな表情を見せていた。

16時40分、京王線高尾山口に到着。

総括：今回の山行には明確な目的があった。何故、数百万もの人をこの山が惹きつけているかを知りたかった。僅か3時間弱の周回山歩きにも関わらず、知りたかった核心的要素と合致する魅力を一部確認し、新たな知見も得て実り満載な1座となった。則ち、明確な目的意識を抱いて山に登ることの大切さを再認識した。

第3項　高千穂峰（1574m）

霧島山は20を超える火山群の総称である。全体的に火山は北西から南東方向にばらつきながら並んでいて、沢山の丸くて大きな火口と火口湖を特徴とする。今でも硫黄山や新燃岳のように、不規則に噴火を繰り返す代表的活火山群

でもある。一方、霧島火山群の歴史は不明な点が多く、どこの山で噴火が起きるか予測しづらいといわれる。

霧島山一帯に整備された登山道は大勢のトレッカーで賑わっているが、入山時の噴火への警戒は必定である。この連山を山行すると、噴煙を上げる火口、大小の火口跡、火口に水が溜まって出来た湖や池等を普通に観察出来、

韓国岳から遠望した新燃岳越しの高千穂峰
(4/15/2014)

豊かな植生を育む多様な自然環境に触れ合える。何より火山からの最大の恵みは、湯煙と共に各所に湧出する多彩な温泉で、観光の目玉になっている。

2014年4月15日にえびの高原から最高峰の韓国岳に登り、同時に新燃岳及び硫黄山の噴煙を間近に体験し、鋭角的シルエットで佇む高千穂峰の遠景を捉えていたので、霧島山の特徴は一応把握したつもりであった。しかし、霧島山は火山の魅力に止まらず、歴史、宗教、信仰を勘考する上で核心部分を発露し、中でも高千穂峰は天孫降臨の地として、又山岳信仰の象徴的存在である。それを示唆するかのように、平安時代に確立された六社権現の神社が、本峰を取り巻いている。瓊瓊杵尊の降臨地は高千穂峰に限っておらず、当時の複雑な勢力事情が絡んで、複数の山と神社が伝承されてきた。

韓国岳と並び主峰の高千穂峰に焦点を当てて登攀した理由は、先述の記紀で語られた日本誕生に関わる天孫降臨伝説の舞台を自分の目で検証する存念にあった。

・2023年4月18日（晴）
・12時52分　天孫降臨駐車場出発
・15時41分　高千穂峰登頂
・17時37分　天孫降臨駐車場帰着

これまでの山登りで学んだ体験に基づき、登り口に予定時間通り着けたら、その段階でほぼ30％は成功するという経験則がある。早く着けたら問題ない

第2章　山と宗教・信仰・修行（総論）

が、遅い場合が問題となり、許容範囲は1時間くらいである。今回は鹿児島空港に10時に到着し、レンタカーで12時前後には人気コースの登り口がある高千穂河原到着を予定した。ナビに従って運行したのだが、目的の登り口ではなく、難コースの天孫降臨駐車場へと誘導されてしまった。10台以上駐車可能の広場に1台だけ停めてあり、ここから登る人の少なさを感じた上、計画より1時間弱遅れたので登山イメージが上手く描けず、不安を抱えてしまった。それでも、3時間前後で登頂可能と情報を得ていたので、好天に背中を押され、5時間前後での登下山と踏んで決行した。結果的に日没前に戻れたが、安全面ではギリギリの登山となり、改めて余裕を持って出発する重要性を痛感した。

　12時52分に舗装された急な坂を下り始めると、砂防ダムに堆積した砂地に出た。この急坂は帰路最後の苦登になると嫌な予感がした。50mほど砂地を横切り、本格的山道に入る。針葉樹から照葉樹へと直ぐに林相が変わり、山腹の急坂を暫く上る。斜面には道迷い防止のリボンが木々に付けられていて、日中であれば迷うことはない。樹林で覆われた山体を格子状、又は巻きながら上っていく。

　14時2分、急登に堪えながら第二展望台に着くも、樹間越しの展望は悪く、早く空を仰ぎたい気分であった。この気持ちはどこかの山で体験したと記憶を辿ると、鳳凰山（2015年6月1日登頂）が浮かんだ。面白いもので、山の高さ、森の深さ、特性等、異質の山でも似た体験があると、上りながらしばしば思い出した。

　14時51分、急斜面が続き、火山礫の多い山道は壊れて滑り易い。僅かに滑った際に踏ん張ったことで左ふくらはぎをつるという初めての体験をした。足をつった時に誰もが味わう猛烈な痛みに暫し休憩し、屈伸しながら痛みの緩和を待った。木段が設置された道もあるが、傾斜がきついせいか崩れている。山腹を縫いつつ慎重に進み、別ルートからの分岐に出て視界が一気に開けた。

　15時15分、山頂を臨める稜線上に出た。切り立つ山稜に遮る木々はなく、強風が吹き荒れていた。恐らく、間断ない強風のせいで樹木は生育出来ず、森林限界と感じた。これまで急登続きでほてった体には心地良く、目的地を捉え

て少し安堵した一方、眼前に迫る頂上は峻険に聳え、限界に近づきつつある身体的不安が増幅していた。というのも、少し前に稜線上の木段を上がっていた際、2回目となる軽い足のつりが生じていたからである。山頂に向けてほぼ一直線に本ルート唯一の急な稜線が延びていて、左右の開けた展望に心癒やされた。

15時20分、山頂を背景に立つ鳥居を潜った。鳥居には笠木・島木がなく、貫（ぬき）にあたる位置にしめ縄2本を木製の柱から張り、その綱に5本の四手（しで）が吊り下げられていた。四手は木綿又は麻の糸のように見えた。しめ縄は不浄なものの侵入を禁ずる印として張る縄なので、山行者が穢れた俗界から聖なる天界に入る前の祓いの意味がある。仏教でいうところの結界に近い思想である。鳥居の種類は10以上とされるが、風衝の尾根に立つこの独特な鳥居に類似したものはなく、遭遇したのも勿論初めてであった。誰が名付けたか、「風の鳥居」と俗称される。

尾根に立つ天界と俗界を分かつ鳥居

鳥居を抜けて暫くすると、急崖に木段と黒袋の土嚢で補修されたジグザグ状の道が最後の踏ん張りどころとなった。しかし、残念ながら筋肉疲労で再々度ふくらはぎをつってしまった。歳は争えないものだと嘆きつつも、歩行継続に支障がなく幸いであった。ここまで3人の下山者に会ったきりだった。

日本建国物語は溶岩ドームの上でスタートした

15時41分、限界を感じつつも無人の山頂部に無事到着した。ほぼ快晴であるも靄っぽく、帽子が飛ばされるほどの強風が吹き続けていた。

遠景の高千穂峰は尖った円錐形の美しい山容である。図らずも下山後に知っ

63

第2章　山と宗教・信仰・修行（総論）

たのだが、山頂は溶岩が火口をすっぽり埋め尽くした溶岩ドームとされる。直径100ｍ程度の半球状の円頂であり、中心部は円墳のように10ｍほど球状に一段高く盛り上がり、表面には岩石が折り重なっていた。溶岩ドームは火山では普通に生まれ、形状は多様性に富む。

その天辺に「天の逆鉾」が立っている。約3ｍあるといわれても、見上げているので、やけに短い鉾というのが初見の印象だった。周囲は岩場の崩壊と頂への侵入防止目的で、周囲を4本の丸太を重ねた木柵で防護している。登頂者は木柵の前で直線上に設置された賽銭箱、鳥居、天の逆鉾に向かって参拝の儀礼を行う。岩場を周回すると、古い碑、三角点、「高千穂峰」を印刻した石碑、「天孫瓊瓊杵尊降臨之霊峯」と銘打った石碑（昭和57年建立）が取り巻いている。

天の逆鉾が立つ高千穂峰山頂

碑銘に刻まれているように、記紀神話では天照大神の孫（天孫）の瓊瓊杵尊が、初めてここの頂に降り立ったと記述される。山頂には上れないので、見上げる限り岩の間には写真で見る神聖な鉾（剣）が、柄の部分を地中に突き刺し、

天孫瓊瓊杵尊降臨之霊峯の碑

穂先を天に向けている金属製の逆さの鉾（本物は紛失し、レプリカの由）が祀られている。天の逆鉾をいつ、誰が、何の目的で山頂に設置したかについては諸説あって、詳細は不明である。神話を忠実に仮託すれば、瓊瓊杵尊が降臨時に刺したとする説が論理的に聞こえる。但し、神代の時代にまで遡ると、薄っぺらな真実の欠片を想像力たくましく事象にこじつけてしまうと、史実との整合に矛盾が生ずる。

男体山頂の大剣

早池峰山頂に献納された多くの神剣

　記紀は地上に降り立った神が、国造りをした主旨で書かれている。元々、鉾は柄の先に両刃の剣を付けた最強の武器であるので、逆鉾を降臨の地を支配した象徴的存在とした可能性が高い。又、仏教で降魔の呪術に鉾を逆さに立てる例があり、記紀編纂者は仏教思想の影響を受けて、末永い統治の安泰を祈願するものとして、天孫降臨と天の逆鉾を結び付けて神話に論理性と説得力を注入したと考える。刀が日本人にとっては特別な意味を持ち始めた。

　百名山で巨大な神剣が天を突くように立つ山は、男体山頂の二荒山の大剣があり、こちらは銀色に光り輝いていた記憶が脳裏に残っている。巨岩の上に立てられ、近くに行けるのでフルサイズを確認出来たが、高千穂峰の天の逆鉾は穂先の一部を視認したに過ぎなかった。又、早池峰山頂には早池峰山神社に複数の神剣が奉納されていた。力と権威の象徴の剣は、神社と因縁が深い。

　天つ風が吹き荒れる円頂部を３周しながらパノラマ世界を堪能した。円墳の如き溶岩ドームを見上げては古代に思いを託し、遠く四顧すれば渺々たる展望に感動ひとしおである。先ほど上ってきた天孫降臨コース及び御鉢の稜線（馬の背）を巻きながら延びている高千穂河原コースは指呼の間に見下ろし、新燃岳、韓国岳等の連峰を遠望した。鳥瞰とはこういう景観を見る際に相応しい言葉であろう。

　一つ残念だったのは、当日は黄砂が列島全体を覆う広さで飛来している最中にあり、水蒸気、雲とは異なる黄色みを帯びた風の流れで視界は透明性を欠き、

第2章　山と宗教・信仰・修行（総論）

連峰全体はかなり霞んでいた。尚、新燃岳の噴煙は9年前の登行時に比べ、活動エネルギーが衰えたのか霞んだ視界のせいか、微弱であった。

16時丁度、迫る落日にせかされ、20分弱の頂上滞在で下山を開始した。この間、一人の登頂者にも会わず、優雅に延びる各稜線上にも人影は確認出来なかった。下りとはいえ、溶岩ドームは急坂であり、左右が開けた稜線に出るまでは慎重に足場を選んで進んだ。

御鉢の馬の背（高千穂河原コース）

16時13分、風の通い路となっている稜線上に立つ、風の鳥居を再度潜る。鳥居を起点にすると上りに20分、下りに13分要した。只ひたすら足場を固めながら下る。砂礫や粘土が露出している場所では何度か滑ったものの、手や尻餅をつかずに済んだ。この山は大きな山にも関わらず、この時期水が流れている沢に出会うことはなく、水が深く吸収され易い火山ならではの特徴を示していた。

17時33分、体力限界を感じつつ登り口に戻り、砂地を横切る。出発時懸念した駐車場への最後の上りは流石にきつく、予感が的中してしまった。

17時37分、天孫降臨駐車場に帰着した。

{降臨伝説推考}

およそ3千年を隔て、瓊瓊杵尊が降臨したと伝わる同じ高千穂峰の山頂に立ち、天孫降臨神話伝説を推考してみた。

伝説の起源である記紀神話の創作の真意は、国家の成立で詳解したように、天皇支配の国体を構築する目的と密接に絡んでいる。長い歴史に裏書きされた中国の史書に見劣りしないために、国史を明示するには中国とは逆の発想に立ち、神話を有効活用する編纂方針を前提とした。神話を巧妙に現実の政治的構想に封入したのだ。しかし、神話・伝説とはいえ、とりとめなく根拠のないでたらめの話ではなく、似通った歴史的事象を抽出し、天皇制が論理的で正統性が高い体制であることを認証する目的で、史書に修飾、編纂した。権力者に都

合の良い内容を多く盛り込み、体裁を整えた。

　記紀は日本国家の誕生には、高千穂峰の天孫降臨を不可欠の要件として拘っている。それは、中国の最高権力者である皇帝の即位礼に影響されている。古代中国を最初に統一したのは秦の始皇帝（前259〜前210）である。この統一は画期的であり、現在の中国の原形となった。始皇帝は天を祀る祭祀、「封禅」を泰山（1545ｍ、山東省）の山頂で行い、天下に支配と権威を示した。以降、封禅は歴代皇帝の精神的支柱となり、泰山信仰が始まった。天地万物の創造主の頭部が泰山になったという伝説があり、始皇帝も創造主を超える存在を天下に示威することを狙った。こうして山の頂は、権力者が鎮座する場を代弁した。泰山が名山として人気が高まるのは自明である。

　古代の中国と日本では天の意味するところが、基本的に違う。中国では天は絶対的存在であり、天の意志が現実社会を支配するとし、皇帝の即位も天の意志とされる。始皇帝亡き後の覇権争いで劉邦に敗れた項羽の最後の言葉、「天の我を滅ぼせり」はこの意味をよく伝える。日本では天は、天つ神が支配する高天原の天上界を指す。

　中国では皇帝さえ泰山頂上に上って天を祀る祭祀を行うのに対し、日本では神が天上界から高千穂峰頂上に降臨し、その子孫が天皇であるという神々しい論理を展開したのだ。中国の皇帝よりも日本の天皇の方が、格が上位であることを暗示した。劣勢の国情を察するに、一矢報いたい念慮が滲み、これを構想した智恵者は、記紀編纂の中心人物（藤原不比等）以外考えられない。日本支配の正統性を持つ天皇を国内外に披瀝するには、先祖が高千穂峰山頂に降臨する神話が必要条件であった。

　古来、日本では万物に宿る霊魂（神）を信仰していたが、記録がない上に一体性が脆弱で、実態は不明であった。しかし、公式の史書である記紀に高千穂峰に瓊瓊杵尊が降臨した旨記されたことで、敷衍していた八百万の神も言質を得て、宗教的片鱗を具現化し始めた。この具象とは神社のような施設、祀られる神々、儀式、神事を担う神職等の公式な出現であった。

　記紀神話は大昔（神代）の話とはいえ、実態を示す神社等の施設の殆どは記

第2章　山と宗教・信仰・修行（総論）

紀編纂に前後して建造されている。古い神社には2千年来の縁起で伝わる創建も存在するが、伝承に過ぎない。記紀と併行して律令国家の基本法典となった大宝律令が制定され、国家として成熟していく。この法典は神道及び仏教を公認した結果、両宗教共に飛躍的発展を遂げ、平安時代には政治的勢力を持ち始め、一大権門へと成長する。

総括：

　高千穂峰に上って、神話と古代日本誕生に思いを馳せない人はいない気がする。記紀神話の中で、本峰は日本の国造りの舞台ではないかと感じられるからである。神話の骨子は高千穂峰に限定された話ではなく、各地に似た話が伝わり、大和政権の中心であった奈良で閉幕となった。神話は現実と密接に繋がる事物の起源や存在論的な意味を説く説話の一つであり、現実の組成要素ともいえる。縷々、現実とその淵源との相克に悩まされ続ける。

　峰に佇立して初めて、古代支配者と記紀創作者の情意を知る思いであった。則ち、天上から降臨した神の末裔（天皇）が山頂から千里万里の目を極めれば、支配した、或いはこれから支配する広大な大地（国家）を眺望し確認出来る。しかし、万民統治はこれからの課題であり、天下に新秩序を布告する必要に迫られる。治国天下の秘策は儀式であり、権威、力、畏怖の象徴である鉾（剣）を山頂に突き刺すことが、支配と世代わりを宣言した荘厳な儀式となった。その後、剣（刀）が日本人の精神文化に与えた影響は明らかである。中国の国史に優るといえども、劣らない日本独自の国家創世と支配者をこうした様式で記紀に明示したのである。因みに、後述の日本武尊が東征の際、所々の名山に足跡を残したのは、天孫降臨の儀式の踏襲に思える。

　高千穂峰の魅力を虚心坦懐に語れば、霧島山の主峰並びに山の主題を網羅した自然テーマパークの役割を果たしている。『日本百名山』の著者、深田久弥氏は山には「登る山」と「遊ぶ山」の2タイプがあると語っている。私はもう一つ「学ぶ山」があると直感し、霧島山をそれに加えたい心情が湧いた。登る山として、遊ぶ山として、何より学ぶ山として霧島山を特薦する。

68

第2節　宗教・信仰・修行

　全国に跨がる百名山登山を契機として来歴を問わず、大半の山が宗教と不離密接に関係していた。検証目的で紀行した前節の3座はそのことの証左となった。宗教・信仰・修行は一体的であり、この目的の成就を願う人々は、非日常の環境を醸す山の存在が必須と遡求している。これは釈迦の修行スタイルが原点になっていると確信した。

　数ある宗教（信仰）の中から、日本人なら一脈相通ずる神社神道（以下、神道）、仏教及び儒教の三教を例証してみた。各項で詳述するが、開祖者がいる外来の仏教と儒教とは異なり、固有だが始祖を特定出来ない神道は、仏教との混交を認めても、一線を画している。

　仏教が6世紀前半に伝来した確実性に比し、巷間知る神道は仏教より古いことは確かでも、検証性が軟弱で由来は不詳である。一つ言えることは新羅万象に宿る神信仰を継続し、有史以前より独自の土着の神道文化を形成していた。実体性に薄く、経典に基づく仏教に啓蒙されながら固有の持続的思想へと変容、成長した経緯が窺える。可視性に乏しかった神道の大きな転換点は、二つ考えられ、記紀の編纂と大宝律令の公布といえた。神道の論理性を確保し、神道を法律上承認することで、宗教的後ろ盾を得たことは疑う余地がない。尚、儒教は宗教的特性に主眼を置いた訳ではなく、日本の政治、道徳への影響の大きさを考慮して併記した。これまでの知見では、本邦での儒教と山との直接の関連は見出せていない。

　霊場とされた山岳には宗教的リーダーが道場を開き、信仰、修行の地と捉えて入峰した僧侶、修験者、信仰者はその地で今に伝わる行、験の足跡を多数残した。そうした歴史的事蹟の片鱗は考古学的、地誌学的に検証されている。触らぬ神に祟りなしの譬えに反し、人為の賜である神と仏との不離の接合は共通の信仰心にある。

　神仏信仰の証拠は、麓から山頂に延びる路傍に佇む無辺の名跡類に糾合される。大別すれば、神社系は本社（本殿）、奥社（奥宮）、末社、鳥居、祠、神像、鏡、

第2章 山と宗教・信仰・修行（総論）

玉等、寺院系は本寺（本堂）、末寺、寺門、祠、石仏、如来・菩薩像等の存在が特徴的である。実際はそれぞれの名跡類が完全に分離されることなく、混然と並存していることが多い。両者は信仰に於ける対立軸と存続に於ける協調軸を効果的に使い分けていた。これは長く続いた神仏混交の影響により、神仏間の強い融合性を示唆した。従って、社寺それぞれの固有の特徴を閑却していると神仏を混同し、両者をはき違えることもあり得る。一期一会に等しい遺物との邂逅は、宗教・信仰・修行に身命を惜しまず励んだ古人との言葉によらない対話を意味する。

第1項　古今の宗教・信仰・修行感性

　卑近な一例を引いてみる。現代の一般人は山行を観光、レクリエーションの対象と捉え、娯楽、健康促進・保養、文芸創作等に具象化している。決して大上段に構えて、神々しき邂逅や悟りを目指す修行意識で登る訳ではない。

　一方、古代では特有の人達（宗教者、求法者、修行者、山伏等）が神聖な領域、神（霊魂）を意識し、苦悩からの解放、民衆救済、国家鎮護等を理念に据え、修行目的に入り峰した。殊に、偉大な宗教の始祖は新境地を求めて、人跡未踏の険阻な山中で修行した。後継者の多くは先達の修行法に倣い、山岳や寺院で修行する間に教旨を突き詰めては新宗派を興し、練度を高めては布教を広めた。山岳修行の過程で開山に結び付き、山との紐帯強化に向かった事例が多い。

　入り峰による修行が苦痛を伴うことは確実である。とはいえ、苦痛を伴う修行を念頭に山岳で体を動かすこと、歩くこと、生活すること、思索すること等、則ち心身に非日常の負荷をかけることが心地良く、健康上不可欠の条件であり、心身の安定や成長に繋がっていたと認識していた節がある。情緒的な達成感とは別にむしろ、悦楽に近い、運動時に惹起される麻酔様作用による恍惚感が誘引された。従って、現在の登山も現実から僅かでも脱却していけば、修行時の入山で得られる効験同様、恩恵として生活の質の充実に有用となり得る。

　名山と称される山の多くは、宗教関係者によって開山されている。これには修行の側面が明白である。元々、僧侶や修験者は山野を跋渉し、自然界の知識

70

に触れる機会が多く、体力に優れているので登山家の資質を持っていても不思議でない。多くの開山者が山の好事家で、修行者であることは理に適っている。山での修行は苦痛のみではなく、至福感が伴った。

　しかし、修行でなくとも、山に登るか山中に身を置く場合、必然的に誰でも同じ実感を味わえる。それは不思議に信仰心を掻き立てられる体験である。幼児期から神社仏閣で擦り込まれた経験的な雰囲気が、山路で頻繁に見かける小社、石祠、地蔵類で普通に触発される事象を意味する。宗教を学び、修行を積んだ僧職者、神職者でなくても、人は動物行動学的に神仏の観念を心理的に抱いている可能性を感じる。宗教に括られていても、神霊を祀る神道と釈迦の教旨を説く仏教では、性格が明らかに違っているにも関わらず、心理的には畏怖、崇敬、祈願の念に大差はなく、感応度は共通している。由緒正しき修行（修験）の山、開山の歴史が古い山、神体が宿る山の宗教事蹟に邂逅する登行ともなれば、この感応性は心理的に増幅される。

　著例を挙げれば、登り始める前から鳥居又は山門を潜り、神社又は仏閣に参拝、願掛けする段階で感応されるし、そもそも、鳥居、しめ縄は俗界と天界、寺門は穢土と浄土（涅槃）を分かつ境界である。そこを越せば神仏のおわす穢れなき絶対無二の世界である。凛とした気持ちになるのは自明の理であろう。その上、山道の各所、山頂部には石祠、石仏等が配置されていて、神仏が並存していることが多い。神仏混交が一般的であった名残であり、頂上に近づくにつれ、親和性が高まり、双方が両立する配慮がされている。まるで、自然界の生物学的共存・共生関係が人為性の極みである宗教に色濃く投影され、神仏の歴史的進化を指呼の間に目の当たりにしている如きである。これは汎神性を受け入れた日本人の性質から推断すれば、応用性に長けた在俗の神道が、教理の厳格な仏道との共存の姿勢と映る。

第2項　百名山と宗教・信仰・修行

　日本百名山は深田久弥氏が山の品格、歴史、個性を評価基準に人為的に選出したもので、歴史や個性の重要な因子として、神仏が影響したのは確かである。

第2章　山と宗教・信仰・修行（総論）

但し、百名山の全てが、神仏や宗教性と深い意義ある関係で結ばれてはいない。
　百名山と神道、仏教、修行等との関係性を明確化するために、登行路、山頂等に於いて現状確認した宗教関連史跡・情報等を参考に四段階（非常に強い、強い、弱い、判定不能）で自己判定してみた。実際、時間軸も違い、各名山と神仏との宗教的因縁の把握は困難である。又、神仏の区分も神仏習合の影響が強く、明確な区分けをした訳ではない。あくまで関係の概観を捉えるための個人的評価として首肯賜りたい。

　①「非常に強い」（ご神体、社寺、行事、登拝路、修験跡、山岳信仰等の確認）
　　　岩木山（神）、岩手山（神・仏）、鳥海山（神・仏）、早池峰山（神・仏）、月山（神・仏）、飯豊山（神・仏）、蔵王山（神・仏）、安達太良山（神・仏）、磐梯山（神・仏）、日光白根山（神・仏）、武尊山（神）、皇海山（神・仏）、男体山（神・仏）、赤城山（神・仏）、両神山（神・仏）、筑波山（神・仏）、苗場山（神・仏）、妙高山（神・仏）、高妻山（仏）、四阿山（神）、浅間山（神・仏）、乗鞍岳（神・仏）、立山（神・仏）、薬師岳（神・仏）、御嶽山（神・仏）、木曽駒ヶ岳（神・仏）、恵那山（神）、蓼科山（神）、八ヶ岳（神・仏）、富士山（神・仏）、甲斐駒ヶ岳（神・仏）、鳳凰山（神・仏）、白山（神・仏）、大峰山（神・仏）、大山（神・仏）、剣山（神・仏）、石鎚山（神・仏）、阿蘇山（神）、霧島山（神）、開聞岳（神）
　②「強い」（伝承、社寺関連史跡、鳥居、神社、修験跡等の確認）
　　　西吾妻山（神・仏）、那須岳（神・仏）、雲取山（神・仏）、丹沢山（神・仏）、越後駒ヶ岳（神）、雨飾山（神・仏）、巻機山（神）、剱岳（神・仏）、金峰山（神・仏）、霧ヶ峰（神）、伊吹山（神・仏）、祖母山（神・仏）、
　③「弱い」（歴史が浅く、近年の社寺関連史跡、小祠、石仏等の確認）
　　　利尻山（神）、斜里岳（神）、羅臼岳（神）、八甲田山（神）、朝日岳（仏）、燧岳（神）、五竜岳（仏）、槍ヶ岳（仏）、穂高岳（神・仏）、常念岳（神・仏）、笠ヶ岳（神・仏）、美ヶ原（仏）、大菩薩嶺（神・仏）、光岳（仏）、荒島岳（神・仏）、大台ヶ原（神）

④「判定不能」(社寺史跡等が確認不能)
　雌阿寒岳、幌尻岳、十勝岳、大雪山、トムラウシ山、羊蹄山、八幡平、谷川岳、会津駒ヶ岳、至仏山、草津白根山、平ヶ岳、火打山、白馬岳、鹿島槍ヶ岳、鷲羽岳、焼岳、黒部五郎岳、水晶岳、空木岳、天城山、甲武信ヶ岳、瑞牆山、仙丈ヶ岳、北岳、間ノ岳、塩見岳、悪沢岳、赤石岳、聖岳、久住山、宮之浦岳

　関係性の梗概は以下の通りである。
「非常に強い」関係性を示した名山は、山がご神体、霊山、古い社寺関係事蹟、参詣行事、登拝路、修験跡、山岳信仰等の特徴が残されているか、今日でも引き継がれていた。岩木山、月山、男体山、富士山、立山、白山、大峰山、石鎚山、霧島山等は典型例で、登山未経験者でも山名を聞けば納得する霊峰である。尚、百名山以外で霊山と呼ばれる山は妙義山、戸隠山等沢山存在する。麓に近い低山でありながら、修験道場に相応しい厳しい刀渡り(ナイフリッジ)の岩場が多い。
「強い」関係性を示した名山は、古今を問わず明らかな伝承、社寺関連史跡等が確認出来、地元の人々の篤信に加えて敬慕する姿勢が迫真的である。越後駒ヶ岳、雨飾山、伊吹山、祖母山等が該当した。
「弱い」と判定した名山は、社寺関係事蹟を把握したものの、その数量が少なく、継続的に宗教行事が催行されているか確認がとれない。「判定不能」の名山と共通して、地域開発の歴史が浅く、開山の遅れ等の要因により山を信仰対象にする文化の定着に至っていない。北海道やアルプスの名山にはその傾向が顕著に窺え、総括的に山と宗教との連動性は薄い。
　既述の通り、「判定不能」の名山は明治期から本格開拓の始まった北海道、

大ヤスリ岩(妙義山)

第2章　山と宗教・信仰・修行（総論）

山道開削が進まなかった本土中央部、開山の遅れた北アルプス及び南アルプスに多い。

十阿弥陀の石祠の上には銅鏡が飾られた

　尚、火山と宗教、信仰との関係は微妙である。噴火は人に恐怖と死活的惨禍を及ぼすだけに、山の怒りを沈静するために神仏に祈念する心情には論理性がある。しかし、噴火の原因も、又いつ起こるかも予測不能だった古代に於いて、信仰に縋る対策が、民衆に支持されていたか断定するに至らない。但し、時折噴火し、被害をもたらす火山に対してさえ、山麓で生活する民衆は、山への敬慕と畏怖の念を基底に抱いていたと思われる。

　これまで信仰登山を意識した山はなかった。しかし、高妻山に関しては登山そのものが登拝に準じていたのではと、下山後意識した。高妻山への山道には仏が鎮座し、信仰登山の典型を垣間見た。山頂に向けて、山道脇に13の石祠が里程となって鎮座していた。従って、高妻山に登ると13の仏（一不動、二釈迦、三文殊、四普賢、五地蔵、六弥勒、七観音、八薬師、九勢至、十阿弥陀、十一阿閦（あしゅく）、十二大日、十三虚空蔵菩薩）に参拝したことになり、「十三参り（とみまい）」と称される。山岳でのこうした仕掛けは道標の目安になり、道間違い防止や時間管理には有用であった。只、信仰意識に変化を与えたかは分からない。

　北海道は江戸時代以降に限定的開拓が行われたことから、仏教遺跡は少なく、斜里岳には斜里神社、利尻岳には利尻神社の神道系施設が祀られているのみである。これらは明治の神仏分離令以降の造立であろう。

　黒部源流域、雲ノ平を覆い包むように佇む鷲羽岳、水晶岳、黒部五郎岳には神仏の歴史的かけらを見出せず、列島最深奥部の山岳として面目躍如を保っていた。ただし、薬師岳山頂には、薬師如来を戴く立派な祠が建っている。この祠は麓の有峰村の檀家が支えており、小村の信者の敬虔さが伝わる。現在の登り口である折立から片道7時間は要する苦難の登拝である。

標高2926mの祠に祀られた薬師如来像　　槍の穂先に立つ小祠

　薬師岳の開基者は山頂から眺めた鷲羽岳、黒部五郎岳、水晶岳を大観して、いつか開山（特に鷲羽岳）の野望を描いたに違いない。この状況は笠ヶ岳から遠望した槍ヶ岳開山を思い立ち、1828年に初登頂した播隆上人と重なる。北アルプスの開山は恐らく、江戸時代に街道から近くの南部から始まったと思われ、事実笠ヶ岳は美濃の僧、円空（1632～1695）が開山し、槍・穂高連峰は播隆へと引き継がれた。彼の偉業があればこそ、槍の穂先には小さな祠が祀られ、風雪に耐えている。

　諸峰の険しい山道や鋒の上に祠を設置するのは難しく、奥穂高岳山頂の祠は、近年日本アルプスの守り神と位置付けられている。

日本アルプスの総鎮守（穂高神社）　　頂上に鎮座する甲斐駒ヶ岳神社（本宮）

第2章 山と宗教・信仰・修行（総論）

　遺憾なことに黒部源流域の名山は更に奥深い最深部に位置し、又播隆のような一意専心で山岳信仰に身を賭した後継者が現れず、開山物語の誕生に至らなかった。

　南アルプスでも甲斐駒ヶ岳、鳳凰山を除けば宗教的事蹟は少ない。修行とか登拝は闇雲に行われた訳ではなく、

山道中腹の石祠・石仏群（御嶽山）

幾つかの条件が伴う必要があり、奥深くて巨大な南アルプスの特徴を熟視していくと、信仰や修行に向かない理由が漠然と浮かぶ。

　九州の名山には神話の国造りが大きく反映され、霧島山、祖母山のように神々との因縁を引きずった名残か、仏教関連史跡は相対的に少なく感じた。

　一般に登拝が盛行した山では当然史跡も多く、中でも既述の高妻山を含め、両神山、御嶽山の登山道は強烈な印象を残した。

　各山、それぞれ異なったタイプの登路で、数多い神仏関連の奉納物が独特であった。これらが登山者を済度することはなく、只ケルンのように道標には役立ち、昔人の慈愛に満ちた信仰心には敬服した。

第3章 宗教

第1節 社寺の数

　歴史的な背景を持ち、心の琴線に触れる難解、複雑で、際限のない教えが宗教である。本章では、日本人に最も身近な存在として神道と仏教を対象とした。更に理解を深める上で、教えや行事の主宰場となる聖域の施設でもある神社と寺院に焦点を当てた。尚、異質の宗教性を有する儒教は補足的に別視点で捉えた。社寺が増え続けてきた背景と政治との関係では、古代社会の実像が浮かび上がる。

　両宗教の全体像を把握する上で重要な要素として、宗教団体（神道系、仏教系）の概数を検索した。神道系（神社等）は約8万1千、仏教系（寺院等）は約7万7千と公開されていた（文科省宗教統計調査、平成28年）。経時的推移では諸般の事情で減少傾向を示しているが、正確には把捉しがたい。社寺合わせて15万程度で、ほぼ、同数の神社と仏閣が存在する。

　社寺は全国47都道府県全てに存在し、人口10万人あたりの神社数と寺院数では、1位はそれぞれ高知県と滋賀県で、沖縄県は共に全国最少であった。又、絶対数では新潟県と愛知県がそれぞれ最大であった。変化幅は意外と大きく、これは都道府県別の歴史や宗教事情が色濃く反映した結果といえる。只、各調査により異なる結果もあり、参考に過ぎない。

　神職者が常駐している神社は2万社程度といわれ、又、寺院に関しても僧職者が常勤しているのは20%程度と推定される。いずれにしても、最初の神社、寺院が建立されて以来、約1500年の間にトリクルダウンの如く増えた背景には、

石清水八幡宮（本殿）

第3章　宗教

神仏の分霊を請じ入れる勧請・分祀制度が考えられる。宗教的要素に加えて日常生活上、寺社の機能及び僧侶と神職者の役割を必要とした社会的需要があったことになる。

伊勢神宮（外宮）

菅原道真を祀る北野天満宮楼門

祭神別信仰の多寡を推定すると八幡信仰（八幡宮等）、伊勢信仰（伊勢神宮等）、天神信仰（北野天満宮等）、稲荷信仰（伏見稲荷大社等）、熊野信仰（熊野神社等）、諏訪信仰（諏訪神社等）、祇園信仰（八坂神社等）、白山信仰（白山神社等）……の順位で続く。信仰の勢力図は歴史上の政治・経済・社会・文化遷移との関係を精査すると、精巧なくらい相関している。要諦は信仰の嚆矢となった背景なり因縁が存在する。

熊野那智大社

因みに、勧請は本来仏教用語だが、日本では神仏に幅広く当てはめて、神仏の来臨を請うことや神仏の霊や形象を招請し、奉安することを意味する。ここに紹介した有名神社の祭神は、全国に勧請され、勧請神と呼ばれる。祭りのために臨時に祭壇に招請される神を指す場合もあり、神社に祭りは不可欠の存在になった。その淵源は天照大神が籠もった天の岩屋戸に辿り着くとされ、参考にした後述の祇園祭は、素戔嗚尊を祭神とする八坂神社の祭りへと繋がる。

現在、仏教は主要13宗56派が中心である。これら宗派は更に細分化され、

寺院数を宗派別に正確に把握することは難しい。主要なものを挙げると曹洞宗、浄土真宗本願寺派、真宗大谷派、浄土宗、日蓮宗、高野山真言宗、臨済宗妙心寺派、天台宗……と続く（文化庁発行の宗教年鑑を基に算出）。これほど分派した社寺の多様さは、全国、故園の信仰を実見して納得した。

第2節　宗教の特徴

　宗教には実在の証明が難しい観念論的神及び実在した教祖や教えが崇敬、奉祀される二型がありそうだ。概略すれば、神道は前者で、仏教又は儒教は後者の範疇に入る。

　一般的に宗教は各教えには独自性があっても、創唱から布教、伝道等には共通点が多い。仏教を例に取れば、釈迦が開いた悟りの原理を教え又は教義（仏法又は仏道）として弟子達に説いた時から始まる。涅槃成仏後は仏弟子と信者が主体となって、仏法は承継されていく。具体的には仏典、経典となって今日へと伝わった。言葉で伝わりにくい面を多様な石像、木像、絵画、曼荼羅等の視覚的手段で布教の精度を高めてきた。従って、不磨のまま伝わることはなく、経時的に変化した。信者はこの変化に気づかないし、現実の説教が教えの基本となる。釈迦を親炙する弟子は無論、私淑する後継者も教主の教えを第一義に考え、時代の変化、実態を諦観しながら信頼度の高い仏典、経典の精髄を釈迦の教えとして衆生に説いた。

　時を越えて仏教を伝承し、布教拡大する活動の過程で、釈迦の真の教えは歪曲される陥穽に陥る。一つ目の理由は多くの宗派、統派、教団等の新興勢力に分派し、和合、対立、競合を繰り返したことである。二つ目は、外国に伝来した際、必然的に生じる原典翻訳の過誤に起因する。これら二つの障害は、他の宗教にも共通して外挿される。その一方で、当該分派的信仰や翻訳による新解釈が誕生し、仏教の布教、拡大にも寄与した。後述の玄奘に偉大な貢献を知る。

　教祖起源の仏教の教えは誕生後、暫くは口承により、その後経典等の文字により伝達、補足されてきた。一方、万物の神霊崇拝を嚆矢とする神道は信仰、

第3章　宗教

祭祀面では一部整備されてからも、所依となる法典、教義の類は他の創唱宗教に比し、頑健性に於いて最弱といえる。一方で逆説的には政治権力との融合、密着には神道は柔軟性があり、仏法の軛のような縛りを受けない点で自由度が広く、卓越性に繋がっている。

　広義の神を定義すると、一般的には人間が畏怖する超自然的存在が該当し、宗教的行動が必然伴う。民族によって宗教の意識、神の形態、内容は実に多彩である。日本では神話も含めて天地、万物の諸々の神々（霊魂）が神社等に祭神として祀られる象形を共通概念とする。仏教は解脱と悟りを説き、究極が涅槃成仏を示す阿弥陀如来、薬師如来、大日如来等の境地とする。

第3節　各宗教間の関連性

　改めて、有史来からの日本の基軸宗教として神道及び仏教に中国思想（儒教、道教等）を加味した相関性を問うてみる。固有の神道とはいえ、大陸から日本に渡来した民族が全く自発的に神道思想を発達させたとは考えにくく、神道の萌芽がいつ頃であるかも特定出来ない。

　霊魂信仰が起きるには、人間の霊魂は死後も存在する霊魂不滅の観念が前提となる。神道の起源である霊魂信仰の主役は、随時渡来してきた人々である。渡来前は中国で一旦儒教、道教等との厳しい競合に晒されていた可能性が高い。高質な思想は単独で成立することは例外的で、複数の混交から生まれたとする方が論理的である。中国で複数の思想が確立したのは周代の春秋時代（紀元前770～紀元前403）であり、それ以前に既に原始信仰が成立していた。この初期の信仰がいつ始まったかは不明だが、大陸で醸成されたと考えられ、渡来人はこの信仰又は類似の信仰を携えていた。その後、原始信仰は他思想との拮抗を体験し、初期の神道が固有の思想として成熟した。

　仏教伝来後、神道と仏教は相互作用、離合集散を繰り返し、こうした沿革を経ても、両者は対立と相克のみに走らず、神仏習合という妥協と寛容の智恵を生み出した。

儒教は孔子が唱えた道徳、教理を体系化したもので、神仏を崇拝する宗教と同列とは言いがたく、特異的な存在である。しかも、仏教より100年以上は早く伝来し、民衆の教化、啓発には至適な手本となる蓋然性があった。それでも神道、仏教に比肩すると一般社会への浸透が遅れ、政治的関与も弱かった。後世、日本の社会思想の根幹を成すこれら三教は、国家樹立期にはそれぞれ特別の環境に取り巻かれ、同時開花はしなかったが、社会秩序の変遷に応じて日本人の精神や思想に意義深い影響を与えた。

　宗教の深層を解明するには一体、日本人のルーツはいつ頃、どこから、どんな水準の文化を持ち込んで、国家意識を醸成してきたかを再考せざるを得ない。先述の如く、関係する考古学的資料、史書は限られる現実に直面し、確証には至らない。文字に頼れない事象は、信頼性のより低い口承、伝承、言い伝え等が主体となることは止むを得ない。しかし、大陸由来であることは明らかで、中国古代社会の経世、文物に影響を及ぼした主要宗教、思想に触れることが論理的に肝要である。つまり、儒教、仏教に加えて固有の道教が御三家といえる。古代中国では政治的・実務的には儒家の仁徳主義及び法家思想が社会統治の基盤となり、唐代には律（行政）・令（刑法）が完成し、君子の徳治と官僚の法律差配による統治体制が確立された。仏教は一時政治との関係が強まったが、死生観の違いからか、仏教王国を目指す思潮とはならなかった。

　道教は漢民族の伝統宗教で、黄帝・老子を教祖と仰ぐ。古代伝説上の黄帝に対し、老子は実在の可能性が高く、『老子』の著者とも伝えられる。一説では役人として仕えた周朝（春秋時代）に愛想をつかし、洛陽から函谷関（河南省）を西方に越えようとした際、関守に「道」^注を請われて書き残した5千字余りの書が老子とされ、名も告げずに立ち去った。題名がなく、書名が人名となったが、この人物の特定が重要なのではなく、老子と比定される当該教祖、思想家の存在が意義深い。その高邁な智恵、思想、精神文化に中国人は矜恃を持ち、代々読み継ぎ、心の拠り所となった。老子の思想は細い流れでも、日本に確実に届いた。

　古代中国の死生観から判断すれば、道教は霊魂ではなく、実在の人物を仮想

第3章　宗教

していてその面では儒教に近似する。淵源を辿れば遙か古代からの民間信仰に端を発し、不老長寿、現世利益を求めていた。春秋戦国時代は諸子百家による多くの思潮が誕生、発展する過程で儒教が公的、政治的な動勢を力強く発揮するのに対し、道教は私的に内向的な個人生活を支えるものとなり、宗教、芸術との結び付きを強めた。

　道教は漢代に伝来した仏教や百家思想との対抗上、老荘（老子・荘子）思想、神仙思想を融合する一方で、仏教の洗練された教理、儀礼を取り入れて柔軟に教旨を変容した側面もある。教理は異なっていても、処世的人生問題からの解放を目指す点で仏教と似ている。日本では道家（道教）への馴染みが薄く、理解するには道教に心酔した李白等の文事が特効薬となる。

　唐代に宮廷の特別の保護を受けた道教は空前の盛況を見せ、民衆社会に深く根ざした。殊に、玄宗は注釈書を自ら作成するほど熱を入れた。更に、道教の影響を受けなかった文人は少なく、後に紹介する文芸作品に芸術的深化をもたらした。

　現実社会に主眼を据える儒教と法家主義は対立する存在でありながら、軸を介して両輪となり、民衆を乗せて車を前に走らせる。二つの思潮は根元が一緒だけに、民衆を道徳的又は法的に差配する意図が歴々としている。反面、無為自然の中に逍遥し、俗世を超越し、現実社会の礼楽、法令には律せられない異郷世界を希求する道教思想は、民衆に根強く信奉、支持されていく。道教の始祖である老子は孔子に「竜」と尊称された傑物だが、彼には極楽や天国という概念はなく、神仙的な社会に理想を志向する中国人気質に合致し、人気が高い。神仙的であるが故か、老子伝説は深淵にして虚実、是非が判然としない。

　儒教を宗教とする考え方に対して、異論があることは承知している。宗教の定義付けが必要であり、広義に捉えるか、狭義で理解するかで儒教の分類は変わる。この定義の最優先の要諦は、不可知の世界（神、死等）及び可知の世界（人間、生等）への認識である。簡略すれば、死生観、則ち死と生をどう説明して、どう受け入れるかにかかる。例えば、唯一絶対的教祖として、仏教には釈迦が、キリスト教にはキリストが存在する。人はこの世を旅立てば、教祖が主唱する

極楽、天国にそれぞれ召されて安らぎが待つ。極楽（浄土）、天国は抽象的であっても、信者が満足すれば教義、教理として成立する。

とはいえ、儒教は神を持たない。現実的、即物的特徴が強い古代中国人は、仏教を幅広く認容したものの、極楽、天国という抽象世界にはさほど魅惑されなかった。聖人のような論理的に理解の対象である崇拝者が必須とされ、儒教ではそれに該当する堯、舜、禹、湯の聖人君子が登場する。祖である孔子は現世に実存、又は存在したかも知れない伝説の理想君子を真摯に追求した。この点からも儒教は宗教ではなく、祖先崇拝に基づく理念とされる由縁となった。

（注）
道：宇宙の本体を絶対的な無である道とし無為、自然、清静、恬淡を究極の生き方とする

第4節　山と宗教

宗教と山との関係は不離にして絶対的である。山岳信仰や修行が裏付ける通り、多数の山には宗教的事蹟が包含され、その手がかりを与えている。山を神の宿る、解脱、悟りの道場として修行、修験する好適地に活用した。これには釈迦の出家、修行、成道が根底にあり、役行者はこれに追従して修験道を開いた。山は宗教に潤色され、霊場に位置付けられ、中にはご神体として神格化もされた。一体化した関係は、古代、中世、近世から現代に至るまで安定して維持されている。

第5節　神道、仏教、儒教

第1項　神道

日本流の宗教へと進化し続けた神道を具象化した人々の崇高な神意識、霊魂等に注視し、神道の特徴、進化等を考察した。神道は仏教渡来以前からあったことは確かで、樹を植えて神を祀ったのが神社の始まりとされる。神社が樹木を大切にし、特異的木々を神木化する背景が存在した。尚、神道の場は基本神

第3章　宗教

社であり、そこに付随して多様な神霊が奉祀された。

① 日本人の神意識

　神道の基本理念は具体的な形象を持ち、神聖な場所、事物にそれぞれ固有の神（神霊、霊魂）が宿り、同時に霊力が存在することを根源にする。通常、神が人為的に祀られる場所が神社となる。神が宿る神聖な場所、事物とは人間を取り巻く環境とか日常生活で遭遇する山、森、林、樹木、岩、石、川、滝、水、雷、風、動物（鹿、鴉、狐、鳩、牛等）等の生き物、銀河系天体、自然現象、言葉、人等を含む。因みに鹿は春日大社、鴉は熊野那智大社、狐は稲荷大社、鳩は八幡宮、牛は天満宮では祭神の一つとして祀られている。

全部で15体祀られている臥牛（北野天満宮）

言霊、木霊、山の神、水神（龍神）、雷神、風神、太陽神等の言語に神や霊の名残が見られる。いつ頃か時期の特定は不能だが、超自然的存在が万物には宿るという感性、意識が芽生え、原初的神々を畏怖、崇敬の対象に選択する経緯を辿って、更に神社等の施設に祭神として奉祀してきた蓋然性が高い。

　第1章で大陸から渡来した日本民族と神話に描かれた国家の成立に触れた。神話は創作された神の話であり、日本人は遙か昔から神の存在意識を抱き、伝承してきた。

　人類学の父とも尊称されるE．B．タイラー（1832～1917）は宗教、信仰を含む文化の概念を解明し、宗教の起源を提唱したことは有名である。宗教の最少定義は「霊的存在への信仰」とし、原初的形態は万物に神（霊魂）が宿るとするアニミズム[注]に始まり、死霊、精霊の信仰へ進むと論じた。八百万の神は万物に神が宿る形態を称したものとすると、本邦に於ける神道信仰はアニミズムが発端と考えられる。人間、動物、植物、自然、太陽等に神の存在を認める信仰形態と合致する。やがて神への信仰様式は神が宿る或いは対象が祀られ

る神社、山体への参詣へと行動変容していき、信仰の聖地、霊山（霊峰）として全国に広まる。熊野詣で、富士山、立山、白山等はそれらの傍証である。権威ある御仁が「山に神様が宿る」或いは「山そのものが神である」とご託宣を述べ続ければ、古代の民衆は疑念なく受け止めたと想像出来る。

　人の心に超自然的霊力がどのように植え付けられ、ご神託にまで昇華していったかを推認するために山体、言葉、樹木、石、人に宿る霊魂の5つの好材を挙げた。

〈山霊（山の神）〉

　山に棲み、山を守り、山を司る神霊、精霊の総称が山の神とされる。石鎚山、男体山のように、山岳そのものにご神体（霊魂）が宿るという観念は、古代人の想像力によるものであろう。山がご神体として祀られ、麓には立派な神社、鳥居、拝殿が幾重に建立された。

　社会的生産様式が未成熟の古代、狩猟、採集、原始的農耕生活等によって日常生活を維持する上で、山の存在がとても大きく、崇め祀る意義を認識した背景が見える。生活に必需の水、食料、木材等の安定した恵みへの感謝の念が根源にある。逆に恵みが不足する場合は、神様を祀って祈願する方法を常態化したのだろう。

　三大霊峰とされる立山、白山、富士山は神聖な山で信仰、修行の対象となり、

二荒山（男体山）神社登拝門

天手力男命、伊弉諾尊を祀る雄山神社峰本社（立山）でお祓いを受ける

第3章　宗教

木花之佐久夜毘売命を主祭神とする頂上浅間神社奥宮（富士山）

白山比咩大神、伊弉諾尊、伊弉冉尊が祭神の白山比咩神社奥宮

又畏敬される山なので、複数の施設で神々（神話上の祭神等）を祀っている。これら3霊山の山頂には荘厳な社殿が建ち、一定期間神主によるお祓いを受けられる。山が信仰対象になった要因に当該神霊思想の影響がある。

　山は当初から人間生活と深い緊密性を持った。風、雲、雨、雪をもたらし、川の源となり、広大な大地に農作物をもたらした。時に火を噴き、洪水による災禍が人々を苦しめる等、背反する恵みと恐怖を与える山の特性を人為の及ばない不可解な力と捉え、霊魂が存在する場所と仮託した。山そのものをご神体と見做さなくとも日々見上げ、時に入山して一体化する巨大な山塊に神霊を求め、崇拝対象としても不思議ではない。

　日常生活でも、山との密着度が昂進するほど鳥居、社祠類や石仏、地蔵類を諸所に奉納して先ず感謝の意を尽くす。それから神様及び仏様に祈願を込め、或いは加護を求める様式が誕生する。こうして、山の神々への信仰、奉祀、祈願、加護の連鎖反応が惹起した。

〈言霊（ことだま）〉

　人間生活、文化に最も貴重な要素に言葉（言語）がある。各自の意思を伝え合い、時空を越えて意思を残す手段である。古来、言葉には不思議な力、則ち神霊が宿り、言霊といわれる。言霊は神からまじないの類の言葉を学んだ結果派生したとされる。背景に実証がなくとも、万物に宿る霊魂の中で、個人的に

言葉には霊魂が宿っているのではと考えている。

　古代大和では呪術の政治文化への影響が強く、大和は言霊が豊かに栄える所となり、言霊信仰が発生した可能性がある。言葉を視覚化したものが文字だが、文字の発明以前は記憶し易く、忘れがたい音律的な律文に変換して言葉を伝誦、或いは口承していた。この主役は語部(かたりべ)、神事、占術に携わる人達であり、権力、権威の誇示に欠かせない存在となった。

　文字が発明され、繁用されると、言霊信仰は文字による律文を生み、歌詞となり、やがてリズミカルな和歌等へと変幻していく。このように言霊は文字に変幻して、中国、日本ではそれぞれ漢詩、和歌へと文学的に深化する。不朽の名作や歌謡の中には、言霊の虜となった作者の生き様が表現されているといっても過言ではない。

〈木霊(こだま)〉

　日本は森林に恵まれていて、木材は貴重な生活資源として最大級に重宝された。一方、至る所で様々な巨木は各地で消費ではなく、特別視される存在に化身していた。こうした存在の最たるものが神の宿るとされる御神木、又は木霊であった。殆どは背の高い巨樹が選ばれ、常磐木には拘っていない。種別は樹齢の長いスギ、楠、橅(ブナ)等が中心となった。今流に表せば、観光資源のスィートスポットになる大木である。

　神社が認定する御神木は身近な存在である。旧中山道沿いに立つ熊野皇大神社の科(シナ)の木（長野）及び熊野神社の櫟(イチイ)の木（群馬）を例示した。両神社は県境の碓氷峠の頭頂部にあり、境内を共有する形で建っている。熊野皇大神社は1900年前に日本武尊によって創建され、神社の背後に立つ樹齢約１千年と伝わるシナの大木が御神木とされる。

御神木のシナ（熊野皇大神社）

第3章　宗教

熊野神社側の境内にはイチイの巨樹が立っている。「熊野権現御垂迹縁起によれば、熊野の神は熊野本宮大斎原の三本の櫟の木に天降られました。この巨木は正に熊野の神の木といえましょう」との掲示がある。

御神木のイチイ（熊野神社）

本家の熊野那智大社境内にはタブノキの御神木が繁っていた。

神木化する条件は樹齢が古いこと（確認不詳でも最低500年程度）、巨木であること、神々しさ（由来）の3点が最低要件となる。加えて、地元の人々の鎮守へのたゆまぬ敬愛である。人間は孤独、苦悩に陥った際、心の中を人には知られたくないもので、癒しを求めて人以外に頼ろうとする心理が働く。そうした状況に陥れば、人に頼ることを避け、一人で祈願し、救済を求めるには、先の条件を保持した樹木を格好の対

クスノキ科のタブノキ（熊野那智大社）

象として受け入れ易かった。人間ではなし得ないほどの長い寿命を持ち、天に届かんばかりの大樹に人知を超えた特殊な霊力が宿ると信じた。御神木の認知と傾倒である。己の身ばかりを惜しみ、千々に心変わりする人よりも、自然界で身近に寄り添って、恒久的に栄え続ける特定の樹木に神々しい霊力を抱き、敬慕や信仰心が湧いたことは蓋然的といえる。

御神木については、元々神社等の神域で大切に育成されてきたものと、自然界に生息した巨樹に神が宿っていると人々が崇拝し始めた2系統がある。誰も想像出来ない樹齢数千年の古木と対峙すると、どんな困難にでも立ち向かった不屈の生命力を持ち、人間の真実の所業を見続けてきた物言わぬ証言者かの存在に映る。「正直の頭に神宿る」の諺にあるように、嘘をつかない正直者の身

なれば、御神木には願いの一つも叶えてほしいと願う庶民の切なさが伝わる。地蔵菩薩の化身ともされる冥界の閻魔様は、人の生前の善悪を審判するというから、真実を知っている御神木は、現世の正直者の祈願を呵責せずに聞くかも知れない。

〈石〉

日本各地には石を神として奉祀する信仰があり、さざれ石と要石に関わる伝承や祭事を現在でも目にする。後に「君が代」にうたわれる。

小石を意味するさざれ石は年と共に成長し、岩になると信じられている神霊の宿る石とされ、下鴨神社や筑波山神社等の境内に祀られている。

霊石は各地の神社に見られる要石としてよく知られる。元来、要石は神の鎮座する場所とされる磐座を意味した。鹿島神宮の円形の要石（直径25cm、高さ15cmほど）は、鹿島の大明神が降臨した際にこの石に座ったとある（鹿島宮社例伝記）。鳥居と瑞籬に囲われていても、何とも地味な神霊スポットである。古来、奇妙奇天烈なことに地震を起こすナマズの頭を抑えているとの伝説、俗信と結び付き、有名となった。これは鹿島神宮の神人が要石の功徳を触れ歩いたことで、広く敷衍した。信仰上は伊勢神宮の心御柱的存在ともされる。要石は20kmほど離れた香取神宮にも存在し、同じくナマズ伝説が紹介されていて、偶然の一致ともいえない奇縁を想起する。

さざれ石（下鴨神社）

天変地異の災いとして、日本列島に移住以来、人々は最強の恐怖の地震に永年苦しめられ、厄災退散を願い、信仰や奉祀を通じて神仏の加護に縋っていた。問題は、なぜナマズと地震を結び付けたかに疑問符がつく。地震の原因がナマズであるとは考えられず、この魚が地震の予兆を早期に察知する能力を保持し、大地震の度に因果性を発揮していたかである。尚、ナマズの地震予知能力については科学的検証がされていると漏れ聞く。

第3章　宗教

〈滝〉

　滝がご神体とされるのは全国でも珍しく、熊野那智大社別宮とされるのが、飛瀧(ひろう)神社である。本殿、拝殿はなく、鳥居の前で落差約130mあるご神体の滝を遙拝する。東征した神武天皇が、熊野から八咫烏(ヤタガラス)に先導されて大和に入り、橿原で即位した記紀神話伝承の地である。熊野は神話の世界と死後の世界を伝え、神仏習合を表白する地となった。

ご神体の宿る那智の滝（飛瀧神社）

〈人物〉

　人物が神格化、祭神化される過程は政治体制や権力闘争と如実に絡んでいる。神は崇拝の対象物であり、その神に人類の性質を賦与して宗教上の擬人観を形成するものである。神代の時代にまで遡って精察すると、人が神社等で奉祀されるのは次のような3つに類型化されそうである。

・神話編の人が実在しないケース（天照大神、等）
・神話編の人が実在したかも知れないケース（応神天皇、等）
・人が実在しているケース（菅原道真、等）

　先述したように現在、祭神別に信仰する神社を調査したら、首尾よく応神天皇（八幡信仰）、天照大神（伊勢信仰）、菅原道真（天神信仰）を祭神に祀る神社は多く、上位を占めていた。その他、圧倒的に神又は神が先祖と主唱する人物が祀られた神社が多く、本社から勧請された。

　神話編の神々は国家の要件として国史編纂に必須の存在で現れ、人民に国家意識を植え付け、国家に権威という威圧を加えて従属させる目的が示される。記紀編纂の核心となる。世界史的

鶴岡八幡宮（鎌倉）

に見ても、大功の治績を示した実在の人物が神に祀られ、崇敬されることは共通し、後継政権による政治的意図が見え隠れする。自然物に神霊を感じるのは分からぬでもないのに、人間を神格化する理由の一因は、権力継承者による先人の偉大な業績への称賛と自己権力の正統性の証である。国威発揚や民族の優越性を誇示する狙いもある。

近年、神格化された人間の要件を小考した。日露戦争で勝利に導いた乃木希典（旅順攻略）、東郷平八郎（日本海海戦で勝利）は没後それぞ

伊勢神宮（内宮）

れ乃木神社、東郷神社に祭神として祀られた。一方、敗戦で終わった太平洋戦争での戦功で神社が創建された人物はいない。国家のために殉難した戦没者の霊は靖国神社に合祀されているに過ぎない。個人が祭神化される要件には国益に沿う偉大な功績の達成が前提で、国家の理念と国民の熱烈な敬慕という後ろ盾が必要となる。しかし、一人の英雄を神格化するよりも、犠牲となった幾万の国民を厚く追悼する方が条理に適う。祭神が国家・国民を救うことはなく、汗血を流す国民自らが国家・国民を護るのであるから、犠牲者は奉祀されるべきである。

② 人間の霊魂

元々そうだったか、仏教の影響によるものか、古代日本人は二元論的に人間を肉体と霊魂から成るものと信じていた。生存中は生霊となって、死後は怨霊（死霊）となって暫くの間、この世に彷徨い続ける考え方である。これらの霊は恨みのある者に取り憑き、仇をなし怨念を晴らそうと、様々な災異をもたらす怨霊とされる。平安時代には怨霊は物の怪とされ、取り憑かれた者は僧侶、修験者等の加持祈祷、鎮魂祭儀による除霊を行った。得体の知れない物の怪は非業の死を遂げた人、又はあらぬ疑いをかけられて失脚した人が災異をもたら

第3章　宗教

していると、一般に信じられて広まる。霊は科学的実証性に乏しい観念だが、集団心理として発動することがあり、誰もが信じ易い共通の概念といえる。

今に伝わる怨霊の筆頭は太宰府に左遷されて、悲憤のうちに没した菅原道真（845～903）である。死後、祟りを恐れ、怪異な現象に苦しんだ朝野から、道真の霊を崇める天満天神信仰が生じた。現在では除霊という認識よりも、賢慮の学者であったことから天満宮を中心に全国各地で、広く学問の神様、天神様として信仰されている。

修学旅行生で溢れる北野天満宮

それにしても、祭神別信仰では八幡信仰、伊勢信仰に次いで道真信仰が全土に広まった理由は分からない。これまで深慮を巡らすことなく京都、大阪、太宰府の天満宮は訪れたが、自宅近くの国府台里見公園の傍に建つ小さな末社（1475年創建）に気付いたのは、つい最近であり、近隣には天満宮が9社存在している。恐るべし、道真の威光。

国府台天満神社（市川）

憐憫の情を誘う不遇な運命を辿った歴史上の人物は神社に奉祀され、鎮魂の祭事が持続している場合が多い。

③ 神道の原意

神道の原意を探索すれば、見たこともない隠然の神（霊魂）があらゆる物や場所にご神体として存在し、その霊的存在への固有の土俗信仰を指す。土着的な信仰の発生以来、儒教、仏教等の主要宗教、思想との対立、相克、融合を経て地域住民の精神生活を支えてきた。この信仰には開祖がおらず、教旨、教説

も分からない。恐らく、原始神道は霊的存在に対する崇拝から始まり、家族単位の祖先崇拝が原点となる。崇拝に祭祀を儀式化して、人と神との関係を構築した。人口増加に伴い地縁、血縁共同体を基盤に於いて、土俗信仰並びに祭祀儀礼を特徴とする独自で特異的宗教へと進化を遂げていく。当初は地域の有力豪族の長が、因襲的に政教が一致した地位と権威を顕示していたが、次第に宗教分離が進んだ。

　民族信仰ともいえる神道は歴史的に最古参であり、神社、事蹟等を通じて一番身近な存在とはいえ、直接の接触は現代人も参拝とか祝詞程度の認識しかなく、その真髄は仏法と違い、闇の沙汰である。義務教育では神道の授業はない。従って、民族信仰といわれても、神職以外では、誰でも原意について説明を求められた場合、核心を突く解答には苦慮する。言葉で表せなくても、どこでも耳目に触れる神社と神官が実体として存在する。事実、山行者はご神体の宿る山や神話伝説上の神々が施設に祀られていると知れば、無条件に受容し、無事の登下山を祈願する。論理的ではなく、中枢反射的な辞儀が擦り込まれている。

④ 神道の分類

　神道は茫漠然としている。正確な分類は至難であり、初期の概念を元に分かり易く分類した。概説すれば、国家神道、神社神道、教義・教法を樹立した教派神道、皇室（宮廷）神道、神道教学を中心とした学派神道等に区分される。古代では皇室神道と国家神道はほぼ同義で、明確な分離がいつ生じたか不明である。それぞれの神道が誕生した頃と現在の分類は整合しておらず、文中の名称も便宜上使用しているので、ご容赦願う。

　明治以来、神社神道と国家神道は区分され、戦後、国家神道は消滅したとされる。個々の詳細は別にして、我々が普段触れているのは、広く全国の神社で行われている祭祀、鎮守、氏神等を特徴とし、祭祀儀礼に重きを置く信仰組織的な神社神道であろう。教派神道は明治以降に新しく教義、教法を立て、教団を組織して活動しており、実体が把握しにくい神道の中では、仏教に似て最も宗教らしい神道といえる。

第3章　宗教

　本書では山岳信仰との関連も深く、山路で鳥居、神社、社、祠等に頻繁に出会う神社神道を主体とし、国策絡みで政治に翻弄された場合は、国家神道を織り交ぜて神道像を描述した。

⑤ 神の意識から信仰への移行

　霊的存在の認識から持続的信仰に遷移する背景には、どのような契機があったのだろうか。霊的存在を意識して以来、移行初期はひたすら超自然力への恐怖、則ち畏怖であり、中期は受動的畏怖から脱却するために尊厳と能動的崇敬の観念を生み出し、後期には信仰（含参詣、参拝、寄進等）と相殺する様式で祈願を組み合わせて、神との対話様式が完成したように映る。この一連の心と体の働きを総体的に示現するものが神道と帰結しうる。

　日本民族は、３万年以前から列島に移り住み始め、各部族、一定の集団は生存域を急速に拡大したといえる。人口密度は別にして、１千年前後で全土に到達したのではないか。この根拠は、アフリカで誕生した人類が、東方に移動した東漸速度（年約２km）の説を前提として、国土の長さ約２千kmを元に割り出した。千葉県の遺跡では、紀元前３万年前後には人々が住み始めたと推定されているので、生存に適した列島到達後、新天地を目指した移動速度は速かったことを窺わせる。

　移住者は既に漠然と万物に宿る神への信仰心を保持していたが、異質な新天地での生活により従前の習俗に多大な影響をもたらし、地域ごと、集団ごとに個性豊かな宗教文化を醸成した。暫く、独立した各集団は落ち着いていたが、共通の風俗、習慣、信仰ではないので、やがて分断された部族間で利害関係が発生し、麻の如く乱れていく。一元的且つ集団的に糾合されるには時間を要した。族長は集団を統合し、勢力を拡大するために、崇高、権威、武力の全てに関わる祭政を一手に握る戦略へと傾く。

　部族民は神（霊魂）を崇敬、信仰することにより畏怖から解放され、何らかの祈願（地域安泰、子孫繁栄、五穀豊穣、被災回避、等）の成就を心に抱いていた。部族長が祭政の権力を握っても、願いを叶えてもらうことで、支配・被

支配の関係強靱化を受け入れていた。

　事例を仮想してみる。人為の部族間抗争、自然界の疫病や風水害等の不安、脅威に晒された際には、勝利に向けて戦いを鼓舞するする力、心身を無病息災へと導く集団的団結が必要となる。古代社会では一丸となって神を信仰し、苦境からの脱却、救済を祈願すれば願いが叶えられると洗脳していけば、思想的に免疫機能の弱かった人々の思想変換は自然に進んでいく。一方、その篤信対策を意図的に仕掛け、後押しをした者がおり、威厳を保って言葉と所作で誘導した可能性が高い。権力者の祭政一致は一過的な方便で、宗教的権威の強化と部族長からの自立を画策する一部勢力が跋扈し始める。権力の分化が進み、祭祀、神事の独立の流れである。

⑥ 神官と祭祀儀礼

　不安、恐怖におののく民衆に意図的に精霊、霊力を体感させる重要な宗教的役割を果たしたのは、権力者の族長と巫術の担い手であった祭主（神官）の仕掛けた祭祀儀礼と見てよい。例えば、祭祀は祖先神を祀ることにあり、儀礼は部族集団が慣習的に行ってきた儀式礼法を表象的に示した。これらの手法は、仏法を模した高度に演出された魅惑的な短い祭文（祝詞）と神聖な所作（舞・曲）の組み合わせに見える。崇敬する対象として教祖もおらず、心に刺さる教典もない神道にはそれに代わり、霊魂信仰を定着するために新たな儀礼を主宰する神官（神職）の役割が必須となった。こうして神道の原形が現れ、後に公式神事を司る。

　祭祀儀礼も初期段階では、神官が祝詞を幣で祓う程度の簡易的作法であった。通常、目にすることがまれな神聖な舞台で、白装束を身に纏った祭主が、荘厳な振る舞いで神社の祭神を宗祀する。神官の周囲には赤装束の巫女が天女のように随伴し、場を盛り高めたかも知れない。

　原始社会の民衆は自己の判断基準が脆弱で、権威者のパフォーマンスで容易に洗脳、感化され、盲信する傾向に陥り易い。人は不安、恐怖から逃れる本性が働くと、権威に頼り縋り付く行動習性が発露する。その対象が得体の知れな

第3章　宗教

い霊的存在であれば、信じること、拝すること、祈ることに躊躇しない。

　信仰の段階が進むにつれ、神社（神道）と信者との相対関係も変わる。一旦は霊的存在への信仰心が起きたにしても、民衆が持続的に踏襲していくとは限らない。そのため、民衆の心を確固たる信仰へと導く創意工夫がされる。徐々に人の関心を高め、人を集める興行の類が執り行われる。古代でも民衆が集まり、神々を祀る祭祀の基本は歌舞音曲の類であった。祭神を囲んで緩やかに歌い踊る姿が脳裏を掠める。神前で舞う舞楽の神楽や盆踊りの嚆矢となる原初の舞踊である。神聖にして荘厳な舞台に触れ、舞楽に参画した信徒は、歓喜と共に心神を深く神道に通わせていく。人が大勢集まるこうした祭祀は、文化的進歩を測る尺度となる娯楽になり、後世の祭りの先鞭と化す。何よりも、祭祀行事が人を集め、伝統化し、神道信仰を定着させた。

　真実の沙汰は別にして、祭祀儀礼の謂れを『古事記』で描かれた「天の岩屋戸」に求めるのは、奇天烈とはいえない。「太陽神の天照大神が素戔嗚尊の暴状に怒り、天の岩屋戸に籠もってしまい、天地が常闇になった。岩屋戸の前で種々の物で飾り、天児屋根命（アメノコヤネノミコト）が祝詞を奏し、天鈿女命（アメノウズメノミコト）が半身半裸で舞うと天照大神が出て来て、天地が再び明るくなった」という神話である。後に舞った場所が舞台、舞いが演芸の起源とされ、平安期の猿楽、鎌倉期の能、狂言へと発展したと伝わる。天照大神を魅惑した神聖な演舞は、様々な形態の独立した演芸へと変貌し、今日では大衆を劇場、舞台へと誘い、歌舞音曲は民衆を癒し続ける。因みに、天児屋根命は中臣氏（藤原氏）の祖神とされ、代々大和朝廷の祭祀を司った。天皇家と藤原氏の強い相関関係を暗示する。

　このように、神官は神前での舞踊に予期せぬ効用を発見したのである。脆弱な信仰心を不動とし、神の権威を強化するために、舞踊は奏楽と共に多彩な祭祀に包摂され、典礼として整備、維持される。後世、聖地と化す覚しき神社では

八坂神社から山車で渡御する天鈿女命
（佐原祇園祭）

舞殿が併設され、重要な神事の一環として続く。

　祭祀の視座を変えれば、神社側が人を教化する手段ともいえ、神事でも神聖で守秘的な面と公開する娯楽的側面とが混然一体を成し、人々と神道との絆を無意識に醸成していた。神秘性を醸す神聖な行事は夜間に秘匿して行われ、娯楽的神事は開放的に日中行われた。今に伝わる神事の一環である渡御、神饌、笠懸、札、籤、競べ馬や相撲等の見世物は神事への興味を高め、娯楽そのものとなった。神事は人々と神道の絆の強化に機能した。伝承された祇園祭等、祭りの大半は神道縁起が契機で始まり、全国に広まり現在でも持続性、集客性に優れていることを考えれば信仰、参拝、祈願の定型的関係に止まらず、遊興的行事への参加が神社との無意識の結合関係を促進した。人の参詣なくしてはあり得ない神道（神社）の持続的隆盛は、ビジネス感覚で捉えれば神事への集客とブランド化にあった。教えというより一連の神道行事が、民衆と神社の関係を密にしたことは疑いようがない。

⑦ 神道信仰の敷衍

　教典に基づき救済を説く仏教でも、僧侶の堅苦しい読経、説教だけでは日常に逼迫している衆生が寺院・仏閣に容易に集まらないし、篤信する可能性は低い。神道も、神様からの心を癒やすご利益が実感として得られないと、永続的な参拝、信仰には繋がらない。神道は家族、地域、集団の連帯性が基本にあり、氏神の祖先との一体感に結び付ける共通の仕掛けが求められた。符合するかのように参拝、祈願、そして安寧を獲得する常套の様式の必要性を氏子、信者側も捉えた節が見える。従来の参拝、信仰、誓願のみでは神助の実現は難しいと考える。それでも、神道が民衆との切り離せない関係を築き、神助を感得するようになったのは、経典に代わる有力な手段を導入したことが大きい。則ち、先述の神道独特の定例神事（行事）を定着させ、神事と人々の日常生活との間に双方向的密着の実現である。

　重要な点をもう一つ添える。仏教では信者は僧侶、寺院に対してお布施や寄進を恒例としていた。お布施や寄進は現世の功徳と考え、これを積むことによ

第3章　宗教

り来世で成仏するという論理である。神道も仏教の教えを拝借し、神社信仰の証として寄進行為を広く喧伝した。信者は参拝の後に願い事が叶えば、天佑神助のお陰と素直に信じ、神様への更なる大きな奉献を意識した。神社は存続に必要な資金を、氏子以外の一般庶民からも支援される仕組みを構築した。お賽銭は最も分かり易い一例だろう。難解な教義ではなく、自らが関連する祭神を祀る神社への参拝、信仰、祈願、奉献という一連の様式が日本各地で神道信仰として徐々に確立した。この流れを加速したのは、

石清水八幡宮の参道に並ぶ石灯籠

後に一般化する祭神を分霊、配祠して祀る勧請による神社の創建である。勧請は祭神別神道を系列化し、粘菌増殖のように全国隈無く神道信仰が敷衍する契機となった。

　神社神道が持続性と権力を確立する上で、この経済的基盤の確保は画期的制度となる。庶民階級のお賽銭から有力者の高額寄進、更に国家の保護を受けることも多く、財力を潤し、政治的権力を発動する一大権門に成長する要因になる。因みに、私は社寺参拝時には寄進、献納を示す灯籠、石祠、石仏、寄付者氏名等を注視しながら巡回する。これらを観察すると、当該社寺と信者や民衆との絆、信頼関係や愛着のほどがはっきりする。詰まるところ、奉納者の成功が篆刻され、その膨大な奉納物には圧倒される。人は成功すると、受益の一部を神仏にお返しする報恩と聖域に名を刻字したい心理が働くようだ。

　形式的に神事儀礼や参拝形態が定着したとはいえ、神道信仰は地域色の強い存在でしかなく、体系性のない土着の神道は、豪族間の対立を生み、国家統一の面では阻害要因となった。こうした背景下、部族を統合し、統一国家の樹立には国家的教えとなる新しい思想の誕生が、必須であると時の権力者が気づく。文化的先進国の中国で布教著しい仏教の容認であり、内政・外政上からも理に適った賢明な判断が下された。外来宗教の導入は大きな賭けでもあり、国家を

分断するような偏向的宗教政策ではなく、融和、均衡を重視して推進したことは日本の特徴であった。換言すれば、政権側からは先進文化国家に脱皮するめには、宗教面で旧来の神道のみに頼らずに、複数の宗教との共栄的切磋琢磨を蓋然と考えたのである。こうして、儒教も含めれば三思潮が鼎立する共存関係が形成された。この関係は古来、一神教的存在の神道にとって不利にも見えるが、神道の弱点を改善し、体制固めを修養する期間でもあった。大事を成す前に自己練磨に徹する姿勢が見られた。

このように、神道信仰の流れや浸透に拍車をかけた外的要因は、渡来してきた複数の競合する思潮であった。宗教浄化の対立を避け、渡来の教説を受け入れる融合路線を選択し、八百万の神（国つ神）が住まう国家誕生に繋がる。やがて天つ神の概念に併せて、神祇神道の原型構築が開始され、神道の普遍性と持続性を獲得した可能性が高い。

自然な流れとして、崇敬者には神聖な場所にご神体が安置されれば、祭礼したい気持ちが沸々と湧き起こっても不思議ではない。そうした人々の信仰心を巧妙に操り、先導する祭祀に長けた集団が存在したのは確実である。天皇（大王）を支持した有力氏族である。それは祭政一致時代に因襲的に神祇の祭祀に関わった先述の中臣氏等と推定出来る。彼らは人々が遡求する神祀りを執行するために最適な機会の設定に執心する。ご神体に興味を引かせ、霊験あらたかな尊崇の気持ちを湧かせるのは第一段階であり、次段界は同時にご神体の権威の創成と霊妙さに帰依しようとする気持ちの醸成を図る。ここまでに人心を虜に出来れば、最終の仕上げは密室の神社内で神職者のみが携わる守秘性の神事を行い、ご神体の神秘性と崇敬化を図る。民衆は神社の一連の完成した神事に従って一般参加し、習慣として繰り返す。

一旦身につけた習慣は桎梏となり、人も獲得した本性を放棄するのは容易でない。本性の養生に不可欠の貢献を発揮する方法は、信仰と神社参拝へと導かれる。そこで、必定となるのが、不可視の権威を最大化するために鳥居、本殿、社殿、瑞垣等の構造を有する神社という常設建物の設置である。これは仏教と寺院の伽藍に該当する。尚、自由度の広い神社には当初、殿舎等の施設配置に

第3章　宗教

関して、仏教寺院のような厳格な建築様式、基準がなかった。

　歴史的流れを論理立てると、百名山で体験、耳目にした神仏の疑念に次々と灯明がともされ、逐次解明される気持ちになる。則ち、山岳一帯には仏教、神道絡みの神社仏閣、宝剣、宝刀、仏像、祠類の事蹟が多く、それらに関わった信仰者がいたことは自明の理であった。神霊の宿る神聖な事物を無意識のうちに尊崇した古人の動向が窺える。

　キリスト教では12使徒（キリスト選任の12人の弟子）、仏教では十大弟子（仏陀の10人の高弟）、儒教では孔門十哲（孔子の10人の優れた門人）、等々が創始者のそれぞれの教義、教理、教説を伝播する役割を負った。その後も聖職者、高僧、儒者が一貫した布教活動を各地で行ったことが知られる。以上3教には実在の教主がいて、時代を経ても後継者、信者の思慕、尊崇、信仰は強まることこそあれ弱まることはなかった。更に、宗教改革を経ながら新宗派、新統派のリーダーに導かれつつ伝搬してきた経緯を辿れる。

　しかしながら、神道には明確な伝道師像が描かれていない。他面、先述の通り、宮廷との密接な政治的関係は強靱で大宝令の神祇行政に反映された。神道は民族信仰で生まれたものだが、皇祖神と関係を生み出し、大宝令を契機に国家宗教に変貌していく。又、仏教の諸宗派も鎮護国家を掲げて政治と結び付く。しかし、仏法の理念を追求する学問的な傾向が強く、政治との一定の距離、均衡を保つ姿勢は一貫していた。要約すれば、出世間的悟り、苦悩からの脱却、民衆の救済等に主眼を当てる仏教に対し、神道は皇室の権威と整合を図り、政治的関係を強めた。只、鳥瞰すると、神社は神が宿りそうな、寺院は仏が横臥しそうな神聖な場所に建立され、民衆にも門戸を開放し、相互に依拠し合う関係を築いて、共通した様相を呈した。視点を変えれば、民衆に思慕される神仏がいる訳で、「神は敬するに威を増す」を地で行った。

⑧ 神道派と仏教派の対立

　これまで神道と仏教は6世紀に邂逅以来、融和的関係と総括した。仏教の教説は釈迦の実体験に基づき成立したもので、論理的教えは分かり易く、寛容な

特徴を示す。在地に根ざす多種多様な神道も個別の特性を受け入れる志向が存在したために異端への拒否感が弱かった。しかし、異種の神道と仏教である以上、対立と相克は避けられなかった。

　日本国家成立時期と推定した6世紀中盤から7世紀初頭に時計を巻き戻して、神仏の関係性を示す縁起を再考する。その頃、神道と仏教を巡って、天皇（大王）を支える二大豪族の間で戦いが勃発した。仏教の受け入れを巡る蘇我氏（崇仏派、開明派）と物部氏（神道派、守旧派）が争った「丁未の乱」である。これを概略すれば、大和政権時代に於ける固有の神信仰と伝来の仏信仰との最初の一大騒動であった。

　聖徳太子（574〜622）と組んだ蘇我氏（馬子）が勝利した結果、飛鳥寺、四天王寺等が造営され、仏教を基本とした国家建設が推進される。物部氏の滅亡後も、神祇信仰勢力は弾圧、排斥されて地歩を失うことはなく、又敵対的に走ることなく、並存の道を選ぶ。宗教面では勝者と敗者の関係は絶対的ではなく、共存に向けて引き分けの印象を残した。この乱は神道に仏教の先進的教説、儀礼等を修得する機会を与え、後の神仏習合の選択へと繋がる。

　聖徳太子は仏教導入、奨励の立役者であった。隋・唐の律令制度を基本に、官位を設け仏法に基づく国家運営を進めた。国家成立期の約1世紀にわたり、天皇側近の有力豪族で権勢を誇った蘇我氏は、朝廷を支えて国家成立に貢献したが、乙巳の変（645）で一族は打倒され、歴史の表舞台から姿を消した。しかし、最初の本格的寺院とされる飛鳥寺を建立し、飛鳥大仏と仏舎利を安置し、蘇我氏の氏寺となったことを考慮すれば、一族の崇仏心は聖徳太子に劣らなかった。仏教を日本に根付かせ、文化を花開かせた先駆的功労者と評価されてよい。

　その功績にも関わらず惨めな生涯を遂げた入鹿を鎮魂するに、飛鳥寺隣の首塚のみでは申し

飛鳥寺横に建つ入鹿の首塚

第3章　宗教

訳ないと感じたのか、入鹿を祭神とする入鹿神社（橿原市）が建ち、地元の崇
敬を集めている。

　この後、蘇我氏に代わり、天皇の最側近として朝廷で頭角を現すのが藤原氏
である。この一族は国家（皇室）神道及び仏教に依拠する国家の原型（国体）
を完成させた。

　藤原氏に支えられた天智天皇は、治政面で大陸文化の影響を受け、仏教を神
道より優位に定め、国家道徳、倫理の基準と考えて斬新な改革（大化の改新）
を断行した。しかし、天智が進めた改革の反動により、古代最大の内乱「壬申
の乱」（672）を招いたことは既述した。しかし、この内乱の基因を詮索すると、
表の政治課題とは離れた皇位継承を巡る裏の兄弟間の内訌と見做す考えもある。
未整備だった皇位継承がルール化されたのもこの乱がきっかけとされる。

　⑨ 国家神道
　奈良時代の国家神道と宮廷（皇室）神道の実態ははっきりしない。天神（天
つ神）を嚆矢とする国家神道は天皇親裁中央集権国家の樹立（天武・持統朝）
を契機に公認され、国体の永続性、神聖天皇の権威強化及び親裁の正統性を
担保する国教として合理的に裏書きする役目を担った。人格を持った神々の崇
拝が浸透していた古代では、まさに神道が権力と結び付く絶好の環境にあった。
神道が皇宮との政治的結び付きを堅固にして、国権の核心部で胎動し始めるの
は、天武天皇以降とすると政治的状況とも整合する。恐らく、皇室神道の成立
に伴い、天皇家の始祖を冠に戴く形態で国家神道が生まれ、その形態を模した
在俗の神社神道が広まった。従って、神道の起源を辿れば高天原から高千穂峰
への天孫降臨が発端となり、祖先神崇拝が基調といえる。神社参拝は先祖への
供養に近い心情を抱かせる。

　国権との関与に最大の担保を与えたのは、神祇制度の国法化である。先帝の
渡来文化に依拠し過ぎた国政への反省から、天武・持統朝の治政には仏教偏重
から神道回帰の保守的政策が読み取れる。回帰政策とは天皇家の祖先神であり、
神道に馴致した民衆の支持もあり、信仰の篤い神祇の復権となった。それは大

宝令（701）に神祇制度を明記することで具体化され、大宝令発出をもって律令国家が完成したと推断出来る。

　律令制を簡潔に示す。中央集権体制による公地・公民化政策で、有力豪族に専有された土地と民は国家の所有となる。良民は一定の年齢になると一定の土地を給田され、租庸調（物納、納税）と雑徭（労役）を義務として課せられる。基本組織の太政官と神祇官が、中央行政機関の運営にあたる。太政官は八省の行政を管轄し、神祇官は朝廷の祭祀を司り、諸国の官社を統括する職掌である。こうした経緯から推察すると、祭政一致に淵源を発する神道は、大宝令発布まで公式に法典化されていない。以前から国家権力の中では隠然たる勢力を持ち、機能していたことを窺わせる。本制度は隋・唐の律令制を倣って7世紀中頃から導入され、平安初期の10世紀まで続いた。

　ともあれ神道の位置付け、役割が法典として認知され、国家神道が公式に稼働する瞬間であった。神祇行政が制定されて、随時神道祭祀の定例化、国家行事化が進められていく。これは後に巨大な政治力を持つ国家神道が芽吹く予兆となる。政治色の濃い国家神道と天皇家の祖先を祀る行事を主宰する皇室神道の境界は厳密ではなく、分離が始まるのは後のことである。

　大宝令制定に連動した国策が、初の国史となる先述の記紀の撰集であり、体裁を整えた国家と神聖で正統な指導者を国内外に宣言する外交文書の機能もあった。政治的合目性から朝廷は、記紀を大宝令に先立ち発布することを目論むが、編纂作業が予想外に手間取り、止むなく大宝令を優先し、後付けで記紀の公開に漕ぎ着けたと見るのが順当ではないか。

　戦後教育の洗礼を受けていると、祭政一致は近世では頽廃したかの印象を持つが、世界の政治形態は各宗教の教旨を自在に変えて、政治の源流から本流へと遡っている。水の高きから低きに流れる真理の如く、政は祭と今でも一体的で、政教一蓮托生の構造を示す。日本も例外に漏れず、明治新政府は政治理念を神道思想に置き、祭政一致の体制を敷いた。神道は国家の宗祀として扱われた。敗戦と共に、国家神道は国家機関から外れた。

第3章　宗教

⑩ 神道公認の意義

　律令国家成立の経緯からすると、神道が政治的地歩を中央政界で固めたのは天武天皇以降に思える。宗教的意義に止まらず、治政面でも神仏両者は同じ土俵で仕切り始めた。この後、神道と仏教は天皇家の寵遇を巡って、綱引きを繰り広げていく。実務の差配は藤原氏を中心とした祖先神を標榜する高官位の貴族であった。俯瞰すると、神道と仏教の関係は保守と革新、固有と舶来、民族主義と国際主義といった対立する概念に似ていて、政治均衡を図る力学そのものに映る。結果、神祇は国権の懐に深く封入され、神道が恒久的発展を遂げる転換点となる。

　付言すれば、巨大な中国王朝と対等の外交樹立の面からも、国家の三大要件に加えて、神道という日本独自の宗教を国家の威信と自立の認知に不可欠な切り札とした。先進派の聖徳太子等が導入した仏教が、先行して国教的扱いを受けて急進していたが、朝廷を動かす公家も民衆も一神教的偏向を好まず、幅広く信仰されていた神祇と仏法を相互補完的に必要な思潮と捉えたのは間違いない。日本人のこの宗教観は今日まで続き、神仏が両立する形で崇敬された。宗教に対する寛容性が心の形成に果たした役割は大きく、『大和心』にも通じる。

　次第に国家支配は天皇を最高権威者に戴き、行政を司る朝廷（公家）と社寺（神道・仏教）の二権門によって支えられていく。奈良・平安中期までは、後に王朝に代わって幕府を開く武家の殆どは天皇家に侍る低い官位（三位以下）に甘んじ、政治の表舞台に登壇する機会はなかった。軍事・治安組織よりも社寺が政治権力を発揮出来た背景には、朝廷と強靱な紐帯で結ばれ、外交的安定があった。

　朝廷も固有の神道、開明的な仏教を平等に扱い、民衆の信教の選択に関して束縛はせず、国家鎮護と民心の安寧に帰する啓蒙的施策を行った。この結果、仏教が解脱、救済といった超越的教理を僧侶が遊行しながら説くのとは違い、家や共同体の存続を前提とした祖先崇拝の理念が信仰の主体である神道は家族、村社会という地域集団に敬慕されて拡大、発展する。この強い絆は神社が持続的に行った神事によって補強された。

神道には仏教に於ける仏典、教典の類が長い間公開されず、理念に統一性と具体性を欠き、模範となる布教活動が限定的であった。仏教が制度として受戒した公認僧侶を輩出したのに対し、公式の資格を持つ神道指導者、神職、神官等の育成で遅れをとった。

　では、如何にしてこうした不利な条件を克服し、霊的存在を主唱する神道が権威を示し、信仰され、あまねく支持を受けられたのであろうか。最大の要因は、大宝令による神祇制度の法令化であり、宮廷権力との政治的結合であろう。神道は信仰の対象を血縁で繋がる家族と共同体の祖先崇拝に置き、一族の結束力や絆の強化に成功した。祖先神信仰は神道の核心を築き、後述の氏族制度と両立する。

⑪ 神社神道

　神社は元々、神霊の来臨した社（屋代）とされ、後に神を祭祀する斎場、殿舎へと変貌する。屋代という原意から判断すると、可視化不能な神霊を家屋に招来して、神聖感を高めて崇拝する段取りを踏んでいる。大きな社殿から小さな石祠まで、神霊は祀られている。

　再度、ここで神社神道の本質を示唆する神との対話のセットを再考してみた。信者は神社仏閣に祀られた崇敬する祭神（霊魂）を信仰し、様々な祈願をすることで安寧を得、願いが叶えられることを望む。従って、祀られた神々は人々が畏怖する権威、荘厳な雰囲気が保持されねばならず、神聖な様式で奉祀されることが必須となる。神聖な様式は神社施設で神事（行事）が行われる必要があり、全ての神社で創建以来、定期、不定期に行われた。こうした行事が朝廷も含め、民衆に支持され、社会全体に一般化していった。

　実際、神事というと皇室も関連する祈年祭、新嘗祭、例大祭等の格式の高いものから各地域の神社で定例的に行われる固有の行事を含む。神事の目的は五穀豊穣、国家安泰、疫病退散、子孫繁栄等を祈願するもので、民衆のマクロ的幸福に関わっている。ところが、神事には神社の神事以外、門松、初詣、鏡開き、節分、盆踊り、しめ縄等、社会のミクロ的一般行事も神事（祭事）とされ、

第3章　宗教

数知れないほど多彩に広がった。これら神事の出発点は記紀神話に由来しているが、この神々を媒介とした神事が民衆を魅了し続け、人々の精神的支柱として擦り込まれた。

　現代では多くの一般参詣者は、平地、山中を問わず神社施設（本殿、幣殿、拝殿、遙拝所等）に出会えば本能的に連綿と参拝して、些少のお賽銭と合掌を引き換えに祈願を繰り返す。しかし、本音では参拝の見返りを求めているようには見えない。それでも、有名施設或いはパワースポット等と喧伝されると、つい寄って拝んでしまう。合掌、祈願を伴う宗教的慣習は、魔法や催眠にかかって崇敬行動をとる訳ではない。皆、拝殿等の然るべき場所で無意識に合唱祈願をする。

　神道は確然たる存在にしても、他宗教と異なり開祖者が不在で、教典がなく実態性が欠如している。にもかかわらず、現在でも分祀も含め無数の神々が神社に祀られ、8万社を超える神社組織が存在、運営されている事実は驚愕の一語に尽きる。釈迦の個人的教えから出発した仏教が、上から目線の説教に対し、古来地元に根ざした国つ神を取り込んだ神社は難しい理屈をこねない。信教の個人的自由を容認し、庶民が喜ぶ神事を定期的に行い、神威の啓蒙に努めている。見回すと神事は我々の日常生活に溶け込んでいる。

⑫ 氏神

　神道の道場は基本神社であり、各地の民衆に広く受容、後援されている。神社を支える母体は、氏族制度から派生した祖先神を信仰する氏子である。

　共通の先祖を持つ血縁集団が氏族（氏）である。氏族制度は氏族を基本構成単位とする社会の仕組みで、帰属する成員は様々な権利と義務を受ける日本式社会構造を表す。氏族が共通して崇敬する祖先神を氏神と呼び、殆どは神を出自とする先祖を指す。元来、この氏神の子孫で氏神を信奉し、祭祀を担う神社を支えた集団が氏子とされる。狭義の氏子は血縁集団であるが、広義には氏神を守り引き継ぐ地域の人々を指し、彼等が文化として氏神信仰の主体となる。当初、氏神は家族、集団の団結力を維持向上するため、政治的に大きな勢力を持つ特定の氏族に信仰された。歴史に不磨の名を刻む有力氏族は、祭祀を司っ

た藤原氏である。

　統治構造の変遷に伴い、信仰の主役は宮廷貴族から武家一門へと交代する。又、大和圏以外の地域でも同族の人々が氏神を祀り、社会に溶け込んで、今日まで広く制度は存続する。有力氏族が祖先の御霊を神と篤く崇敬し、具現化する目的で祭神が宿る神社を建立して、永きにわたり保護、安堵したのは祖先神信仰の定型といえる。

　奈良・平安時代、日本の国家像の創案者で天皇家の最側近として宮廷政治の主役であった藤原氏は平城京遷都後に人々を守護する目的で春日大社を創建し、祖先神として武甕槌命を含め、四神を勧請して祀った。この時、武神である武甕槌命は、鹿島から白鹿に乗ってきて奉安されたと伝わる。その後、有力者の多くが氏神社の原型となったこれに倣い、創建した神社に祭神を勧請し、氏神信仰が全国へと普及する契機となった。当大社の荘厳さ、規模は目を見張るものがあり、とりわけ寄進された石燈籠及び釣燈籠の見事さには驚かされる。

藤原氏の氏神を祀る春日大社

　藤原氏が春日大社に祖先神を精魂傾けて奉祀した背景には、自らが考案した国家像に整合する藤原一族の体制を構築する必要があった。天皇が皇祖神である天照大神を国家第一の宗廟の伊勢神宮に奉祀することは、天皇が国家の支配者として権威、尊厳を示威し、正統性を披瀝する上で絶対条件であった。天皇を直接補佐する近臣も権威を持つ必然性が生じ、天皇同様に先祖は神の末裔である氏神として信仰する流れが始まった。

復元した平城宮大極殿の高御座

第3章　宗教

　臣下が祖先神を神社に祀ることは大それた発想であり、天子の逆鱗に触れる危険な行為に近い。どういった経緯で藤原氏に勅許が下りたかは不明だが、全ての社寺に関わる祭祀の儀を知り尽くした家柄の藤原氏にすれば、まっさらなキャンバスに自分の好きな絵を自由に描くだけのことで、春日大社の開創に成功した。この神社は奈良の都となった平城京（710〜784）に移って間もなく造営された。藤原氏の隆昌は氏寺とした興福寺を見ても分かる。

　藤原氏は国家像を大宝令に描写し、祭神に関しては天皇の臣下であることを弁えて、様々に周到な配慮をしている。

　・大宝令による神道の位置付けの明示

　・皇孫以外にも氏神社創建の是認

　・祭神奉祀にあたっては神々の序列を尊敬

　・神話国家と現実国家との整合

　このように、名実共に天皇制国家の護持者となった藤原氏は、永続的に中央政界で権勢を振るうために、天皇家に倣って伊勢神宮に次ぐ春日大社を造営し、祭神を祀った。藤原氏は天皇家と同様の権威を具備する戦略を考案し、双頭の政権運営に成功する。両家の近い関係を示す行事がある。天照大神を祀る伊勢神宮では、20年ごとに旧殿から新殿にご神体を移す祭りである式年遷宮が行われる。これとよく似た式年造替（摂社の若宮神社）が、藤原氏の氏神を祀る春日大社で行われる。新殿が20年ごとに造営され、旧殿からご神体を本殿に戻す「本殿遷座祭」である。藤原氏の威光を伝える祭祀といえる。

　一豪族であった藤原氏が他の有力者を押さえて天皇制を確立、護持しうる優位な地位を築いただけに、春日大社への念は異常に強く、その証左を四社明神の宗祀から十分窺える。奈良から京都に遷都後も、藤原氏は春日大社への尊崇と後援は変わることなく続いた。見方によっては、天皇家を凌駕する神仏との近接関係を構築し得たのは、古来中臣氏の専管であった神祇祭祀を掌握していたことが大きい。

　平安末期から鎌倉時代には、武門の間にも氏神信仰の営為が広まり、天皇家に倣い権力の基盤を神道に置いた。とりわけ、平氏は厳島神社、源氏は鶴岡八

幡宮をそれぞれ崇め祀って、同族の結束と祖先崇拝の強化を図った。平氏、源氏はそれぞれ桓武天皇、清和天皇から臣籍降下した一族であった。従って、先祖は皇室と同じ神の系譜であるから、祭神を祀る神社を崇敬しても、又分霊して勧請することも叶えた。

八幡宮は応神天皇、神功皇后、比売神を祀る宇佐神宮（大分）から分祀が始まり、貴族、武人に崇敬された石清水八幡宮、源氏の守護神として尊崇された鶴岡八幡宮へと分祀・分霊の系譜が続く。石清水八幡宮は八幡市男山山上にあり、比叡山とは逆に京都の南西にあたる裏鬼門を護持する。鶴岡八幡宮は源頼朝が国家鎮護、勇武の神として朝野の尊崇を集めていた石清水八幡宮の八幡神を勧請して、鎌倉に創祀したものである。武人の守護神として八幡信仰が全国に行き渡る契機となり、武家政権が700年近く続き、八幡信仰が一番増えた背景となった。

石清水八幡宮一ノ鳥居

源氏の氏神を祀る鶴岡八幡宮

⑬ 神社神道の盛衰

奈良期から鎌倉期に拡大を遂げた神社神道も室町時代には社領を失い、疲弊する神社が増え始め、信仰にも陰りが生じた。その一方で新しい吉田神道等が樹立され、次代への基盤強化に繋がっていた。約1世紀に及ぶ戦国争乱で神領を奪われ、荒廃した神社は安土・桃山時代から江戸時代に復興され、神道研究も盛んに行われた。実は、この神道研究は仏教に比肩して弱点とされていた教説の脆弱性を補修する一里塚となった。神道思想は幾つかの神道説を基本に仏教、儒教等の教典、教理を摂取しながら、復活を遂げていく。

第3章　宗教

　こうして見ると、神道並びにその実体を成す神社は、総じて時の政権、権力者の政治思想と大きく乖離せずに、良好な折り合いを維持していた。基本的に神道は時の政権に面と向かって反対勢力にはならなかった。然るに、仏教宗派の中には政権と激しい対立を展開し、一向宗のように自治権を得た地域も出現した。これは神道と仏教の好対照の理念が、画然と存在していたことによる。それでも、神仏が並存する同一地域で存亡をかけた危機的対立は生じなかった。

　ここで、忘れてならないのは、寺社集団共に政治との利害を重視する以上に、民衆との関係を優先し、庶民も寺社を崇敬し、支援したことである。古来、庶民は神仏との関わり方ではいずれかに偏向するのではなく、混交的な信仰を矛盾、相克なく受け入れる柔軟性を発揮した。政治的覇権を争う天下分け目の戦い（壇ノ浦の戦い、関ヶ原の戦い等）が何度か起きても、民族分断を引き起こすような宗教戦争が本邦では起きなかった理由は、複数の宗教及び信仰への自由度と寛容性によるものと考える。

⑭ 神道と国家の関係

　現在、信教の自由は憲法で保証された国民の権利であって、公認された教派神道を信者が奉斎するのは合法である。皇室や国家と癒着しない神道は、平和的で民衆の邪鬼を祓い、罪や穢れを浄め生命、安全を守る役割を担う存在と人々は理解している。

　神道は古来、国家成立及び中央集権的天皇支配体制の正統性の要件を満たす上で、理論的核心を担っていた。淵源を辿ればシャーマニズムの一派生といえる。神話の神々を起源に神道概念を創出して、祭政一致に向けて国家並びに国体樹立に必須の国家神道を政治導入した。その裏には現実の権力の正統性を遡求する狙いがあった。

　古代日本誕生の芽吹きを6世紀中頃と仮定すれば、推古天皇から天武天皇時代にかけて天神地祇は既に認知されていて、大宝令で神祇制度の制定に至ったと推測出来る。しかし、神道のみでは国家の支柱とはなり得ず、仏教を導入し、神仏融合の変遷を経て宗教観念は確立した。時期はそれぞれまちまちだが、日

110

本列島に渡ってきた民族は、既に原始神道の概念を持ち、定着生活を続ける間（縄文期から弥生期）に後世地祇とされる神々を崇敬、信仰していた。

考証資料が乏しく、解明しがたい問題は、記紀神話に陳述（神武天皇〜推古天皇）されている大王又は天皇の有力勢力が国内で勃興したのか、或いは大陸由来の騎馬民族等が九州方面から東征して、畿内の大和政権樹立に先鞭をつけたかである。中国の史書、『魏志』に基づけば、恐らく紀元前後から4世紀頃までの約500年間は、百余国に分かれた部族集合体であったことは推断しうる。それ故、少数であっても戦略的優位な北方系の騎馬民族が九州に上陸して、機動力が低く、弱小歩兵軍団しか保有しなかった各地の先住豪族を席巻しながら、畿内に侵攻した可能性は捨て切れない。

私は騎馬民族が日本を征服したのではなく、古墳期以前に九州に定住していた有力豪族が、騎馬軍団を引き連れて畿内に進出したとする見解である。勿論、九州の豪族は騎馬民族の子孫であったかも知れず、中でも馬の扱いに慣れ、戦争に機動力の高い騎馬を戦略的に利用した軍事勢力が、支配地域を九州から畿内に拡大して大和政権の誕生に至ったものと推測している。その際の出来事は各地で伝承され続けた。

3世紀中盤までは目立つほどの墳墓は見られなかったが、古墳時代（3世紀後半〜7世紀）に入ると、政治的権力者又は支配者のために築造された巨大な古墳が常態化してくる。先の箸墓古墳は3世紀の築成と推定され、大和政権誕生の鍵を握っている。この古墳の解明が政治的社会的変革を意味し、分断的集団が統合されて、国家誕生と治定の有力な根拠となりうる。文字で語られない反面、巨大墳墓古墳の発掘が各地で進むに連れて馬の形象埴輪、馬具等の副葬品が多く発見され、騎馬民族征服説の根拠ともなった。

自律的内部統合又は他律的騎馬民族征服の場合にしても、当時は地域豪族に分断された支配形態となっていた。集権的権能が発揮出来ないバラバラの部族集団であり、刑名一致した国家には程遠い状況であった。海峡一つ隔てた隣国が、文化面でも政治的にも宗主大国であり、呑舟の魚が游ぐ海に浮かぶ島国の部族リーダーは、呑み込まれて民俗的主体性を失うか、自主独立とはいえない朝貢

第3章　宗教

の身に晒される瀬戸際に立っていた。数世紀にわたり、未来に光明を見出せない重苦しい状況が、列島を覆っていた。言い換えれば、強大な中国王朝との対等な外交関係を構築しようにも、百余国に分裂していた時代から 200 年前後は、国家定礎の重い荷を背負って存亡の危機に直面していた。この暗黒の時代に幕を下ろし、流動的な大陸の諸勢力に抗するには、可及的に部族統合を進め、国家の認知を得る外交が絶対条件であった。

　慷慨すれば、中央集権国家の樹立である。当該国家建設とはいえ、日本は島国で武力勝敗による統一ではお互いの勢力を摩耗毀損し、又敗者を完全排除しては人口減による国力低下が問題となる。国家意識の薄い時代の内乱は、外国干渉の誘い水となる危険性が高く、有力部族長は平和的統合に向けて智恵の結集に迫られた。智恵とは武力ではなく、文字を媒介とする国家体制を構築する決断と合意であった。この智恵の根幹は伝承されてきた神道と伝来してきた仏教の融合といえた。加えて儒教が大陸王朝との緩衝剤として効果を示し、中国に拮抗する文化的水準の到達に拍車をかけた。

　もう一つの課題として、中国からの認知を得るために古代国家成立の三大要件（法律の制定、都の建設、国史の制定）を可視的に提示する必要があった。優先度が高く、最大の難関は国史の編纂であった。中国には既に正史として『史記』（司馬遷）、『三国志』（陳寿）、『後漢書』（范曄）等が存在していたので、この間、国内の知識層（族長、祭祀者、巫術者、神官等）が国際情勢を知るこれら史書は、重宝な教科書であったに違いない。

　日本が初めて世界史の舞台に登場するのは、『魏書東夷伝（魏志倭人伝）』（三国志）である。3世紀後半に成立し、「倭人は帯方（朝鮮）の東南大海に在り、山島に依りて国邑を為す」で始まる倭の記事が載っている。2～3世紀の当時の日本及び日本人の実情を知る上で『魏志倭人伝』に優る資料はなく、記紀編纂に至る一里塚である。時の有力為政者にすれば、中国の史書に匹敵する国史の策定は、必須と念慮したに違いない。しかし、国家の正統性を主唱する神話を盛り込まざるを得ず、国家神道の概念は早期に存在していた可能性が高い。

　地祇神道は中国由来の儒教、インド発祥の仏教等の外来宗教、思想と陽に陰

112

に影響を受けながらも、精神生活として根付いた始祖不在の土着の信仰である。仏教と二大潮流を形成し、6世紀後半以降では相互に時に独立、対立し、時に混交を進めては絶妙の均衡で並存した。

　因みに、中国でも呪術による神意に従い行動することが、常であった。一方で、孔子は「神々は崇敬しても不可知のものとして捨て置くもの」(『論語』)との別の見解を示した。彼は理想主義者ではあったが、決して自分を神という不可知の位置付けはしなかった。神の存在を不可知と見做しながら、天の観念は強く、この世の支配者は天意が差配するとした。捉えどころのない神と天との差違は不明だが、具体的な地上に対して抽象的な天上という世界観を認めている。造物主を天帝とし、天命を受けて、天子か皇帝が地上の支配者に就く正統性を描いている。天帝は仏法の守護神にあたる帝釈天を指すので、天竺由来の仏教が中国人の観念形成に濃厚に影響していた。このように日中印に於ける天は、似て非なる唯心論的世界観を呈した。

　古代の天竺(インド)、震旦(中国)及び大和(日本)の宗教観は、天地万物の主宰たる神、天、帝といった観念が基本となった。そして、権威の観念は地上ではなく、天上、天界、天国、天空という誰も行ったことも見たこともない用語で共有された。更に天人、天使、天女という空想上の人格を付与し、観念世界を具象化する意図が覗く。「天」は日本人の嗜好性の高い言葉なのか、接頭にも接尾にも頻用されてきた。

　仏教が国策事業として保護奨励され、普及したことは飛鳥・奈良時代を例証すれば具体的になる一方で、神道は抽象的で実態を見せないまま、まんべんなく国家、在俗レベルで持続的に崇拝、祭祀された。画期的な契機、原因なくして偶然信仰が始まり、広まることは想定しづらい。従って、神道は日常生活を送る上で欠かせない重要な自然哲学的思潮を提唱し、広範にその信頼性や妥当性が了知され、有益な存在であったと思える。

　その後、神道は仏教との交互作用、大陸文化の影響で天神地祇(天つ神と国つ神)の区別が認識され、神祇制度が天武天皇の頃に整備され始めた。日本独自の由縁で勃興した神道を可視的に具現化した施設が神社である。原初形態

第3章　宗教

から現在目にするような鳥居、本殿、拝殿という恒久的な施設構造を有していた訳ではない。古墳時代を経て、飛鳥から白鳳時代になって常設の社殿等が一般化した。当時は聖徳太子の仏教奨励策により、各地で寺院が次々と建設され、律令体制が整備化される過程で神祇（天の神と地の神）体制の整備も併行して進んだ。

　大宝令（701）は、神道を国政レベルで制定した成文法である。最高行政機関として、神祇官が置かれ、神祇行政を総轄した。次第に神社祭祀は定例化、国営化の動きが加速されて神社が国家との結び付きを強めた。仏教の浸透、興隆も進み、二大宗教は調和する必要に迫られ、自助を基本に共助、互助、協働の活動が記されている。こうした歴史的流れが神仏習合に拍車をかけていた。

　人の習性は人知を超える威力、呪力、神聖性を感じた場合にその存在を神として畏敬、崇拝するようになる。科学的知識の浮薄な時代には、その傾向が強かったことは否定出来ない。神霊の宿るご神体として、自然物から人工の玉、鏡、剣等も祀られてきた経緯を考えると、人への崇拝が必要となる時代背景があった。やがて顕現化する人への崇拝は、生身の人間に霊が宿るというより、むしろ祖先崇敬が存在し、起源となった。

　時の権力者の先祖を祀る儀式が、宗族の神格化に不可欠であった。権力者の側近は直接治政に携わるというより、権力者の意思を看破、忖度しながら祭祀を行い、神聖不可侵の権威醸成を図る神祇集団の存在にもなった。独自の文化、統治国家建設に急迫していた権力者側にすれば、仏教や儒教のように釈迦や孔子の一方的な教学に頼らずに済み、神道は使い勝手の優れた宗教集団であった。国家認定の一要件であった正史は『古事記』と『日本書紀』の編纂へと繋がるが、飛鳥期以前の中身は、殆ど神話で構成された。天武・持統時代には天皇親政体制が確立され、皇帝でもなく、王でもない天皇という最高権威を内外に発出する面では、神話に依拠する筋立ても蓋然的であった。政治権力との融合を図った神道集団は、その後も隠然と勢力を拡大した。藤原一族がこの主役を演じ、神祇族の洞見さは見事であった。

　平安王朝の最盛期を演出した藤原道長（966 〜 1027）は、本邦を神国と位

置付け、既に神道を国家運営の核心的政治思想の一翼と捉えていた。自らも帰依していた仏教、仏道とは明確に一線を画して、神の末裔である天皇家の正統性を遡求する神道を絶対化した上で、摂関政治体制を完成に導いた。則ち、天皇制を基盤にした統一国家の持続には、神道が枢要な役割を果たすと考えた。個人生活では庶民と同じく仏道を信じ、死後は阿弥陀如来と同じ西方浄土への旅立ちを願った。先祖は神様でも、高天原への昇天思想はなかった。

　総括すれば、飛鳥、奈良、平安各期の王朝時代約400年間の国家、神道、仏教の関係は比較的平穏で蜜月といえた。国家は民衆にそれぞれ必要な宗教と信仰を容認し、神仏習合といった宗教対立を煽らない政治手法を駆使して、民心の安定を図った。しかし、寺社の共助、互助的関係は宥和的に見えても、王朝（貴族）体制から幕府（武家）支配体制への変化が起きると、朝廷、幕府、寺社の三者間で新秩序を巡り、干戈を交える緊張と対立を招いた。

[閑話休題]

　倭国と呼ばれていた頃に日本は国家への道筋をつけ始めた。初めて国際社会に登場した邪馬台国は、『魏志倭人伝』に載っている。一般的に国史でさえ、時の政権の意向で真実が故意に歪曲され、書き換えられてしまうことは、洋の東西を問わず、ままある。既述資料の全てが高い信憑性に裏付けられている訳ではなく、ましてや、後漢王朝が東夷と見下していた東海の小国の事情に関し、どれだけ精通していたか疑問符がつく。著者の陳寿も直接倭国に接し得た訳でも、博大な知識にも基づかず、多くは伝聞証拠による記載と見られる。

　邪馬台国の存在ですら、近畿説、九州説と見解の統一は得られていない。当時の日本は30ほどの有力豪族が覇を競った不安定な政情が続き、卑弥呼を女王として共立した結果、安定に繋がった状況とされる。朝鮮半島や中国との地域的に政治的、交易関係が継続していたにせよ、統一王権としては必要な要件を満たさない脆弱な豪族の集団であった。

　中国と初めて国同士の対等な付き合いを始めようとした契機は、聖徳太子の隋との外交交渉に見られる。遣隋使の派遣は中国の制度、宗教、人材教育、文

第3章　宗教

物の積極的導入を目的とした。隋が滅び、唐王朝に入ると、十数次にわたる遣唐使の派遣に至る。1回の規模は大使、副使ら500～600名の随行員が数隻の船に便乗し、2～3年がかりで往復した。因みに、遣唐使は630年最初に派遣された。遣唐使派遣により唐から学ぶべきものを学び、得るべきものを得て、当初の奏功を遂げた。次に自立国家という意識改革の扉を開け、政治、経済、文化の多岐にわたり、従属から自立へと完全脱皮を目指した。そのきっかけは894年、菅原道真による遣唐使廃止の建議であった。既に大帝国唐は、9世紀に入ると斜陽の度を増し、907年滅亡した。道真の政治判断は的確であった。その後も異民族の侵攻を許し、王朝の交代が続いた。政治的、文化的に日本が憧憬した威容と栄華は儚く消えていた。

　古代、日本国家の成立時、中国とは多くの領域で格差は歴然であり、日本にとって、対等な国交を結ぶ上で中央集権の強力な国家体制構築が、喫緊の課題であったことは既述した。国家の成立は6世紀半ばと推論したが、実際日本が国家としての三要件を完全に満たしたのは、約150年後の奈良時代であった。これ以降、唐の影響を受けながらも、確固たる国家の基盤造りに邁進し、その結果、世界にも類のない400年にも及ぶ安定した時代が開花した。奈良期から平安期にかけて律令国家に変貌した古代日本の状況は、恰も、江戸期から明治期にかけて文明国家として、変貌した近代日本の相似形にこと寄せてしまう。

（注）
アニミズム：不可視の霊的存在（神霊、精霊、霊魂、精霊、死霊、祖霊、妖精等）への信仰

第2項　仏教

　基本、仏教は人生の苦悩から解脱し、悟りに成功した釈迦の教えであり、教えである仏法を弟子達と信者に説教した結果、世界中で信仰される偉大な宗教に変貌した。誰もが苦しむ生と死に関する煩悩から解脱し、悟りの世界に入る教えである。彼の体験と修行の末に成就したもので、悟りは涅槃の境地とされる。しかし、生前の釈迦が説法で伝えたのは生前の部分であり、悟りの境地となる涅槃は釈迦の死を意味するので、死後の世界は判然としない。仏法の基本

は、菩提樹の下で看取った弟子達や後世の後継者が、成仏した始祖の真意を探求しながら、死後数百年間は口承により、その後は文字化された仏典等に慈悲や智恵を織り込んで伝えた。

　個人的には仏教ほど身近、通俗的に宗教を意識したものはない。神様が宿る斎場が神社なら、仏様を安置し、礼拝する斎場が寺院である。良きライバルとして切磋琢磨し合った神社と寺院（社寺）は、ほぼ同数が全国に存在する。インドで発祥し、釈迦（仏陀、紀元前5〜6世紀）を開祖とする仏教は、世界各国で興隆した世界

高野山金剛峯寺

三大宗教（キリスト教、イスラム教）の一つとなった。時代と共に仏教形態は変遷し、紀元前後に大乗仏教が誕生、7〜8世紀には密教へと展開され、インドを越えてアジア全域へと広がった。

　諸説あるが、日本へは大乗仏教が、欽明天皇の代（538）に百済から渡来した。伝来後、急速に布教が拡大した訳ではなく、暫くは支配者層中心の教えであった。寺院も伝導する僧侶も不足する環境下、飛鳥寺（596創建）、四天王寺（623頃）等が順次建立された。国家的事業として6世紀初頭には布教体制の確立が窺える。奈良時代に南都六宗が成立し、平安時代には遣唐僧であった最澄、空海等によって密教系の天台宗、真言宗が日本に伝来した。官主導で民に敷衍した点でも神道とは対照的であった。最澄の比叡山に次いで、空海は高野山を開山した。

　民衆と仏教が深い繋がりを示したのは鎌倉時代であり、禅宗を含めて日本仏教というべき多くの新宗派が誕生した。新宗派の開祖者の法然（浄土宗）、親鸞（浄土真宗）、道元（曹洞宗）、栄西（臨済宗）、日蓮（日蓮宗）等は延暦寺で修学しており、この寺は人材育成面でも出色の貢献を果たした。

　東アジアを中心に布教の版図を広げた仏教であったが、教団内の対立、他宗教との競合に一敗地にまみれ発祥のインドから姿を消した。これは不思議な歴

第3章　宗教

史的事変といえる。世界宗教にまで上り詰めた仏教が、母国ではほぼ姿を消した数奇な運命を、仏国土の釈迦はどう見詰めたのだろうか。

　仏教の基本理念は平等思想、カースト制の否定、貴賤の生まれによる差別排斥、実践の尊重等にあることを想起すれば、保守思想との厳しい対立と相克は無理からぬ状況であった。仏教誕生以前からインドには土着信仰された無数の神々、ヴァルナ（種姓制）、カースト制が存在し、岩盤思想が確立していた。一時はインドを席捲した固有の仏教でありながら、既存信仰を妄執する守旧派と新興教理との相容れない軋轢が長い間続き、兇となる仏滅を迎えてしまう。

　一方、中国と日本では主要な宗教として広く普及、発展した。外国発祥の宗教というハンデを背負い、日本では神道、中国では儒教、道教という伝統的宗教との競合に晒された。国家や民族は世界共通の特性として、底流に愛国的或いは国粋主義的思想が流れていて、対立時には独自で固有の文化を志向、或いは偏向する傾向が発露する。

　しかし、仏教の勢力は世界中で根強く、欧米でも禅宗系の人気が高い。インドの達磨が中国で開いた禅宗だが、座禅によって仏教の神髄が体得される修法は、死生観の違う欧米人には極楽浄土を観想するよりも実践的で、説得力が高いのであろう。大乗仏教は教義、作法の他に、芸術、文学、習俗等を包含して発展し、漢字文化圏の人々への影響は持続的である。

① 釈迦（仏陀）
　釈迦（前565〜前485又は前463〜前383）はカピラ城主の息子に生まれ、将来が約束された身分であった。恵まれた立場でありながら、なぜか、苦悩、煩悩から解放された悟り（涅槃）の境地を求めて、29才で妻子を捨てて出家するために城を出てしまった。6年間の苦行、瞑想を経て、36才で悟りを開いた実在の人物である。釈迦の辿った一連の苦行、瞑想等の体験知が悟りを導き、仏教（仏法・仏道）となり、修行の基準とも化す。その後、仏教と因縁を有する多くの僧侶、出家者、信者、修行者、行者等により仏法、修法等は微妙に変遷し続けた。自分の苦悩から脱却したい一心で求めた解脱と悟りの真意は、仏

教という形態に姿を変え、基本的に修行、解脱（悟り）、衆生救済の教えとなる。釈迦が説法していた初期の仏教は個人の修行、悟り、解脱が主体で小乗的であり、衆生救済は入滅後に仏法の体系化、普及の過程で強調され、大乗的に教義の幅を広げた。

　それにしても、人も羨む環境に生まれ育ち、結婚し、子供も授かり、何よりも四囲の高い期待を背負った貴族の釈迦にとって、苦悩、煩悩の根源を解き、そこからの解脱とは何を意味し、朦朧にせよ悟りを予覚し得たのか分からない。現代でも人が悩み苦しむことは日常的であり、だからといって、即座に解脱して悟りの境地を求める高尚な人は少ない。しかし、彼は解脱し、悟り、涅槃の境地（寂静）を開き、仏陀（覚者）となったのである。そして、弟子、信奉者はその解脱の境地、悟りを確信し、恰も釈迦に憑依したかの如く自ら修行し、悟りを求め、仏法を他者に布教し続けた。結果、人の共感を得て、篤い信仰心を覚まし続けた。

　通説では万人共通に生きること（生）、老いること（老）、病に罹ること（病）、死ぬこと（死）は四大苦悩（四苦）とされる。確かに、生老病死は理解し易い苦悩である。更に四つの苦悩を追加した四苦八苦は熟語となり、2500年後の今日でも繁用される現実は、釈迦の認知する苦悩は普遍性を示した。しかし、自然の摂理である生老病死から解放される欲求が、苦悩の根源とすれば、摂理を否定しない限り自家撞着に突き当たる。突き詰めれば、釈迦でなくとも人は思索を始めた瞬間から生と死を真理として、見徳する必然に迫られる。只、凡人は釈迦ほど苦悩を煎じ詰めない。

　生と死についての個人的所感を述べたい。生きることは生（有）か死（無）かの二極で捉えている。生、老、病は体験しているので多少語れても、死については無知なので完黙せざるを得ない。無の境地を語る哲人はいても、死を教えてくれる賢人はいない。教えられなくても、死を考えない人はいない。仏教思想の根本に「無我」がある。「我」は人間存在の実体を示し、我の存在を否定することで無我に通じる。無我は生きている上の観念である。我は否定され失われても、我以外の実体は変わらない。これを生死に該当してみると、個体

119

第3章　宗教

が消滅（死）しても、その他の個体は継体的に繋がる世界が概念的に浮かぶ。しかし、消滅する真理は不可解だ。謡曲『敦盛』に「人生一度生を享け滅せぬもののあるべきか」とある。始皇帝もアレキサンダー大王も死を自然に受け容れている。仕事でお世話になった恩人のＨＫ氏は、人生の終焉は「無」だと言い切っているが、無の真意は依然不明だ。生きた結果、死ぬ真理が生じる。これを仲介するのが時間で、これも認識の対象であっても、全く理解不能だ。

　仏教では、基本万物は永遠に生死を繰り返し、絶えず移り変わる生生流転の思想がある。人はこの思想に詠嘆を抱き、無常と呼ぶ。諸行無常である。生生流転は後に輪廻転生という考えで、分かり易く前世、現世、来世で語られる。釈迦に発端を求めてよいのか、後世の解釈か、真偽のほどは定かでないが、日常でも人口に膾炙する。万物の実相を観察すれば、流転、転生していることは事実である。只、残念なことに死の本質を解明した訳でもないし、釈迦も死について語っていない。極楽浄土は後代に創造された宗派思想である。諸行無常も情感としては共有され、分り易い。その一方、個人が現世に存在することは認識しても、前世と来世に同じ人が符合して存在し、繰り返される輪廻思想には疑念が残る。

　擬死再生で有名な出羽三山（羽黒山、月山、湯殿山）は、輪廻思想を理解する上で実物教材といえる。釈迦は生に於ける悟りか解脱を熱く説いても、死を定義していないので、民衆は不安を募らせていた。従って、その定義がされない以上、前世、現世、来世の転生説は検証不能になる。論理的に生死を輪廻に紐付けると、前世には生きていないし、生きているのは現世と考えられ、来世が死の世界となる。しかし、前世に先祖の生存は確かなので、現世の我々は転生といえなくもない。

　輪廻転生する三界（欲界・色界・無色界）六道（地獄・餓鬼・畜生・修羅・人間・天）に生きる万人にとって、死は恐怖、不安の極致である。同時に生きる間の最大の不条理と感じ、悩み続ける主因となった。生への執着という煩悩が強まるほど、悟り、解脱した感覚をはめ込む目的で、来世に西方極楽浄土或いは東方瑠璃光浄土といった仮想現実を考案した。信者に浄土の様相を想起さ

120

せ、可視的に如来像（阿弥陀、釈迦、大日、薬師等）、菩薩像、曼荼羅等で具象化する選択が強化されてきた。日本では恵心僧都源信（942〜1017）の記した『往生要集』では、鬼のいる地獄と仏様のおわす極楽が描かれ、浄土世界が観想された。それなりの説得力、納得感はあり、その後の日本人の死生観を形成した。いずれにしろ、未だに死後世界を解明した聖人は現れていない。

　しかし、死に対する仏教思想と中華（中国）思想の捉え方には明白な差違が認められ、歴史、文化を比較する上で興味深い。この違いは輪廻思想と桃源郷思想とでも譬えると理解し易い。

　死に対する孔子の認識は直截で分かり易い。「死とはなんぞや」と弟子に問われて、「吾、未だ生を知らず。安んぞ死を知らん」と答えている。永遠の思想家と敬称され、死者である祖先の崇敬、祭祀にうるさい孔子ですら、死の核心を逸らしている。宗教と一線を置く道徳的思想家孔子の面目躍如たる一面を伝える。

閑話休題

　繰り返すが、死後の世界は寡聞の極みであり、皆目分からない。ところが、生者と死者の関係、死別については芥川龍之介の小説『枯野抄』に示唆に富む次の描写がある。「元来彼は死と云うと、病的に驚悸する類の人間で、昔からよく自分の死ぬ事を考へると、風流の行脚をしている時でも、総身に汗の流れるような不気味な恐ろしさを経験した。従って、又、自分以外の人間が、死んだと云う事を耳にすると、まあ自分が死ぬのではなくってよかったと、安心したような心持ちになる。と同時に又、もし自分が死ぬのだったらどうだろうと、反対の不安をも感じる事がある。」大阪の旅舎花屋の裏座敷で松尾芭蕉の臨終に立ち会った門人の一人、惟然坊の死生観である。芥川自身の死生観を惟然坊を介して表現している。

　曼荼羅のお陰で苦悩のない極楽浄土は観念的に理解しても、実証性は希薄で、往生する不安は抹消出来ない。私もこれまで多くの泉下の客を見送ってきたが、冥土の世界は無知に等しい。大方、他の方々も似たものだろう。

第3章　宗教

　釈迦に立ち戻る。彼にとっては、人間が生きることで犯した言語に絶する罪業とその犠牲者が、苦しみの根源だったと憶測する。人間の全ての罪を一人で背負う覚悟をした。王子であった彼は、自ら又は一族が犯した深い罪業に覚醒し、如何に罪業を防ぎ、犠牲者を追悼（鎮魂）し、菩提を弔うかを自識した。要するに、人間が生存する上では自己の繁栄と他者の犠牲は、表裏一体か二律背反の関係にあって、生存自体の正当化が難しい命題を突きつけられた。未来に光明を見出せず、迷妄した挙句、俗世間を捨て、出家、修行する道に入った。

　釈迦が活動した時代（紀元前5～4世紀、諸説あり）にも既に出家し、苦悩、煩悩からの解放、解脱を追求するために、多くの遊行人が誕生する社会的背景が存在していた。世界でもギリシャにはソクラテスを始めとする哲人が、中国では孔子を含む諸子百家が、インドでは釈迦等の遊行者が、ほぼ同時代にきら星の如く輩出し、人類思想史の奇跡と見做せる特異の時代であった。

　出家後、彼は高名な仙人から真性の理を悟る修行法の禅定（宗教的瞑想）を学んだが、真意に至らず、更に6年間岩山に籠もって苦行に専心する。結跏趺坐で背筋を伸ばして座り、精神を集中して瞑想に耽った。この折の苦行は水以外、一切の食物を摂らず極度の断食を伴うものであった。外貌は骨と血管が体表に浮き出て骸骨と見紛うばかりに変わり果てた。その姿は座像（ガンダーラ）として残り、写真で目にした人も多いと思う。断食は仏教徒が修行、反権力行使の際に行う作法だが、密教の修法にも入り、即身仏に連なる釈迦の修行の原点となった。こうして釈迦の解脱への修行が、恰も目の前で実行されているかのように伝承された。修行の実態は確かめようがないが、それでも後世、釈迦の苦行が基本的に修行の原形となり、道教にも多大な影響をもたらした。

　過度の断食を伴う修行は思考能力の低下、朦朧となる不条理に気づき、釈迦は森林を出て、川で斎戒沐浴する。体力の回復を待って、悟りを開く地となるブッダガヤに移り、菩提樹の下で思索、瞑想に耽る。ついに釈迦は悟りを開き、覚者、則ち仏（仏陀）になったと伝わる。原初仏教誕生の瞬間であった。ここには瞑想時に座った金剛宝座や仏足石が残された。実在の釈迦は希なほど長命

の人物であったので、実証性の高い教え、同時に伝承、言い伝えが多い。とはいえ、約2千500年の時の経過は真実との遊離、誤伝、新解釈が増えるのも不可避であり、分派や新宗派の契機となる。教団内での対立は恣意的な結果を招いた可能性が高い。

目的の成就に向け、聖人と尊称される人のアプローチにはそれぞれ大差を感じる。釈迦は長い苛酷な苦行の末、則ち自己の体験知に基づき悟りの道を開こうとした。これに比べ、孔子は人格の完成、民衆の安寧に対して聖人の正しい教え、学問を絶対視し、思索を相対的と教説する。自分の精進（思考）を回想して、あっさりと断食修行や瞑想を一刀両断に切り捨てた。

子曰く、「吾、嘗て終日食らはず、終夜寝ねず、以て思ふ。益無し。学ぶに如かざるなり」（『論語』、衛霊公第十五）。子曰く、「吾嘗て終日にして思ふ。須臾の学ぶところに如かざるなり」。後に、どんな長考も一瞬の学習に及ばないと性悪説の荀子が解説した。釈迦と孔子はお互い、追求した対象は微妙に腹背の位置にあって、真理の探求への姿勢、獲得の手段が異なった。

悟りを開いた後、釈迦は一人で初めて説法した初転法輪（初めて説いた教説）の地であるサルナートに向かった。ここで5人の出家者に教えを説き、最初の仏弟子（比丘）が誕生した。

最初の説法で説いた悟りを開く修行の基本となる実践徳目が、八正道といわれる。正見（正しい見解）、正思惟（正しい思惟、意欲）、正語（正しい言語）、正業（正しい行為、責任負担）、正命（正しい生活）、正精進（正しい努力、修養）、正念（正しい想念、思慮）、正定（正しい精神統一、瞑想）である。これら八つの徳目を実践することにより悟り、涅槃に至るとされた。更に、仏教には四つの真理、則ち四諦（苦諦、集諦、滅諦、道諦）（注）があり、最初期より仏教の実践の中心教説として紡がれた。現代の我々が聞いても分かり易い論理的構成の教えである。

因みに、釈迦が5人の比丘に説教する仏像は仏教芸術の傑作とされ、その後の仏像の原型となる。宗教は布教の手段に視覚的、感覚的表現を駆使することが多く、古代から彫像、画像等の一級芸術品は宗教の教えを芸術的に遡求して

第3章　宗教

いる。こうした作品に特別な感動を持つのは、宗教と芸術の合体効果であろう。世界各地で宗教と芸術との相互依存は共通である。

　仏教渡来後の本邦でも仏像は核心的偶像であり、仏や菩薩を守護する四天王等が描かれた。誰でも知る大日如来像、阿弥陀象、釈迦像、薬師像、菩薩像、明王像、帝釈天、梵天、曼荼羅等の無数に近い仏教関連芸術（事蹟）が残る。作品には仏や守護神が放つ威厳、美しさ、輝き、荘厳、智恵、慈悲といった誰もが畏敬する感応が込められた。仏教の基本的宣教は偶像崇拝が根幹にあり、各本尊の権威とご利益、祖師崇拝が絶対的要件となった。このように仏教芸術は布教に大きな役割を果たし、古代人の想像した来世の理想世界（冥土）を象形的に伝えた。

　釈迦は成道完成後、説法を決意してインド各地を巡り、衆生教化と併行して仏弟子の育成にも力を注ぐ。説法行脚には千人を超える仏弟子が随行したと伝わる。思わず孔子の巡行を連想してしまう。釈迦と孔子（孔門十哲）には十大弟子といわれる高弟がいて、彼等の貢献により世界宗教に成長した。特に、側近の阿南は説法を聞く機会が一番多く、彼の口承が仏典の基礎となった。宗教では親炙した優秀な弟子がいるだけではなく、数的にも10人程度の高弟が揃わないと、世界宗教には発展しないことを示唆する。尚、キリストには12人の使徒がいた。

　釈迦は45年以上の長きにわたり、皎々とした天地の間を説法しながら仏弟子を増やし、民衆への仏法拡大に身を捧げた。これを裏付けるかのように、ガンジス川中流域にある霊鷲山では法華経を説き、常在霊鷲山という言葉が残る。彼の幸運の一つは、聖者や開祖者が蒙り易い遊行中の迫害、弾圧といった法難に遭うことなく、使命を全う出来たことである。新興仏教が迫害を受けずに、布教が広まったのは希有であった。これは、釈迦の教えが純粋に個人的な解脱と民衆の教化を目指す寛容な教えであり、在郷信仰と拮抗せず、余り警戒感を与えなかったのであろう。又、政治的な志向や狂信性も殆どなく、遍歴先で有力者との軋轢が生ぜず、むしろ歓迎された。その証左となる祇園精舎、竹林精舎の二大精舎は、釈迦と弟子のために建てられた僧坊である。

124

長命であった彼も、80才の時に2本の沙羅双樹の下で入滅する。この場景は釈迦の偉大さを示唆する涅槃図に描かれ、その臨場感に浸れる。近隣の村人により遺骸は茶毘に付された遺骨（舎利）と灰は諸王に分配され、釈迦由来の8カ所に仏塔（ストゥーパ）が建立、供養された。この仏塔は意外なほど巨大で、釈迦の遺徳の大きさを物語る。仏塔の多くは石造だが、地震が多く木材が豊富な日本では木造の多重塔へと形態を変え、寺院では主要な伽藍となる。骨崇拝は先史時代からの習慣と思われ、舎利崇拝はこの仏塔供養を契機に広がる。

　世界史に登場するインドを統一し、仏教保護、奨励策で有名なアショカ王（紀元前3世紀頃）は、仏塔建立に深く携わった。仏教に篤く帰依、心服した彼は仏教の布教には仏舎利の再分配が必須と考え、仏塔を造営するに止まらず、8万4千カ所もの仏寺に舎利を配った。多分、この時の舎利の一部が海を渡り、奈良の飛鳥寺にまで届いた縁起となった。宗教対立の寛解に努め、民衆救済の社会事業を施策した。釈迦が憑依した如く理想的な王として尊敬された。

　その後、仏教は東・東南アジア地域の思潮と融合しつつ、信仰地域の拡大を遂げ、7世紀頃、インドでは密教系の新宗派が興起している。

　西域経由で紀元前後に中国に入った仏教は、隋・唐代で至極の発展を果たし、天台宗、法華経、浄土経、華厳宗、法相宗、禅宗、密教等の宗派が確立し、日本仏教の核となった。

　密教経典は奈良時代には伝来し、平安期に最澄等の天台宗系と空海等の真言宗系密教として広まった。衆生救済のために即身仏にまでなって悟りを開き、秘技を極める非人道的な修行も江戸時代まで続いた。信仰の果てに釈尊に仮託して、五穀断ちして入棺する姿は、後世の史観からすると仏道の真意を超脱している。鎌倉時代に行われた観音菩薩の住む山を目指す補陀洛渡海も信仰の暴挙といえる。信教は時として、仮説の証明に自己を被験者にさえする。布教の主役を演じた高僧や新宗派の開祖による釈迦思想の誇大化、解釈の誇張、人物の虚像化という弊害を感じる。仏教の来歴を辿ると後継の仏弟子、信奉者、教団の活動には釈迦の真意から遊離した教えが伝えられ、その真意を了知するために、自己の修練以外には為す術がない点が気になる。

125

第3章　宗教

　ここで、世界文化史的に人間の智恵を総覧してみた。西のギリシャでは哲学の三巨人（ソクラテス、プラトン、アリストテレス）及び自然科学に先鞭をつけたソフィストが、東の中国では老子、孔子、孟子、諸子百家が人類の英知を百花繚乱の如く発揮し、中間に位置したインドの釈迦の新思想も同時代の所産であった。宗教も含めて文化は経時的、平均的に進化、発展を遂げるというよりも、同時多発的に、一斉同報的に興隆する特異性、傾向を見せ、ブーム、バブルが起きた可能性が高い。共通しているのは、個々の思想家、哲学者、宗教者の個人的背景の近似性ではなく、新たな思潮を生み出すための要件、則ち自由に活動出来る社会的環境基盤が生まれたことがある。その結果、科学的新進歩を省くと、人間の生きる智恵、教訓の大方は出尽くした感が強く、その後に新たな智恵は僅か数％しか創出されていないと思えてくる。

　偉大な人物の輩出や後世の社会、人民の方向性を導く思想、宗教の勃興が起きると、歴史上の変革がしばしば起きる。これに触発されるかの如く社会制度、民衆の意識は劇的に変わり、因循姑息な桎梏からの歴史的解放が果たされた。奇しくも、アリストテレスが家庭教師を務めたマケドニアのアレキサンダー大王（紀元前 356 ～紀元前 323）はインドに跨がるヘレニズム大帝国を建設し、諸子百家の法家思想で戦国の六雄を倒した秦の始皇帝（紀元前 259 ～紀元前 210）は、初めて現在の中国に繋がる統一に成功した。

（注）：
苦諦：一切は苦であるという真理
集諦：苦の原因に関する真理
滅諦：苦を滅した悟りに関する真理
道諦：悟りに至る修行方法に関する真理

② 日本招来と普及

　日本へは大乗仏教が欽明天皇の代に中国、朝鮮（百済）を経て、百済の僧により中国で漢訳された経巻と仏像が持ち込まれた（538、諸説あり）。これは公式な導入で、地域的にはそれ以前に伝えられていた可能性が高い。仏教の普及

と定着について、最大の功労者は聖徳太子と聖武天皇であった。彼等の開明政策により、その後多くの遣唐僧、学生等らが先進文化の指標であった仏教を実務的に導入し、民衆教化と国家の安寧に寄与した。最澄、空海はその代表的人物であった。順当な外交戦略も財政的課題や唐の衰退、戦乱に直面し、9世紀前半で派遣は実質終了し、菅原道真の建議で、894年に停止した。

　大乗仏教と小乗仏教とに大別される仏教は、インドからアジア全域に伝わる。詳細は別にして、釈迦の悟りや涅槃の解釈を巡り、仏弟子や信徒が異なる教団に分裂、分派しながら広まった。恐らく、元々は釈迦個人の解脱と悟りに到達しようと修行する小乗的思想であった。釈迦入滅後、暫くは直接教えを受けた弟子や信者の支えで、思想的対立は弱かった。その後、拡大する教団内部で釈迦の教えは必然的に多様化、分派した。この結果、大乗諸仏が新たに創作されて、聖典を増やした。多数の仏、菩薩といった観念や教義、教説等も膨大に膨れた。この時点で、仏教はとてつもない進化を遂げていて、その後も歩みを止めない。この変容の一つが在郷宗教との習合形態である。

　538年の公伝以来、聖徳太子が受容、保護するまでは有力豪族間に於ける容認派と排除派の政治的抗争が続き、「国を纏める」ことに腐心していた国情が浮かぶ。それでも、渡来後数十年で飛鳥・奈良を中心に複数宗派が展開、拡大する流れと併行して、政治的な動勢も惹起された。一般的に宗教の進歩は著しく、仏教も個人的苦悩、解脱の課題から国家鎮護や民衆へのご利益をもたらす本義へと転換しても、幅広く容認されていく。

　宗教には不思議な力が宿る。教条、教説を十分理解して信仰しているとは限らないし、慣例的に信仰、祈念に走る場合が多い。確かに信仰、祈念すれば、釈迦の原点である一切皆苦に通じる個人的悩みや苦しさから解放され、五穀豊穣、子孫繁栄、疫病退散等の加護を仏から授かれると盲信する人々がいてもおかしくない。最大の苦悩である死に向き合った際、厭離穢土に進み、欣求浄土を願い求める段階へと導かれてしまう。

　聖徳太子は仏教の国教化に於いて、嚆矢の役割を果たした。最初の憲法とされる「憲法十七条」を制定し、二カ条に「篤く三宝を敬え」とある。三宝とは

第3章　宗教

仏法僧（仏法、法典、僧侶）を示していて、太子も仏教を篤信したと伝わる。

　情報を自由に取れる現在とは違い、当時とかく評判の高い権力者が、最先端の仏教を主唱したことは衝撃的であった。初の女性天皇となる推古天皇が願主となり、蘇我氏の協力の下、巨大な飛鳥寺を創建（596）して、仏教による国家統合、民衆啓発に出帆した。これも摂政として政務を切り盛りした太子の賜であろう。最初の寺とされる飛鳥寺は、2度の焼亡を乗り越えて再建後は本尊飛鳥大仏（止利仏師作）の銅像が安置され、飛鳥彫刻の形を今に止めている。

聖徳太子像（飛鳥寺）

　飛鳥・奈良期の仏教は朝廷との政治的結び付きを強める趨勢にあり、保守的神道信者や無識の民衆に向けて寺院建立、信仰促進は公共的教育制度として啓蒙、教化の面で機能した。聖徳太子は、多神教の神道主体の信仰環境の時代、ことのほか仏教を篤く尊び、仏典を利用して敢然と政治改革を進めた。太子は七大寺とされる寺院を建立したと伝わり、後の南都七大寺（東大寺、興福寺、元興寺、大安寺、薬師寺、西大寺、法隆寺）へと連なる。国家の体裁を整えつつあった当時、安定国家の確立には仏教の理念及び僧職者の役割は不可欠の要件であった。

飛鳥寺の本尊釈迦如来像

　法隆寺は最古の木造建築物で、金堂・五重の塔・大講堂を中心とする西院と夢殿を中心とした東院とに分かれる。大宝蔵院の諸仏像、玉虫厨子等の遺宝に触れると、太子の仏教への帰依が熱く伝わってくる。

　仏教が本格的に民間に浸透、興隆する端緒となるには、国教化に心血を注いだ聖武天皇（701～756）の時代を待たねばならない。彼は全国に国分寺・国

分尼寺、奈良に東大寺を建立して、盧舎那大仏の安置及び開眼供養の大事業を遂げた。当時は疫病、大地震、干ばつ、政変等の不安定な世の中で、全てのものの幸福を祈願して大仏様の造立をされた。又仏国土（仏の住む世界）を憧憬する気持ちの強さが窺える。膨大な資金を賄うには労働力を始めとし金品・資材等を幅広く募って行われた。当時の人口の半分（のべ260万人）が携わったとされる。大仏造営の勧進で実務的に奔走したのは、公共事業に精通した行基であった。当時、官寺を造営し、形を整えていくものの、正しい仏法を修得し、民衆を教化・布教するに足る受戒僧侶の不足は決定的であった。

東大寺

　平城京に律令体制の天皇親政国家が成立したとはいえ、役人の多くは才能と関係なく家柄、血縁で選抜されており、真に律令国家を運営する才気ある優秀な官僚や教育者は不足し、人材育成が喫緊の課題であった。公平に能力を認定する中国の科挙にあたる官人の採用制度がなかった事情を考慮すれば、代わりに有識者階級で学問、知識に優れ、仏法を修得した僧侶に国家運営事業の任を公式に依拠しようと狙ったのは条理に適った政策であった。

　仏教の国教化を実現するため、先ず隋より始めたのは、中国の高僧鑑真を戒律僧として招聘し、当時の仏教界の改革（戒壇設置、得度受戒、戒律等の確立）を図った。日本人に馴染み深い鑑真は、『天平の甍』（井上靖）で描かれ、その渡日物語は古代日中間の文化的ロマンと形容されてもいる。しかし、実際はロマンという悠長な意味合いとは全く相容れない、日本の直面した厳しい国家自律への試金石となった。聖武自らも光明皇后、第46代孝謙天皇（718〜770）と共に東大寺の戒壇で受戒した。光明皇后の病弱者救済の取り組みは、仏法の教えの具現となった。

　現代的感覚で僧侶を捉えると、寺院の伽藍で狭い宗教儀式のみに関わっている印象だが、古代では山門を一歩出れば、社会的には教育、医学、農業、工学

第3章　宗教

関連の幅広い社会的役割と貢献を担っていた。得度受戒した僧侶は仏道と社会
事業に携わる公務員と見てよい。さりとて、官寺に属する一部のエリート僧を
除いて、大半の僧侶は生活基盤が保証されておらず、布施、托鉢に頼る遊行で
は民衆の教化、救済も意のままにはならなかった。

　尚、唐王朝で科挙に合格し、高級官僚になっていた阿倍仲麻呂（698 ～ 770）は、
753 年に鑑真に渡日を要請し、招聘活動に一肌脱いでいた。仲麻呂は 717 年、
遣唐留学生として吉備真備（695 ～ 775）等と入唐し、ほぼ 20 年にわたり学問、
修養に励んだ。両者の運命は皮肉にも対極的であった。真備は運良く 735 年に
帰朝し、中国の優れた文物を朝廷に献じていた。その後、内政、外政に活躍し、
右大臣にまで累進していく。ところが、仲麻呂は数度帰国を試みるが、その度
に難破して願いは叶えられなかった。鑑真の渡日の際、一緒に帰国しようとして、
又遭難してしまう。結局、在唐 50 年余、長安で没した。望郷の情を詠んだ「天
の原ふりさけ見れば春日なる三笠の山に出でし月かも」を残し、歌人として不
朽の名声を博した。

　真備は後の菅原道真（845 ～ 903）とよく比較される。共に貴種の門閥でな
いにも関わらず、政界で右大臣にまで出世する。天皇に次ぐ最高権力に近づい
た後、真備は時機を得て致仕したのに対し、道真は策謀により政治的失脚をし
て太宰府に左遷される。強い帰洛の念に駆られつつ配所で没してしまう。その
後、都で高官の不慮の死や内裏への落雷事故が続き、犠牲者が出たことから、
道真の怨霊と結び付けられ、天神（雷神）の名で道真を呼称するようになった。
彼は学者の家に生まれ、政治家として異例の出世をし、最後は不遇をかこつが、
死後は学問の神様として天満宮（天神）に祀られる数奇な軌跡を辿った。天平
の世、日中を跨ぎ、古稀を祝えた長命の鑑真、真備、仲麻呂の三者は燦然と輝
いた。

　尚、当時の朝廷が仏教を振興したからといって、信仰の自由、布教活動が無
制限に認容されたのではなく、宗教と政治との癒着は危険視され、僧尼令（718
制定）等により統制された。制度として脆弱な日本仏教界であり、戒壇を設け、
授戒する高徳の鑑真を目の当たりにして、目から鱗が落ちた当時の日本人の姿

が目に浮かぶ。

　聖徳太子、聖武天皇等の不断の政策に後押しされ、全国的な寺院建設、受戒僧侶の育成により仏教の国教化が進み、庶民にも浸透していく。一方で力を持ちすぎた南都宗派は政治色が強まった結果、朝廷との軋轢を生む。そうした中、平安時代に留学入唐し、帰国後新しい宗派の開祖となった最澄（天台宗）、空海（真言宗）は第一次宗教改革に先鞭をつけた。留学時、唐は斜陽に向かっていたとはいえ、両僧が学び、持ち帰った請来（仏像、経論等）、先進技術は日本の社会、文化の変革、向上に寄与した。

　釈迦の生き方、教えを忠実に継承すれば、出家して自己の解脱を第一義とする小乗仏教に留まるはずである。しかし、釈迦入滅後、直接師事する対象がいなくなると、次第に伝承者、弟子達は自己解釈に走る。新たに悟りの境地である真理を説き、広く衆生の煩悩、苦しみからの救済を唱道する大乗仏教の流派が結成される。これは宗教の特性と見れば当然の流れで、原義の解釈、修行及び布教方法の相違等から教団での内部対立や分派が起こった。大乗仏教も深化してくると、文字で示された釈迦の教えである顕教に対して、流儀の異なる密教が誕生して、庶民から遊離し、閉鎖性の一因と化していた。密教は秘法とされ、特定の資格のある僧にしか伝授されない非開示の教えである。日本では最澄と空海が最初に密教を伝え、天台宗系の台密と真言宗系の東密として継承された。

　平安中期になると政治色の濃い鎮護国家を掲げ、神秘的で非公開の密教の修法は政治を担う天皇家、公家の心を捉える。可視的には加持祈祷等の法であり、朝廷特有の祈願に応じた修行の形式をとるので、上流貴族の悩みや苦しさに寄り添った儀式として受け入れられた。殊に、浄土思想が教義として比叡山延暦寺で自覚されると、急速に社会全般に浸透し始めた。

　死後の世界として、平和で煌びやかな極楽浄土を説教されても具体性はなく、仏や浄土を想起させる教行に向かい、観想イメージを描くに有効な曼荼羅が活用される。帰する所、源信（942〜1017）が『往生要集』（985）に描写した死後の地獄と極楽世界が広く認識されていく。当時、貴族の誰もが極楽に往生することを願っていた。しかし、このアプローチは容易でなかった。曼荼羅図

は唐からもたらされた「綴織當麻曼荼羅」に始まり、これを基本に「阿弥陀二十五菩薩来迎図」（當麻寺）等の模本が多く作成されて伝わる。観念念仏から脱却した結果、有力貴族の帰依も増え、保護を受けるようになった。寺院の造営、法会が盛んに行われ、殿上人の中からも得度して仏門への出家者が増えた。貴族が僧門に入ることで、政治と宗教を分けていた壁が次第に低くなっていく。

平等院鳳凰堂（宇治）

　空也上人（903〜972）の名を聞いた人は多いだろう。醍醐天皇の皇子ともいわれる。20才で得度し、諸国遍歴を重ねては社会事業への貢献、民間に念仏を広める市聖として活躍した僧侶である。こうした高貴な人物の入信は寺院にとって荘園等の寄進を受け、安定した経済基盤となった。これは天皇中心の集権体制を構成する三大権門（公家、武家、寺社）の一つへと成長したことを如実に示した。貴族が出家するこうした事情は『源氏物語』（紫式部）にも書かれ、仏教が政治と癒着していたことを窺わせる。浄土信仰の極みは、「望月の歌」で知られる藤原道長とその息子の頼通の造営した無量寿院と平等院鳳凰堂に落ち着く。豪華な平等院鳳凰堂の堂内には曼荼羅に描かれた極楽浄土の場景と等しく、金色の阿弥陀如来が安置され、浄土に導く多くの菩薩像が示現された。穢土の不安に駆られ、浄土の極楽世界への憧れがこれら寺院には投影された。仏教を俯瞰すると、平安時代までは庶民ではなく貴族、富者による信仰が篤かった。

　寺院も世俗的権力政治との関係を重視していた。宗教と政治との結び付きは元来、祭政一致を嚆矢とするので決して希有でもなく、むしろ神道との競合的側面から蓋然的といえる。しかし、仏教は救済を願う庶民との間に離間、障害が拡大していた。平安後期に入ると、やがて仏教の説く正しい教えや悟りが行われないとされる「末法の世」の訪れに人々は畏怖する。巷間伝わる末法思想

の敷衍である。

　公家、貴族と離れて、仏教が民衆を主役として存在感を高めたのは鎌倉時代である。先ず一石を投じた革新的教えが、法然（浄土宗）の南無阿弥陀仏の称名念仏であった。極楽浄土世界を観想する難解で多様な教行を信者に求めることなく浸透させる方便が称名である。その後、親鸞（浄土真宗）、日蓮（日蓮宗）等の出現により、日本由縁の宗旨が新たに誕生、成立した。

　急激な社会への拡大は既成宗派や幕府との軋轢、抗争を生み、僧侶や信徒が弾圧、迫害される事態を招いた。この背景に難解過ぎる仏の教えを無識の民衆に分かり易く説いた布教方法が生まれ、一般大衆の意識の向上がある。則ち、他力本願の称名念仏の布教が奏功し、浄土教系の南無阿弥陀仏、日蓮の唱えた南無妙法蓮華経、一遍の踊り念仏等が普遍化した。

　宗教改革の最終章は日蓮の法華経であり、彼の仏道教理は信徒、在家の救済を越えて国家救護の政治的指向性を示したため、幕府から空前の法難を受けた。これは国民を守護し、救済する責任は誰が負うのかが、明確でない時代に幕府権力が犯した政治的瑕疵といえる。

　尚、日蓮宗は禁圧の代表的宗派として刻印されたが、たまたま、実家も日蓮宗であり、江戸時代には郷里の信徒は何度も酷い弾圧を受けた。その辺の事情は故園の宗教、信仰で追記した。

　勃興した新宗派は迫害を受けることが多い中で、新機軸を打ち出した臨済宗（栄西）、曹洞宗（道元）の禅宗は鎌倉期に確立し、厳格な座禅を実践する修行は新興武士のみならず民衆にも支持され、信教の多様性が飛躍的に広まった。鎌倉期の新興宗教勢力は第二次宗教改革の旗手となり、今日に至る仏教界を牽引した。

　③ 仏教と神道の関係

　神道と仏教の各項でそれぞれの初期の相関を述べたが、国家成立と密接に整合する話である。

　記紀に基づく天皇（大王）支配の国家と切り離せば、大和政権後期の6世紀

第3章　宗教

は、検証しうる日本の古代国家誕生時期と重なる。538年に仏典、仏像が百済から欽明天皇王朝に献じられ（『日本書紀』）、それまで複数の神を信仰し、天皇も神の後裔と任ずる王朝では激震が走った。文字で説き示された仏教の教理に初めて触れて、既存の地祇を凌駕する斬新な教えを知ることになったからである。従って、神道が政治権力との関係で質的大変身を遂げるのは、仏教公伝が契機となり、曖昧だった実体が具現化し始めた。これ以降、神道は仏教の教旨、修行、儀式等を融合して因襲的地祇から脱皮して変革を遂げる。神道の修行も釈迦（仏教）の方法を基本的に包含し、独自の形式を創出する転帰となる。国家神道が萌芽するのは仏教伝来後の7世紀初頭と推古しているが、教義や祭儀は脆弱そのもので、一体的普遍性は欠落していた。その間、為政者は先進思想の仏教と神道との共存を前提として、固有の統治体制の構築を思案した。

　独自の地祇神道を疑念も持たずに信仰した有力豪族は、1千年弱の布教実績のある仏教に邂逅して以来、開明的思潮に衝撃を受け、驚愕したのが本当であろう。何よりも口授ではなく、文字で示された仏典に基づく啓発的教えは、洗心の思いだった。中国で広範に普及し、洗練された思想はもとより、付随して移転された多くの土木工学、自然科学の知識、技術等にも目を見張った。こうした背景下、対立抗争排除ではなく、神仏習合に通じる融和戦略を選択した。神仏習合は、神仏間で切磋琢磨した顛末と言い換えられる。こうして、神道は仏教との化学反応を経て、独自改革を遂げ、神道思想、流儀、修行等で形名一致した宗教へ成長を見せる。

　飛鳥、奈良時代は豪族支配から天皇親政への過渡期であり、平安王朝中期までは天皇家と藤原氏を主とした公家政治が行われ、世界史的に俯瞰しても文字通り平和で安定した時代となった。律令体制が不十分ながら機能して、宗教的にも神仏の軋轢が少なかった点が大きい。則ち、国内的には人民救済、教化が実を結び、中国から文物制度、最新科学技術が導入され、一連の開化政策が奏功していた。その中核的役割を担ったのは、遣唐使節団の多数を占めた宮廷官僚と留学僧であった。殊に後者の著明な功績は、日本仏教の授戒伝律の師となる高僧鑑真の招聘である。彼によって聖武上皇、孝謙天皇等、400名以上の受

戒が行われた。これは聖武が始めた国ごとの国分寺及び総国分寺として、東大寺を建立した宗教政策の結実した歴史像である。日本仏教の基盤が築かれ、半世紀を経ずして最澄、空海が出現した。渡来200年強で日本式仏教が船出し、新宗派形成に拍車をかけた。

　一方、儒教は中国では保護を受けて、国教化されていた時代もあるほど、中国を代表する固有の教学（宗教）である。日本には仏教より100年前後早く伝来していたにも関わらず、当時の影響は限定的であった。派遣された官人、留学僧は唐代の開放的宗教事情（儒教、仏教、道教、景教、ゾロアスター教等）を知悉していたはずだが、彼等が四書五経等の経典を持ち帰り、啓蒙思想として積極的に儒教に関与した形跡は残されていない。仏教が優先され、儒教の導入には政治的配慮が働いた可能性が高い。尚、古代ペルシャの国教のゾロアスター教（拝火教）は仏教に多大な影響を及ぼし、日本での火を使う祭儀、修二会（東大寺）、送り火・迎え火、精霊流し等はその名残との説がある。一旦魅せられてしまうと、千年単位で行事化する文化に姿を変えているので、「火」はこの世を構成する根源の一つと考えても不思議でない。

　④ 神仏習合（混交）
　神仏習合とは、固有の神道（神祇信仰）と渡来の仏教が相融合すること並びその結果起きた諸現象を意味する。神道と仏教は枕木で結ばれた2本のレールに例えられ、決して交差することなく、バランスを保っていた。神仏習合の成立時期は諸説あり、普及の状況から伝来後、かなり初期段階から起きた現象と推定される。国策による仏教奨励もあって、7世紀末には前兆が起きたとする方が、政治と社会の動勢と整合する。

　中国でも古代信仰と仏教との習合は隋、唐以前から認められ、仏教が広範に宣教される過程で、地域固有の信仰との融合が避けられなかった実態が浮かぶ。インドから西域経由で中国に仏教が入ったのは紀元前後とされる。高度な文化と文字を持っていた中国では仏典類は漢訳され、外国僧や中国人学僧が一般に伝える一方、4世紀までは伝統の儒教、老荘思想に当てはめて解釈された。

第3章　宗教

この融合、調整は格義といわれ、習合思想と同義である。その後、西域から来た訳経僧の鳩摩羅什（344 ～ 413）が優れた多くの弟子を教育し、中国仏教は新時代に入った。隋が統一するまで混乱の続いた時代、仏教は民衆に溶け込み、漢民族の習俗に融合した。辺境の地に三大仏教石窟（敦煌、雲崗、竜門）の造営が始まり、仏教の急速な勃興を迎えた。特に鮮卑族の北魏時代（386 ～ 534）には格義仏教が促進され、隋・唐時代に黄金期を迎えた。

　仏教には元々、同化性があり、多様な習合（調和）の現象が起きた。又、古代からインド各地には無数の固有の神々が存在し、釈迦はそうした土着の神信仰を取捨選択しながら仏教思想に融合、調和させた。従って、仏教は誕生時から習合性の性格を持ち、穏健な宗教であった。只、仏教は釈迦を理想化しているが、創造者・征服者として神格化はしていないし、全知全能に変貌する神とは根本的に異なる。

　日本では東大寺大仏の造立の際、託宣により宇佐八幡神宮（八幡宮の総本社）がその完成を助けたという事例が、初期の著名な習合とされる。事実、今日の東大寺境内の一角には辛国神社、手向山八幡宮を含め複数の社が存在する。

　しかし、仏教はそれ以前から神祇との思想的融合が進み、その典型を神宮寺の出現にも見て取れる。神宮寺は神社に付属して、その境域の内外に置かれた寺院であり、別当寺、神護寺ともいう。中には神社に祀られている神を擁護する守護神的役割を果たした神宮寺もあった。その後、江戸時代まで多くの寺院で神仏習合は一般化した。

　国家鎮護の教旨を掲げた仏教は、平城京に南都六宗、南都七大寺を思想的中核として築き、氏神信仰の春日大社等は、平城京の外に配置された。人心を差配する思潮という観点からは、仏教は神道に比し優位に見える。概要の掴めない八百万の神を土着信仰する以外、選択肢のなかった朝廷や貴族は、仏典で理論武装した仏教に魅了され、加勢した。

　神仏習合の基礎的理論とされる本地垂迹説が、生じたのは 10 世紀以降とされる。これは事後的な名目上の理論構築である可能性が高い。実質的な神仏調和は、7 世紀前後には浸潤していて、平安遷都後に顕現化したと思える。

136

聖武天皇等の擁護で、南都仏教は政治権力と拮抗する権門へと成長し始めたが、この状況に一石を投じたのが、桓武天皇の平安京遷都（794）であった。政治改革の一環に遷都を利用し、南都仏教の刷新と神道の活用を包含する政策でもあった。本来、新都にも旧来の南都仏教を継承すれば穏便に思えるが、桓武には遷都と蝦夷征服という二大目的の達成が喫緊であった。平安京建設と併行して既得権益を主張する南都六宗を纏めて新都に移すことは無理であり、そこで因循でない若手の最澄、空海等の活躍を期待し、擁護していった。二大政策の遂行には武神の加護が絶対であり、平安京の守護神は、神道の賀茂社や松尾社等とし、神仏の均衡を図る配慮は怠りなかった。尚、素戔嗚尊を主祭神とし、京都を代表する八坂神社は平安時代初期の創建とされるが、神社仏閣両者の性格を兼備して、京都の鎮護や災禍をもたらす御霊鎮圧の役割を担った（祇園御霊会）。

　平安遷都に危機感を抱いたのは、官寺の高僧達であった。平安京の地には、古来在郷の神々が信仰されていて、仏教が新都で受容されるには、在来の神々と良好な折り合いを付ける必要があった。この目的遂行のために説かれた考えが本地垂迹であり、寺社のそれぞれの思想、信仰が融合、同化する習合現象である。本地垂迹とは元々、日本在来の神々は本地（仏、菩薩）が化身したもので、同一とする考えである。神観と仏観を同義と信じるようになった背景がある。格義仏教の影響も受け、神道の支持母体である地域住民、氏子等との良好な関係を築けた。その後、中世から近世にかけて、神仏双方が受益する自発的妥協が促進され、神仏並存の調和が定着した。本地垂迹が意味する権現は、仏が化身して日本の神として現れたものとされ、三所権現、山王権現の祭神として馴染み深い。

　ところが、この神仏並存の関係に終止符を打ったのが、欧米列強に伍する政策を掲げた明治政府の変革であった。天皇親政中央集権を強化する目的で、神仏習合を否定し、神道を仏教から独立させた神仏分離令（廃仏毀釈）を発出したのである。信教の自由を緊縛し、神道の国教化を図り、天皇の神格化を目指し、宗教が政治に利用された悪例となった。

第3章　宗教

　一般論として教義、教説が異なる宗教が同じ地域で遭遇すると対立、軋轢、衝突、時には戦争すら起きることを歴史は示現した。幸い、古代日本では国家が両宗教を擁護したことで、平和裡に両立する智恵が働いた。これが争いを避け、和を尊ぶ民族性並びに精神性を養生したといえるし、大和心（魂）の醸成に神仏習合が果たした役割は大きい。遣唐使の廃止後、10世紀は民族アイデンティティが特段に亢進し、漢心からの独立が図られ、大和心による独自の文化が発展した。

神仏習合の寺を文字で表明

　改めて、簡略すれば、仏教は6世紀中期に伝わり、以来固有の神道と並存した。崇仏派・廃仏派の抗争は起きたものの、国策として仏教の保護、布教が進捗し、仏教の権威、地位は高まる。一方、土着信仰に基盤を置き、実態が不分明であった神道も大宝令の神祇制度によりその存在が合法化された。則ち、両宗教は共に国家承認された経緯を辿り、寺社勢力の均衡を保つ力学が作動し、その関係は神仏習合に見るように宥和的に推移した。

　思想的に経典で構築され、視覚的にも大日如来、阿弥陀仏、菩薩、明王、曼荼羅等で極楽世界観を描く仏教は、神道に数々の意義深い変革をもたらす。概観的には思想優位の仏教が、神道の事情に配意した姿勢が窺える。本地垂迹は牽強付会に近く、論理的に無理があっても、仏教が排他的ではなく、両者は相性が良く、共存しうる存在となった。それまで神像を祀ることのなかった神道にも、男女の神像が造られ始める。八幡神には菩薩号が付与された結果、僧形の八幡神が彫像されて八幡宮や寺院に祀られた。

　具体的に神仏習合の現象は理論、建築両面で確認される。寺院と神社とでは基本的に建築様式が異なる。普通、神社の参道入口には寺門に該当する鳥居を設け、神明鳥居と明神鳥居が基本とされている。その他、伊勢鳥居、稲荷鳥居、春日鳥居、両部鳥居（厳島神社等）等、種類も多い。両部鳥居の両部とは神仏

習合を指し、神仏の親密度が建築にも反映されている。まさしく、同化現象が各所、各分野で誘発されたのだ。

　ほぼ、半世紀振りに名にし負う長谷寺を参詣した。登廊が始まる最初の柱には、諸天神祇在（左）、諸仏経行所（右）と神仏習合を明確に文字で揮毫され、境内には神社と仏寺が混在する。元々、長谷寺境内には神を祀る社があったようだ。尚、当時の写真を確認してみたら全く同じ表記が撮れていたが、勿論この宗教上の意義に気づく由もなかった。

閑話休題

　昨今の興味深い報道（2022）を2点紹介する。

「蔵王古道復活」

　百名山の蔵王山は古くから山岳信仰の山とされ、奈良時代から信仰登山が行われた。

　戦後エコーラインの開通で、山頂の熊野岳へのアクセスは容易となり、古来より続いた宝沢登り口からの山道は廃れていた。幸い、地元の有志等により、数年前からこの蔵王古道が復活したという。登山口から登り始めると要所に姥権現、不動滝、独鈷池、地蔵等の道標が残り、十合目頂上の蔵王山神社への登山が可能となった。これらの道標から分かることは神道系と仏教系が絶妙に配置されていて、神仏習合の名残を感じる。蔵王山神社が建立された708年（諸説あり）は、神祇制度が発令されて間もない頃で、仏教が国家宗教の地歩を固めていた時期であった。蔵王山神社は既に設立されていても、道標名の多くが仏教由来であり、神道と仏教との関係性は相互互恵にあった。こうした事例は他の百名山でも多々認められ、神仏の複雑だが、良好な来歴を山岳でも残した。神仏は一緒に山に登る仲間であった。

「北野御霊会」

　北野天満宮で神仏習合の儀式である北野御霊会が2022年、約550年振りに開催された。北野天満宮の神職と比叡山の僧侶が、猛威を振るっている新型コロナによる疫禍の撲滅を合同で祈願した。元々、疫病退散を祈願したこの御霊

第3章　宗教

会は千年以上前の平安時代に始まり、応仁の乱以降途絶えていたが、神道と仏
教が調和した儀式である。古来の神仏習合を表す御霊会が再興され、伝統的に
受け継がれる意義は深い。

⑤ 神仏両立の功徳
　神社を基盤とした神道及び仏閣を中心とした仏教は、明らかに異質の教義を
掲げる宗教であった。それにも拘わらず排斥の論理ではなく、神仏習合に立ち
はだかる障害を克服し、絶妙の均衡を維持しつつ、歴史的に定着した。もし宗
教戦争が誘発されていたら、統一国家の成立は難しく、列島分断の禍根を残し
たに違いない。幸運にも神仏は並存して奈良・平安期に国家宗教として認知さ
れたことで、その後中世、近世に於いても民衆は、等しく神仏を崇敬し、奉祀
する宗教観を抱いた。ここまで、総じて神仏の宥和性を述べたが、一部では激
しい抗争を繰り返してもいた。一例を挙げれば、度々清水寺と八坂神社は争い、
堂塔が焼失することもあり、興福寺と延暦寺の南都北嶺の対立が背景となって
いた。只、国論を二分し、国家を分断する宗教戦争には至らなかった。
　軋轢、抗争、戦争の類は如何なる由来で勃発しようが、社会の安定を毀損す
る一番の要因となる。社会の安定とは政治的、経済的、文化的蓄積を意味する
国家の無形資産で、民心の安寧には不可欠の要素である。幸運にも、政治と宗
教が十分に分離しない時代でも、神仏両立が実現したことで、無形国家資産が
損耗することなく、信教の拡大に伴う民衆の啓発が進んだ。要するに、国家成
立当初の宗教対策が奏功し、一挙両得の賜と化した。
　その一方で狭義の宗教的役割から脱皮した寺社は、政治力を保持する権門へ
と発展し、次第に王権と連座していく。隠然とした立場から脱却し、王朝政治
の主役であった公家に次ぐ政治権力への地歩を固めた。日本の古代社会が円滑
に機能するには、寺社の融合が不可欠であった。この流れにより天皇を中心と
した集権国家は、公家と寺社が支える二大権門体制への構築が促進され、平安
な社会が醸成された。異例としか思えない、長期にわたる安定した政治環境の
恩恵は農耕生産の増大、人々の暮らしの向上、文化や芸術面での脱大陸化、独

自性の発揮へと繋がる。ここまでの現象は神仏並存の功徳、則ち光の面である。

　一元的に光があれば、二元的に影（闇）の面も現れる。両者を対等に論ずる意図はなく、簡略化して触れておきたい。その後、些細な対立を除けば、歴史上の神仏を巡る大事に至る事件は起きなかった。広義に於いて権力者も神仏並存に対して容認の姿勢を続け、融合、深化は深まる。避けがたい問題が発生し始めたのは、時代が少し下ってからのことで、仏教は各宗派に分裂した結果、宗派間抗争が起き、後援する権力者との対立が誘発された。代表的宗派抗争は浄土教と日蓮宗であり、宗祖の日蓮は、浄土教信者及び幕府からも生死に関わる法難を受けた。

　仏法は寛容な特徴を持つにしても、後継者や宗派の分岐により、利権を巡って政治権力と緊張が強まると、各地で門徒と為政者との間に深刻な対立が起き始めた。殊に、政権が武家に移行してからは武士団と僧兵、門徒の戦いは熾烈を極めた。

⑥ 平和な時代の光

　奈良・平安期に神仏（社寺）並存が社会に与えた賜は、史上例を見ない長き平和である。この平和が文化後進国であった日本に燦然たる輝きを放つ文化的業績を恵んだ。それは忽然と誕生したように見えた。時代環境を精査していくと、決して偶然ではなく、原因と条件が反応し、当該業績に結実した。文化史に残るこの業績は、女性の活躍と仮名文字の発明が起因となった。仏教的に紐付ければ、いわゆる縁起となる。日本文化の不滅の金字塔なので詳解した。

　金字塔は10世紀後半から11世紀前半にかけて、打ち立てられた。宮中に伺候する女官が中心になって創作した女流文学が萌芽し、百花繚乱の如く咲いたのである。平安中期までは名家の教養ある女性ですら、和歌のたしなみはあったにせよ、論理性や鋭い観察力を求められる小説、随筆、物語といった長文の著作を残してはいない。一度は耳にしたことがある『蜻蛉日記』（藤原道綱の母）、『更級日記』（菅原孝標の女）、『和泉式部日記』（和泉式部）、『枕草子』（清少納言）、『源氏物語』（紫式部）等が代表的作品である。厳格な男尊女卑の時代、高貴な

第3章　宗教

家門を除けば女性には正式名すらなく、漢文や芸術とはかけ離れた立場に置かれた。

　文字を発明した国が、四大文明を築いた。象形文字ではエジプト文字、漢字がよく知られている。漢字は日本歴史及び文化そのものに直結した。言葉は音声と文字で表現され、前者は歌謡等、後者は詩文等に言葉の形を変えて、最も重要な通信、伝達、交流手段として機能する。口承で語られ聞くもの、文字で示され目で見るものが該当する。古代日本では言葉に霊魂が宿る言霊信仰があり、漢字を発明した中国人が、複雑な字画から構成される漢字に言葉の持つ力、則ち言霊を信じたことは容易に想像出来る。詩を含む漢籍類は言霊が憑依、或いは投写されたもので、魅了される人々の真意に嘘はない。

　古代日本の文字は移入された難解な漢字が主体であり、自在に漢字を使いこなせたのは貴族、高級女官、僧職、神職等の知識層に限定された。識字率が極めて低い平安中期に突如、世界一級の文学が女性の手によって具現したのだから画期的業績というほかない。更に文字先進国の中国ですら、文字は完全に男性に牛耳られ、上流階級の女性を別にすれば漢字を習得し、活用する地位や機会は与えられなかった。詩歌が絶頂を極めた唐宋期で女性の佳詩、佳作を目にしたことがない。文学面で日本の女流文学に匹敵する作品を残した女性を知らない。しかし、政治権力を巡る胎動を目に向けると、男勝りの女傑や悪女は日本の比でないほど多い。

　中国でも勃興しなかった女流文学が、古代日本で一斉開花した背景を次の5点に集約した。

（1）日本語を書き表すために漢字を基に仮名（万葉仮名、平仮名、片仮名）という表音文字の創出がある。誰の草案であるか、時期も特定出来ないが、8世紀には万葉仮名は汎用表記されている。仮名誕生の秘密は、漢字のみでは日本の言語の実態に合わなくなり、漢字の意味を

紀貫之の歌碑（長谷寺）

捨て、日本語の発音を採用せざるを得ない事態が生じた。漢字から万葉仮名に変換し、万葉仮名を字源に簡略化、草書化して平仮名と片仮名を創成したことは文化的功名といえる。

(2) 平易とはいえ、新生の仮名文字が公的に認知され、普及していくには茨の道でもあった。仮名の普及、標準化に一役買った有名歌人がいる。紀貫之（871 ？～ 946）である。

　・人はいさ心も知らずふるさとは花ぞ昔の香ににほひける（百人一首）

『古今和歌集』の選者で三十六歌仙の一人でもある。『古今集』の序文は平仮名文で書いた仮名序であり、仮名散文の『土佐日記』は女流文学の水先人となる。公的な文芸は漢文、漢詩表現が普通なのだが、仮名の出現で和歌も独自色を滲ませ、漢詩に匹敵する文芸へと進化した。

(3) 従来の漢文、漢詩主体の文芸が、漢字と仮名混合へと変化していく。中国文化一辺倒から独立化の兆候の一つとなった。既存から自存への潮流に宮廷の女性知識層が乗り移り、ブームを惹起したことが容易に想像される。長い間、因循姑息な漢字文化が、最高と自認してきた自尊心の高い男性高級官人は、漢文に固執していた。一方、漢文に執着しない女性は、表記手段として、新発の物珍しい仮名の有用性と創作力向上にいち早く気づき、試用し始めた。紀貫之は歌人としての創作力は言うに及ばず、言語学者としても仮名の本質を見抜いていた。仮名は漢字と双璧をなす日本語になり、仮名なくして文章は書けない。

(4) 仮名の使用が一般化してくると、早々に大きな効用が現れた。男性優位の文芸世界から女性を疎隔にしていた桎梏が取り払われたのである。雌伏していた女性達には仮名文化の主体的担い手として、雄飛する絶好の機会が訪れた。清少納言や紫式部のように漢文、漢詩の読解が自在な女性にとっても、音節文字の仮名を駆使することにより、短文、長文、詩歌等の作成に於いて表現の自由度、則ちリテラシーが格段に高まり、高質で新形式の創作に寄与した。

(5) 文学の花を開いた女性達の多くは中下層貴族の出身で、親から教育を受け、宮廷に仕えた女官（女房）である。一般庶民にしたら憧憬、羨望の対象でしかない後宮生活は、様々な絵巻や文芸作品に描かれ、その実態が垣間見える。一

第3章　宗教

見、豪華絢爛さを醸す宮廷生活とはいえ、狭い宮廷での女房という職務は、自由のない気苦労の多いものでもあった。女性の自由度の狭い時代にありながら、唯一後宮は文芸サロンの場所となり、幸運にも最高の文化環境が生まれていた。宮女の文学的資質はこの環境で畜養され、溜まった知的エネルギーは、文字文学として平安京に噴出した。換言すれば、文学的開花は、宮女の瞬時の自由への叫びにも聞こえる。

世界クラスに十分伍する長編小説の『源氏物語』はその筆頭である。書名を知ってから約60年後、日本の誇るこの文学遺産（54帖全巻、与謝野晶子訳）を読んでみた。「桐壺源氏」という言葉が生まれたように、とにかく長い物語で、冒頭の「桐壺」で読むことを止めてしまう沢山の読者の気持ちがよく分かった。

皇室権威が絶頂期の内裏で繰り広げられた、天皇との血縁を巡る有力貴族の権力闘争の片鱗、恋情にうつつを抜かす殿上人の淡泊な行動様式、男性優位の社会制度が色濃く語られ、絵巻世界の注釈書にもなった。物語でありながら、文献資料の少ない当時の宮廷人の生活や文化の一面が記され、史実の実証性に役立つ。しかし、この小説には王朝貴族の生活を支えた末端の庶民や約200年後に王朝の権威を篡奪する「さぶらいびと」（宮中警護の武人、武士団）は歯牙にもかけられていない。王家の権威で成立した貴族政治の絶頂期を文芸面から知れ、空前とも評される社会的安定が維持された本証といえる。権威が武威に優った不思議な時代であった。因みに、藤原氏を門地とする紫式部は、第66代一条天皇中宮彰子の教育係の女房として仕え、退官後に石山寺（大津市）で『源氏物語』を執筆したと伝わる。

才気煥発さでは同等以上の清少納言の名筆『枕草子』は、私好みである。というのも、百敷のど真ん中で天皇一家に仕えた実話を主に纏めた本作は、考証性価値が高いからである。文学的自然主義の美しさが漂い、中国の影響を強く受けた当時の文芸を知る好材になった。摂関政治全盛時の天皇、中宮、公家、女官等の臨場感溢れる生活実態が顕然と描写された一級の随筆である。清原氏を出自とする彼女は、三十六歌仙の一人である元輔を父に、『古今和歌集』に歌が収載される深養父を曾祖父に持つ歌人の家柄である。和漢に通じた才女

144

であったことは、『枕草子』や歌集を参照すれば明らかである。こうした才能が評価されて、一条天皇皇后定子の御守、家庭教師役の女房として抜擢された。定子は一条と琴瑟相和する仲睦まじい夫婦であり、子宝にも恵まれた。しかし、関白道隆（父）等の後見を失う不運が重なり、25才の若さで泉下の客となってしまう。自分が仕えた摂関一族の衰退と符合するかのように、清少納言の運命も寂しい晩年が待ち受けていた（諸説あり）。

　尚、清少納言、紫式部を含め、女流文学立役者の多くは、受領層（地方の国司クラス）の中流貴族出身であることが共通していた。平安時代は天皇を頂点にして、有力門閥の出身者が、因襲的に上級の官職を占有するヒエラルキーが確立していた。能力があっても、高い官位を得にくい中級貴族は、除目により地方に下向して、生活及び政治基盤の安定を図った。それでも、貴族の願いは、殿上人として内裏での伺候であり、本心では都落ちは嫌だったようだ。

　清少納言、紫式部等の親を観察すると、女子も隔てなく学問を学ばせていた。一般に貴族が出世の糸口を掴む有効な方法は、娘が誕生すれば、教養ある女に仕上げ、宮中に伺候させることが挙げられる。摂関政治の核心を突いていて興味深い。基本、貴族の家では男子よりも女子の誕生が吉祥であった。これとよく似た話が、『長恨歌』（白楽天）で詠まれていて、中国でも社会認識として、女性が権力の道具の一部に扱われていた。摂関政治は唐代の皇帝権力の実態にヒントを得て、天皇の権力を側近が簒奪する仕組みに創り上げたものに見える。

　いつの時代に成立したか定かでないが、皇后、中宮を中心とした後宮（宮廷）サロンが出現している。第56代清和天皇（850〜880）の后であった藤原高子の頃にはあったとされる。サロンでは定常の仕官業務を終え、とりとめのない時間を過ごす際、貴族間の社交に不可欠な教養を高めるために、女房達は漢字、和歌を学習し、碁、双六、物語等を娯楽や慰めとした。一方、文字に堪能な教養ある女官達は男性同様、漢籍（新楽府、白氏文集等）にまで興味を広め、後宮で和漢混淆の文学談話で才を競っていた。一般に知るサロンは、17世紀フランスブルボン王朝時代に確立されたもので、それと近似するタイプが平安前期の後宮で花開いたことは奇跡的で、女性作家輩出の基盤になった。

第3章　宗教

　王朝内でのかような文学的素養の蓄積があって、清少納言や紫式部をして女流文学の旗幟をなびかせた。同時代の二人の才女は一条天皇の皇后定子と中宮彰子にそれぞれ伺候しているが、時期がずれたせいか、後宮で顔は合わせなかったようだ。しかし、噂で聞き及んだのか、おかしいくらい紫式部の清少納言への対抗心、批判は異常なほど強かった（『紫式部日記』）。国母となり藤原家繁栄の象徴を演じた彰子の教育係として仕えた紫式部が、短命に潰えた定子に同じく仕え、しかも会ったことのない清少納言に対し、罵詈雑言を浴びせた事由は釈然としない。幾つか思い当たる節はあるが、式部の名誉のために控えたい。

　藤原氏主導の摂関貴族政治が確立するに伴い、忽然と萌芽した王朝女流文学であったが、長くは続かなかった。貴族政治の終焉に伴い、その後の女性作家はこの潮流に乗り続けることなく、儚く雲散霧消した。長い暗黒期を経て再度、女性文士に曙光が差し込むのは、明治を待たねばならなかった。この原因は皇室貴族政権から幕府武士政権へと統治や社会体制の激変が起こり、それに応じて女性の立場、使命、生活形態が変化したことによる。良くも悪しくも摂関王朝政治に翻弄されながら開花、落花した女性文学であった。

　太陽の沈まない日がないのと同様、全盛から黄昏を迎えた王朝政治は、12世紀には深刻に軋み始め、武士である源平の台頭が始まる揺籃期へと向かう。公地公民を基盤とした集権的律令制度から主従関係の封建制度への移行であった。古代が終焉し、中世が幕を開けた訳だが、権力の主役は天皇から幕府の創設者へと交代した。則ち、源頼朝が鎌倉に開幕し、天皇親政から武家政権への権力、政治構造の顕然たる転換を名実共に示した。天皇・公家勢力の抵抗は承久の乱（1221）で終幕となり、南北朝時代を挟んで、統治は武力を背景とした武家が舵を取っていく。刀（武力）を持たない天皇（権威）の失墜であった。元々、刀は権威と力の象徴であったが、形態的にも古

武士の魂とされる日本刀

代の直刀から中世の反りのある日本刀へと変化した。

天皇親政集権体制は終焉し、権力の首座から降壇したとはいえ、因襲的権威を天皇は保持した。それまで朝廷の庇護に与って、権力基盤を確保してきた寺社は、主権を保持する幕府との関係を新たに模索し、封建社会を生き抜く宗教勢力を新生、伸張する必要に迫られる。公家、貴族が権力から離れる一方、宗教は政治と分離独立する時代を迎えた。

⑦ 氏寺

氏族の氏神を祀る神社同様、有力氏族の総領が先祖の冥福、現世の利益、来世の安寧を祈願する目的のために創建した寺が氏寺である。その類では藤原氏の興福寺（法相宗）、和気氏の神護寺（真言宗）が有名であり、幕府の時代にも継承されていく。同じ一族が神仏信仰を抵抗感なく受け入れ、神仏混交が進む素地となった。尚、天皇家は氏族ではなく、公式に氏寺を持たない。但し、官寺として創建した寺（東大寺、東寺等）は天皇の意思が強く働き、皇室に於ける先祖の供養や来世の安穏を祈願する目的があり、その実氏寺と同じ役割を果たした。

仏教が国策として推奨されたように、奈良・平安期の寺院建立も朝廷が先導した国家事業であった。政権中枢に君臨した有力氏族は、一族のために氏寺開創に走ったが、大乗仏教の影響もあり、在郷の民衆救済に配慮した。この現象は氏族の氏神を神社に奉祀、崇敬したものと軌をいつにする。時代が変わっても、国のリーダーは仏教と神道の宗教的役割、意義、活用法を理解し、過不足ない関係維持に腐心した。

第3項　儒教（儒学）

① 孔子

孔子（前552〜前479）は、紛れもなく中国春秋時代に実在した人物である。彼が端緒となった教えが儒教（『論語』）である。この教えの特徴を要略すると、古代の聖人君子の政治像に立脚して、理想的執政の実現を追求していて、仏教

第3章　宗教

のように四民の苦悩や煩悩からの解脱を企図、教示するものではない。政治学、道徳の修学に重心が置かれ、出家して信仰、修行により浄土、天国へ導く類の仮想性は希求しない。いわば、孔子の政治哲学、道徳観に憧憬した教学集団は諸国遊歴をしながら、儒教に則って各地域の役人や顧問として政治的任務の遂行を一義に考えていた。政治色の濃い一団といっても過言ではない。後述の空海は中央の官僚になるべく大学で儒教を履修したが、「儒教は世俗の作法にすぎない」と考え、仏教の優越性を説いた。本書に載せた理由は宗教性よりむしろ、古代国家創世期から近世の成熟期にかけて、日本人は思想的影響を儒教から受けたからである。

　日本へは４、５世紀、応神天皇（15 代）の頃、百済経由で伝来され、社会一般に普及するのは江戸時代以降である。仏教より 100 年以上古く伝来し、本邦では宗教よりは教育書として学問、修身、道徳的に位置付けられて広まった。そもそも、『論語』は孔子が書いたのではなく、孔子の言葉や会話等の言行約 500 文を弟子達が 20 篇（諸説あり）に纏めている。聖人君子の思想に拘る孔子は、政治家を目指しながらも、『春秋』を纏め、『詩経』を整理して編纂した文事に明るい学者肌の才人であった。

　本項の執筆に際して、40 年振りに孔子関連の典籍を書見してみた。日本人には、『論語』で語られた思想、教訓、成語、問答ほど人口に膾炙するものはない。例えば、為政編には孔子が一生を回顧した有名な言説がある。

「吾、十有五にして学に志す。三十にして立つ。四十にして惑わず。五十にして天命を知る。六十にして耳順う。七十にして心の欲する所に従いて矩を踰えず」。志学、而立、不惑、知命、耳順、従心の言葉の語源となっている。「矩を踰えず」の解釈は、思うままに生きても人の道（道徳）を逸脱しなくなったというものと、逆説的に諦観の境地に入ったという二通りがある。釈迦の悟りに近い意味だと捉えられる。志学、而立、不惑の成句を日常で頻繁に使用するのは、市井の民にとっても、人類の教師と称される孔子の人生、生き方が最適なベンチマークに見えたのであろう。古稀を越え、忘却の淵にあった『論語』に改めて邂逅してみると、儒家の理想主義と禁欲主義は心の琴線に触れるし、人

間の智恵や慈愛を情熱的に噴出していることに驚倒した。

　聖人孔子と尊称されても、彼の本性は覚者となる釈迦、神の子と称するキリスト等の宗教者、求道者とは根本的に異質である。先ず、政治が彼の主題であり、自分が理想的政治の主役たらんと欲求し、魯国の大臣にも就いた。満足すべき治績を上げることが出来ず、後半生は諸国を周遊しながら、弟子の教育と猟官活動に明け暮れる。生身の人間孔子の面目躍如たる姿勢が窺える。権力と一線を画するのではなく、権力との対話に終始した。孔子の薫陶を受けた弟子は、理想的政治を叶えることが出来ると信じ、諸国の重要な役職に就けば、国家隆盛を図れると、各地の諸侯を遊説したのである。俗世に身を任せる一方で、学問への研鑽と道徳への邁進は、僧職者の修行に匹敵する。

　孔子は、やがて訪れる戦国時代に於ける諸子百家の先師となった。諸子百家とは中国人好みの大言壮語の響きを持つが、実際百家以上の思想家が出現したというから、むしろ控えめな表現である。今日までその系譜を紡いできたのは儒家、法家、道家の三家である。儒教による理想的政治の要諦は、理想君主の実践した政治とされた。理想政治の下、天下泰平の主役は、天子、君子、卿、大夫等の上級知識層であり、民、則ち匹夫、凡人は聖王の至大高遠の徳治に満足して従属する存在とされる。孔子には四民平等の思想は薄く、民主主義的要素は皆無に近く、階層的な徳行のトリクルダウンを夢見ていた。

　儒教の祖である孔子は、政治を差配する天子の理想像を周代以前の禹（紀元前21世紀夏王朝の建国者）、湯（紀元前14世紀殷王朝建国者）、文（紀元前10世紀周王朝建国者）等の聖王に求め、治世の模範となる仁義礼智徳の修得を王侯諸侯に希求しているので、政治色の強い教義といえる。その後、儒教は儒学に体系化され、宋代には朱熹の手による朱子学が誕生し、哲学的、倫理学的発展を遂げていく。この体系の基本は孔子の主唱した自己修養を成就した人物が為政者となり、天下泰平の世が実現されると説く。ある意味、哲人政治を模索した。明代に朱子学が衰退すると、王陽明の陽明学が新たな儒学を提唱する。儒学の基本として『経書』（四書五経）が学ばれ、政治学大系に収まる。併行して一般民衆の道徳律にも応用される。

第3章　宗教

　本邦では親への忠孝、信義、道徳といえば、『論語』というくらい庶民教育への効験が著明で、江戸時代には広汎に認知された。更に国家の支柱となる枢要な学問、いわゆる国学として、多くの碩学大儒を輩出したに止まらず、儒学者であった新井白石（1657 ～ 1725）のように幕政に参画し、内政及び外交面で功績を残した政治家もいる。

　その一方で、陽明学派の末流といえる吉田松陰は、真逆の宿命を負ってしまう。彼の核心的思想は「至誠留魂」に示唆され、彼が主宰した松下村塾の教育方針でもあった。これは孔子が基本的に志向した学問と実践の一体化「学びて時に之を習う、亦た説しからずや」（学而）に基づく考えである。松下村塾で学んだ多くの志士は尊皇攘夷、倒幕活動で活躍し、明治維新の柱石となった。不幸にして、松陰は幕府にとって危険人物と見做され、安政の大獄に連座して刑死した。萩から江戸に送致された途次、崛起する霊峰富士を唐丸籠から望んだ心境は、如何なるものだったか端倪すべからざる気持ちである。孔子は自分の思想を受け継いだ松陰の行動をどう評価するのか。これまでみたように、儒教は神道や仏教等の宗教とは根本的に異なっている。

　孔子が生まれたのは、周代の春秋時代（紀元前 770 ～紀元前 403）の魯国であり、王朝の権威、支配力は失墜し、列侯が跋扈する天下は麻の如く乱れる下克上にあった。釈迦とほぼ同時代に活動している。釈迦は自分の苦悩、煩悩からの解脱を目指して、学問と修業を積んだのに対し、孔子は元から先王の道を敷くという大志を抱き、修行、瞑想を通じて苦悩から解脱して覚者となる観念的要素はない。共通点を探れば、両者の思潮の先に衆生救済が見える。

　乱れた天下の政治を自らの手腕で改革することを眼目とし、己を認める聖明の君子を求めて全国を周遊した。孔子に修行の要素を見出すのは、15 才から志し、終生学び続けた学問といえる。学問の基本は温故知新に言い表されたように、歴史を学んで現実に応用するスタイルである。後世、この言葉は曲解されて温故に重点が置かれ、後ろ向きの印象を与えた。勿論、孔子の真意は過去を学び、現実を直視し、未来を深慮している。

　ここで、孔子が理想とした周王朝の統治、身分制度を概略する。王は周王一

人であり、孔子は文王を理想としていた。王は周を100余の国に分け、一族の血縁者に統治させ、彼等は斉侯、魯侯等の諸侯と呼ばれる。諸侯は自国を更に分割し、血縁者を主体に卿、大夫に支配させた。卿大夫は土地を更に分けて部下の士に預ける支配体制である。大方、卿は総理大臣、大夫は大臣や高級官僚、士大夫は官僚、知識層と大雑把に見做せば分かり易い。従って、君子による直轄統治ではない郡国制なので、事実上の支配権は諸侯が有し、王はその上に君臨する。因みに、孔子の母国魯は、周の創始者である文王の子で武王の弟である周公旦を始祖とした。周の礼制、文化を確立したので、孔子は彼の徳行、才能、遺訓を理想と思慕し、儒教思想の核心に据えた。

　周代初期は文王、武王等、為政者の権威と人徳による徳治主義で平和で安定した国造りが叶えられ、孔子は最も尊敬した文王と当時の仁に基づく統治制度、道徳文化に現下の乱世を終息する要諦を確信した。「君主に仁徳があれば民は服従し、天下は治まる」という儒家の根源的思想が閃いた瞬間であった。

　孔子はそれにしても人間的であり、言行録を観照する限り、非現実的で突拍子な面はなく、現実主義者と見える。先述したように僧侶、宗教者、修験者のような個人的な苦悩、煩悩からの解放を求めて断食、苦行、瞑想等の修法には重きを置かなかった。宗教的ではなく、現代流に解釈すれば、当時としては至高なガバナンスとコンプライアンス的な規範を教示した。

『詩経』、『易経』等の古典に核心を求めた思想とはいえ、幸い、孔門十哲と敬称される有能な多くの弟子、後継者によって、膨大な冠絶の典籍が毀損少なく、後世に継承された。晩年、孔子は人生を振り返り、70才にして完成（従心）を見たと総括したが、理想社会の実現には程遠かった。しかし、その後孔子の教えは性善説の孟子、性悪説の荀子等の儒家に応用され、天下の治世の中心思想へと変貌する。孔子に発端する思想は途切れず流れていく。

　戦国時代に終止符を打ったのは秦の始皇帝である。始皇帝の側近で天下統一及び法治体系を構築したのは李斯であり、丞相として帝国を支えた。彼は荀子に師事した後、国家統一には法家思想の敷術、実践を始皇帝に説き重用された。孔子没後約250年で、儒教は対立軸の元儒家で法家信奉者の李斯により、焚

第3章　宗教

書坑儒の痛い目を負ってしまう。

　現実的に見えた孔子の思想は教条的道徳主義、禁欲主義、理想主義と表象され、清濁併せ呑む政治世界では脆弱性が浮き出ていた。周代初期の理想社会を戦国時代の戦乱期に君子、諸侯、卿大夫等に背負わせた実態は時代乖離に映る。しかし、史上最初の統一国家の秦は15年間の短命に終わった反面、その後を継いだ漢（前・後）は約400年間続き、儒教を国教化又は保護していた。天下泰平には法治思想と並存する儒教が必須であった当時の情勢を示した。その上、先述したように朱子学、陽明学へと深化して、時代に先鞭をつける多くの洞察力のある政治家や教育家を生んだ功績は甚大であった。孔子を篤く信奉する後世の儒家は、孔子を堯・舜と同列の聖人と尊称した。彼は政治家ではなく、聖人として評価された。

　それにしても、古代中国、殊に春秋・戦国時代に思いを馳せていると、至極当然に古代ギリシャ時代が対立軸に浮かぶ。ほぼ同時代に東洋では諸子百家が、西洋ではソフィストが綺羅星の如く出現し、人類の英知を集積し始めていた。人類の進化上、相互の文化交流に基づいて誕生した必然的現象なのか、自律的に偶然生じたのかは、検証が必要である。只、同じレベルの智恵、道徳が歴然と並立したのである。双方の遺訓はそれぞれ秦帝国、アレキサンダー大王の帝国建設に至り、哲理的影響は今日まで堕することなく及んでいる。

　諸子百家とソフィストは同質ではない学理体系に見えるが、酷似している側面も多い。孔子が熱心に説く「仁」、「徳」、「礼」は禁欲主義、厳格主義に基づき、この要諦はソクラテスの質素で禁欲的一面に通じ、弟子達に受け継がれた。「徳に生きる」を実践したのはソクラテスに師事したアンティステネス、その弟子のディオゲネス等のキュニコス学派であった。因みに、「キュニコス」とは英語のシニカルの語源となっているので、高尚な正論を吐くと、ちょっと胡散臭く見られたのかも知れない。世間の秩序、人間の生き様に対して、ディオゲネスは「徳への近道」を皮肉とも映る嘲笑的態度を貫き通した。一枚の衣を纏い、杖を片手に頭陀袋を首から下げて街頭を犬のように彷徨し、樽の中に住んだ逸話を持つ。人間として立派な生き方、善い行いを追求した顛末は、「イヌ」と

自称した姿でもあった。

　孔子は56才の時、生国の魯を出奔し、14年間も天下を周遊した。時に3千人以上とされる多くの弟子達を引き連れ、自己の政治的目的を遊説しながら、他国の領土を巡り歩いた。端からは異様な侵略集団にも映り、当初から歓迎されるよりも摩擦や衝突が懸念された。後の戦国時代の四君（斉の孟嘗君、趙の平原君、楚の春申君、魏の信陵君）は、公族出身で領地と軍備を供えた勢力を背景に、下克上の世でも政治的役割を示せたのに対し、高遠至大の政治的理念を掲げる以外に優位性を持たない孔子一統の放浪は、輜重や宿の確保に始まり、治安上の労苦も重なり、浮雲遊子の悠長、安閑としたものではなかった。先々で何度も襲撃されかけ、生死を分けるような危難にも遭遇し、悲惨な陰影に付きまとわれた。この点は個人又は少人数で覚者の悟りと解脱を布教して歩き、殆ど迫害を受けなかった釈迦とは真逆であった。恐らく、衆生を対象に利益（りやく）を施そうとした釈迦に比べ、孔子の教義は本源として、社会の支配階級を対象に構想された政治的哲学であり、支持を得られなければ、逆に危険人物視される性格を帯びていた。

　一般人からも冷たい視線を浴びせられてもいた。鄭国を訪れた時、門人とはぐれてしまった孔子は城門に佇んでいた。すると、その姿を地元の人が見つけて、「喪家の狗」らしき人がいると連絡が届き、やっと弟子達と巡り会えた。高弟の子貢からこの話を聞いた孔子は、「喪家の狗」とは言い得て妙だと肯定したという。飾ることなく、自分の真実の姿を知っていた孔子の偉大さを伝えるエピソードとなった。又、「イヌ」を擬人的に捉える習俗は、洋の東西を問わない。

　このように、儒教の祖である孔子は、宗教者同様に厳格に教義、教理を教育した反面、無碍に応用する傾向が見られた。いわゆる、「人間らしさ」の記録が論語には数多くある。列侯、宰相等との対話ではなく、弟子達との日常会話や問答に見られ、人間孔子としての素顔が表れて面白い。徳だ、礼だ、仁だ、知だのと儒教の理論、あるべき人間像の堅苦しい話題を家庭、主宰所で説き続ける一方で、世俗の一般的関心事にも気配りを示した。

　人類誕生以来、かなり早い時期に、百薬の長といわれる酒は世界中で生まれ、

第3章　宗教

飲用されてきた文化的代物である。礼拝用に、儀式用に、会合用に、薬用に、個人の嗜好用に幅広い目的で利用されてきた。仏陀は出家前、酒色の享楽の生活を体験し、キリストも普段の食事にワインを飲んでいた。孔子はどうかといえば、次のように2カ所に記述されているので、真相を語っているだろう。

　酒は量なきも、乱に及ばず（『論語』郷党篇第十）

　酒の乱れを為さざる、何ぞ我に於いてあらんや（『論語』子罕篇第九）

　体高2mを超す大男であった孔子は、酒好きであり、定量なく飲んでも酔って乱れることはなかったという。遺憾ながら、理想的な酒の飲み方については語っていない。

　彼は決して恵まれた環境で育った訳でもなく、学問を志し、理想とする儒教思想を確立し、教団の中で優秀な多くの弟子を養成した。魯を含む幾つかの国で政治家として経験を積み、その過程では多くの修羅場を潜り抜けた。人として最高の人格を形成したにも関わらず、彼の生きた春秋時代に理想社会の実現を叶えることはなかった。永年の巡遊の後、魯国に戻って果たした功績は『詩経』、『書経』の再編集、改訂と『春秋』の執筆であった。

　書物の整理と執筆に明け暮れていた晩年に愛する息子の鯉、最愛の高弟の顔回、勇名を馳せた子路を相次いで失う悲運を迎える。ほどなく、孔子は死んだ。辞世の歌が残る。

　泰山、頽れんか

　梁木、壊れんか

　哲人、萎れんか

　この言葉は、泰山梁木（世に仰ぎ尊ばれ頼りになる人）という成語に変わった。

　東西で同時に生まれた知の偉人を思い返していると、ふとイギリスのR・キップリング（1865〜1936）が脳裏をよぎった。彼は、世界中を旅して、東洋と西洋を知悉した作家だが、彼は洋の東西を「東は東、西は西、お互いに相会うことなき双生児」と描写した。青春の頃、言い得てやけに妙な言い回しよと、その解釈に悩んだ。万里離れた遠隔の東西は地勢的には近接することはなくても、双子の東西の地に隔てられた人々の交流によって文化、文明の誕生には不

154

可欠の存在と、老境の身で知る昨今である。

② 中国の名山

道教と異なり、儒教には際だって山岳との因縁は認められない。この観点から見ても、宗教的特徴が薄い。一方で皇帝、僧侶、隠者、詩人、道士は山との関連が深く、数多くのエピソードが残る。儒教よりむしろ、老子に由来する道教は中国で生まれ、中国人の理想を示唆する仙人となる神仙思想を唱えていて、山岳宗教、修行との関係は密である。日本人が知る中国の山の多くは皇帝の即位、修行、歌枕、隠棲した山と関係性を持つことが多い。中国の歴史、文学に顔を出す馴染み深い山岳を概略した。どれも名山である。

泰山（1533 m、山東省）、天台山（1098 m、浙江省）、驪山（1256 m、陝西省）、廬山（1474 m、江西省）、黄山（蓮花嶺 1873 m、安徽省）、その他、西域に広がる天山山脈、崑崙山脈西域に横たわる 2500km にわたって連なる大山系で、シルクロードが走る東西文化交流の要衝である。有名すぎる世界最高峰のチョモランマ（8848 m、チベット自治区、英名エベレスト）も顔を覗かす。

泰山が一躍脚光を浴びたきっかけは、中国を最初に統一した始皇帝による面が大きい。世界文化遺産にも登録された泰山は古来、天子、皇帝の祭祀である封禅の儀式を行った威厳のある名山で、庶民にも人気が高い。封禅は始皇帝に始まり、最高権力者が天命により支配の正統性を示現するために、山頂で天を祀り、山麓では地を祓い、山を奉祀する儀式を指す。天は神とか天使が住む想像上の世界であるが、地上にある山をご神体が宿る仰ぎ尊ばれる存在と見做し、統治者の求心力や権威を強化するために執り行われた。天命を認証し、民衆に周知する具象の儀式として典礼化された。神、天といった観念は政権誕生時には必定現れ、山岳は宗教的聖地と化した。因みに、この山を語源とする泰山北斗（泰斗）は、当該領域で最高に仰ぎ尊ばれる大家を意味する。

天台山は道教の霊山であったが、後に天台教学の根本道場となり、日本仏教と関係が深い。天台宗の総本山である国清寺があり、最澄、円珍、栄西等が学んだ。奇しくも、国清寺は隋の二代皇帝煬帝から国清寺の額を賜与された。約

第3章　宗教

200年後、比叡山の延暦寺も天皇から直筆の勅額を賜っており、これは両国の政治と宗教との相似性を説明している。

　尚、唐代の僧で菩薩の化身と称される寒山、拾得の二聖が当寺に居住、禅僧の豊干に師事したとされる。この辺は『寒山拾得』（森鴎外）で短編小説化されている。近代医学をドイツで学び、名作『高瀬舟』で、現代でも議論の多い安楽死問題を遡上に載せた鴎外も、古代中国仏教界で異彩を放った寒山、拾得から生死を巡る疑問に暗示を得たかも知れない。隋・唐代は保護を受けた仏教が隆盛を誇り、山には寺院の建立が進み、奇才を発揮する僧侶が輩出した。寒山の作と伝えられる『寒山詩』は、後世の禅画の画題としても描かれ、芸術面で強い影響を与えた。

　驪山は白居易の筆で脚光を浴びる。名作『長恨歌』に詠まれた玄宗皇帝と楊貴妃（719〜756）の別荘が立つ華清池（温泉宮、華清宮）は、驪山の麓にあり、温泉地として今でも人気が高い。

　春寒くして浴を賜う華清の池

　温泉の水滑らかにして凝脂を洗う

　玄宗に伴われて、温泉宮に行幸した際の楊貴妃の玉肌の肢体を見事に詠んでいる。中国には一顧すれば城を滅ぼし（傾城）、再顧すれば国を滅ぼす（傾国）という美人を形容する言葉がある。皇帝や王様が愛情に溺れて、政務怠慢に陥るほどの美人を指し、悪女の意味に引用される。

　玄宗は英断にして多芸、音楽、書を得意とする芸術的天分に恵まれた皇帝であった。即位後暫くは「開元の治」と評価された玄宗も、晩年になると皇宮に入れた楊貴妃との情愛に耽溺し、政務を怠るようになり、安史の乱が勃発する。皇宮入り後、絶頂期の唐が急激に没落した経緯を勘考すると、楊貴妃は傾国の美女と指弾されても致し方ない。この楊貴妃、日本人の間で歴史上認知度が一番高い中国人女性となった。

　安史の乱により、倒壊寸前にまで転落した唐王朝は滅亡を免れたものの、徐々に国際的威信は弱体化し、律令制度の崩壊等が始まり、落日へと向かった。本来なら悪評、怨嗟の矢面に立つ宿命の両人であったが、半世紀後に白居易によ

り潤色、美化され、この情愛と悲劇は不朽の名作に仕上げられた。後世、詩、戯曲、小説等に幅広く生まれ変わり、親しまれ続けている。その背景を斟酌するに、玄宗への忘れがたい人徳を慕う感情と、無垢で純真な愛情を注いだだけなのに、死をもって償わなければならなかった楊貴妃の悲運を、人民は

山水、仙郷感漂う花崗岩峰（瑞牆山）

冷静に文芸遺産として継承し、この情話は日本人にも愛され続けた。

　景観の見事さと文化的歴史性から世界複合遺産に登録された黄山は、日本の富士山に譬えられる。その理由は山容、標高、組成、成立ち等、全く異質であるにも関わらず、中国一美しい景観、信仰対象の山に加えて、生涯に一度は登りたい山という共通性による。山体は花崗岩からなり、永年の風化浸食により形成された急峻絶壁の幾十の奇峰が林立し、怪岩、奇岩も数知れない。こうした風景は仙人の住む仙界を連想させ、雲海、温泉に富む人気の景勝地になっている。天都峰は仙人が住む天上の都というから、スケールの大きさが知れる。黄山の絶景は昔から修行の場として、又多くの文人墨客に愛され、山水世界を現出した。こうした多彩な特徴を持ち、「黄山さえ見れば見るべき山はない」とさえ称揚されている。

　日本にも花崗岩帯の山岳は広く存在する。黄山の映像を見た限り、規模の違いはあれ、瑞牆山が酷似していると直覚した。拙著の仙郷編で瑞牆山の印象を「碧落に映える白き岩肌の美しさは山水世界とも共通する」と表現した。このような心境を抱くのは、国家誕生以来の歴史的付き合いを通じて、私も山水世界観や仙郷意識を擦り込まれた結果であろう。仙郷に憧れた李白は、黄山を「金芙蓉」（光り輝く蓮の華）と描いた。そんな影響を受けたか、日本では富士山を芙蓉峰と雅称している。

　尚、地質的にも似て廬山、黄山と並び有名な景勝地に張家界（湖南省）がある。数知れない石柱群が林立し、山峰と渓谷の組み合わせは仙郷を思わせ、壮

第3章　宗教

大無比の雲海と雲流（旗雲、滝雲）には誰もが驚嘆するという。登山者であれ
ば、雲海、雲流等には遭うが、規模は想像しがたい。

第4章 信仰

　宗教、信仰、修行（修験）という語義は三位一体の一統性を印象付けている。これは僧侶、修験者、聖、神職等の行動様式に洗脳された結果といえる。宗教、信仰、修行は山岳と密接に関連する。仏教の原風景が残るチベット、ネパール等での僧侶や信者の信仰や修行はその傾向が著しく、日本とは大分異なる。本邦の庶民感覚としては道場での厳しい勤行、峰修行、滝行等の修法を一般的と任じ易い。実際は宗教的特異性の高い地域、施設を除くと、民衆は彼等の宗教的行動形態を見聞しても、自らが道場や山岳で同様の実践はしない。仏教を例にとれば、宗派の檀家としての日常の勤行を諄々と古来続けていて、特別心身に負荷を与える修行は行わない。一般信者は朝夕、仏前での読経と礼拝の勤行に終始し、定期的に寺での法会等の行事に参加する程度である。外連味なく民衆の信仰形態を把握するため、ベンチマークに卑近な地元の宗教、信仰を見詰めた。

第1節　故園の宗教、信仰

　必然的に個人の宗教観、信仰に最大の影響を及ぼすのは、生まれ育った母郷、家庭等の背景や体験なので、地元の身近な実例に目を向けた。概観する限り、宗教や信仰で特異性は認められず、郷里の人々は平均的で素朴な宗教観、信仰心に身を委ねていると感じた。しかし、改めて周辺地域の宗教、信仰をつぶさに覗くと、従前の肌感覚より遥かに濃密で、地域に根付いた神道と仏教信仰の存在と持続性を認識した。

第1項　故園紹介

　手始めに故園である千葉県香取郡多古町を紹介したい。千葉県は房総半島と一致し、旧国名の下総、上総、安房の三国からなる。上総、安房が標高400

第4章　信仰

m以下の山岳丘陵地であるのに対し、下総は海岸平野が隆起して出来た地質年代的には最も新しい洪積台地で、標高は30〜40ｍの平坦地になっている。尚、百名山がない都道府県の一つが千葉県だが、認定基準を変更しても百名山級の名峰は見当たらない。

多古町は下総台地に位置し、広大な沃野が九十九里浜に向かって開けている。海には隣接せず、低地のため湖沼が多かったことに町名の由来（諸説）があり、昔は多湖と書かれ、後に多古と略されたと聞いた。地形的には三方を山（丘）に囲まれ、一方を栗山川と多古橋川が九十九里浜にＹ字形に南流して開いている。幸か不幸か、歴史的に特筆すべき経済的、政治的突出事項がなく、認知度の低い地味な存在である。この地域で山といえば丘を意味し、突兀は無論、峙つ懸崖もない。子供の頃、空気が澄み切った秋から冬にかけて、小高い丘の上から遥か西方に富士山が眺められた。温暖な気候と平坦な地味に富む田畑は農耕に適し、殆どの農作物生産が可能である。中でも美味日本一に輝いた「多古米」の評判から町名を知る人が増えた。昨今では梨、葡萄等の果樹栽培も盛んである。昔、自分の故郷を紹介する時は、陶潜の漢詩をもじって「車馬の喧噪から解放された、静穏な桃源郷」と概説した。

山林にはスギ、マツ等の針葉樹、クヌギ、カシ、シイ、クリ、木イチゴ等の広葉樹が繁茂する自然に包まれ、ワラビ、ゼンマイ、山芋等の山菜も豊富で永年、豊かな自給自足生活を人々は堪能していた。弥生・古墳時代に稲作が始まって以来、自然と共存しながら住人の多くは、五穀豊穣の地で1500年以上にわたり、心安く生計を営んできた。その恵まれた生活環境が、戦後の産業構造の変化と成田空港の建設により激変した。

縄文・弥生期の遺跡、生活痕は発掘されていても、多古町が記録によって顔を出したのは、平安時代末期である。沿革を辿れば、桓武平氏の流れを汲む千葉氏の荘園、「千田の荘」が現在の多古町の中心地に該当し、この名称は多くの文書に残された。千田の意味は千枚田と同じと考えると、千枚の田圃が広がる多古平野とも符合する。千田の荘には由緒明瞭な鎌倉時代の史実が残っている。歴史的に行基、空海、日蓮が関わり最終的に日蓮宗に転じた真間山弘法寺（ぐ

ほうじ）が、市川市街を見下ろす国府台にある。平安から室町時代には、地方豪族が寺社に寄進する荘園形成が進んだ背景もあり、寺の記録によると鎌倉時代末期に有力御家人の千葉氏から寄進を受け、千田の荘に寺領や信徒を擁していたと伝わる。千田の荘は弘法寺を経済的に支えた荘園であった。

真間山弘法寺

後述の日蓮（1222〜1282）は安房小湊に生まれ、日蓮宗の開祖となった。彼は基本的に反権力の姿勢を貫いたため幕府を始め、幾多の政敵、法敵からの法難を受けながら、「法華経」の伝道に生涯を捧げた。立像を拝見すると、権力に屈しない強い信念の人を想起する。

宗教上の対立軸は極楽浄土を願う浄土教と捉え、法華経の信仰によってのみ現実を仏国土に変えられると説いた。釈迦の原初の教義は声明から大別すれば、南無阿弥陀仏（極楽浄土）と南無妙法蓮華経（仏国土）とに袂を分かった。

下総の地でも布教活動を盛んに行い、私の村も含め、町全体でも日蓮宗の檀家が圧倒的に多い。こうして、信徒が増え、信仰の中身にも変化が生じた。実家の墓地に建っている墓石は、鎌倉時代のものが一番古く、死者を供養するだけでなく、この頃墓を建てる埋葬習慣が始まったと推認している。

後述の源頼朝が安房に逃れた際、千田の荘を地盤とする豪族千葉常胤（1118〜1201）は上総介広常等と助力し、鎌倉幕府成立及び筆頭御家人として歴史的役割を果たした。以来、千葉一族は隆盛を極め、室町幕府でも重職を務めていくが、15世紀中盤に幕府内の抗争に巻き込まれ、千葉氏宗家は多古の地を舞台に終焉を迎えた。一族の命運は尽きても、千葉の名を県名に残せたのは、鎌倉武士の一所懸命の精神と相通じて不足はない。

戦国時代を経て徳川時代に入る。春には緑が紅に映じ、秋には黄金に覆われる豊穣の地帯を見下ろすに好適の地に高さ30mほどの城山があり、明治初期までそこに徳川家譜代大名松平藩1万2千石の城郭が聳えていた。その後、惜

第4章　信仰

しむらくは開発という歴史の波に晒され、今では山自体も変形し、城跡と僅かな空堀跡を残すに過ぎない。荒城の月影に城山も冥界に入り、今は言い伝えに想像を膨らますしか叶わない。「夏草や兵どもが夢の跡」（芭蕉）の詩境を越えて、心に刺さる昔日の光と影が同居する。

部落前の広大な水田地帯

　生まれた集落は町の中心部から 2 kmほど離れた戸数約 100 戸、人口 300 人弱の水戸地区である。多古平野に面し、米、麦、芋、野菜等の農業を生業とする小村である。

　西方には芝の山に開けた土地が由来となった、古墳で有名な芝山町の広大な台地が広がっている。古墳以上にこの町が一躍脚光を浴びたのは、成田国際空港の建設と闘争の歴史である。受動的に多古町の一部も禍根多きこの事業に巻き込まれ、ある意味、初めてその名を全国的に披瀝する機会となった。巨大空港と隣接したことにより、開港後も空港拡張、航路、騒音等、山積する問題を抱えている。桑田変じて空港となった。昭和の世に、郷里は文明との思いがけぬ深交を迫られた。いつの世も、田園はまさに荒れんとする。

第 2 項　古墳一考

　唐突感は拭い切れないが、地元に点在する古墳について小考した。各地で発掘調査が進み、文字ではなく、遺跡が歴史を解き明かし、国家成立及び大和政権の実像を語り始めている。

　古墳は土盛りした墳墓である。西日本で 3 世紀後半に出現したとされ、畿内で仁徳天皇陵や応神天皇陵に比定される巨大古墳群へと発展した。埋葬者の地位や財力に応じて墳墓の種類や副葬品も多岐にわたる。その後、全国的支配を固めた大和政権の政治的、文化的様式を我が故郷を含む関東各地の豪族は直截に移入した。古墳ほど古代に於ける豊穣と部族長の権力を客観的に残したもの

はない。しかし、飛鳥時代7世紀後半、古代墳墓の築造は終末を迎えた。基本、古墳は古代豪族の墓所で、素焼きの土製品の埴輪は古墳の上又は周囲に並べ立てられた。円筒埴輪が先駆けとなり、形象埴輪（家形、器材、人物、動物等）が作製、配列されていった。埴輪を墳墓の上に隙間なく垣根のように並べた理由は、死者を葬った神聖な場所を外から区画し、邪悪のものから霊を守り、人を近づけない古代の宗教性を彷彿とさせる。大規模の墳墓を造成しうるには人口が多く、族長の力が頭抜けて、豊穣な地域が要件となる。

山武市経僧古墳から出土した装飾大刀と馬具類（観音教寺所蔵／芝山町立芝山古墳・はにわ博物館保管）

幼少期から、周辺には遺物の貝塚や古墳群がやけに多いという印象を持っていた。それもそのはず、千葉県には12,000基以上もの古墳があったとされ、特に芝山町周辺は密集地として知られている。殿塚古墳・姫塚古墳からは精巧で造形美に優れた多くの埴輪及び大刀、玉類、馬具等の副葬品が出土した（殿塚、姫塚）。これらは古墳時代後期の6世紀の築造と推定されている。

内陸地なのにこうした遺跡類が形成されたこ

葬列の埴輪の中の武人（飯塚古墳出土、観音教寺所蔵／芝山町立芝山古墳・はにわ博物館保管）

とは、人が住み始めた頃は海岸線が今より近く、縄文期から古墳期には相当数の集落が存在したことを示している。その後、次第に集落の土地と人民を専有した強盛の豪族が誕生し、畿内の影響を受けて、埋葬施設を備えた古墳の築造が始まったと考えられる。狭い地域の小豪族であっても、出来るだけ巨大な墳墓を残し、死後も権威を守り、永久の支配を願った首長達の心理が透けて見える。

第4章　信仰

　芝山古墳群（国指定史跡）は隣町にあり、子供の頃、芝山仁王尊傍の博物館に陳列された人物埴輪、馬形埴輪等の行列を初見した際、その異形に衝撃を受けた。改めて陳列埴輪を観察していると、制作者の伝えたい魂の叫びがやおら聞こえてくる。

　一際人目を引く人物埴輪は、伝説上の野見宿禰の献策で始まり、殉死に代わる手段として、墳墓に並べ立てたのが起源とされる。第11代垂仁天皇の頃の話である。古代、東西を問わず権力者の葬送に於いて、頻繁に行われていた風習の一つに殉死があった。尚、野見宿禰は垂仁に仕え、やがて土師、菅原と姓を賜る。後に天満宮に祀られた菅原道真は、宿禰の末裔といわれる。

　因みに、多古町中心部の高台には5〜7世紀のものと思われる古墳群（前方後円墳、方墳、円墳）が複数発掘されている。又、関東平野の平坦地（埼玉、群馬、栃木等）にはほぼ同時代の大中小古墳群が多数存在していて、墳墓の形状変化からも大和政権との政治的、文化的影響を勘考する上で実に興味深い。墳墓の文化は西から東漸したことは確実で、西から終焉を告げた。

　関東には古墳が多く、近年発掘調査が進んでいる。その内の一つ、王族の古墳とも目される保渡田古墳群（国指定史跡、高崎市）を紹介する。たまたま、社寺と刀剣に並々ならぬ興味を抱いている大学同窓のMS君に誘われ、HA君、ST君の4人で訪問した時の記録である。

　保渡田古墳群は、いずれも大規模な前方後円墳の双子山古墳・八幡塚古墳・薬師塚古墳3基の総称で、5世紀後半から6世紀初頭に築造され、榛名山東南麓を治めた強大な豪族の墓所と推定される。ほぼ完全復元された八幡塚古墳の特徴は、地方豪族の墓としては最大級の造りである。埋葬施設（石棺等）を有し、埴輪類（円筒埴輪を主体に人物、動物）を配列した三段重ねの均整のとれた幾何学的に壮麗な前方後円墳である。墳丘の頂に立ち、千里の目を極めれば、榛名山の麓に広

保渡田古墳群

がる豊穣の大地を支配した大王の心境に浸れる。

　古墳を幾つか実見した結果、大王(天皇)を祀った畿内の古墳文化が関東に東漸したものと実感出来た。大和政権に服従の意を示した関東の豪族は、先進的墳墓の築造を我先にと競い合ったのである。古墳の形態、埴輪の配列、埋葬品等は、類似したものが多く、古

後日古代史清談に花を咲かせた（右から MS 君、HA 君）

墳の規模は埋葬者の権威、地位、権力、財力等に拠ったと想定すると、古墳期の支配・社会構造は均質化されていた。人類は過去の変遷の有様を主に文字で伝えたが、文字資料を十分活用しなかった古墳期では、形象を有する墳墓と埋葬遺跡が言葉と同じく重要な歴史の伝達役を務めた。

[閑話休題]

　皇位継承の標識として、「三種の神器」（八咫鏡・天叢雲剣・八尺瓊勾玉）を宝物にしたことが知られている。記紀の伝承によれば３種にはそれぞれ由来があり、高天原から降臨する瓊瓊杵尊に天照大神が三種の神器を授けたとされる。これが由緒となり、神武天皇の即位以降、皇位継承の象徴として皇嗣が神聖な三種の神器を一子相伝の如く受け継ぎ、その保有が皇位の正統性の証明となった。古代では権力の継承には神聖な神器をもって、正統な証明とする習慣が存在した。実際、践祚の際に奉られたのは鏡と剣の二種とされ、持統天皇即位の儀礼で「神璽の鏡剣」が最初に奉献されている（『日本書紀』）。世界史的にも古代王国では、支配者は自己の権力の正統性と権威を市井に周知するために同様な神器を活用した類似例が散見される。古墳の築造年代にもよるが、副葬品に剣、勾玉、鏡が定番のように出土することから、地方の権力者は大和政権の大王（天皇）に倣って類似の剣、勾玉、鏡を権力と財宝の象徴と考えて、自分の墳墓に納めている。いつの世でも多くの文化、風俗習慣は、ブームにより短

第4章　信仰

期間に惹起されて、敷衍したというのが私の持論である。

第3項　神社仏閣（概数）

　現在、町に残る神社、仏閣の類が実際どのくらいあるのか、調べてみた。驚くなかれ、面積約73㎢、人口約１万５千人弱の小さな町にも、多古町ホームページで調べた限り約70の神社と45の寺院が現存している。神社の系統は多岐にわたり、伊勢神宮、稲荷神社、熊野神社、諏訪神社、八坂神社等の摂社・末社である。寺院は日蓮出身の県だけに日蓮宗（30）が圧倒的に多く、真言宗（13）が続き、曹洞宗、天台宗が１ヶ寺ずつある。町には日蓮宗が殆どと意識していただけに、これほど広く、深く真言宗が故園の人々に浸透したことに驚いた。空海が直接下総を遍歴、布教したかは確証はないが、町の神社に伝説が残っていた。弘仁年間（810〜824）、行脚中の空海が松崎神社に参拝し、そこに植えたイチョウが現在残る「空海の逆さ公孫樹」と言い伝えられている。関東各地に広まった弘法伝説に助勢されて民衆の関心が向いたことは間違いない。

　既述の通り、日本には８万社前後の神社があり、各地域に氏神神社を主体に高密度に分布した。最初に総本社（八幡、伊勢、天神、稲荷、熊野、諏訪、八坂、白山、日枝、弁天）となる神社の創建後、国家の成立、発展に符合して各地に祭神が分霊されて、摂社・末社が増加していった。町でも寺院も神社に劣らない数が存在し、主要系列宗派の勧請等により末寺が普及したようだが、廃寺、合併、移転等により姿を消した寺が多かった。。

第4項　実家の宗教と信仰

　確認した通り、町内にはかなり多くの神社と寺院が各村に散在していた。これ以外、うろ覚えながら幼少期には４本足で立つ小さな社もあり、地域の鎮守の神として祀られていた。

　私が宗教、信仰について物心がついた瞬間は、幼児期の家庭での日常茶飯の生活の中にあった。母が朝一番に起き、炊事をして毎朝、それぞれ一対の小さな茶碗にお茶と炊き上がったご飯を仏壇に捧げていた。それは厳格な宗教儀式

というより、昔からの良俗に思えた。朝起きて居間に入っていくと、座布団の上に並列に正座した祖父母が、香炉に線香を立てて仏壇に向かい、法華経（日蓮宗）を読経していた。燭台があり、夜は蝋燭の火がともる。花瓶(けびょう)に四季折々の生花が供えられ、仏壇には先祖と戦死した二人の息子の位牌が安置されていた。祖父母とも敬虔な信者で、晩年は先祖と愛した息子達の追慕と冥福に明け暮れていた。祖先の供養であれば、心穏やかに「南無妙法蓮華経」（題目）を誦経する充実した余生であったはずだ。ところが、苛政の結果、息子達に先立たれてしまった。祖父母の無念の心中、機微を察したのは、15才を過ぎてからであった。祖父母の亡き後は、母が毎朝読経し、仏前供養をしていた。尚、三人とも篤実な心をもって仏様に帰依した姿であった。只、仏様を信心した彼等の衝動が故人の供養にあったのか、個人的懊悩からの解脱であったかは知る由もない。

一方、父は不如意の運命に呑み込まれ、戦争を体験した。幸い、特攻隊で命を失うことなく復員し、実家の農業を継いでいた。戦前の教育と軍事教練の悪弊によるものか否か定かでないが、代々の檀家である正覚寺（日蓮宗）にあまり興味を示さず、読経もお寺参りをする姿を見かけることは少なかった。只、正月元旦には欠かさず、朝一番に村はずれに佇む小さな社祠に参拝し、榊を奉納していた敬虔さが脳裏を過(よぎ)る。

父が参拝し続けた鎮守の社

神仏が祀られた一つ屋根の下で日々生活を共にしていても、個々の家族の信仰心は仏教か神道かのいずれかに傾いていた。

仏壇の上には神棚が据えられ、常緑の榊が徳利型の花瓶に捧げてあった。仏壇は煌びやかな豪華さを呈し、神棚は単調な木の枠という印象であった。1960年代まで、一般の農家は自給自足が通常で、四季に応じて様々な花々を庭で栽培し、榊は生け垣の1本として植えていたので、供花に事欠かなかった。明治初年の神仏分離の宗教政策に抵抗が起きた瘢痕は残らず、事を荒立てないよう

第4章　信仰

に神棚を仏壇の上段に設置する等、国策に忖度しながら便法措置を図ったのであろう。部落民も神仏習合の信仰が支配的で、神仏双方を祀っていた。

　殊更、大広間の角奥に設置した仏壇を強く意識したのは、お盆（8月13日〜15日）と終戦記念日（8月15日）であった。本来、お盆は種々の供物を祖先の霊に供えて、冥福を祈る恒例の仏事なので、余り暗いイメージではない。しかし、終戦記念日は全く別で、戦死者を出した家庭にとってはどれだけ追悼、供養しても悲しみ、辛さの記憶の連鎖から解放されない。終戦がお盆と重なったことで、先祖よりも戦死した家族の成仏を願う要素が強まったのである。並列に飾られた2名の軍服姿の遺影が欄間にかけられ、居間にいる家人をいつも見守っていた。いつも寂然としている仏前の畳上には供物類が堆く積まれ、供花も普段より豪華であった。死者の霊を迎え、供養し、冥福を祈るために必要な生者の務めであった。幼心に、生まれる数年前まで国を挙げて米国と戦い、完膚なきまでに敗れ、国は荒廃し、民は命と財産を失い、飢えてしまった理不尽に囚われていた。

　本来なら、1ヶ月ある夏休み中のこの時期は子供にとって一番楽しい時期のはずであるが、盆と敗戦日を迎える度に暗然とした、敗戦の暗い陰影を無意識に全身に擦り込まれ、最も忌避したい、嫌いな時期であった。仮定の話になるが、この暗鬱な体験をしなかったら、陽気で開放的な真逆の人生観を友にして歩めたものと、ついぼやくか愚痴りたくなる。古来希なる老境にまで永らえ、昔日の面影を偲ぶ幸運に恵まれたとはいえ、終戦記念日は未だに余りある嫌悪の1日である。

　戦後、歴代政府は太平洋戦争の愚行を反省したかのように、300万人超といわれる戦禍犠牲者の鎮魂並びに遺族へ謝罪を込めて、例年盛大な追悼式典を行ってきた。こうした式典に異見がある訳ではない。戦死者、戦禍の被害者を弔うことは国民の責務である。他方、日本史上最悪の禍根を残したのに、大失態の極みである戦争責任を自国民が問うた気配はない。戦争責任は、勝者のGHQ極東軍事裁判での判決で精算されたとの認識を示し、幕引きを図った。為政者の責任を問うことをしない国民の政治的好尚は論理的に説明がつかない。

168

如何なる失態が起きても、一蓮托生で身内を断罪しない国民性といえばその通りだ。

　封建制から脱皮して1世紀を経ない国家では、外形的に民主主義を標榜しても、真の民度をかさ上げしないことには、国民のための政治を行うのは至難なのであろう。実際、理想政治の核心を如何に定義するかである。要約すれば、「国家は国民の安寧のために存在すべきで、国民が国家の目的のために犠牲になるべきではないこと」を政治家も国民も共有する成熟性が必須要件となる。覆水は盆に返らないにしても、都合の悪い事実が顕性化することを意図的に避ける国家の態様及び国民性も気になる。

　実家の裏に小村にしては立派すぎる「正覚寺(しょうかくじ)」があり、日蓮宗派の末寺になる。往時、普段は深閑の寺でも、「講」といった法会が開かれると、隣村の島地区にある「成等山正覚寺(じょうとうさん)」(不受不施派)の住職が出張してきて、講堂は檀家の老人信徒で一杯になる賑わいを見せていた。今流に表現すれば、農作業から解放され、家に閉じこもりがちな隠居さん達の交流、終活の場に寺を活用していた訳で、実に合目的であった。集まる人数、機会は減っても、今でも続いている。

成等山正覚寺

　なぜか島地区は全村不受不施派であり、私の村の多くもその流れを汲んでいた。一方、島には寺の後方に八幡神社があり、日蓮宗にのみ執心した訳でもなく、神仏は均衡的に習合していた。とりわけ、厳しい環境に置かれた訳でもない純朴な故郷が、公権力に敢然と異を唱える宗派を篤信したのか不可解である。

　不受不施派とは、日蓮聖人の教えを固く守り続ける日蓮宗の一派であり、1595年、京都で生まれている。不受不施の意味は、法華経を信じない者から僧は布施を受けないのが「不受」、法華経の僧以外に信者は施さないのが「不施」とされる。時の権力者にも例外なく不受不施を貫いたので、僧侶、檀徒は弾圧、

第4章　信仰

迫害の対象となった。

　特に、江戸時代には禁圧され、島地区を中心（私の部落水戸を含む）に数度の法難が起き、殉教者、流罪等の犠牲者が記録されている。徳川幕府はキリシタン弾圧（島原の乱）で有名だが、日蓮宗の一派もこの平穏無垢の地で圧政に苦しめられた。不受不施派は明治になって解禁され、成等山正覚寺を核として復興した。因みに、江戸時代、多古町は1万2千石の多古藩として、家康の実母於大の方の久松松平家が執政した。

　私の仏法との接触はというと、年に何回かお寺で講があると、祖母の膝に座りながら僧侶の読誦と説法を聞きながら合掌していた記憶が蘇る。講は遊びの場でないのに、なぜ、ついて行ったかは、帰りがけにお茶請け菓子が貰えるご褒美につられたからである。甘いものに飢えていた幼小児にとって、菓子が食べられる絶好の機会であった。しかし、経を読めた祖母は、「仏法の教えを聞き、孫が少しでも智恵と慈悲を身につけた人に成長してほしい」と期待していたことは確かである。半世紀以上を経て思い出が

成等山正覚寺　水戸教会所（2015年落慶）

滲むお寺も落慶され、古刹のよすがは偲べない。昨今の人口や檀家の減少につれて、小村のお寺の維持は難しい。

　仏教や神道との接点はあったにせよ、祖父母や両親から誦経や神社への参拝を強要されたことは一切なかった。竹馬の友も同じようで、田舎では信仰の自由は担保されていた。仏堂、社殿の前で慣例として合掌、拝礼することはあっても信仰、崇拝意識は皆無に近かった。煩悩の塊である子供なので、仏心が僅少でも湧いていれば、成長の過程では心の支えに仏法を渇仰することがあったかも知れない。是非もなく、神仏に帰依する気持ちは今日まで湧かなかった。但し、老いるに従い、人に止まらず生き物への慈悲の心は昂じる一方である。

閑話休題

　寺は死者の魂が幽霊になったり、或いは死者が成仏出来ずに亡者となって、この世で浮遊したりしないように法要、供養をする場所である。しかし、幼少の身にはご多分に漏れず、寺や境内は亡霊の巣窟であるかのような気味悪さ、恐ろしさが醸されていた。今は子供が集まって遊ぶ姿は希になったが、子供の時分、日中の境内はかくれんぼや三角野球をする良き遊び場となっていた。遊びの種類は少なく、サッカー、バスケットはなかった。特に夏休みは朝早くから10人前後の坊主が寄り集まり、蝉の声をかき消す欣喜に満つる歓声を上げていた。思い出の情景はセピア色に褪色しても、不思議に鮮明な音響が残る。

　お寺は遊戯場の反面、低学年の子には恐ろしい体験の場ともなっていた。遊び疲れて、夕方薄暗くなり始めると、先輩が寺の周囲を一周する度胸（肝）試しをしようと口火を切る。勿論、全員参加する。高学年ともなると、一気に駆け巡ってくるが、1、2年生の子供が一人で暗くなったお墓の立つ傍を抜け、寺の周りを周回してくるのは存在しない幽霊、お化けが出てくる恐怖以外の何物でもない。もっとも、こうした肝試しは大人でも恐いもので、神霊や幽霊が潜みそうだと感じる霊地は、往来するだけでも御免蒙りたい。死者の霊と聞くと、日本人は何か特別の恐ろしさを感じるが、仏教の影響とも考えられる。遊びを通じて、多くの子供が胆力を養う一例を紹介した。

第5項　日蓮宗

　改めて、日蓮宗を取り上げたのには訳がある。徳川幕府の施政は内政平和志向とされ、250年にわたる安定を維持した。その裏側で慎ましやかな日々を紡いでいた故園に起きた、死者を出す理不尽な酷い宗教弾圧の歴史を伝えるためである。

　神道は無論のこと、仏教も皇室や貴族、則ち政治権力者の国家統治の手段として導入され、権力と呼応しながら発展した。しかし、庶民に認知・布教されていく過程で画期的変化が鎌倉期に起きた。仏教は民衆救済のために、日蓮宗を含む多くの自戒自律した精神に基づく新宗派が、宗教改革を担ったことは既

第4章　信仰

に述べた。受動的に中国仏教を所依とする立場から、固有の能動的仏道へと変革する流れである。暴力的でない変革とはいえ、この顛末は政治権力者との対立、抗争を招き、力の均衡が崩れる誘因となる。下克上の戦国時代には、各地で政治権力と寺院との凄惨な戦いが続いた。

中でも、安房の猟師の息子として生まれた日蓮（1222～1282）は平安・鎌倉期の末法の世（1052年以降）に法華教の正法に基づき、政治及び身内の宗教権力に敢然と挑戦する、強力な個性を持った改革者であった。幕政の混乱は正しい仏法による政治が行われないからと、北条政権を公然と非難した。政治と宗教の垣根を取っ払い、更に仏教他派に向けて、天変地異は浄土宗等の邪宗の流布によると攻撃した。彼の根本理念は仏陀の正しい教えである正法の実践であり、法華経信仰に行き着く。瞑想や祈祷で課題を克服しようとする他宗派に対しては、公開論争を求める等して敵対的であった。

このように、信念の強かった日蓮は、幕府と既得権益を持つ他宗派を敵に回す異色の存在となった。それまでの宗教界では、神仏は習合し、宗派間での対立、分裂があっても相互に融和的に共存する暗黙の関係が築かれていた。仏陀の正しい教えを純粋に主唱する日蓮であったが、悪政に苦しむ民衆救済及び国難回避にあたり、直接鎌倉幕府と政治的関与を強めた。具体的に『立正安国論』による建言やその他の提言を行うものの、黙殺されていた。しかし、蒙古襲来（元寇）等、日蓮の予言は的中し、幕府は国情を貶める危険人物として逮捕、配流、死罪、拘束等の弾圧を重ねた。幕府との対立は、本人が史上類例のない身命に関わる

日蓮像（中山法華教寺・千葉県）

中山法華教寺・千葉県

弾圧を受けたことに止まらず、多数の信者が殉教する事態を招いてもいた。

その後、日蓮を祖とする教団は他宗派同様に複数の派に分かれ、日本仏教十三宗の一つに成長するが、創始者の理念が脈打ち過ぎた日蓮宗は政治及び宗教権力との軋轢が続いた。とりわけ、先に述べた法華経の信者以外には布施を受けず、施さぬ主義の不受不施派（1595年創始）は、江戸幕府に禁圧され続けた。

日蓮宗がいつ頃から郷里で布教が浸透し、信徒が増えたかの確証はない。千葉県市川市には鎌倉時代に創建された日蓮宗大本山の中山法華教寺及び真間山弘法寺があり、千葉県一帯に布教活動が盛行していたことが窺える。分かり易い「南無妙法蓮華経」のお題目を唱える実践と信者全員が、法華経の教えを広めることを是として広まっていた。

宗教弾圧の歴史で日蓮宗と双璧を為すのは一向宗で、浄土宗と浄土真宗の系譜の宗派である。戦国時代には織田信長、徳川家康等、有名武将が統治の命運をかけて、一向信徒と対峙した事例は数限りない。南無阿弥陀仏の称名により民衆が仏恩報謝するとの考え方は、実務の為政者たる武士にとって、統治意義そのものを否定されたと感じてもおかしくない。

法然の弟子で鎌倉初期に活躍した親鸞（1173～1262）は宗教改革者の一人で、他力本願、称名念仏を主唱する浄土真宗の開祖である。出家の身でも結婚、妻帯し子供もいて、非僧非俗の新しい概念を導入した。則ち、信徒に甘受され易く、出家せずに仏教に帰依することが出来る在家主義である。その一方で教義は一般庶民である凡夫の弱点、煩悩を巧妙に衝いて、真実は仏のみにあるから極楽浄土に生まれるためには、阿弥陀仏の本願を強く信じる必要性を上から目線で説いた。

衆生を対象にした阿弥陀仏の他力本願を所依とする親鸞の教えに対し、日蓮は政治とガチに向き合う姿勢を取る。民衆を苦しめる地震、洪水、飢饉、疫病等の天災からの脱出には国家の施策が喫緊であると、現実論を吐く。

昨今の寺社に共通の社会現象として、寺院と檀家及び神社と氏子との関係に微妙な齟齬が生まれている。基本的に寺社はそれぞれ檀家と氏子が主に主役となって維持、運営されてきた。しかし、戦後の急速な家族主義の崩壊と人口流

第4章　信仰

動性の亢進によって、地域共同体に激変が発現し、従前と等しく檀家、氏子との関係性を維持することの困難に直面している。住職が常勤する古刹も減少し、宮司のいる神社も同様の傾向にある。往時、袈裟を着た僧侶が、凛とした境内の落葉を箒で払っていた姿が回り灯籠のように浮かぶ。

　仏教は祖である釈迦の衆生を苦悩、煩悩から救済する教えなので、受戒僧侶が上から目線で説教する性格が表れる。一方、先祖及び地域の神を氏神として祀ることを基本理念に置く神道は、神職を兼ねる氏子である地域住民が運営するので、僧侶が説教する仏教ほど厳格に信者を拘束しない。

　不思議なもので、神仏祈願に伴う効験性は確証出来なくても、参拝時は鳥居、寺門、参拝所、拝殿、本殿等の前では合掌し、拝礼し、拍手等の一連の所作を施している。勿論、入山時に拝殿、本殿又山中に摂社・末社があれば、登下山の無事を祈念したが、決して神仏に加護を求めるほど深刻な気持ちではなく、挨拶代わりである。従って、祈願成就の可否は皆目問わないし、行住坐臥と同類の定番行為に過ぎない。獣道を従順に歩く猪鹿の動物行動と同じで、擦り込まれた習慣に近い。神仏への祈りや寄進で夢が叶い、加持祈祷で悪弊病魔が消退した実例はない。だが、人々が自ら尊信の念を抱くのは自由であり、心が安らぎ、願いが成就すれば、祈りの見返りとでも考えたらよい。

第6項　祇園祭

　祇園祭は平安時代、八坂神社（京都）の疫病退散を願う祭礼を発端とし、明治までは御霊会と呼ばれた。例年7月に行われ、長刀鉾を先頭に20台以上の山車で市街を練り歩く山鉾巡行は、日本を代表する風物詩になっている。これが祇園信仰の水干となって、私の小さな町も含めて驚くほど全国に広まったことを改めて再認識し、祇園祭人気の秘密は祈願の行事というよりも、庶民の娯楽への欲求に主な素地が窺える。

　多古町の代表的な神社は二つあり、天照大神社と八坂神社である。東国の小さな集落にも国家誕生の主役である天照大神、素戔嗚尊姉弟をそれぞれ主祭神

とする神社が創建されたことは、国家草創期に遡ってまで政治的関係を主張したい当地の人々の気持ちが滲む。

　天照大神社は伊勢神宮の祭神で、皇祖神の天照大神を祀っている。昔、この神社は小学校の運動場から1kmほど農道を上った小高い丘の上にあった。鬱然と杉木立に囲まれた、平坦な静かな一角から境内に入れた。山に例えれば、稜線上である。ところが、現在周辺は住宅地に開発され、農道は立派な町道に姿を変え、昔の面影は偲べない。この開発により、先述した多くの古墳が発掘されたのだから、安眠を貪っていた古代の豪族も驚いたに違いない。幸いなことに、神域の神社一帯だけは昔のままであった。深閑の森に佇む鳥居を潜って、50mほど参道を進んだ先に、周囲に玉垣を巡らした礼拝のための施設（本殿、拝殿）が前後して建っている。神職は常勤せず、地元の氏子、崇敬者により維持管理されている。小学生の頃、この神社には何度も行き、子供ながら所作として、賽銭箱の前で拝礼後、鈴緒を揺らし、鈴を鳴らした記憶

天照大神社（多古町）

八坂神社（多古町）

が蘇る。勿論、2礼2拍手1礼のかしこまった拝礼様式を知る由もなかった。

　今、義務教育を振り返ると、寺社に関する宗教教育を教師から受けた記憶が全くない。戦後、信教の自由が憲法で保証されたとはいえ、戦前の教育を受けた教師にとっては、宗教、信仰を口に出すことは禁句でタブー視されていたのかも知れない。

　八坂神社は町の中心に江戸時代（寛永年間）に建てられた。この神社の社殿には、牛頭天王（除疫神）像が厨子に納められている。

第4章　信仰

　本社は言わずと知れた「祇園社」と通称される京都の八坂神社である。今では全国3千余ある八坂神社の総本社となっている。八坂神社は平安初期に創建され、元は寺であった。神仏習合の影響で素戔嗚尊は祇園精舎の守護神である牛頭天王と同体と考えられ、中期に神社仏閣の両性格を兼備するようになる。既述の通り、疫病、自然災禍等で社会不安が増すと、疫病神又は死者の怨霊を鎮め、宥めるために行う御霊会が執行され、これが後の祇園祭の起源となる。無論、

祇園祭のルーツ京都八坂神社

八坂神社は悪疫退散以外、御神徳として厄除、家内安全、子孫繁栄、国家安泰等を礼拝するやしろでもある。尚、祇園のルーツは、釈迦の説法道場であった祇園精舎に由来するとされる。

　多古町には江戸時代に始まったとされる当社主宰の祇園祭が続いている。祭礼として山車数台が囃子にのって町を練り歩く「多古祇園祭」（7月25日～26日）が毎年開かれ、1960年代中頃までは、年間で最も賑やかなページェントであった。町ぐるみの華やかな行事に乏しい田舎町での祭事は、子供には一番の楽しみであり、大人にとっても息抜きや家族サービスの時間となっていた。小学生の頃、メインストリートは出店、屋台等が出されて、足の踏み場もないほどで、当時の人出と賑わい以上に鮮烈な記憶を私は辿れない。残念にもこの祭りは高度経済成長期を境に、昔の殷賑は影を潜めてしまった。背景には庶民の生活、嗜好、娯楽、共同体意識等の変化が顕然化し、同時に文化遺産の存続に不可欠な観光化の立ち後れがあったようだ。

　田舎を離れて以来、長年ご無沙汰していた罪滅ぼしでもないが、余りある祇園祭の面影が立ち、実態を知るべく今夏探訪してみた。町の景観、観客は変わっても、猛暑に関わらず人出が予想以上に多く、子供達の楽しげな素振りや町衆の熱気に今昔の差違はなさそうだ。威勢の良い掛け声、お囃子の音色、艶やかな舞が披露される4台の山車が引き回される光景に暫し包まれていると、時空

を隔てた自己の存在が同じか否か揺らいでしまう。

八坂神社の神事の一つであり、五穀の豊作、無病で息災、子孫の繁栄を願う農民達の素朴な祭りとされる「しいかご舞」（千葉県指定無形民俗文化財）も大勢の観客を集めて社殿前で行われ、往時を彷彿とさせた。

先祖が築き上げた祇園祭は今でも町の最大行事であり、50年後、否百年後も相似て相同じからず文化的風情が子々孫々と醸されるものと確信した。

全国各地の祇園祭は、同様に継承されてきた農村神楽に匹敵、符合する文化と見做せるが、農村神楽は祇園祭より地域性が強く、運営、継承されたように映る。永い伝統に支えられてきた、こうした祭事は二極化する傾向にあるようだ。一極は後継者育成に成功し、世間の認知を得てブランド化したもので、もう一極は村落の過疎化に伴い、存続の危機に晒されているものである。伝統文化の継承は、人を寄せる魅力を発信し続けられるかに依拠し、行政との連携によるビジネス感覚の運用、他府県及び外国からの集客力等が命運を握っている。

舞が披露される2階建ての山車（多古町）

猿に扮した曲芸はしいかご舞の圧巻
（八坂神社前）

子供の頃は気づかなかったが、多古町を囲むように隣接する香取市（旧佐原市）、成田市、匝瑳市（旧八日市場市）にも祇園祭が営まれ、一斉同報的に始まった感が強い。香取市には7月中旬に山車10台が繰り出される八坂神社（創建寛永年間）の祇園祭がある。約300年の歴史というから江戸中期には始まっている。

第4章　信仰

　10月には諏訪神社の秋祭りの祭礼と合わせて「佐原の大祭」と称され、ユネスコ無形文化遺産登録と国の重要無形民俗文化財に指定されている。本大祭も2011年の東日本大震災により、多数の史的建造物が被害に遭い、存続の危機に面したものの、難局を乗り越えている。車上の大天井に派手な飾り（祭神、菅原道真、太田道灌、鷹、鯉等の大人形）を飾り付けた山車の豪華さや台数は、江戸時代に舟運、商業、酒造等で繁栄した佐原の繁栄と殷賑を投写する歴史的教材になっている。反面、京都の山鉾に該当する飾り物は、何でもありの感が拭い切れず、思想的ではなく庶民の娯楽的色彩が色濃い。神社信仰の興隆、継承には娯楽性の高い芸能文化が並存している。

大天井に鎮座する神武天皇

　成田市にも同様の祇園祭が7月に行われ、山車が引き回される。こちらの主宰は新勝寺（真言宗）であり、祭りは神仏習合の影響を受けた。仏法により社会を鎮護し、守護する目的は神仏共通のものとして認識され、万民の法楽を祈願する祭り文化の意義を保ち継承してきた。又、匝瑳市にも八重垣神社祇園祭（1697開始）が

経津主大神（香取神宮祭神）

あり、こちらは全国でも珍しい女性だけが担ぐ「女神輿」が注目を浴びている。

　八坂神社の名は各地を歩いていても、よく耳にするし、地元を含めて北総には末社が多数存在する。八坂神社がある地域は昔、疫病に悩まされ、悪神を退治する目的で八坂神社を勧請して末社を建て、本社に倣って主に疫神を鎮める祭り（祇園祭）を始めた経緯が浮かぶ。当初は悪疫の防止目的の祭りであったが、承継するうちに地域共同体の団結、互助、地域創生、娯楽等へ時代の要請

に沿わせながら、伝統的風物詩へと昇華してきた。郷里の夏祭りが平安の都に端を発し、受け継がれた由緒を改めて了知した。

　大きな戦乱がなく生産力、人口が増加し始めた江戸時代中期から江戸文化の絢爛に触発、或いは憧憬に背を押される格好で、北総の富裕となった氏子や庶民が新しい文化創生の気運に繋がっている。以来、数百年にわたり、一つの文化を紡ぎ継承するには、人々の計り知れない幸せと喜び、その逆の痛みと苦しみが伴っていたはずである。その双方を体験することで、人生を豊かにする強固な文化を残した。

　こうして信教とそれに付随して誕生した祭事を検証すると、京都から徐々に各地方に伝わり、その地方で独自に形態や様式が変化しつつ継承され、文化のトリクルダウンが起きていた。祇園祭の基本は、神幸祭（渡御祭）と似ていて、社殿からご神体を神輿に乗せて各所を渡御し、又元の社殿に還幸する一連の祭礼様式である。この際、神輿は車台に乗せられ、又担がれて移動し、歌舞音曲を伴う華やかな巡行となる。全国の主要な都市でも、多くの八坂神社系の祇園祭が７月に開催され、疫病に苦しめられた民衆の祇園信仰が伝わる。

　原因不詳の病で恐れおののき、疫病の退散と多数の死者の霊を鎮魂する意味に於いて、八坂神社の果たした効験を、人々が篤信しても不思議ではない。平安時代から朝野の尊崇を広く受け、次いで鎌倉・室町時代には政治を担った武家信仰が隆盛したように、神話を起源とする神社創建の根拠とは違い、社会が共通の祈願と成就を八坂神社に託していた。

　疫病、自然災禍等が契機となり人心、社会が乱れると、執政者は至適な政策を執行しようと務める。どれほど協働するかは別にして、併行して神社仏閣も救済に通じる祭事を催した。中でも祇園祭は、今日に継承された代表的奉祀行事である。種々催行された神事、仏事が効験を発揮し、人々は神仏の冥加と感得し、吉事と捉えて後世への余慶とした。悪弊にならず、民衆に支持され、喜ばれる伝統行事として継がれてきた。ふと、全国でどれくらいの祇園祭が例年開催されているのだろうかと脳裏を過る。

　因みに、日本の疫病で最大の危機に陥ったのは、聖武天皇の御代である。天

第4章　信仰

然痘の流行が2度勃発し、政権中枢の有力者を含む人口の3割ほどがこの悪弊に倒れたとされ、政治的、経済的混乱を惹起した。結果、5年間に4度も遷都を繰り返す羽目となり、疫病退散の一環として、各地に国分寺の建設と盧舎那大仏の開眼供養も盛大に行った。奈良東大寺の大仏である。中国から招聘した鑑真（688～763）から聖武天皇も受戒し、仏教はこの時期全盛を迎えていたが、天然痘による疫禍が社会背景にあった。徒手空拳の人々が自然災害や疫病に人事を尽くす手段は、神仏又は呪術に縋る沙汰しかなく、危機一過の度に信仰の深化が進み、社寺の建立や祭事が発展したものと想像する。

第7項　香取神宮と鹿島神宮

　香取市には八坂神社より社格の高かった香取神宮がある。こちらは経津主大神を祭神とし武神の性格が強く、大和政権の東国経営の起点として創建されたと聞いた。神社の沿革は神話から始まる。経緯は多少まゆつばものとしても、現実に神を祀り、氏子、有力者の支援、助勢に支えられ、地域に根ざして神社の役割を果たしてきた。

　利根川を挟んで鹿嶋市には鹿島神宮がある。武甕槌命を祭神とし、古来武人の尊信を受けてきた。香取神宮同様、大和政権の勢威の及ばな

香取神宮総門

い東方経営と共に武神を祀る本社として創建されたと伝わる。起源は神話で知る以外方法がなくても、利根川水運沿いの広大な閑地に、社格上位の香取神宮及び鹿島神宮が併せて創建された背景には、大和政権の国内統一への堅固な意思を感じる。

第2節　怨霊一考

　古代、多数の死者を出す疫病の祟りは、怨霊（死霊）由来の疫神によって起こると信じ、得体の知れない現象は霊に紐付けられた。そこで、人々を苦しめた怨霊を次に概説する。

「古代日本人は、二元論的に人間を肉体と霊魂から成るものと信じて、生存している間は生霊となって、死後は死霊となって暫くの間、この世に彷徨い続けると考えた。この霊は恨みのある者に取り憑き、仇をなし怨念を晴らそうと、様々な災異をもたらすのが怨霊となる。平安時代には怨霊は物の怪とされ、取り憑かれた者は僧侶、修験者等による加持祈祷、鎮魂祭儀の除霊を行う。得体の知れない物の怪は、非業の死を遂げた人やあらぬ疑いをかけられて失脚した人が災異をもたらしていると、一般に信じられて広まる」

　人の霊魂が淵源となる怨霊であったが、当初は有力氏族や朝廷内の不条理の権力闘争に於いて敗北した者が、怨念を晴らすべく執念深く勝者を苦しめる仮想的霊魂であった。真の姿が見えないものだけに、尾ひれがついて素性の知れないものは怨霊と見做し、恐れた。怨霊と聞いて思い浮かべるのは、太宰府に配流され、不遇の死を遂げた菅原道真である。庶民とは縁遠いはずの怨霊の恐怖が、権力者に限らず民衆にも最大化した。この背景には、甚大な犠牲者を発露した得体の知れない疫病蔓延が、怨霊の祟りと信じたことと関係した。

　更に藤原氏一強体制確立後には、一族内の骨肉の暗闘から生ずる怨霊へと質的に変化した様相を呈した。平安中期に権力者藤原道長も一族との闘争に勝利の末、絶頂の栄華を極めた。しかし、女達が物の怪に取り憑かれ、自身も晩年は持病に苦しめられたことから、それは怨霊によるものと信じた。道長の娘彰子の教育係であった紫式部は『紫式部日記』の中で、その辺の事情を描いていた。今から考えれば、物事の道理に暗く、実体のないものを真実と認識した当時の人々の迷妄であったが、身内に起こる不幸な現象を怨霊のせいと信じ込んだ。怨霊からの解放は験力を期待される僧官、験者の除霊に頼る以外に有効な手立てはなかった。今では使われなくなった怨霊（物の怪）は江戸期には幽霊

第4章　信仰

等に変幻した。

　為政者、民衆は突然襲ってきた疫神による疫病への対処法となる祓いを考案、実施した。風習として疫病が起きた各地でお札を立て、注連縄を張ることもあり、呪法と共同祈願にも頼った。面白いことに、疫神は邪神並びにこれを除去する祓い神という対立する二つの神格を特徴とした。やがて、今も目にする形式として、疫神の鎮魂を宥めるための祭儀と犠牲者の供養が始まった。それが京都の御霊会等で知られる祭りであり、あまねく全国に広まった。非科学的で効用が疑わしい対処法でありながら、民衆は病原に対して警戒を高め、意識の高揚や啓蒙、情報の共有には貢献をしたと考えられる。

　現在でも疫病は看過しうる話ではない。有史以来、疫病はある周期で世界的に蔓延し、人間の生存を脅かす最大の原因となった。ペスト、チフス、コレラ、赤痢、結核、ウイルス等の感染流行が、人類を何度も危機に貶めている。歴史上、疫病は正確に記録され、事例は枚挙に暇がない。長足の医科学的進歩を遂げた近代でも、人的交流の盛んな密集社会が逆に仇となり、感染症の国際的流行（パンデミック）が起き易い。膨大な蓄積された知見に基づいた有効な対策を施しても、早期に終息させることが難しい一面を覗かせる。

閑話休題

　パンデミックは衛生観念の乏しい時代に起きた歴史上の事象であって、自分の生存中に経験することなどあり得ないと高を括っていた矢先、そのあり得ないと思った感染症が地球規模で起きた。2019 年に初めて公開された新型コロナウイルス（COVID-19）である。中国国内で初めて感染確認された後、2020 年の初頭以降、須臾の間に全世界に拡大した。有効な予防薬、治療薬、感染防止策がないまま、感染による死者、重症患者は増え続けた。この流行により当年 7 月予定されていた東京 2020 夏季五輪・パラリンピックは 1 年延期となった。世界中で、大小のイベントが中止又は縮小に追い込まれ、経済社会活動上に甚大な影響を与えた。新型コロナウイルスの変異株は感染力を増す特徴を持ち、各国で感染増加・減少の波が 10 回ほど繰り返され、医療崩壊の危機に直

面していた。

　発生から3年の間、国際的協力の下、徹底した一般予防対策、医療体制の充実、ワクチン接種、治療薬の開発、経済・社会活動の自粛等々の総合的コロナ対策が奏功し、2023年初頭にやっと終息の気配が見え、年末には2019年以前の行動規制のない日常活動が戻った。世界中でこのパンデミックにより何名が感染し、何名が死亡したかは疫学調査の結果を待ちたい。今回のパンデミックが疫神によって惹起されたと信じる人は僅かだろうが、現代の科学的、医学

3年振りに自宅前に来た胡禄神社渡御祭の神輿

的進歩と成果により最小限の犠牲で押さえ込めたと結語した。

　尚、1年延期となった五輪は感染拡大懸念の賛否両論の末、2021年7月24日に開幕されて最高峰のスポーツ競技の熱戦が展開された。遺憾なことに多くの競技は無観客で、有観客でも人数制限され、声援の手段は拍手のみで歓声は自粛を求められた。その他のスポーツ分野でも観客数、声援等には厳しい規制が設けられた。経済的にも飲食業界や観光産業は停滞し、各地の文化・伝統行事等の自粛等により各領域で大きな影響を蒙った。幸い、規制緩和が随時進み、2023年末にはほぼ以前の経済、社会活動の水準に回復した。この3年間停止していた寺社の行事も各地で順調に復活している。

　コロナ禍関連にここまで紙面を割いたのには理由がある。一市井の庶民であっても、滅多に起きない世界規模の感染爆発という歴史的事象に巻き込まれた生き証人という自覚と、それを後代に伝える責任である。

第5章 修行（修験）

　宗教の具象化が信仰と修行である。日本人には仏道修行、修験道が馴染み深い。聖の行脚も修行の一環である。無論、神道でも独自の修行が実践され、聖職者別に展開された。本章では個性ある修行を今日に伝えた３人（役行者、玄奘、空海）の大人物に焦点を当てた。

　仏教修行の根源は釈迦に由来する。修験、神道の修行も仏教伝来後に仏教の修行要素を融合、取り込みながら確立したとする方が妥当であろう。これは釈迦の生き様そのものが修行であり、その原型を基に展開し得たからである。世界三大宗教によらず、未開宗教、呪術師の修法に至るまで、修行は必須とされる。この背景には、宗教者、神道者、呪術師にはそれぞれの奥義、秘術、霊力獲得等が求められ、そのため一定の基準に沿った、厳しい心身の鍛練となる修行なくしては修得出来ないという共通の認識に行き着く。修行による効験は多々伝えられていても、科学的実証は判然としない。修行の先に見えるものとは何なのか。仏様の感応か開祖者との一体感か新教理への道筋か、未修の身にはおぼつかない。

　本邦の宗教は、神道系と仏教系に大別されているが、孔子を祖とする儒教を宗教の範疇に入れるかについては諸説紛々である。政治、道徳、教育面の色彩が濃く、神仏のような偶像崇拝も遡求しない。勿論、神仏も政治、道徳、教育に関与するが、基本理念が違うので同質の宗教とは言いがたい。しかし、国家成立前の古代では地域的に開化の扉を開き、文化的、道徳的に影響を与えたのは確実である。存外、悟りを開く目的ではなく、人間の成長に焦点を絞った儒教の伝搬が、地域開化の端緒だった可能性がある。その推断の根拠の一つは、日本への伝播時期が仏教より相当早かった点である。志賀島で出土した金印が、後漢王朝から九州に君臨した小国家の支配者に与えられたものとされ、中国王朝との政治交渉、文化交流は紀元前後には始まっていた証拠となった。前漢、後漢は儒教を保護したので、儒教の教理は自然に伝播されても不思議では

ない。惜しむらくは、確証となる儒教関連の典籍が見つかっていない。

　修行の実態は遊歴、断食、苦行、開山、滝行、勤行、座禅、瞑想類が一般的と仮託され、精進潔斎して、仏の悟り、教えに感応することが究極となる。包括的には釈迦の遊行が水干となり、整然とした修行が経時的に構築された。修行という言葉は精神を鍛え、学問、技芸を修練することを指している。生半可な気持ちで臨めるものではない。

　分かり易い最も苛酷な修行は比叡山、大峰山の「千日回峰行」と称される千日行であろう。その成就者は大行満行者となり尊崇を受ける。しかし、回峰行を成就した修行者が、曼荼羅の世界に踏み分け、大日如来、菩薩を感得したかは伝わってこない。比叡山の千日回峰行は、9世紀の平安時代、最澄からは孫弟子にあたる相応和尚が始めた修行法式とされ、現在でも7年間に千日間かけて山行、巡拝、堂入り、加持祈祷等を行っている。織田信長による延暦寺の焼き討ち以降では、僅か51人が成功したに過ぎない荒行である。

　修行の特性の一つに明白な男女格差がある。修行者は古代から共通して男性であり、女性は修行場から排斥された歴史を辿った。修行の場は神社、仏閣、山岳等の神聖にして不可侵の聖域とされ、女性の排除に繋がった。女性は修行の妨げになるとされ、聖域の比叡山、高野山等は長い間女人禁制が敷かれ、入山すら許されない時代が続いた。いわゆる、結界地である。女性が峰入り、垢離を掻く修行を許されたのは近代に入ってのことである。女神の天照大神から始まった日本社会が、とりわけ宗教面で女性を排除した論理的背景は判然としない。「原始、女性は太陽だった」と女性が復権を叫ぶ明治まで、神仏は女性の救済に鈍感であった。

　歴史的にこうした修行の形態は、技芸の場にも強い影響を与えてきた。良い一例に刀鍛治がある。鍛冶職は古代から厳しい修行の場であった。鉄を打ち鍛えて刀槍を作る鍛冶の場には結界が設けられ、女人は入れない禁制地となり、名刀を生む女性の刀匠はあり得なかった。

　仏教徒や修験者とは異なり、理想社会の実現を君子に説くために遠路遊歴したことを除けば、儒教信奉者には、そうした既視感漂う修行像は伝承されてい

第5章　修行（修験）

ない。勿論、孔子最愛の弟子の顔回のように、陋巷に在って一汁一菜の生活を
しながら学問に専心した逸材はおり、儒家固有の修行体系を履修していたかも
知れない。根本的に、儒教は仏教と教えの核心が違っていた。

　修行と修験の間に分水嶺となる境は明確でない。7世紀後半に山岳修験の曙
光を照らした役行者（役小角）が、複数の百名山に於いても修験道場の開祖と
伝承されている（大峰山、飯豊山、富士山等）。修験道は、元々山岳信仰に加
えて仏教と道教の流れを汲み、山岳に起臥し、呪術により超自然的な存在、霊
験に働きかけることを目的とした修行である。史実に足る記録がなければ、実
態の把捉は困難で、想像でしか多くを語れない。しかし、それ以前に革新者の
役行者を生み出す背景があり、その一つはまだ天神地祇に依拠する神道、二つ
目は伝来して間もない仏法の不思議な力の法力といえる。換言すると神仏の加
護、助力を信ずる冥加の心が徐々に日本人に拡がりつつあった。

　修験道は大峰山を中心に修行するのが主流となるが、時を置かずして石鎚山、
白山、羽黒山等を中心とした修験道が成立した。霊山での修行が、修験道の特
徴となる。僧侶と離れた、霊山の行者を山伏といい、加持祈祷をして霊験を現し、
貴族の帰依も受けた。いつの頃からか、笈を背にして草鞋を履き、頭巾又は樋
笠をかぶり、法衣の鈴懸姿で錫杖を片手に跋渉するスタイルを確立した。見方
を変えると、これはリュックを背にして登山靴を履き、登山帽をかぶりジャケッ
ト姿でステッキを片手にトレッキングする現在の登山者と瓜二つの相似形であ
る。

　修験道が成立し、今日まで禅定古道が永続的に整備され、信仰の対象となっ
た代表は白山である。巷間、富士山、立山と日本三霊山といわれる。役行者と
同じ山岳修行者の泰澄（奈良時代初期）が白山の開創者とされ、諸国遍歴しな
がら修行したと伝承されている。白山は冬には大量の冠雪により、雪解け水が
豊富となる。古来、豊かな水をもたらす山は命を支え、五穀豊穣を約束し、尊
信の対象となった。大量の伏流水、湧水を麓にもたらす白山は、その観点から
聖なる山と称された。修験者は白山の湧水を導いた白山比咩神社の聖水で禊を
し、身と心の穢れを浄める垢離を掻いてから入山し、頂上の奥宮に参拝した。

垢離と命名された場所に立ち入ったのは、百名山で唯一早池峰山の7合目にあたる頭垢離（こうべごうり）で、コメガモリ沢の源頭部にあった。早池峰山は遠野地方では六角牛山、石上山と共に、古くから遠野三山として崇拝されている霊山である。水が途切れる場所

弥陀ヶ原から望む白山山頂

で信仰登山の手順である垢離の行を済ませ、頂上に祀られた早池峰神社奥宮に参拝した。

　古来、山頂部の極楽浄土のご利益を得られると信じ、信仰登山が盛行していた。推測するに、古代の験者は苦しかった急登を越えた先に白山山頂（御前峰）を望める開放的な弥陀ヶ原を現世の極楽浄土に見立てたのかも知れない。弥陀は極楽世界を主宰する仏であり、羅臼岳の中腹にあった極楽平を思い出した。苦しい急登を登った先に広がる平坦地で、苦痛の後に訪れる快感に極楽という心理を投写したのだろう。

　白山には2度登頂した体験と景観、山道整備、施設の充実等から評価して、霊山の中で最も安全で満足度の高い、魅力溢れる名峰と実感した。

第1節　役行者（生没年不詳）

　修験と修行の区別は明瞭でない。只、一般的に仏教・寺院に関連すれば修行と呼ばれ、仏教の一派でもある修験道との脈絡では名目的に修験と示されるが、違いは誤差の範囲と考える。古来、日本には土俗信仰として山には神が宿るとする山岳信仰（神道）が存在し、その信仰を強靱化しようとする在俗の宗教者がいた。当該宗教者は山岳信仰に外来の仏教、神仙術等を混交して、修験道という独自の山岳宗教を創り上げた。その開祖が役行者（7〜8世紀）とされる。史書の『続日本紀』にも記載のある役行者であるが、生年、出自が不詳につき実在が疑われ、逆に伝説上の人物として声名は肥大化した。百名山で小さな役

第5章　修行（修験）

行者像を見たのは苗場山頂であった。
　伝承によれば、役行者は奈良時代の呪術師とされ、葛城山で修行を積み、吉野の金峰山、大峰山等で修験道場を開拓した。金峰山（現：山上ヶ岳）で苦行中に蔵王権現を感得し、木彫りの蔵王権現を本尊として、役行者創建の金峯山寺の本堂に安置したことに始まる。悪魔降伏の忿怒相の像で知られ、修験道の主尊と化した。又、蔵王権現は菩薩と尊称されるほど仏に近い存在で、多くの山岳宗教者、修験者の崇敬を集めた。こうして修験道は全国に伝搬し、蔵王権現も各地の寺院に存在するが、教典等に依拠するものではなく、修験道独自の図像といえる。

役行者座像（醍醐寺）

　大方、伝承、縁起の類は誇張され、誇大に盛られた内容が多い。だが、根拠のない荒唐無稽な話ばかりではなく、オブラートに包まれた真の姿が隠れている可能性がある。役行者の実在性は懐疑的であっても、誰かが修験の道を開拓、確立した事実は残る。他の宗教、思想同様にそれらの始祖に親炙、或いは私淑した多数の弟子、修行者、崇拝者が修験道の趣旨を後世に伝えてきた紛れもない歴史までは否定出来ない。修験道の前身である山岳宗教は続いていたにせよ、神道同様に中国、朝鮮半島経由の仏教を始めとする新思潮と伝搬を担った渡来人からの情報が、修験道誕生の鍵となった。遣唐僧として高度な仏教を学んだ最澄、空海に先んじること約100年、役行者が固有の修験道を開き、数多くの修験道場（寺院、山岳）の開拓に先鞭をつけた功績は画期的といえる。既存の山岳信仰に仏教、道教、陰陽道を基調に新しい修験を確立したのだろうが、複数の信仰と相互補完的に融合し、神仏習合の素地とも思える。

　修験と聞けば、役行者が代名詞として想起される。ところが、役行者が修験を通じて衆生への恩恵、ご利益に関わる具体的な伝承はなく、入山を必定とした特別な僧職者、神職者等には修行指南となった。役行者はあくまで修験の先

駆者であって、国家安泰、民衆救済に直接貢献した事蹟は詳らかでない。

　役行者が忍苦の修行の末、蔵王権現という仏の世界を感得し、修験道を開拓した時代背景を百名山と併せ再考した。正確には同定出来ないが、天武・持統朝にほぼ該当し、奈良時代へと連なる。先述の通り、この間に国家体制が整い、大宝令により政治的、経済的、文化的に活力が漲り始めていた。国政の安定が続き、農地開発、神社仏閣の建設、布教活動の促進等が一斉同報的に巻き起こり、国威が発揚した。その一環として公式の寺社と一線を画した山岳宗教、修行（修験）、信仰の敷衍、拡散のブームが始まる。そんな中、雌伏していた役行者が、修験道をもって雄飛した場が後に霊山とされる山岳であった。後世、奈良時代（710 ～ 794）は天平時代と呼称され、文化史的に最高峰の建築、彫刻、絵画、工芸等の分野で日本様式創成の結果が伴う時代であった。

　大峰山は、金峰山同様に役行者と因縁深き山として有名である。この山は、奈良県吉野から和歌山県熊野に至る約50㎞の長大な大峰山脈諸峰の総称である。大峰は山上ヶ岳にある大峯山寺に由来する。最高峰は大峯奥駈道が走る百名山の八経ケ岳（1915 m）である。役行者が8巻の法華経を埋納した伝説に由来する山でもある。因みに、法華経は仏教経典の中で最も重要な経とされ、役行者に影響されたか藤原道長は金峰山に埋納し、平清盛も厳島神社に奉納した。役行者は奥深い峻峰群を修行の場に選び、大峯山寺を修験の霊場として開いた。この寺にも蔵王権現が祀られている。奈良には役行者が開基したと伝わる吉祥草寺、千光寺、當麻寺中ノ坊があり、修験姿の役行者像や母の白専女が祀られている。奥駈道沿いには平安時代の宗教遺跡が多く出土し、修験者の峰入り修行が連綿と盛行していたことを裏付ける。

　伝承された功績の真贋判断は難しいが、彼に適従して多くの僧侶、修験者が信仰、宗教的奥義を極めんと人跡未踏の奥山に峰入り、回峰の修行をした軌跡が残った。役行者が開山して約200年後、真言宗の高僧でありながら、醍醐寺（京都）を創建して密教を広めた聖宝（832 ～ 909、理源大師）もその一人である。

　役行者を慕い、山岳修行をし、吉野の大峰山を開き、修験道中興の祖と称された。こうして大峰山は根本霊場として聖地化されていく。尚、大峯奥駈道に

第5章　修行（修験）

は聖宝が修行を積んだ「聖宝の宿跡」に座像が建てられている。役行者に私淑した聖宝は八経ケ岳に至る奥駈道の岩の上で右手に錫杖、左手に独鈷を持ち、修行姿で往来者を今も見守る。

大峯奥駈道に建つ聖宝の座像

　役行者の修行とは一体どういうものであったのか。宗旨としては、山岳宗教に仏教、道教、神仙術等を混交して、独自の境地である蔵王権現を修行の究極に教示した。権現は仏・菩薩を指す用語だが、日本の神にも化身するので神仏いずれにも偏らない中庸的感応に行き着く。万物に宿る神様を修行により感じ取り、菩薩に身を昇華しようとする修行となる。その究極段階が蔵王権現の感得と主唱したが、神仏や権現の根源は同一に映る。主要な違いは修行の形式である。原則、仏教徒が法典、教義に基づく修法で煩悩、苦悩から解脱を目指す他律的修法とは異なり、修験者はとにかく生存すら厳しい山岳での非日常的行脚、遊歴の極限体感から自然に宿る神との一体化、霊力の感得を自律的に目指す方法に委ねている。

　慷慨してみると、修験道の成立は役行者を草創として、古代からの山岳信仰に神道、大陸由来の仏道、道教等が相乗し発展してきたもので、後継の主体は修行（修験）者、出家者、法門の帰依者等と推論される。中には聖、世捨て人、仙人もいた。修験道には宗教、信仰、修行の三位一体的関連性が端的に表れている。現在でも霊験あらたかな名山では修験道が実践されている。

　修験者と同一視、或いは混同される集団に山伏がある。厳格な定義もないし、修験者の別称という解釈もされる。山野に跋渉、起臥して仏道を修行していることから、密教系の僧侶、修験者の分派ともいわれ、特異な身なりと衣装は修行そのものを連想させる。彼らが活躍したのは中世期で、修行に加えて加持祈祷、調伏等の活動を行っていた。百名山の中の霊山には、今でも多数の修行者が入山している。実際、山中に於いては、月山を下山中に5名の修行姿の一団を一度目撃したきりであった。

修験者や山伏に関する最大の個人的関心は、日常の衣食住に関する実態である。公職又は僧位を授けられた僧や神職は、相応の生活を保証されていたとはいえ、神社仏閣組織から分離し、支援を受ける母体が脆弱な修行者等は、如何にして日々を過ごしたであろうか。先の「聖宝の宿跡」では、生存に必須

木々に占拠された仙人洞入口（開聞岳）

の水の確保ですら水源は遠く、雨水、夜露で凌ぐことも至難である。修行とはいえ、孤立無援で生活環境が不備のまま長期間生き抜くことは不可能で、定期的に麓から食料類、衣類等の援助を受けていたと思える。

　尚、開聞岳の中腹に木々や苔に覆われた仙人洞があり、修験者の生活跡と記されていた。雨露は凌げても、生活に窮する狭い岩穴であった。飲食類等の持参、補給なくして修行は至難な環境にみえた。

　修験者、山伏が誤認された事例に天狗がいた。天狗を知らない、或いは空想すら出来ない人は少ないだろうが、実態は杳として不明である。深山に現れる想像上の怪物とされ、赤い顔に高い鼻の相貌で羽団扇を持ち、翼で自在に飛行する印象を漫画等で植え付けられた。一般的には鞍馬山に住む天狗が馴染み深く、鞍馬寺に預けられていた幼少期の源義経は天狗に剣術を学んだという伝説を生む。多くは奇怪な面貌で庶民を恐怖に貶める悪漢像であったが、小説『鞍馬天狗』（大仏次郎）のように、正義の味方で時代を開化するリベラルな英雄にも描かれた。

　この天狗の名称とは、百名山の各所で巡り会えた。天狗温泉（浅間山）、天狗堂（妙高山）、天狗の庭（火打山）、天狗岩（西吾妻山、安達太良山、祖母山）、天狗の腰掛け岩（谷川岳）、天狗のコル、天狗の頭（穂高岳）、天狗の池（槍ヶ岳）、天狗の露地（美ヶ原、蓼科山）、天狗岳（塩見岳、石鎚山）、天狗ノ分かれ、天狗ノ岩屋（祖母山）、等である。全国的に探せば、数え切れないだろう。好悪両面性を持つ天狗であるが、古今、なぜか愛され続けるキャラとなった。

第5章　修行（修験）

修行者の超絶の修行を庶民が山中で目にした時、その姿を誇張、過大視して天狗の面相に外挿しても不思議でない。元来、天狗は天竺に由来することから仏教、修行に関連した牽強付会が、天狗伝説を拡散したのかも知れない。

第2節　玄奘（602 ～ 664）

日本人には三蔵法師として親しみ深い玄奘は、唐初に活躍した中国の仏教学者である。生涯にわたり仏法、仏典研究に精進し、超絶の難行の末に偉大な業績を残した。玄奘は学問に造詣の深い高僧であった。信念、情熱、知的好奇心に溢れ、交渉術に長けた賢者といえた。彼の功績なくして、日本仏教の隆盛はなかったと見ている。

仏陀のように苦行、瞑想を通じて覚者を目指したというよりも、事蹟や教義の典拠となる書籍を求めて釈迦の生地、足跡、仏教遺跡を自ら尋ね歩き、仏道の原点を究明した学者といえた。帰国後は、持ち帰った膨大な梵語で書かれた原典を翻訳し、漢籍化した仏典を通じて、漢字文化圏に絶大な功績をもたらした。彼の歩んだプロセスは、壮絶で生死を厭わぬ修行であった。

中国では仏教は紀元後に西域から入ったとされ、以後分派しながら多様な宗派に姿を変えた。多くの仏教遺跡（莫高窟、大同、龍門等）が残されたことから、社会全体への広範な伝搬ぶりが知れる。隋は仏教保護政策をとり、唐も新宗教（景教、ゾロアスター教、マニ教等）に比較的寛容で、仏教も奨励したことから、この時代に史上最大の繁栄を享受し、東アジアでは文芸、思想に強い影響を与えた。遣唐僧は中国で先進仏教を学び、日本に導入した結果、当初は中国とほぼ相似する形態の仏教が展開された。

玄奘が国禁を犯して、天竺に赴いたのは629年であった。最新の政治、文化、宗教を学ぶべく、日本から1回目の遣唐使（犬上御田鍬）が派遣された1年前にあたる。高名とはいえ、この時代、無防備の一人の僧侶が長期の遊歴に発出する危険性は想像に絶する。この陸行は安全面から見ると、804年に空海が未熟な操船術、非科学的航海術によって運航されていた信頼性の劣る木造の遣唐

192

船で東シナ海を横断しようとした航行と甲乙つけがたい旅立ちであった。艱難を覚悟してまで天竺を目指した目的は、伝道された大乗仏教の奥義を中国内では修得出来ず、自ら天竺に存在する原典を究明する以外、解明出来ないと任じた結果であった。不退転の意志と勇猛心をもって求法の途についた玄奘だったが、万難茨の旅路が待ち受けていた。

　長安を出発し、往路はゴビ砂漠、タクラマカン砂漠、７千m級の天山山脈、サマルカンド、５千m以上のヒンドゥークシ山脈等の険峻なルートで約３年の歳月を経て、北インドに到着した。タクラマカン砂漠は人や馬の白骨を道標として、水不足や群盗に恐懼しながら、５千m級の高山を越す苦難の旅となり、観音菩薩と般若心経を誦経しながら進んだ。面妖、妖怪、蜃気楼の幻覚にまで悩まされ、仏道の真意探求は苦行そのものだった。この往路を直視しただけでも求法の壮大さに驚愕する。玄奘の旅を察するに古代、人の移動は陸上でも海上同様、危険性が等しく付きまとっていた。

　見果てぬ道筋を辿り、何とか天竺に着いた玄奘は、釈迦の悟りの地であるブッダガヤを訪れた。そこで彼は荒れ果てた金剛宝座、砂に埋もれた仏足石を目にして、深く慨嘆する。当時、既に天竺では仏教が廃れ始めていた。やがて、彼はナーランダの大学で仏教の原典を学ぶ。この大学には、当時５千人以上の学僧が仏典を研究し、議論を戦わしていたという。サンスクリット語に堪能な玄奘は、たちまち語学の才能を活かし、十大法師に列せられるほど令名を馳せた。空海にも当てはまるが、語学的才能は業績を挙げるためには極めて緊要であった。ここで彼は名前の由来となった経蔵・律蔵・論蔵（仏教の三聖典）に精通した大師、則ち「三蔵法師」の尊称を受けた。この大学跡は巨大なもので、現在も発掘調査が続けられている。その後、インド各地に求法と仏跡巡礼の旅を続けて見聞を広めていくが、その行程は現在のインドをほぼ周回している。この間に収集した多数の仏典、経典、古文書等を携えて帰国の途についた。

　復路は往路と異なり、世界の屋根と称されるパミール高原を越えて天山南路を通り、敦煌（莫高窟）に立ち寄る道を選択した。帰路を変更した理由は、往路の危難を避けるためか、新規開拓や開山を意図したものか不詳である。しか

第5章　修行（修験）

し、帰国までに約4年もの月日をかけた背景には、妥協をせずに仏法修得を目指す彼の修行の姿勢が偲ばれる。

　645年、満座の歓迎を受けて長安に帰着した。戦争の勝利とか領土の獲得といった国家的偉業ではなく、出入国違反を犯した一僧侶の帰還が手のひらを返すように許されたのだ。仏教の原義を求めた大紀行に対する国家及び民衆の盛大な歓迎、喝采は何を意味したのか興味深い。いつの時代も、国家の名誉になる功績は、政治利用されてしまう。玄奘の膝栗毛に要した全行程は、ゆうに3万km超と推計される膨大な距離であり、南北約2千kmの日本列島に住む我々の想像を遥かに凌駕する。彼の心を捉えて放さない仏法帰依に対する折れない心の強靱さと類希な心身の頑健性は、驚嘆する以外ない。

　19世紀から20世紀にかけては未知な領域への様々な冒険が試みられ、成功者は英雄として脚光を浴びた。時代を問わず、大衆は自己の心理的高揚をヒーローのものに仮託して爆発させ、その絶頂作用の共有を希求するように見える。国禁を犯した犯罪者がお咎めなしに帰国出来た背景には、名君と称えられた2代皇帝太宗（598〜649）の裁決があったとされる。帰国後には謁見を許し、玄奘の求法の旅と業績を高く評価した上で、持ち帰った経典類の翻訳に最大の支援を行った。この一連の経緯に触れると、北方系の遊牧民を祖に持つ唐王朝は漢民族固有の儒教、道教とはある程度一線を画し、異教である仏教に対して高い親和性を持っていたことが窺える。玄奘への対応は、やがて訪れる盛唐時代を切り開く一つの兆しとなった。

　ご存知の通り、唐代は古代帝国の完成期を迎え、東西交流の賜として、殊に宗教、文学、美術分野では黄金期であった。これは、唐朝の多様性と寛容性を示唆するもので、約400年続いた魏晋南北朝時の混乱から安定した時代への転換には、対立、排斥する相手を受け容れる必要を認識していた。

　玄奘の功績は、仏典資料等の持ち帰りもさることながら、太宗の支援を得て、それらの翻訳事業に死の直前まで従事し、尽力したことに尽きる。翻訳は量的にも膨大で質的にも原文に忠実な翻訳で、中国の訳経史上画期的と評価された。復唱だが、仏教の聖典を三種に分類したものを三蔵（経蔵、律蔵、論蔵）とい

い、彼が三蔵法師と敬称される由縁は、これら聖典に深く精通した高僧だったことによる。同じく、三蔵と敬称された仏僧に法顕（東晋時代）がいる。彼も聖典を求めて天竺に渡り、僧侶の戒律を定めた律蔵の文献類を苦難の大旅行の末持ち帰った。

　玄奘の一連の活動により、彼を慕う俊英の門下生が多く輩出した。法相宗の開祖となる基はその代表となった。先師の業績が偉大であっても、それを精度高く評価して、後世に伝達する高弟、俊才の出現なくしては、歴史の闇に消されてしまう。偉人の誕生は、結局弟子の働きに収斂してくる。

　奈良時代に法相宗は、代表的な六つの仏教宗派の南都六宗（三論宗、成実宗、法相宗、倶舎宗、律宗、華厳宗）の一つとなる。道昭（629〜700）が入唐して玄奘に学び、帰国後、元興寺を建立して初めて法相宗を伝え、平安時代には朝廷貴族の支持により勢力を拡大した。法相宗の圧巻は、行基（668〜749）の登場にあるといっても過言ではない。回国巡遊して布教伝道に止まらず、国が果たすべき土木公共事業を民衆のために行った。彼は僧尼令違反で禁圧されてもいるが、慕い従う者が絶えず、聖武天皇から大仏造営の勧進役に任ぜられ、ついには仏教界の最高位大僧正に上り詰めた。

　本宗派は南都七大寺（東大寺、興福寺、元興寺、大安寺、薬師寺、西大寺、法隆寺）の興福寺と薬師寺を大本山として、日本宗教界に揺るぎない地位と影響をもたらした。こうして玄奘の存在、功績は、日本人にとっては身近になった。

　太宗の要請で編纂され、138カ国に及んだ大紀行の地誌が、『大唐西域記』である。更に伝記として『慈恩伝』が残され、唐代初期の西域の政治、文化、民族的情勢が克明に記録された一級の歴史資料である。因みにマホメット（570頃〜632）と玄奘は時代を共有しており、西域がイスラム化するのは後のことである。彼の残した資料により、それ以前の西域は仏教（大乗・小乗）、ゾロアスター教、マニ教が広まっていた。

　玄奘を本章で取り上げた理由は、宗教・修行・信仰が三位一体の模範像として投影出来るからである。彼は決して隠者ではなく、人品卑しからざる、頭脳明晰な人であった。幼少時から迷うことなく具戒を受け、儒教・仏教・道教の

第5章　修行（修験）

三教に通じ、冠絶の僧侶として大成した。彼の軌跡は、中国の影響により開化していく飛鳥・奈良期の日本の宗教者、修行者等に貴重な指南役となった。その上、富、名声、権力を遡求して止まない世俗との距離感を絶妙に図り、求道者、修行者として決して道を外さなかった。純真無垢な性質で道を極めんと欲し、際限なき修養に専心した彼は、後世に再評価された。四大奇書の一つである『西遊記』で描かれ、三蔵法師として普遍性を付与される栄誉に浴した。縷々述べたことを要約すれば、彼の功績は中国、日本の仏教界に活力を与え、金字塔を建てたといえる。

　世界史的に俯瞰すれば、既に紀元前、漢とローマ帝国の文化交流が始まり、ユーラシア大陸には「絹の道」と評されるルートが主要な交易路となっていた。従って、東西の交易は砂漠の通商に強いラクダのキャラバン隊により支えられ、唐は最大の恩恵を受けていた。こうして政治は安定し、経済、文化の発展により、東の窓口となった長安は百万都市の繁栄を誇った。

　一方でインフラ整備の強靱性を伴わない古代に於いては、１年過ぎれば旧道は消滅し、新道を探索する状況は例年のことであった。自然の猛威の中では黄河や長江の氾濫は最大の脅威であり、幾度も大災害に見舞われた。上流域の黄河は今でも流れを変えている。

　砂漠に満々の水をたたえていた大湖（ロプノール湖）の消滅は、繁栄を誇った「楼蘭王国」を滅亡へと導き、砂の下に埋没した遺跡でしかその姿に触れることはない。スウェーデンの地理学者Ｓ・ヘディン（1865～1952）の著書、『さまよえる湖』にその辺の事情が詳しく描かれている。諸辺を考慮しても、西域の往来は険難のルートに頼る他ない状況であった。獣道と等しいほどの道に残された人跡が、広闊な草原や広漠たる砂漠の上でどれだけの道標になったか、心細い限りであったろう。これも好天下の話で、一転、空がかき曇り、砂塵巻き起こる悪天にでも遭遇したら死活問題であった。タクラマカン砂漠を越す際は、確信の持てないオアシスと不確実な方向性に頼りながら、熱砂の道なき道を進まざるを得なかった。

　砂漠の中での方向音痴の感覚は、本邦では味わいようがない。状況は異なるが、

五竜岳登攀中に濃いガスや霧に巻かれ、前後・高低不覚の見当識障害に陥った経験をした。予想していた天候変化とはいえ、突如陥穽にはまった心境であった。

又、河西回廊の入口に当たる黄河のほとりの興慶（銀川）から敦煌までは唐の版図であり、支配が及んでいた。敦煌の南西に陽関という漢時代に設置された関所があり、西域との関係を示す国防上、交易上の要地となっていた。

盛唐の詩人王維の有名な七言絶句『送元二使安西』は、当時の状況を詠っている。

渭城朝雨浥軽塵

客舎青青柳色新

勧君更尽一杯酒

西出陽関無故人

安西は西域の守備にあたった庫車（クチャ）であり、陽関の遙か北西にあった。渭城は長安の西北にあった咸陽の町であり、唐代には西域に向かう旅人の送別の宴を張り、ここで翌朝出立を見送る慣例があったとされる。王維は辺境の安西都護府（異民族統御の官庁）に赴任する親友の元二を、前夜から同宿した旅館で酒宴の饗応をしていた。出発の朝を迎え、遠征に向かう友に襲いかかる灼熱、砂塵の旅路の辛さ、胡虜との戦争を心配する一方で、無事の帰還を願いつつ、交雑する心情を切々と詠っている。雨で濡れた青々と輝く柳の枝を１本折り、別離を惜しみ、悲しみを覆い隠すか、暗然たる気持ちを抑えがたい一心でもう一献捧げたのであろう。王維は長安で活躍したエリート官僚であり、一方元二は官人ではあろうが、国境の定まらない辺塞勤務を命じられた同僚に見える。役職、立場を越えて友人を思いやる心境が際立つ。陽関より先は異民族の居住領域で明確な国境があった訳ではない。都護府が置かれたとはいえ、西域の治安は最大の課題であり、漢族の不安を暗示する辺境特有の緊張関係が伝わる。政治家であっても、王維クラスの大詩人ともなると、当時の民俗をさりげなく詩風に織り込む用意周到な心根が偲ばれる。哀惜溢れる別離を習俗的詩想に転換して歌った秀作である。

このように、敦煌以西の漢人の屯田開拓、入植による本格的な西域経営は緒

第5章　修行（修験）

に就いたばかりで、住民の安全確保は不十分であった。さらぬだに、護衛も連れず、言葉の通じない複数異民族の支配地域を遊歴する玄奘の身の保証は、自然災禍に加え、治安上の危難も想定され、累卵の危うきに面した。通商目的の商人を始めとし、遍歴する旅人が旅路で死すことは、日常茶飯に起きていた。修行・信仰・宗教への核心的追求とはいえ、天竺訪問、諸国跋渉への決意、実行、完遂に乱れ揺らぐことは、微塵もなかった玄奘であった。心の声を聞けなくても、偏にお釈迦様が憑依していたとしか譬えようがない。

　玄奘の旅した西域及びインドの概要を補足し、日本と比較してみた。中国、インド、日本ではあらゆる環境、条件の差違を認識せざるを得ない。地政学的側面を含めて、民族の多寡、気象、砂漠、川、高山、草原、森林、生物相等には顕然とした相違が見出せる。

　中国は世界でも希なほど多民族、多言語の人口の多い国家である。北東から南西に弓なりに連なり、山岳が中央を走る列島で、雨量が多く温帯モンスーン帯の日本に対し、中国は多数の国々と国境を接する大陸国家である。世界第3位の面積を有する国土は大平野、大砂漠、大山脈、大高原が占めている。地域により、寒温帯から熱帯に区分される多様な天候を現す。長大な大河（黄河、長江等）が東流し、山岳の標高、峠の最高点で比べると中国は日本の2倍以上とされる。黄河の流域では四大文明の一つが開いた。

　インドも同様に多民族、多言語の人口の多い国家で、歴史的に多様性のある偉大な社会を築いてきた面からも、中国と双璧をなす。北にヒマラヤ山脈を、東にベンガル湾を、西にアラビア海を従え、インド洋に逆三角形に突き出た広大な国土を持つ。気候は全体的にモンスーン気候の特徴を示す。聖なる大河（ガンジス川、インダス川）が大平野を形作り、インダス川流域では四大文明の一つが栄えた。仏教発祥の地でありながら、ヒンズー教が中心に信仰されている。インドと中国は見方によっては、近似性の文化国家である。

　釈迦が悟りを開くまでには、幾つかの複雑な過程を踏んだ。世俗を捨て出家すること、先達者（仙人、呪術師等）から修業法の手ほどきを得たこと、山岳に入ったこと、苦行をしたこと、瞑想したこと、斎戒沐浴したこと等である。

闇雲にそれぞれの里程に従って峰入りし、断食苦行し、瞑想に耽る行為の際涯に大悟の境地に至った訳ではなく、乾坤世界に現れる事象や変化の真理を論理的に希求し、解脱を達観し得たと推論している。

　玄奘は修験者、僧侶の修行者と異なり、山、砂漠、険路を修行場としたのではなく、あくまで仏道の真理探究に於ける必然の過程として体験した。意図的な修行により、釈迦の悟りの心境を感得、観想するのではなく、正しい仏法、仏道を原典類に求め、釈迦の教えの真意を布教する伝道僧たらん生き様を示した。天竺に於ける仏跡探訪、三蔵の聖典類発掘は従前の仏法解釈への懐疑を暗示し、釈迦一代の教義、教法を原点に立ち戻って詳解しようとする心意が如実である。聖典類は彼の漢訳を通じて、法相宗の根本教義に結実した。

　釈迦入滅後、千年の歳月を隔て、実物の希薄化する最中、伝説、説話で伝わる事蹟を見知らぬ異郷の地に尋ね歩き、考証学的に聖典類、仏典類を忠実に精度高く、翻訳編纂して、後世に伝え届けた偉業には釈迦の真意が篆刻されている。

第3節　**空海**（774 〜 835）

　これまで山岳、森林、砂漠等を媒体として、修行・信仰・宗教に於ける超人的偉業を達成した釈迦、役行者、玄奘の姿を追ってきた。古代の異国に実在した釈迦、玄奘は偉人に違いなく、日本でも仏教が普及したお陰で、どれだけ感化又は啓蒙を受けたか計り知れない。

　考証性の高まる飛鳥、奈良、平安と続いた時代、日本は今日に繋がる国家の基礎と骨格を確立したことを概述してきた。安定した国家体制を形成、維持する上では民度の向上、則ち民衆の知徳及び慈悲心の啓発が図られ、仏教の貢献は甚大であった。古代政権の宗教政策の基本は、固有の神道と渡来仏教の均衡的宥和策であり、両宗教は国家運営に不可欠とされた。

　異例と思われるくらい仏教は導入以来、歴代天皇の擁護を得て、飛鳥・奈良時代に急速に全国的信仰が拡大している。国家の強盛と人民の啓蒙に欠かせない仏教の国教化を図り、僧門と人材の育成に向けて、一貫した国策を推進し

第5章　修行（修験）

た。特に遣唐学僧は仏教思想に加えて農業、医薬、工学、土木等の知識、技術の導入、移転にも多大な成果をもたらした。

　794年の平安京への遷都が引き金となり、仏教界に新しいうねりが生じた。遷都は最大の政治的事業であり、その動機は基本的に旧習を廃し、革新を目指す。従って、無防備の新都を護持する意味で、鬼門や裏鬼門に新しい神仏を配祠する必然性が生じた。この流れに沿い、因襲でない新風を仏教界に求め、その重責を担うべく多くの若き学問僧が唐に派遣された。この中

弘法大師修行像（長谷寺）

から、南都六宗及び七大寺から自立を目指す新興宗派を起こす立役者が出現してくる。仏教界に一次改革を起こし、甚大な貢献を果たし、巨人と位置付けられる先述の最澄（767〜822）と空海（774〜835）であった。同時代に切磋琢磨し合い、それぞれ日本天台宗と真言宗の開祖となった。2人は不世出の大師となり、後代の仏教界に最大の影響を与えた。本項では空海の事蹟を追った。

　空海の生涯を総覧してみた。讃岐の土着の氏族で、幼少時から神童と呼ばれた。天才或いは才学無双の類であろう。漢籍が得意で中国の古典に精通し、漢語に苦労した話はない。この才識が後に留学僧として派遣された折の苦難を救い、修行、修学を助けた。玄奘同様に、空海も語学力で身を助けた。一族の期待を背負い18才で官僚を目指して大学で儒学（四書五経の類）を主体に学ぶが、学生生活を捨ててしまい、聖地を巡り歩いて修行に励み、24才で出家を決意した。尚、出家の時期は諸説あり、官許の下に得度した官僧ではなく、未公認の私度僧として、未解読の経典を渉猟していたと考えられる。官僧となったのは、遣唐僧として派遣される前年とされる。

　人生の一大転換が起きた理由は明確でないが、在学中の著作とされる自伝的要素の強い『三教指帰』には一人の沙門との出会いを記し、真言の修法を伝授されている。彼の真価の証左となる密教への手がかりを得ている。その後、31

才で入唐するまでの7年間は空白に近く、何をしていたか不明である。しかし、空海の山林好きは生得のものであり、四国や大和で山野を跋渉していたと推測される。土佐室戸岬の岩窟で明星が口の中に飛び込む奇妙の体験はこの頃のものであろう。修験道の祖である伝説の役行者以来、山岳は修行道場となり、空海も諸霊や新しい真言密教の感応には入山は必須であった。当時の密教は体系化されておらず雑密とされ、渡唐して権威である高僧から修学する必要性を痛感していた。

31才の時、運命を変える幸運に恵まれる。804年7月、五島列島から4隻の遣唐使船が唐の杭州に向かった。第1船には大使以下、空海、橘逸勢らが乗り、第2船には最澄が乗っていた。しかし、留学という幸運が暗転し、九死に一生を得る体験をした。当時、日本から海路中国に渡航する危険性は異常に高く、豈図らんや途中、使節団の船は暴風雨に遭い、船団はバラバラとなった。幸い、空海の船は福建省の赤岩村に漂着し、海の藻屑にならずに済んだ。そこから杭州に戻ろうとしたのだが、遣唐使節の証明書を持っていなかった一行は、長安への移動を禁じられ、足止めを余儀なくされた。この苦境から抜け出せたのは、空海の詩文の才覚であった。先進国唐の都で修学を願う一行の気持ちを込めた地方長官宛の手紙は、長官の胸を打ち、杭州への移動が許可された。とはいえ、ここからの道のりは厳しく、福建省を横断して流れる閩江を遡り、険難な山岳の仙霞嶺の峠を越え、当初の目的地の杭州に辿り着けた。

古代に於いて海陸を問わず、見知らぬ異国への旅は危険極まりない行為で、玄奘の西域行きの如く、旅そのものが命がけの修行であり、空海も同じ状況に晒された。とりわけ、船団と離れて漂流した恐怖と、行く手を阻まれながら歩いた内陸部の漂浪旅は、青年期の修行とは全く異質の苦行に違いなかった。失命しては何も残らないが、不幸な災禍が最先端国家の国情、民情、民心を知る好機となり、この体験が仏との一体化を目指す空海の成長を促した。

結局、入唐出来たのは空海と最澄の乗った2船のみで、相前後して12月に長安に入り、皇帝徳宗に国書を献じた。禍福は糾える縄の如く、難船の危機を乗り越え、外交目的を無事為し遂げ、空海は最澄と共に仏教界で歴史的宗祖と

第5章　修行（修験）

なった。又、橘逸勢は三筆の一人として、空海及び第52代嵯峨天皇（786〜842）と並称される栄誉に浴した。

　入唐後の空海の梵語の学習、真言密教の伝授、仏者、文人墨客等との交流、文物の収集（密教典籍、仏像、法典、法具、曼荼羅等）等に関わる活動は、高い集中力と執念によって合目的に実を結び、請来目録は膨大となった。この中には、玄奘が天竺から請来した資料もあったであろう。在唐約2年、806年に帰国した。留学僧の滞在としては異例に短く、これは目的成就で自信を深めた空海の深謀遠慮との見方がある一方で、後世我々が知る巨人化が発揮されていく。

　留学の成果を実現する行動は、国家の要請に応えるべく、迅速且つ堅実であった。816年には嵯峨天皇に高野山（和歌山）に新宗派（真言宗）及び根本道場の開設を上奏して、勅許を得た。比叡山で最澄の日本天台宗設立及び彼が先にもたらした密教に対抗するかのように、3年後には高野山に真言密教の伽藍の建立に着手し、山岳仏教の拠点作りに精魂を傾けた。

　これだけの大事業を成し遂げた要因は、恵果（青竜寺）から真言密教の伝法灌頂を受け、最先端仏教の伝道者たり得た面に求められる。貴族の救済には護摩行を取り入れた加持祈祷の秘法を行い、大衆の救済には土木工学の応用を可視的に実践して人々の驚嘆を誘導した。要約すれば、一人社会の歯車から抜け出した超人的存在と化し、密教思想の最高伝道者になっていた。時代を先読みし、純粋密教を具備した空海の学殖と行動力は、国家の枠を超えて動き、施政者は追従せざるを得なかった。後から見れば、彼のしたたかさは全開して発揮された。

　高野山という山はなく、山に囲まれた奥深い一帯に金剛峯寺を基点に数知れないほどの寺院、宿坊施設が建ち並び、真言密教の霊地となった。現在、大門を潜った境内に普通の街並みが形成

高野山金剛峯寺

され、教育機関等もあり、寺院としては独特の景観となっている。高野山に根本道場誕生後、1200年以上経過しても、遺跡として残ったのではなく、今でも巨大化しながら絶大な信仰を集めている不思議さに複雑な感懐が湧いた。千年後の人々も足繁く高野山を訪れている気がする。

一方、各地を行脚し、農民、庶民救済のため留学時に修得した科学的、合理的知識、技術の教学にも尽力した。溜池である満濃池（香川）の堤防修築（821）は、具体的事例である。こ

根本大塔（高野山壇上伽藍）

うした民衆との接触が空海の評判、偉大さ、それらに関連する噂を一層高め、後代数知れない空海伝説の温床となる。

伝説が生まれる理由を小考してみた。弘法伝説は全国に伝わるが、彼が伝説の地を行脚した証拠は確認されず、後世、高野聖が弘法の遺徳を広めた活動に依拠したと思われる。今日のように、事象に対して因果関係が客観的に把握されると、空海といえども、奇跡が発端となる伝説は起きにくい。人為によって天変地異は希な偶然の場合を除き、起きない訳である。彼の伝説も事実か否か、不明であることが要件となる。その上、不明であることが事実であるが如く、皆が口承し、ある時点では文字に起こされる。社寺等の縁起の類がこれに該当する。このように、事の真相は一部の人のみが知り、巷間に伝承していった可能性が高い。一旦、民衆に伝わってからは、尾ひれがつきながら、大師様のありがたい話に変換、言い伝えられていく。

835年、高野山で入滅した。921年、第60代醍醐天皇から弘法大師の諡号が贈られた。因みに、常に先行していた最澄は866年に第56代清和天皇から伝教大師の諡号を贈られている。この二人の巨星及び宗教系譜が日本仏教界を牽引してきた。

それにしても、平安初期に活躍した空海になぜ無数に近い伝説、言い伝え等

第5章　修行（修験）

が誕生したのかは分からないし、真贋は想見の評価でしかない。彼にまつわる客観性が担保しにくい内容が色々な伝説、風説、説話、口承、言い伝え、お伽話等の伝達様式を経て、全国的に連綿と繋がっていた。迷信の敷衍も、伝達手段の一つに組み込まれておかしくない。恐らく、驚愕の真実、偶然の出来事が、100倍くらい質量共に潤色されて伝わっていると思える。

　この背景には、根拠の明白でない大和政権から飛鳥・奈良朝に移行する際に、国家体制を決定付けた主要な出来事が蘇る。先の大宝令発布と最初の正史となる記紀の完成である。神道、仏教等が大宝令により公認され、改革と成長の機会を付与された。又、史実と創作の入り交じった国史は各界、各層に権威と正統性の存在に対する論拠と基準を与えた。奈良時代は仏教化政策が促進され、多くの俊英僧侶が唐に留学した。極め付けの国策は唐の高僧であった鑑真を招来（753）し、東大寺に初めて戒壇を設け、聖武上皇以下に授戒して結実した。

　しかし、第50代桓武天皇（737〜806）の時代、文事から武備（蝦夷征伐）及び造都へと基本政策が変わり始めた。政権を掌握した権力者は歴史の常道として、戦争、新都建設といった民衆を苦しめ、出費の嵩む政策を行いがちであった。桓武も例に漏れず、二大事業に邁進した結果、反動として財政難に陥る。政権刷新を目指した彼は、長岡京造都の失敗にもめげず、平安京遷都（794）に親政の命運をかけていた。三代続く彼の皇嗣が意思を後継していく。その他、民間商船の往来が始まり、国家事業である遣唐船派遣が減る事態にも直面する。国費による公的交流は減っても、航海の安全性向上につれて、民間交易が自然と芽生えていく。確かに安史の乱後、唐王朝は政治、経済、文化面で衰勢に向かうが、8世紀前半は中興期でもあり、微動だにしない巨大帝国として君臨した。

　復唱になるが、幸い、空海は最澄と一緒に804年、円仁（794〜864）は838年に唐に渡り、最高水準の学問、仏道を修め磨いた。最澄及び空海の滞在期間は1年弱及び2年弱とそれぞれ短かったが、帰国時大量の密教関連の仏典、仏具、典籍類を持ち帰り、新しい宗教となる密教、密教芸術に新風を吹き込んだ。遣唐僧派遣の成果を公開するには、最先端密教を学んで登壇した最澄、空海を国策に呼応する態勢で活用する必然性があった。これは永年、仏教界の主

流で守旧的南都六宗・七大寺に対する宗教改革への一里塚となる。

　則ち、政治一新に不可避な遷都は、南都仏教から距離を置き、桎梏を解除することに連なった。その実現には拮抗する新宗派（天台宗、真言宗等）の結成、寺院設立を容認し、新都に於いて南都宗派の影響を受けない勢力を養成する措置を図った。民度を向上するために、新規で多様性のある宗教政策が求められ、最澄、空海は国策に随順し、時代の寵児たり得る活躍をした。寛容な政策により全国津々浦々に仏法の普及を実現して、人々の知徳を改善し、王化政策に順応させる政策が行われた。いわば、国家的国民教育啓発活動といえた。

　尚、最澄に師事した円仁（慈覚大師）は、各地で天台宗の寺院建立、布教に尽力したが、大山（百名山）の中腹にある天台宗の大川寺（鳥取県）の堂宇の建立もその一つであった。このように、新宗派の根幹は顕教から神秘的な密教に求められ、政治の実権を有する王朝貴族の厚い保護を受けていく。一時、密教の国教化ともいえる現象が見られた。

　偉大な開祖者が出現すると、新宗派の伝搬は迅速且つ効果的に拡大した。桓武は坂上田村麻呂に蝦夷を征討させ、その後東北の王化政策に成功した。武力征服の一方、文事政策の一環として、被征服民の懐柔同化策に仏教を利用した。天台宗の古刹には薬師如来、菩薩、四天王等の諸尊が安置されている。仏国土を具象化し、啓蒙の手段とした。極めつけは、奥州藤原氏が1105年に創建した平泉中尊寺（天台宗）金色堂の阿弥陀如来三尊へ連なり、これを拝観すると、土着信仰から極楽浄土へと開明した変化が分かる。最澄、空海等の功労は未成熟地域に多くの寺院、堂宇が建立され、門徒、弟子の衆庶への啓蒙、啓発に結実した。彼らの多くは官寺、諸大寺で修行し、いわば、受戒したエリート僧侶であった。

　一方、半僧半俗で、聖と称された民間の多くの僧侶が、諸国を遍歴していた。鹿革を纏い、鹿角を杖頭につけた杖を片手に遊行する姿の空也上人（903〜972）の木像を見た人は多いはずである。空也は道路修繕、架橋、井戸掘削等の土木作業を行うと共に、南無阿弥陀仏を唱道して、天台浄土教の民間普及に貢献した。貴賎を問わず、この時代は極楽浄土への憧憬が広がっていた。

第5章　修行（修験）

　伝承と風評される話も、僧侶又は知識層の碩学が説法又は講話をした結果、頻繁に耳朶に触れ、人々は信じるようになる。しかし、発信者の誤認、誤信も多く、本来の筋とはかけ離れた我流の物語が広範化していくのも常套であった。荒唐無稽と一笑に付すのは簡単でも、完全否定出来ないのが神仏や霊効の話であって、民衆は頑迷なまでに信じたものに拘泥する性質と心情を持っている。変化を千年来拒み、固陋であり続ける習慣を望む性向は普遍的でもあった。

　信仰と修行の過程で空海は、役行者を一義的に私淑の対象と捉えていた側面が窺える。彼の時代は役行者創始の山岳修験が盛行し、全国の名だたる峰々が霊場として開山されていた。

　恐らく、聖徳太子が雄飛した飛鳥時代は、隋王朝との対等な外交関係構築が喫緊の課題であり、政治制度、文化面で中国と整合の取れる国家の構造改革を鼓吹した。役行者は国教化されつつある仏教と、同じく中国から伝えられた道教、陰陽道等を固有の山岳修行に混交させて、原始形態の修験道を創成、展開したものと既述した。山岳信仰に大陸由来の思想を盛り込んだ修験道は、国政との親和性を保ち、新興思想として受容される条件を満たした。時代の変革期に新しい修法は、知識階層にも流行になっていたと考えられ、修験道の影響を受けて、空海も世に知られる出家前から四国の山々で峰入り修行をしていた。

　遣唐僧として大乗仏教（密教）に縛られず、当時最先端の農業、医薬、地質、鉱物、天文、暦、土木等も学んで、帰朝後は諸国巡遊の途次、修得した高度な知識、経験を披瀝した。かいつまめば、草木土石の性質を未成熟の社会に応用した。因襲的生活を諄々と送っていた庶民が、彼我の差があった新しい農法、土木技術等を魔法のように実証する空海を仏様又は神様と見做しても不思議ではない。識字率が極端に低く、和紙が入手しづらい地域では、文字記録に残せないだけに噂、風説、伝聞情報に尾ひれが付けられ、話が誇大化する事情があった。

　世間の正確な認知度とは切り離して、これに併行して修験に欠かせない山岳登破に一層挑戦した節もある。鳥海山は空海により、吾妻山、筑波山は彼の弟子徳一により開山されたことからも裏付けられ、この過程で彼は最澄同様に山岳仏教の価値を念頭に描いていた。山岳登破で自己を修養し、衆生救済では土

木知識、技術を活用し、日常生活でも最も重要な水資源の確保に尽力した。古来、治山治水は国土を治める基本理念とされ、国がすべき事業であった。これを遊行中の空海等が代行した訳だから、水に関する言い伝えが多くなるのも頷ける。

弘法伝説の中では飲水、農業用水を渇望する庶民のために錫杖を岩、大地に突いて水を湧出させた例が特徴的に多く伝わった。更に、温泉湯治が一般に普及し始めると、温泉の開湯に空海の関与が取り沙汰された。群馬県みなかみ町にある法師温泉は空海の開湯と伝わる。塩見岳への登り口のある長野県大鹿村には、明治期に製塩をした鹿塩温泉があり、空海が錫杖をついたら、塩水が噴き出したという伝説が残った。海に囲まれた列島でも、山深い南アルプスの奥地は、生命必需品の塩の入手は困難を極め、発見のご利益を弘法のお陰と伝えてきた。

水を司り、火災を防護する水神は古来篤く祀られ、至る所に存在する。こうした背景から察すると、水が如何に必需で、安定確保に苦労した人々の水神信仰には蓋然性が認められた。生存基本3要件の衣食住のうち水は食に属するも、渇水の苦しみ、命の危険性は空腹を凌ぐ。修行の一環に断食、心の不浄を浄め、身の過ちを戒める斎戒を行う際も、脱水は死に直結するので、食事を摂らずとも最小限の水は許されて、水の重要さや生理学的意義は理解されていた。

図らずも、水不足を山行中に一度経験して、その後は周到な準備で臨んだ経験をした。平ヶ岳登山時であった。携行した水を飲み干し、更に負の拍車をかけたのは期待した水場が涸れていて、取水手がかりを失った時であった。日帰り、長歩きの孤登の身では、リスク経験の希薄な当時の心細さ、不安は極致に近いものであった。

国中で頻発した生命に直結した三大自然災害は水害、干害、蝗害とされる。単発でも併発でも生活の環境を麻痺させ、惨状に貶めていた。その災害対策として、治山治水は万国に共通する課題であり、中国史上では成功した者が天命により統治者（王、皇帝）に封ぜられると信じられた。先述の泰山での封禅はその一環と考えられ、天を祀り、山・川を祀る祭祀が重視されてきた。水不

第5章　修行（修験）

足が抜本的に解決され始めたのは、水源確保と水道設備を完備し始めた近代に入ってからである。

　回顧してみると、私のように信仰登山とは無縁でも、奥山に踏み入れた瞬間から弘法伝説との邂逅は必然性が伴っていた。百名山に登り始めて、4座目の両神山で「弘法之井戸」と称される岩場の上に安置された弘法大師像にたまさか接した時、なぜこんな所に空海の足跡があるのかと、驚きというより違和感を覚えた。錫杖で岩場を突くと、そこから清水が湧き出たという一伝承が、奥深い信仰登山の山である両神山の中腹に残されていた。残念ながら香しき泉水は枯渇していた。初作の失態編では山事情を把握せずに、痛い体験をした両神山を描いたが、空海伝説との接点を深める契機になった。

　両神山は伊弉諾尊・伊弉冉尊の2神を祀り、切り立った岩峰が鋸歯状の山体を描く。役行者が開山したと伝えられ、古くから修験霊場となった。従って、山道沿いには当時を今に伝える神社、祠、石仏、石像、石碑（丁目石）、神像等が多数残された。弘法の井戸の正否は確認しようがなく、只弘法大師がこの地を行脚していれば、本山に足を踏み入れた確率は高い。百名山を登り進めていく上での弘法伝説プロローグの嚆矢となった。尚、両神神社（本社）には山犬（ニホンオオカミ）像があり、オオカミ信仰の名残といわれる。オオカミは食物連鎖の頂点にあり、農作物の害獣とされるシカ、イノシシ、ネズミ等を退治する益獣として信仰され、同じ像が三峯神社（埼玉）等にも散見される。

　玄奘と比較してみた。讃岐出身の空海は出自も良く、神童の呼び声高く、若くして漢籍を読解し、18歳で平城京の大学に入る。その後修験を学び、聖地（石鎚山、金峰山等）も遊歴した。24歳で仏門に入る決意をするが、その間も学問の幅を広げ、儒教、道教、仏教の比較検討を行い、大乗仏教が優れた思想と論じた（『三教指帰』）。その上、芸術性にも秀で、後に能書では

オオカミ信仰の名残を表す一対の山犬像（両神山）

208

嵯峨天皇、橘逸勢と並び三筆の一人と称された。梵語、漢語も修得していたことを見ても、彼は語学の天才でマルチリンガルであった。こうした多彩な才能に裏打ちされ、31歳の時、遣唐学僧に選任されて入唐する。国禁を犯して出国した玄奘とは対照的だったが、真の仏法を外国に求め留学した点では共通した。

　彼の才能は、２年足らずで真言密教七祖の恵果から伝授を受け、八祖を継いだことからも実証された。漢語、漢籍を学ぶ機会が少ない時代、どうして類希な語学力を修得したかは不詳であり、中国移民が近隣に住んでいた特殊環境に育ち、幼児期には漢語を習得していたのかも知れない。唐王朝での実質的修行、学問は僅か２年の滞在に過ぎなかったが、膨大で難解な密教の典籍、法典、曼荼羅、古文書類を請来し、宗教改革の起爆となった空海の事績は、玄奘と似て非なる役割を果たした。

[閑話休題]

　大学１年の頃、好きだった東洋史を選択科目で履修した折、担当教授が述べた言葉が今でも耳に残る。「東西の巨大文明が円滑に交流するには、砂漠や山岳といった自然要因と多民族国家の多言語の障害を克服しなければならない。今の日本人は苦手意識のある英語を基準に考え、先入観から意思疎通は難しいものと、言葉の障壁に尻込みしがちだが、西域では事情が大分違う。草原やオアシス国家に居住している人々が当時、日常使用する言語は300語前後に過ぎず、それらをマスターすれば通常生活には困らない」という内容で、是非に及ばない講義であった。定住することなく、異国での常に厳しい移動や生活を強いられる遊牧民やキャラバン商人にとっては、生存に最低限必要な合理的言語を駆使していたのであろう。しかし、空海や玄奘の目にした書籍、文字は難解な異国の古典であり、それを理解した上で、正確に翻訳し、伝達する意味では難行苦行の極みであった。

　磐梯山では山頂直下の岩場から、「弘法清水」の冷たい湧き水が間断なく流れ落ちていた。山頂に近く水が溢れ出る様な地形ではないが、中国で最先端の

第5章　修行（修験）

地質、土木工学知識を習得していた空海であれば、地形と水脈の関係性で水源を掘り当てた可能性は否定出来ない。伝説の真贋を見極める最優先項目は、空海が実際に当該地域を渉猟した証拠の存否である。弘法伝説は鹿児島から北海道にまで分布していて、実際北海道まで巡歴したかは疑わしく、東北までと推測する方が妥当である。会津嶺と『万葉集』にも詠まれた磐梯山であり、知名度の高い、畏敬の信仰対象の山には自然と足が向いたかも知れない。

　尚、栃木市にも弘法水という清水があり、水不足に苦しんでいた村人を知った大師が、錫杖を岩に突き立てると湧き出したと伝えられている。又、岩木山には大沢遡行路に岩肌から勢いよく流れ落ちる錫杖清水がある。弘法大師由来でなくても、修験者か僧侶が錫杖を突いて掘り当てた水源の来歴でもあるのだろう。

　剱岳は、名実共に最難関の山だと実感した。証明するかのように、この山にも弘法伝説として「わらじ千束を費やしても成就出来なかった」旨の俚諺が残された。北アルプスの岩峰鋭い山岳でなくても、革靴が汎用化する明治後期まで、日本人は鞋（わらじ）を履いて、山岳でも杣仕事や狩猟に従事していた。草鞋一足で岩の山道をどれだけ歩けるか不明だが、空海と剱岳の相関をよく示している。

　弘法大師は実在の人物である。有為な遣唐僧として派遣され、帰朝後は日本真言宗の開祖となり、高野山に金剛峯寺を創建した。日本天台宗の開祖で比叡山に延暦寺を創建した最澄と並んで、仏教界で智の巨人と称される。

　伝説、伝承の類は古今、洋の東西を問わず多い。日本にも数え切れない伝説が伝わり、その内4分の3ほどの約3千が弘法大師に関わるといわれる。これほど多数の伝説が誕生した理由を一部先述した。しかし、新しい教えの導き、くまなき諸国遍歴、仏門界のスーパースター（弘法）、惹きつけて

別山乗越から眺めた雄壮な剱岳

止まない人間的魅力が前提にあり、菩薩像と重なり合う印象を浮かび上がらせる。民衆は、実体の薄い菩薩よりも菩薩が憑依したかの如く、具体的に民衆を救済した空海にご恩とご利益を意識し、弘法信仰へと向かった。こうして、仏と一体化した伝説と信仰は、衆生の心を深く捉え、相乗的に広まった。似て非なる存在の玄奘と空海であるが、前者が仏法の真意に近づこうとしたのに対し、後者は宇宙の摂理・根源を解明するには、密教という修法を極めて、菩薩に化身しようと修行していたと考えた。

第4節 開山・開祖

令名の誉れ高い釈尊、役行者、玄奘、空海のすさまじいばかりの所業に凡人は恐れおののいた。反面、実在の人物でも感覚的には遠い昔話で実感に乏しいし、仮想世界の雲上人に近い。

開山・開祖というのは、元は人跡未踏の山を開き、寺院の建立、修験道の開場等をした僧侶を指し、既述の役行者、空海、泰澄等が不磨の名声を博した。開山の山は寺を意味し、寺の多くが山に創建された。そのために開山という言葉は、山道を切り開いて登ることと混同しがちである。いずれにしても、修行で僧侶が山道開拓して入山することは一般的で、道場の開設と同義と見ても過誤ではない。宗教・信仰・修行を巡り、山巓を巡る幾多の開山物語が存在した。

厳密な意味の開山ではないが、現下盛行のトレッキングに符号して、山行者が身近に開山の恩恵を体感出来る人物を探してみた。槍ヶ岳の山岳ルートを開いた播隆上人（1782～1840）と日本アルプスの名を最初に世界に喧伝したW・ウェストン（1861～1940）の二人を挙げざるを得ない。両人とも、山大好きの聖職者と認定したい。人を導き教える聖職（僧侶、神官、牧師等）

笠ヶ岳山頂から播隆が遠望した槍ヶ岳

第5章　修行（修験）

に従事する者を聖職者というが、この二人は教えの中に山も含めた。

　播隆は富山出身で、実家は一向宗の道場であった。念仏僧として出家後、山岳信仰が昂じて、何度か登った笠ヶ岳の頂から遠望した槍ヶ岳の開山を決意した逸話の持ち主である。試登数回の後、1828年に登頂した。その後、

神武天皇の祖母・豊玉姫の祠の建つ祖母山頂

頂上直下に鉄鎖を付けて、後の人に槍ヶ岳開創を導いた。今は頂上直下に2本の梯子が直角にかかり、命の梯子となっている。私は先に槍ヶ岳に登頂したが、笠ヶ岳山頂から槍ヶ岳を眺めれば、自然感情として槍の穂先に立ちたい思いが湧くこと必定だ。

　北アルプス登山をしたことのある山好きならば、ウェストンを知らない人はいない。イギリスの宣教師で登山家でもある。日本アルプスを踏破し、世界に日本の山の魅力を最初に発信し、明治期の登山ブームのきっかけを作り、日本では「近代登山の父」と敬称される。彼は上高地を起点に、地元猟師の案内で穂高岳等の北アルプスを歩き、富士山、当時九州一の高山と信じられていた祖母山にも登頂した。

　日本アルプス登山時の多くの写真が残されていて、彼は革靴を履き、ピッケル持参なのに対し、案内人は草鞋を履いて金剛杖姿で映っている。空海は、草鞋千束を費やしても剱岳には登れないと嘆いたが、革靴を履いて登れば夢が叶ったと信じたい。

　宣教師として来日したウェストンは、13年に及ぶ滞在期間中、日本の山岳を登りまくる経験をした。欧米人で名を残した多くは、キリスト教宣教師が多い。彼等は宗派によって海外に派遣されて、布教を主体にしつつ、当該国の諸事情を本国に伝える外交的活動も行っていた。宣教師派遣は近代に始まった訳ではなく、キリスト教国が、布教を活用して推進した海外戦略法式として連綿と続いてきた。日本では戦国時代、当時世界の海を支配し、列強であったポル

トガルとスペインの宣教師が多数訪れ、最先端領域の紹介、啓蒙、布教活動を活発に行った。しかし、半世紀に及ぶ布教活動の末、徳川幕府のキリスト教追放で幕を下ろした。

本職の布教活動ではなく、山の好事家であったウェストンは、列島を覆い尽くす艶容豊かな山岳の新たな魅力を、登山という形態で日本人の心に焼き付けた。それまで信仰、修行の対象としか捉えなかった日本人に、山岳に宿る神々に加えて、登山による異なる山の価値、魅力を啓発し、その先見力で日本登山史に輝かしい功績を刻んだ。

日本の聖職者でも江戸時代、山好きが昂じて、未踏の山に初めて登頂したことで、名を印した幸運な僧侶がいた。修行目的で登った常念岳に自分の名前が付いた常念坊である。私も山道を登っていて、常念坊や檀家の心持が分かる気がした。

百名山に於いて開山の沿革を追跡してみて気づいた特徴は、仏教伝来が決定的に契機となっていたことである。それ以前にも巫術、土着の地祇、神道が根付いていて山岳信仰の存在は否定出来ないが、仏道の初伝が未開の山々をして、好適な修行場として投影されていく。伝承も含めて、修験者、修行僧、求道者によって開山されたと覚しき主要な名山の年代を概略した。

月山（593年）、富士山（7世紀）、大峰山（7世紀）、飯豊山（652）、立山（701）、蔵王山（8世紀初頭）、白山（717）、大山（755）、男体山（782）、鳥海山（9世紀初頭）、早池峰山（806）、石鎚山（850）、吾妻山（9世紀）、筑波山（9世紀）、乗鞍岳（1183）、笠ヶ岳（1688）、木曽駒ヶ岳（1786）、御嶽山（1792）、甲斐駒ヶ岳（1816）、槍ヶ岳（1828）、北岳（1871）

富士山、石鎚山は役行者が、鳥海山は空海が、白山は泰澄がそれぞれ開祖と伝承される一方で、男体山は勝道上人が、笠ヶ岳は円空上人が、槍ヶ岳は播隆上人がそれぞれ開山者として歴史に名を刻んだ。又、男体山の開山は、記録に残された最古のものとされ、男体山頂遺跡の発掘調査で出土した膨大な遺品により、奈良時代から江戸時代に及ぶ山岳信仰の実態が明らかにされ始めた。修験者、僧侶、宗教家等、前途に光明を照らした慧眼の求道者の功名には脱帽する。

第5章 修行（修験）

時代に衒うことなく、「今を生きた」人々の残照は、次代も照らし続けている。

開山を経時的に俯瞰してみると、きっかけは仏教伝来といえる。それ以前にも山岳信仰は見られるが、仏教に触発されて僧侶、修験者が主体

修験の山も楽しく登拝出来る（白山）

となって体系的に開山が7〜9世紀に進んでいた。その背景は、信仰には修行、修験が山岳と不離の関係にあって、開山が優先的要件であった。勿論、国家の援助、山の生活に依拠していた杣人、山師、猟師等の存在抜きにしては、開祖者も所期の目的達成は叶わなかった。

開祖者の多くは高僧の立場で、全国的に遊行しつつ開山したのに比べ、時代が改まるにつれて、地元の寺僧が一念発起して未踏峰を開山するケースが増えてくる。総じて、北アルプス諸峰の開山が遅れたのは、人口が少なく、主要街道から離れた奥深い場所や峻厳な地勢的特性が輊と考えられる。しかし、時代が進み、山岳に通暁した麓の上人、一般僧侶にも開山機会が巡ってきた。山頂を極めるだけでなく、寺社の拝殿を建立して、後世に持続的な崇拝が継続されていくために、高い修練の壁を越さねばならなかった。

円空（1632〜1695）は美濃出身で、若くして天台僧として修験道を学んだ。北海道にまで足跡を残し、殆ど全国を遍歴している。彼をとりわけ有名にしたのは、篤実な信仰心から仏法を守護する大小とりどりの彫像を、訪問各地に数多く残したことにある。現代流に喩えれば、謹厳実直な仏像作家であった。

開山者の中で一番の果報者は、山麓の寺の一住職で常念岳に登った先述の常念坊であろう。異説と言えても、山の名に開山に関わった人名付与の例を聞いたことがないし、その経緯も縹渺としている。山名に関しては、誰が命名権を持っていたかは分からない。

常念坊はどの開祖よりも幸運の星の下、錫杖の徳をたたえる経文を読誦しながら山谷を開いて頂上に立った。彼以外目にしたことのない槍・穂高連峰の絶

景を偉大な手柄として、法要、説法の際にでも信者に熱く語ったのであろう。安曇野扇状地から望むと雄大で姿容の美しい山体であっても、不可知の畏怖に囚われていた檀家の人々は、功徳として彼の話を溜飲が下がる思いで聞いたに違いない。山を開くことは、当時は奇跡的快挙であり、常念岳の話題が出る度にいつからともなく人々は、感謝と神仏のご利益を重ねて、比丘の名（常念坊の山）で山名を俗称していった。意図的な決めごとではなく、自然発生的に開山者名が、山名として認知された事例となった。幾多の名山を開山し、修験道の祖となった役行者ですら、山名に呼称されてはいない。常念坊当人は自発的行動により、一和尚の僧名が山名となる無上の栄誉に浴する運命を予見、察知し得たかは霧の中である。尚、山岳の知名度、関心の向上は、ウェストンが日本アルプスを紹介した功績によるところが大きい。時代が移れども、水先人は宗教関係者だった。

第6章　神話編

第6章　神話編

　　修行、信仰、宗教との因果性も留めて、神話は山岳と不即不離の関係を有する。神話の登場人物は、皇統譜に由縁する神々の場合が多く、通俗的民間伝承でさえ『古事記』、『日本書紀』に顔が出たことで権威と信憑性が高まった。記紀神話は一種の虚構とはいえ、天皇制を支える論理的根拠の役割を果たした。一方で記紀に記された神話、伝承等の検証性が低いことは否めない。弱点を補填するものは、古墳発掘、資料の発見等による新たな知見との整合性である。史実的証明が不十分といって、必ずしも全てが虚偽や空想に基づいて創作された訳でもなく、神話にも後世の発掘調査等で、事実と解明された事例は少なくない。私が百名山登攀中、又は近隣の低山を山行中に知り得た、現代人でも親近感を抱く神話上の二人の英雄を紹介する。

　　本来の神話は天地開闢から神武天皇即位までの、天神がこの世を差配していた神代の時代を指すのであろう。実際、史実的には怪しい神武天皇以降を描いた伝承の記録又は縁起資料によって残され、各地に伝わる伝説上の人物が興味をそそる。本章では、歴史上脇役に位置付けられたが、国家樹立に無類の活躍をして所々に祀られ、崇敬を集める日本武尊と猿田彦命を取り上げた。

第1節　日本武尊

　　日本武尊の伝説は日本各地に存在し、英雄に相応しい足跡が印された。彼は第12代景行天皇の皇太子で武略に優れ、日本を統一国家に仕上げる過程で重要な事蹟を遺し、その行跡が『古事記』・『日本書紀』（記紀）に燦然と刻まれた。信憑性はともかく、古代の伝説上、最も魅力のある不世出の英傑として後世に伝わった。

　　景行天皇（3世紀末〜4世紀前半）には多くの王子がいて、その一人が武尊である。当時、全国には先住民、異民族を含めて、力を持った豪族が国中で覇

権を競っていた。記紀に記すところでは西には熊襲、東には蝦夷が大和政権に叛いていた。恐らく畿内中心の大和政権の勢威は限定的で、列島統合に向けて反抗勢力の征伐は喫緊の課題であった。この反対勢力は脆弱な政権にとって脅威に違いなく、『日本書紀』では「鬼」として扱われ、鬼の征討を命じられ、無類の功績を残したのが武尊である。初めての鬼退治は武尊によって為された。神話でしか語れないが、正史である『日本書紀』の記載を考えると、武尊のモデルとなった人物がいて、潤色した可能性が高い。尚、鬼は異種の反抗勢力と天つ神に対する悪神という二つの意味合いがあった。桃太郎の鬼退治、源頼光等が退治した酒呑童子の昔話にあるように、時代によって正体は変幻した。大方は反体制派が鬼（悪）と見做されている。従って、物語成立の背景には、権力者の権威強化と支配能力を披瀝する意図が色濃く反映された。しかし、大和政権の初期は、多数の豪族が寄せ集まった統治能力の低い集団であった。只、鬼文化は今日まで全国各地で生き続け、嘗ての疎まれ、恐れられる存在ではなく、天狗同様にむしろ愛されキャラに変貌したことは、文化の多様性を示す。

　話を武尊の時代に戻そう。中央政府の支配は、道路網整備と延伸が重要な鍵となる。中国を最初に統一した始皇帝は、500kmに及ぶ直道を建設し、ローマ帝国は全ての道を首都に繋げて支配を強化した。統治機能が脆弱の古代日本でも遠隔地への道路整備は想像以上に進んでいたことが分かる。例えば、東海道、北陸道の間に畿内から東方、山間の諸国を経て奥羽地方に至る道筋の東山道が、交通の要衝となっていた。この街道は近江、美濃、飛騨、信濃、武蔵、上野、下野、陸奥の８カ国を通過し、後に出羽が加えられて武蔵が除外された。

　東夷（蝦夷）遠征時は往路を東海道経由で伊勢神宮に拝してから駿河、相模、上総を経て、陸奥の蝦夷を降伏させ、常陸、甲斐、武蔵、上野を経て碓氷峠を越えて信濃に入ったとあるので東山道を帰路とした。現存する最古の歌集である『万葉集』では、碓氷峠がうすいの「山」と「坂」と２首詠まれていて、東山道は畿内と関東、東北を繋ぐ最も古くて重要な街道となり、当初から碓氷峠が交通の要衝であった。記紀、『万葉集』にまで碓氷峠が登場したのは、既に政治経済面の要衝と位置付けられ、古人に愛され、記憶に刻まれた謂れを物語る。

第6章　神話編

　旧中山道の上州側坂本宿から碓氷峠を上ると、最高点が分水となり信州側軽井沢宿に下る。この峠は県境にあたり、共有の敷石参道の鳥居を潜り急斜面の石段を上ると、熊野神社（群馬）と熊野皇大神社（長野）の境内に至る。

　境内に熊野神社創建者として、次のように武尊が紹介されている。

熊野皇大神社（左）と熊野神社（右）

「神社の縁起によれば、景行天皇40年（西暦110年）、皇太子である日本武尊は東国を平定し、武蔵、上野を経て、この碓氷坂に差し掛かったが、濃霧にて道を迷われた。その時、一羽の大きな鳥（八咫烏）が紀州熊野山の梛木（なぎ）の葉をくわえてきて、御前に落としながら道案内をし、武尊は無事頂上に達することが出来た。碓氷峠の頂上に立った武尊は棚引く雲海より海を連想され、旅の途中相模灘（東京湾走水）で入水された「弟橘姫（おとたちばなひめ）」を偲び、「吾嬬者耶（あづまはや）」と三度嘆かれたという。以後ここより東の国を、吾妻（あづま）と呼ぶこととなった」（『日本書紀』）。口承された神話とはいえ、全く偽の創作ともいえない。走水の対岸の木更津にも武尊と弟橘姫を祀る神社があることから、これに類した事象が起きた可能性が高い。

　埴輪に紐付けて、古代の殉死について小考した。武尊は東国を征討中に嵐に遭い、荒ぶる風濤を鎮めるために、生け贄として神に愛妃を捧げて危難を乗り切ったという。生け贄や人柱は、神の心を和らげるために命を犠牲にする風習であり、殉死と共通する古代人の生死観、来世観が発露する。因みに、記紀伝承上の第12代景行天皇は第11代垂仁天皇の皇子とされ、この時期に殉死や生け贄の話が続出しているのは偶然だろうか。

　不服従の民が多かった東国の征討に心血を注いだ武尊には、遠征先の山と峠にまつわる多くの苦難の足跡に尾ひれがつき、伝承化した話が残された。

　三峯山（埼玉）では道に迷われ、この時はオオカミが先導し、窮地を救ったという。三峯神社の社伝では武尊は途次、仮宮を営んだと記録される。宝登山

（埼玉）では猛火に包まれた際、巨犬（山犬）が現れ、火を鎮めたという縁起が宝登山神社に残る。

武尊山は名称から推察されるように、この山とは浅からぬ縁を結んだことは疑いない。登り口の一つには武尊神社が建てられ、山名でも沖武尊、前武尊、川にも武尊沢、武尊川と枚挙に暇がな

日本武尊像（武尊山）

く命名されていて、由来の確度は高く、地域の人々から長く敬愛されてきた来歴が窺われる。事実、山頂間近の山腹の岩場に宝剣と共に、武尊の銅像が安置されている。

両神山にも登り、先勝を祈願して伊弉冉尊・伊弉諾尊の二神を祀った経緯から両神と尊称されたと伝わる。四阿山の頂にも武尊を祀る社が建てられたこと等を勘案しても、蝦夷や反抗土豪を征圧した偉業により、彼は崇拝、信仰される存在となった。

信濃に入ってからはそこの邪神を倒し、恵那山北隣の神坂峠を越えようとした際、荒ぶる神の使いとされる白鹿に襲われる危機に遭遇し、今度は白いイヌに先導されて無事に峠越えを果たせたという。統一政権樹立の過程は、反対勢力との絶えざる苛酷な戦いであったことを伝え、危難の折々に奇跡的に八咫烏やイヌに救われる挿話をはさんでいる。推測するに、実際支援したのは味方の人々なのに、神の末裔である天皇（大王）家は、鳥や動物にも敬愛される存在へと尊大視された。過大に偉人を表現する場合によく見られる手法である。

その後、尾張に出て近江の伊吹山に登ったのだが、そこで大氷雨（山上の祟り）に遭って病に倒れた。快癒を願って伊勢に赴いたものの、ついに薨じてしまった。

武尊による東征の軌跡は脚色されているが、大和朝廷の英雄達の所伝を武尊に仮託して記紀に描いた可能性が高い。そう捉えれば一連の活躍は、天皇制の中央集権国家体制構築の論理的構想が無理なく擦り込まれるのである。第一王

第6章　神話編

子の立場、多大な功績、諸々の要件を満たした彼は、第13代天皇の地位を継承するはずであった。しかし、夭逝した運命により、天皇紀の一人ではなく、無二の日本武尊として不朽に尊称される存在に押し上げた。功労では聖徳太子に匹敵する存在として、武尊を挙げても決して誇張ではないだろう。

　酷使した挙句に黄泉の国に旅立ってしまった我が子を偲び、景行天皇は大いに悲しみ、旅路を訪ねては立派な墓を造ったという。不運の武尊は天皇継承には至らなかったが、第2子は14代仲哀天皇となり、妻は武略に優れ、熊襲征服で有名な神功皇后である。孫は第15代応神天皇、ひ孫は第16代仁徳天皇へと系譜は続き、記紀神話の核心を占めた。国家樹立の過程にあったこの時代、天皇（大王）に求められたものは武威であり、観念上で人を支配する権威はまだ成熟していない。武略に長けた武尊の系譜は八幡神へと連なり、武家政権の祭神と化した。

　伝説の武尊を語る上で忘れてはならない一つに、深田久弥氏に「尊にお気の毒なくらいみっともない作り」と酷評された伊吹山頂の日本武尊の石像がある。良心的に酷評の真意を捉えれば、ボロボロになるまで辛い遠征に明け暮れた武尊の偉業を、逆説的に暗黙裏に伝えているのであろう。英雄視される武尊であるが、見た限り威厳に溢れた像は存外少ないかも知れない。

　又、碓氷峠には安政4年に建立された日本武尊を偲ぶ歌碑（別名思婦石）が仁王門跡に残っている。安政年間にこの碑が建てられた背景には、朝廷の勅許を得ずに幕末の政治を壟断した江戸幕府に対して、安政の大獄で弾圧された尊皇派志士に同調する民心が、武尊を比定して反対の意思表示をしたようにも解釈出来る。

日本武尊を偲ぶ歌碑（思婦石）

[閑話休題]

　余談を2話紹介したい。1話目は碓氷峠と安政年間を紐付けるに相応しいス

ポーツ競技が、初めて誕生している。「安政遠足(とおあし)」と呼ばれるマラソンの原型に該当する競技で、安中藩の健脚武士達が参加した。旧中山道の安中の麓から碓氷峠の山道を駆け上り、熊野神社前をゴール(決勝点)とした。現在のトレラン競技

安政遠足決勝点(碓氷峠熊野神社前)

に近いもので、始点と終点には表示がされている。私も同じ山道を2度登下山した経験があり、往時を偲ぶ旧跡が残っていた。ペリーの黒船来航により風雲急を告げた幕末期、攘夷に備えての鍛錬の一環と伝わる。

　尚、因縁というべきか、現在は決勝点前を走るトレランが開催されている。
　2話目は恵那山に関わる、私と友人の失敗談である。武尊が命がけで越えた神坂峠を文明の利器カーナビで探せば、神坂峠登山口から恵那山を登下山出来ると、楽勝気分で望んだ私の目論見は見事に外れ、登山当日は登山口に着けなかった。結果、仕切り直しを強いられてしまった。この失態を大学以来の親友T.N君に話したら、彼から神坂峠に関連した苦い体験談を聞けた。古来人々の往来を苦しめた神坂峠も、今は峠の真下を中央自動車道の長い恵那山トンネルが貫通している。彼は仕事でここを運転中に、時速度超過で行政処分を受けたという。今では武尊の苦労など知ってか知らず、運転者は神が宿るとされる坂の下を安易に越し、通り抜けようとするが、誰でも必定叶うものではなさそうだ。巷間「人は世に連れ世は人に連れ、又人生色々」と歌唱されるが如く、三者三様の神坂峠との摩訶不思議な因縁を感じた。

第2節　猿田彦命

　猿田彦命(猿田彦大神)を耳にしたことがあっても、道祖神の由来となった神とは知らなかったし、越後駒ヶ岳の山頂で出会うとは夢想だにしなかった。40年ほど前に仕事で大変お世話になった猿田姓の方をにわかに思い出し、も

第6章　神話編

しや先祖は猿田彦命の系統かと思い浮かべた。もし、同じ氏族なら、時間を共有出来て光栄の限りである。

　猿田彦命は日本神話の名脇役である。八百万の神々が住んでいた天上の世界、高天原から天照大神の命を受けて孫の瓊瓊杵尊が、高千穂の峰に5神と一緒に天降った際、水先案内を努めたのが高天原から随従してきた猿田彦命である。既に触れたように、記紀神話は創作であっても、基になる事実に依拠し、これを支配者の論理に符合させながら修飾、誇張、権威付けした話であろう。恐らく、猿田彦命の神話も、天孫降臨一族が大和の地に向かった際、地の利に明るく、誘導を努めた地元氏族の貢献を基に作成されたと見られる。

　猿田彦神社の由緒は以下のように伝わる。『天孫降臨をみちひらきされた猿田彦大神は、瓊瓊杵尊をご案内した後、本拠地である「伊勢の狭長田五十鈴の川上」の地に戻り、この地を始め全国の開拓にあたられました。そして、猿田彦大神の御裔である大田命が、倭姫命の御巡幸に際し、猿田彦大神が聖地として開拓された五十鈴の川上にある地をお勧めし、そこに皇大神宮を造営されました。』しかし、創建年代は不詳である。因みに、神武天皇は神の代から人の代に移り変わる節目に、初代天皇として記紀に記録された。

　大和時代以前、侵攻勢力が土着の民族を征服、同化して新国家を樹立する過程を正当化するには、万能の神（天つ神）が未成熟の神（国つ神）を感化、啓蒙する論理にすり替える必要があった。天孫降臨の舞台となった高千穂峰近郊の霧島神宮では、猿田彦命巡行祭が年2回、天

猿田彦神社（伊勢）

八咫烏は神様として祀られた（熊野那智大社）

孫降臨記念祭が1回行われている。古今を問わず、征服者が地理不案内の未知の国を征討していくには現地の政情、道路、兵站等を熟知する案内人の確保が必定となる。この任務に最大の貢献をした人物が、猿田彦命のモデルと考えられる。猿田彦命が先例となり、イヌ、オオカミ、カラス等の動物までが神格化され、天孫降臨一族の危難を救う筋書きの神話、言い伝えが残った。

　各地に見られる道祖神は境の神、道の神という認識が分かり易い。道路の悪霊を防いで行人を守護する神で、地域性が強く、峠、村境、分岐、辻、神社に祀られ、多様な意味合いを持っていた。当初、地域、集落の境に置いたのは外部からの疫病、悪霊等の災禍をなすものを遮る意図を持たせていた。旅人は峠や村境で幣、後代の御幣の類を手向け、柴を折って備える風習があった。道祖神は津々浦々に残された。子供の頃、場所は確認出来ないが、郷里の辻に道祖神と覚しき石像を見た記憶が微かに残っている。道路整備で他の場所に移ったのか、現代の民が信仰心を欠いたのか、当初の役割は終焉を迎えている。

　日本統一、大和政権樹立の過程で猿田彦命が重要な先導役を果たした神話は、論理的で整然としている。その後、各地で道祖神として祀られた背景には、明確な功績を挙げ、固有の神々と融合の道を選び、攻略地域でも住民から支持、敬慕されたことがある。記紀は神話様式で描いても、天つ神を征服者、国つ神を被征服者に読み替えると、地上で起きた歴史となる。

　越後駒ヶ岳山頂に祀られた銅製の猿田彦命を初めて見た際、なぜこの頂に立つのかと、不思議な感覚にはまった。その後、猿田彦の沿革に触れ、意義を了知した。この神は支配と生活に必須の交通網に深く関わり、使い勝手が良かったのか、時代を重ねるにつれて多岐に奉祀された。

　越後三山は越駒、中ノ岳、八海山を指す。修験道の修行跡が随所に残されている八海山は、信仰色が特段に強く、習合よろしく様々な神仏が奉祀されている。八海山の一峰である薬師岳（1654 m）の山頂には猿田彦命像が梵鐘と一緒に祀られ、山岳信仰の霊地として古くから認知されていた。越駒より350 mほど低いが、八海山は梯子、鎖の多さ、高低の多い頂上部のやせ尾根歩きを強いられる険阻さが山岳修行には向いていた。修験向きの山体とはいえ、故意に

第6章　神話編

危険行為に走るのではなく、安全無事に帰還して修行目的が初めて成就しうる。そのためには、頂に至る山道の道迷いと不測の事態からは解放されるべきと念慮し、道祖神の猿田彦命を崇敬する風潮が雪深い越後の山塊では起きたのであろう。今でこそ、巍々の深山の山道も多くは確保され、基本的登山技術で安全に登れるが、古代では山岳事故の原因の一つが、道迷いにあったことを暗示している。猿田彦命を祀り、敬うことで不安を回避し、無事の帰還を願ったと考えられる。尚、八海山の猿田彦命像を越駒山頂のそれと比較すれば、遙かに大きく立派なものであることから、開山が古いのは確かである。

「能楽」でいえば、決してシテ方ではなく、ワキ方の猿田彦命が高天原から降臨して、人の代でも国家誕生のお膳立てをした時代背景を改めて想見してみた。中央集権的集団でない、部族社会に近い土着の小国をある新興勢力が、侵攻して支配権を握った或いは握ろうとする場合、支配者は如何に効率的に、永続性を持たせて被支配者を服属させ、勢力拡張、権力強化、究極的に統一国家建設を図るのだろうか。どんな政策が有効に機能したか、古代に思いを馳せた。

　猿田彦命を遡求していると、学生の頃、衝撃を受けた江上波夫氏の主唱した『騎馬民族国家』（中公新書、1967）を思い出した。騎馬民族の後裔である第10代崇神天皇は九州に入り、それから東征して大和の三輪山に巨大な勢力を築いたという論旨で、騎馬民族日本征服説として敷衍した。天皇の万世一系を覆し、諸説ある王朝交代説の一つである。東征を目指す崇神は日本の地理に不案内で、進撃に苦慮していた。その際、大和の地まで案内して功績を立てたのが猿田彦命ではないかと付会すれば、記紀とも整合し、論理的でもある。猿田彦命は天上から地上へ、そして地上でも天皇を王朝の地へ導く道案内を演じた。この過程では、支配者の武力と権威という理念を擦り込み、同化、融合策を図りながら、領地、領民支配を拡大したように映る。権威は後に支配者の神格、信仰化の布石となる。

　しばしば、日本でも時の勝者、権力者によって、不文律の如く歴史は都合良く書き換えられた。国家誕生時、歴史が検証出来ない状況下では慧眼に長けた国家の基本計画作成者がいれば、新国家像を比較的自由に筋書きしていたとい

える。藤原不比等がマスタープランの作成に関与したことは既に述べた。天皇は崇神後、垂仁、景行、成務、仲哀、応神、仁徳へと継承されるが、神話世界から巨大古墳のような実物が伴い始める時代となり、崇神後に劇的変化が起きたことは容易に推測出来る。

　従って、国史も国策の趣意に添って編纂されるはずで、理想とする神話、伝説、伝記等の編集、活用が国家統治の主眼に置かれる。そこにはカリスマ性を持つ王又は君主が絶対的権威と畏怖を兼ね備えた存在で君臨し、永劫に存続する国のあるべき姿を理念に掲げるために、現実の力を超えた超常的で霊妙な神通力を根拠もなく借用した。更に先祖の「神は万物に宿っている」という精神性の相乗効果が働き、日本固有の神話の意義が確立した瞬間となる。科学的知識を欠落していた古代、国史には事実に基づかない物語を付会することは、世界史的に一般的であった。日本でも天皇による中央集権体制及び統治の正当性は、哲学的にいえば神話を軸に措定していた。神話が核心を占める記紀を所依にして、国内外に日本を披瀝したのだ。誰も、今ほど不思議に思わなかった。

　中国の数々の史書の編者、儒教の祖、仏教の開祖に私淑し教義、教理、行動、言説等を手本とし、当時の英知を結集しながら記紀は纏められた。その理想型は何にもまして「まほらま」（優れた良い国）に叙述する切迫性である。

　日本が国際社会に公式にデビューしたのは、3世紀後半に書かれた中国の『三国志』の『魏志倭人伝』であった。一方向的に書かれた2〜3世紀の倭に関する記事から推定すると、弥生時代の後半から古墳時代に移行する期間の記述となる。憶測すれば、この間は国内では文字、文書による証拠が剥落しているので、マスタープランナーの構想を伝承、神話を基に叙述し易い背景となった。

第7章 説話編（姥権現）

第7章　説話編（姥権現）

　科学的、考古学的に検証されていない物語、則ち神話、伝説、伝承、昔話、御伽草子、童話、地域の言説等は説話とされる。本邦では平安期から現れ、作者不詳の『竹取物語』や『今昔物語』が有名である。『今昔物語』にはインド、中国と日本の説話が整理されている。近代文学への影響は大きく、森鷗外の『寒山拾得』、芥川龍之介の『藪の中』、『羅生門』は本書から題材を得て名作となった。原著の話の要旨は簡潔過ぎて、物語としては状況説明が希薄で唐突感が漂い、不自然さも伴う。滑稽さが全面に出過ぎ、いわゆる伝奇性が高い傾向があり、だからこそ面白い。そこへ創造力がたくましい文士が読み本として書き上げれば、成熟性が増すのは確実である。現代文学の主流を占める小説にしても多様に分岐したが、歴史上の伝記、人物を主題に書かれたものは、不思議と篩にかけられ、雑穀が混じらない1等米の作品が多い。

　本章では飯豊山を登攀中に思いがけず遭遇し、道標でもあった「姥権現」について、誕生の由来を考察した。

「姥権現」

　春を謳歌した平安貴族から地方で武士の台頭が起こり、律令制の瓦解が進んでいた。一方、人々の精神的支柱となった仏教と在郷の神道が、深く密接に習合した時代であった。

　出羽の国の寒村に貧しくとも、健気に暮らしている母子がいた。可憐で国一番の美貌と称された母はその昔、除目で出羽守として京都から赴任してきた源家の男に見初められ、一子をもうけた。母の眷族は先祖の善行のお陰で自分達にも余慶がもたらされたと喜んだ。しかし、数年後、春の除目で任地が変わった出羽守は、京に戻った。落ち着いたら母子を呼び寄せると言い置いたものの、去ったきり音信が途絶えてしまった。生まれた男児は、出羽では幼時から素直な孝行息子と評判され、学問好きな青年に成長していった。説法は一度聞けば、

たちどころに粗漏なく復唱し、碑に記載された石文を達筆に記すことが出来た。心頭は自尊することなく、至情に満ちていた。父の不在にめげず、母子二人で僅かな身代を糧に陽昇れば耕し、日暮れて憩う慎ましい生活が続いた。

　人付き合いも良く村人に愛されていた。この謹厳実直な模範青年を村の誇りと思い、学問を積めば将来は大成する逸材と噂し、何とか学業の機縁を図りたいと苦慮していた。有力者か名門の出自でもなければ、この時代に教育の機会を得るには得度して寺で修行するか、つてを頼って雑用係で下層官職に就くしか手立てがない。そんなある日、縁あって村長が都の古刹の住職に青年の身請けを相談してみると、住職は青年の善行に心打たれて、３年間寺院での修行を了諾した。早速、村長はこの話を青年と母親に伝えた。我が子に修学させたいと願う慈母は賛成し、京に行けば十年以上生き別れの父の所在を知れるものと期待を抱いた。しかし、孝行息子は母を一人にして故園を離れては、心配で学業どころではないと二の足を踏んでいた。

　数ヶ月後、母の世話の問題が片付くと、遊学に向けて母子は未来の光明目指して踏み出した。泥臭い身なりで他郷に遊学するのは忍びないと、息子のために慈母は夫が残していった綿と布で、身上の衣を普段より厚く縫い、勉学を仕上げて早く立派な人士に成長して戻ってくることを想う。鞋履きに一張羅の縞の木綿袷をひっかけ、大きな笠を背に金剛杖を右手に持ち、十月十日曙未明、一族、村人、相識総出の喝采を背に孤蓬は郷里を離れた。袷にはしっかりとお守りが縫い付けられ、笠の中には、情け深い母が用意した旅宿に必要な品々がずしりと詰まっていた。村里を俯瞰出来る展望所に立つと、報恩と青山への思いが交錯し涙が頬を流れた。出羽から京に赴くには東山道が既に整備されていた。それでも、この時代東北の山懐から一人で都まで旅するのは命がけの危険が伴い、古人も旅に多く死せるとある。国境を過ぎれば故人はなく、頼る術のない多難を覚悟しての挙行であった。

　京に着いた後、暫くは都大路の伽藍の厨等で雑事をこなしている中に、青年の噂を聞きつけた父の縁者が小初の舎人に推薦したお陰で、下級であっても運良く官職に就けた。

第7章　説話編（姥権現）

　家を出てから10年の月日が過ぎていった。この間、年に一度は心優しい息子から母に手紙が届いた。何度も始めから読み返しては余念なく、堅忍不抜の意志で精励している姿を目に浮かべながら、母は偏に息子の帰郷を心の支えとして耐え抜いていた。中には、息子の父は、赴任先の讃岐で病死したという悲しい知らせもあった。

　我が身の老残もあって、次第に息子との再会はもう叶わぬものと、悄然とした思いに駆られていく。頻りに、隣人や旅人の運ぶ便りや噂話に聞き耳を立て、息子の消息を尋ね歩き始めた。彼らは一様に優しく、「親を想う子の心は、是非に慈愛の親の心に報いたい一意専心である。満願を成就して近いうちに戻る」と慰めの言葉を返した。日々、母の不安は淵となるほど積もり、黒髪はすっかり九十九髪に変色してしまった。

　折柄、息子から出羽の新国司に随伴して、春に帰郷するとの便りが届いた。御所に職を得て、この度母にお目にかかれる機会を与えられたのは、神仏の加護によるものだから、帰宅前に報恩謝意の気持ちで飯豊山に登拝すると付記されてもいた。飯豊山は652年、修験道の開祖役行者により開山され、五社権現を祀ったと伝えられる。山をご神体とし、頂上部に飯豊山神社（本殿）が建ち、信仰登山の走りの山であった。

　この報に接した時の母の喜びは雀躍するものであった。以来、冥加を信じ、神仏への祈りが強まる一方であった。息子は国司等共々国衙に四月に着いた。その後、飯豊山に参拝してから母の家に向かうと言い残して月末に役所を発った。この時期、山に登るには長大な雪渓を歩かねばならず、危険な落石、クレバスが登拝を困難にしていた。

　母は五月には自宅に安着すると思い描いたが、一月過ぎても息子が門を潜る姿はなかった。理由なく身を隠す息子でない事実のみが胸に刺さった。役所でも一人の舎人が行方知れずになったことに驚き、四方八方手を尽くして探索した。登り口の祈りの道に入る姿を最後に、見かけた人はおらず、杳として安否は確認されなかった。そのうちに世間では神隠しにあったの、山の神の怒りに触れたのと、流言が飛び交った。再会に胸躍らせていたつかの間、寸善尺魔に

228

陥った母ほど心痛め、嘆き悲しむ者はいなかった。

　人任せの捜索を甘受していても、定めし母は焦慮の念に駆られるばかりで、このまま座視することに耐えられなかった。自ら消息に関する情報をかき集め、改めて我が子の足跡を深甚に精査した。唯一の手がかりは役所を出発し、故郷に戻る前に飯豊山に遙拝登山に向かったことのみで、目撃情報はない。状況は突然の失踪に近かった。ちぎれ雲となって今は離れていても、断雲一片の影は残っているに違いないと信じ、息子が歩んだと覚しき道を追跡捜索する意志を固めた。周りの者は、齢50を越えて足腰が脆くなっている状態で、壮年男子でさえ危険な叢林の山道を上り下りするのは、命に関わる危険な所業だと口を揃えて反対した。腹の中では、女人禁制の掟を破って入山すれば、どんな天罰が下りるかと恐れた。この時代、ご神体の宿る山は、女人禁制とされ、入山すれば飯豊の神の怒りを買うと信じられていた。しかし、逆にほぞをかむことを恐れたのか、さながら、悟りを開いたが如く、突貫意志で一人山へ向かった。

　願いを叶える常態化したお百度参りと違い、未踏の山岳に入山し、残雪の山道を歩く困難は、尋常ではない。祈りの道とはいえ、頑張れば日帰りが出来るほど山道は開拓されていない。日時を費やしながら、格子状に斜面を上り、稜線を辿り奥へ奥へと踏み入る試し上りで体を馴致させた。暫く、家を留守にしたかと思えば、数日ひねもす誦経の声が響く日常が続いた。そのうちに姿を見かけなくなり、周囲の者の懸念が深まる一方であった。

　母は、頂上に連なる岩稜尾根に出てからは、時に神の助力を信じるままに、時に仏の加護に縋るが如く、漂い流れる白いちぎれ雲を道案内に進んだ。偏に現世で道に迷ってしまった子への、母の唯一なせる愛情行動であった。

　老いた母が日常を離れ、日に照らされ風雨に打たれ、夜露を凌ぎながらの捜索は、艱難辛苦である。当たり前に叶えていた日常が失われ、飢渇時に食べ物が、水が、寒冷時に暖衣が、暑熱時に樹陰が得られなくなる非日常に身を晒した。マタギが獣を追い、行者、修行者が踏み固めた道とはいえ、険難な山道を姥が六根清浄の唱えで、こなせるほど柔の行程ではない。それでも、母は息子の目指した頂に何度も挑戦し続けた。

第7章　説話編（姥権現）

　ある日の東雲の刻、時の到来を心に期し、修行者の峰入りの姿で頂上を目指した。森を抜け、谷を越えながら一人も会うことなく、又何の手がかりもないまま麓から暗路を歩き続けて6時間ほどで尾根の一角に辿り着き、視界が一挙に開けた。陰陽が一変し、山路の光景に勇気づけられた。飯豊山の主脈、支脈の連峰を概観して、目的地を確信出来たからである。

　それからは休む暇もなく、邁進した。ふと視線の先に山道脇で静謐に咲き乱れる白、黄色の草花の間にすり切れた草鞋が裏表を重ね合わせて金剛杖に吊り下げられていることに気づく。足下に目を注ぐと、自分の草鞋も古びて鼻緒も切れかかっていた。山行者がここで新しい草履に履き替え、ここまで安全に身を運んでくれた履物に感謝を込めて、これから先の無事の山行を祈って下げておいたものであった。後世草履塚と称される地点に到着した。

　山中人を見かけることも、人語の響きを聞くこともなかった行人は、厳しい自然との対話しかなかった行路に人の気配を感じたことで、一筋の曙光を見出し、自由が利かなくなり出した体に快気が僅かに蘇ってきた。ハイマツ帯を更に歩を進めること暫くして、前方に切り立った険峻な岩場（御秘所）が立ち塞がり、思わず腰を落としてしまった。暮色蒼然の中、この先どこまで道が続くのか、心身共に限界が近づいていたのである。

　姥は誓言した。「この国では神様はどこにも宿って人々を加護している。仏様の教導で慈悲に満ちて生きていられる。私も愛する子もこの恩に報いて現世を過ごしてきた。来世も万代の神仏の御利益を頂ければ至悦である」。頭を上げ、満天の星を一瞥し、頭を垂れて足下を瞥見した後、静かに極楽世界のある西方に向き直り無言で合掌した。

　地元では姥が戻らないことで大騒ぎになったが、次第に薄らいでいった。消息不明になって数ヶ月後、飯豊山に信仰登拝から帰った人から「不思議なことに御秘所を望む岩陰に石像が一つ立っている」、との話が伝わった。「それ言ったことではない。神の怒りに触れたのじゃ。ばちが当たったのじゃ」と、麓の村人が騒ぎ出した。しかし、それも須臾の間であった。

草履塚跡標識　　　　　　　　　　　子を探し続けた母の愛が権現と化した

　時を同じくして、鹿革を身に纏い鹿杖を手にし、鉦を叩きながら念仏を唱える一人の聖法師がこの村を通りかかり、「人々を加護する神仏が、息子の安否を探し求めた慈母の入山を悪行として、冥罰を加えることなどあり得ない」と、住民に説法をして去った。

　やがて、周辺一帯では「母の慈愛に応えようとする子の仁愛が、母を権現と化した」と、人口に膾炙するように変わった。誰言うともなく、いつのまにか人々はこの像を「姥権現」と敬称し始めた。

第8章　文芸編

第8章　文芸編

　単独で登山をし始めて肉体的な苦しさ、辛さ、不安、懸崖の恐怖、猛獣との
遭遇、天候の悪化、等々、多様な負の要素があった反面、精神的に寂寥感を体
験することは不思議に皆無であった。山行中は、内分泌刺激による高揚感が優り、
愁いにより嘆くことも少ない。そこに美しい景色、満座に乱れ咲く花々、頂上
での達成感、清涼な大気、自然の躍動感、等々の正の要素が伴えば、浩然の気
が養われるというものである。時には詩情が湧き溢れる。

　作歌、作詩へのこだわりは脆弱でも、文墨的情緒に鉢合わせをした場合には
中国で詩聖、詩仙、詩仏と尊称される詩人の傑作が無意識に蘇ったりする。日
本の優れた歌人、俳人も然りである。それは自己の凝縮された感情のオブジェ
と比定出来るし、形象の表現を何句、何文字かに置き換えた、先人からの贈り
物と受け止めた。その上、彼等の作品中にも神仏に関係する霊跡、人々を魅了
する景勝に満ちた秀峰がさりげなく詠み込まれ、宗教性と芸術性の融合を知る
機会となった。個人的嗜好として、日中を問わず古典、歴史、論理的考察、随
筆、自然描写による文学で作物の冴えを感じる麗筆ならば、散文、韻文を問わ
ず、誇張、美辞麗句的表現が多用されていても、虜にされてしまう。

第1節　漢詩

　前作では、中国南北朝から唐代（618 ～ 907）の漢詩に惹かれた経緯を仙郷
編で梗概した。優れた文芸作品を後代に残した詩人の多くは当代の富裕層、知
識層、支配層のいずれかに属した芸術的才覚に溢れた有力者か、そうした既成
社会の喧噪、不条理に食傷し、孤独を楽しみ、心閑かに生きることを選択した
文才豊かな隠士であった。数百年後、日本でも彼らの文芸に感応、触発された
紫式部、清少納言、鴨長明、吉田兼好、西行等が輩出し、その後も文芸人は影
響され続けた。

高校同窓の出世頭H・I君とは卒業後も旧交を温めてきたが、コロナ禍による空白の期間が暫く続いた。この間多くの学窓が仕事の一線から離れる中、彼は現在も大阪夢洲で予定の「2025年日本国際博覧会」開催に向けて日々献身している。頭が下がる。夢洲は古代空海、最澄等を乗せて遣唐使船が旅立った難波の津の一部である。

再見を分かち合う間もなく、夜会は過ぎる（中HI君、右同僚のKNさん）

　数年前、彼と会食した際、「座右の書」を問われ、少年の頃は『シートン動物記』、青年以降は『方丈記』と笑って答えたことがあった。普段、座右というほど大上段に書や銘を意識してはいないが、自然や脱俗への関心、この世の無常観、裏返しとして憧憬があったので、当該世界を描いた関連作品が無自覚に浮かんだ。

　幸いこの夏に彼が仕事で来軽の折、久闊を叙し、滅失した時間を多少なり埋められ、意趣返しの思いであった。

　動物文学の第一人者E・T・シートンが19世紀後半から20世紀中盤にかけてカナダ、アメリカの大自然に息づく、野生動物の複数の観察記録を作品に纏めたものが前者である。まだ美しい自然が残る田舎町で少年期を送った私は、非対称のアメリカ大陸の大自然や異なる動物相を描いたシートンの世界に直ぐに魅了された。動物行動学の先駆でもあり、動物保護の契機ともなる金字塔を打ち立てる作品であった。現在、自然豊かで、多種の野生動物の生息する山の上に生活拠点を置くのは、変わり果てた母郷への鎮魂である。しかし、生活に直結する開発と自然の保護の是非を論じると二律背反に陥る。

　下鴨神社神官の家系に生まれ、歌人として活躍した鴨長明（1155？〜1216）が記した後者は、三大随筆の一つに挙げられる。「ゆく河の流れは絶えずして、しかももとの水にあらず」で始まり、無常観の極みとされる。この一節は、『方丈記』を表わす最高のつかみとなった。源平争乱で社会不安の時代

第8章　文芸編

でありながら、不条理の世の中を生きる極意を本書で伝えた。

[閑話休題]

　三大随筆とは平安～鎌倉期に誕生した『枕草子』（清少納言）、『方丈記』、『徒然草』（兼好法師）を指す。方丈記同様、「春はあけぼの」（『枕草子』）、「つれづれなるままに、日くらし」（『徒然草』）で始まる序談の掴みで記憶に残る。清少納言は国司の娘、長明と兼好（吉田神社）は神社を出自とする知識階層であり、根拠のある当時の社会的世相を随想や見聞により知り得て、歴史資料の価値が高い。

『徒然草』（全243段）に書き綴られた一つに「仁和寺のある法師」（52段）がある。この一段の概要は、「ある僧侶が永年願っていた石清水八幡宮を歩いて参拝することを決意した。石清水にあった神仏混合の極楽寺と八幡宮の付属施設の高良神社だけ参拝して、山上の本殿を拝むことなく、本望を遂げたと勘違いして帰参した。同僚には山道を更に登る人がいたが、八幡宮の参詣が目的だったので山頂には行かなかったと語った。些細な事でも先達（指導者）はいた方が良い」との教訓を示した。単純に石清水八幡宮本殿の場所を誤解していたのだ。この段を読んで以来、庶民とはレベルの違う法師の犯した失態が演じられた舞台の石清水八幡宮は、いつも頭の隅にあった。この数年、多くの歌枕紀行をしたが、仁和寺の法師に導かれたせいか当該八幡宮訪問の優先度は高かった。

　平安京への遷都後、陰陽道に従い鬼門除けに建立された寺が比叡山延暦寺であり、男山山上に裏鬼門除けにあたる神社が石清水八幡宮である。源氏の氏神としても鎌倉時代以降、石清水八幡宮は人気があり、殷賑を極めていた。現在の一ノ鳥居から境内に入ると平坦地に極楽寺と高良社が続き、門前市をなしていたよう

一の鳥居の先にある頓宮伝（石清水八幡宮）

234

だ。人盛りの境内を歩き、神社とお寺を拝礼すれば、石清水八幡宮と誤認しても不思議ではない。御本社へは勾配の緩やかな幾筋の参道が拓かれ、二ノ鳥居を潜る表参道からでも標高142mの山頂に30分弱で着ける。案内板でもなければ、上に向かう人々を山登りと誤判断しても、不思議ではない。この話を特段取り上げた理由は、他にあったかも知れない。

男山山上から望む愛宕山（924m）

兼好法師が吉田神社に生まれた背景から、『徒然草』には神仏関連の題目が多いことは納得出来ても、なぜか仁和寺の僧侶の逸話が風刺を込めて、3段（52段、53段、82段）に分けて記録された。神道を奉ずる身として、仏道への対抗意識があったか、仁和寺への特別な遺恨か軋轢でも存在していたか、些細な欠格でも突っ込みを入れたかったのか、得心し難い。

いずれにせよ、約800年前、仁和寺のある法師が石清水八幡宮できてれつな行動をし、それを見聞した兼好法師が起筆し、後世それを読んだ人々がこの八幡宮にお参りしている。

又、清少納言も参詣し、「八幡、この国の帝にておはしましけむこそめでたけれ」（『枕草子』287段）と詠んだ。宮中のサロンで啓発された女御も、神聖な場所と崇めていたが、窮屈な皇宮生活から離れて、神社仏閣への行脚参詣がどれほど非日常的解放感に浸れ、心を和ませ癒やした時間であったかと、思わずにはいられない。本殿より僅かに下ると展望所があり、比叡山、愛宕山等の連山に庇護された京都市街が一望出来る。

彼は一時、後鳥羽院に目をかけられ、和歌所で宮廷人として奉公したが絶頂期は長くは続かず、神官推挙が実現しなかった50歳の頃、失意のうちに出家した。神仏習合は既に確立していても、神道から仏門に入ることが一般的であり得たかは分からない。その後、仏道修行、管弦修練には好適であった近江（諸説あり）の人里に隠棲する。『方丈記』執筆の舞台となる方丈の庵を結び、下

第8章　文芸編

界の煩悶から逃れ、安息を得て暮らした。

　その生涯は閲歴、人生観、田園での草庵生活、宗教観等の観点から後述の陶潜、王維、李白等と重複し、彼らから感化を受け、憧憬していた様子が窺える。別して、私も先達の描いた超脱の自然主義的情感に共鳴を覚え、前作では思いの丈を奥秩父に連座して聳える甲武信岳、金峰山、瑞牆山との相性で簡明に記した。只、惜しむらくは中国の紀行経験はなく、臨場感溢れる描述の欠如は如何ともしがたい。知り得た知見の全ては、あくまで漢籍読みで理解した情感豊かな詩文と歴史に頼った。漢詩に詠まれた仙郷の情景は実見したこともないのに、先述の通り金峰山や瑞牆山に登高した際には、憑依したかの如く同じ心境だと仮託した。

　中国で代表的仙界の地とされるのは、名山の黄山（安徽省）である。花崗岩が風化浸食で形成され、奇峰、怪岩、奇松、雲海で知られる。映像で判断する限り、同じく花崗岩体からなる瑞牆山は黄山の縮刷版であり、今、仙郷との見立ては正鵠を得たと振り返っている。その後も日夜、思い出す度に浮かんでは消え、消えては浮かぶ美しい自然の景色（花・鳥・風・月・山・海・川・水・木・陽・星・空・雲・雨・雪・霜・森・林・苔・春・夏・秋・冬……）は視覚よりも、むしろ不朽の詩歌に詠まれた言葉によって鮮烈に記憶されている。言葉に宿る霊は言霊と尊称され、才筆により、一段と心に刺さる。各々の才筆には大きな個性と特徴があり、感応度は受け手次第である。心に刺さる詩歌を生んだ先覚を改めて、思いつくままに概略を加筆する。

　日本人が知る大多数の漢詩は、唐代に全盛を誇った絶句、律詩の類である。なぜ、唐代に漢詩が百花咲き乱れる如く、燦然と開花したかは、二つの背景に起因すると推定した。一つ目は、唐王朝成立から約150年間は政治的、経済的、文化的に安定、成熟していたことに加え、主にシルクロードを介したローマに至る西域との文化、経済交流で首都長安が国際都市化していた。二つ目は歴代皇帝が文芸面に深い理解と興味を持ち、造詣を併せ持っていたことである。殊更、第6代玄宗（685～762）は芸術的天分に恵まれ、芸術保護に止まらず、流浪の天才詩人李白を宮廷に召した。

236

そもそも、漢詩は中国の古典詩で一句四言、五言又は七言を主とし平仄（ひょうそく）、押韻等の規則性を持つ韻文に属す。古詩、楽府（がふ）、絶句、律詩、排律等の種類がある。それぞれに規則があり、習得するのは無論、説明すら難しい。しかし、詩作の巧拙は学問の深浅に関係しないともいわれ、「詩に別才有り、書に関わるに非ざる也」の言葉に従えば、特殊の才能によることが多い。

　試しに、佳作を残している唐代から宋時代の高名な詩人の学問、教育的背景を概観してみた。簡潔に学問の深浅を科挙（隋から清王朝に採用された高級官僚登用試験）の合格者か否かで、方便評価すれば、七対三となった。前者には王維、柳宗元、李商隠、王翰、高適、張継、韓愈、白楽天、杜牧、蘇軾（北宋）等、後者には王之渙、李白、杜甫等がいる。「詩に別才有り」とはいえ、科挙合格のエリート官僚が優位であった。合否に関わらず、その科挙の内実は複雑であった。中でも学識、天分に恵まれた李白は受験する機会すらなく、個人が平等、機会均等の恩恵を得る制度とは程遠い運用であった。科挙の受験すら叶わなかった天才肌の李白には、この体験が精神的禍根として残り、憂愁の素因にもなったと憶測した。

　中国史を語る上で、科挙は絶対欠かせない要件である。主観的で情実が入りやすく、特権貴族階級に有利な隋以前の官吏登用法を改め、隋の時代からは客観的で公平な試験により、諸国の才能豊かな人材を採用する選抜法に切り換えた。これが科挙である。隋は40年弱の短命王朝でありながら、科挙の確立と杭州、洛陽、北京を繋いだ大運河建設で歴史的偉業を示した。

　科挙はモンゴルに支配された元の時代に一時停止されるが、試験方法を随時改定しながら明、清王朝（1905年廃止）と続き、世界にも希な官吏登用法に位置付けられる。日本は奈良時代の律令制下、科挙を模した官人登用試験が行われたが、定着しなかった。従って、明治に至るまで、試験による官吏選抜制度はなかった。尚、科挙を導入した国には朝鮮とベトナムがある。

　唐代初期の科挙は基本的に秀才（政治学）、明経（儒学）、進士（文学）の３科目に分かれていた。次第に進士科のみが尊重されるようになり、合格者の中から多くの名士を輩出するようになる。律令の読解、経世済民の見識より、詩

第8章　文芸編

文が書けて、詠じられて、妙筆の文学的素養が優先される高級官僚選抜方法を採用していた。科挙に合格した官僚や政治家の中から、卓越した文人が輩出してくるのは、当然の成り行きであった。つまり、科挙は政治家と文人への登竜門ともなっていた。進士科に合格すればエリート官僚の道を歩め、立身出世、栄達を望める科挙は、大変人気が高かった。反面、挑戦者には苛酷な選抜法であった。その上、及第するには複数回の難解な試験を通過せねばならない狭き門である。こうして、中国では読書人階層の「士」が形成され、政治構造の一角を担った。日本では士は侍（武士）を意味し、支配層に文芸知識人を戴くか、武人を戴くかの社会の相違によって、それぞれの国の文化的発展には質的変化が生じた。しかし、科挙合格者が政治権力を握った例は限られ、中枢には王侯貴族、高級官僚、大土地所有者、資産家等の既得階層が居座っていた。

　名作『山月記』（中島敦）には、憧れの超難関の科挙の進士に登第しながら、狷介孤高の性格が災いし、地方官吏の職に甘んじることを潔しとせず、致仕後に詩業で名を残そうと専念し、その挙句に虎に変貌してしまった悲劇的文士の運命が綴られた。実録では勿論ないが、奉職して禄を食む以上の価値観を詩作に見出す文人がいたとしても、あながち無根とはいえない。

　古代に於いて、勉強をして科挙に申し込めた受験者は経済的、文化的にも恵まれた相応の有力者の係累であったに違いない。先に挙げた科挙合格者の詩人の多くは、進士科出身で王維、白楽天、柳宗元、李商隠、王翰、杜牧、蘇軾は叙情詩、詠史、懐古詩に才筆を振るったのみに止まらず、政治家、官僚として中央政界でも活躍した。科挙は中国の役人採用試験で、日本人とは没交渉かといえば、さにあらず、先述の阿倍仲麻呂は合格し、玄宗皇帝の寵遇を得て、役人として出世していた。科挙の合否に関わらず、我々が知る詩人は詩文の造詣、技芸は深く、自由に生きる不羈の才を活用して、自然や社会と真摯に向き合ったひとかどの芸術家である。

　私と同年代の日本人に馴染み深いのが、高校の漢文で学んだ絶句と律詩であろうか。寡聞にして現代の漢文教育がどうなっているか知らない。同時代のフォークソング、ポップス、洋楽等で気に入った曲を何気なく聞いて、その時代、

238

場景、雰囲気、交友などが記憶に呼び覚まされるように、とある環境に邂逅すると、無意識に脳裏に漢詩が浮かんでくるから不思議である。環境接触とは頭を上げて山道を眺め、頭を垂れて足元を見詰める繰り返しの果てに、琴線に触れる情景に覚えず至る場合である。高き峰々を越え、清音、澄明な小渓を渡り、咲き誇る千草を愛でながら感興する一場との交錯は、他生の縁でもあった。

　現代との比較で論じる意図はないが、中国、日本を問わず、貧賤無名でありながら、後世に佳作の詩歌を残した人は多い。明日の生活保証のない厳しい生活環境、言い換えれば「詩を作るより田を作れ、国を守れ」、「低回趣味などもってのほか」の時代を背景に生きていた庶民の中にも、生活を越えて新しい価値観や文化の萌芽は生じた。時代を遙か越えて、自然、社会の中に暮らす人々は、共通する対象と直面した時、相似した感興の描写に呻吟していた。

　漢詩の達人は一筋縄で括れるほど等質な背景や生き様を刻んではおらず、要諦は彼等の生み出した文芸から読み取る以外道はない。山を登りながら浮かんだ、最も情動を揺さぶられた理想的生き様の形態は、諸子百家の老子・荘子が端緒を開き、竹林の七賢の揺籃を経て、陶潜により完成した隠棲と文芸の融合である。約3世紀後、その根幹は唐代の王維、孟浩然、韋応物、柳宗元等により復活、振興、確立された。この文化的形態の無辺の余波は、我が国にも伝播し、今日に滾滾と流れ下っている。最高権力者が文化的新生をもたらした事例は少ない。

　ヨーロッパではルネッサンスという文芸復興期を経て、各国で急速に多様な文学上、芸術面の思潮が新生、展開されていた。その一つに19世紀初頭に勃興したロマンチシズムがある。既成のブルジョア階級が支配する俗物社会を逃れ、異郷にユートピアを描いて、個性や形式の自由を強調する動勢である。完全に整合する訳ではなくても、唐代の芸術家の思潮、志向性はロマンチシズムの先鞭をつけていた。

　中国は古代ギリシャ・ローマ帝国時代に比肩する文明を同時期に築き、ローマ帝国崩壊後の暗黒時代に進化を弱めたヨーロッパを尻目に、大唐帝国では絢爛豪華に隆盛を誇った。しかし、ヨーロッパに比し、優位であった文芸上の地

第8章　文芸編

位は唐朝の滅亡以降、世界へ発信する核心的な文化、思潮を生み出せずに停滞した。中国は再び分断の歴史を辿り、これに輪をかけた悪夢は、モンゴル元朝（1271 ～ 1368）による漢民族支配であった。

　中世を乗り切ったヨーロッパが暗黒時代の反動を梃にこの間、偉大な文芸復興を遂げたのとは対照的に中国は、国力の相対的低下を招いた。どの国家にも反転、暗転の歴史があるのは常套であり、覆水盆に返すつもりはない。紀元前221 年、秦の始皇帝による統一帝国が建国されて以来、中国は分断されても統合への求心力が働いた。一方、欧州はローマ帝国以来、何度も統一の機運が上がったものの、統一されることはなかった。従って、東西の文化、文明は異質の展開を今日まで演じた。

第1項　陶潜（365 ～ 427）

　陶潜は東晋・宋時代、13 年間の役人（県令）を辞めた後、田園に戻って理想郷を描いた元祖隠逸詩人である。田園詩人としても知られる。県令の俸禄（五斗米）を得るために、同郷の後輩役人に頭を下げるなどもってのほかだ、と県令の職を投げ打ってしまった有名な逸話（豈五斗米道）が残る（『晋書隠逸伝』）。僅かの俸禄を意味する五斗米とはいえ、広い農地を持たない彼にとって、その反動は大きく、すぐさま生活に窮した。しかし、後述の李白同様に官職辞退後に現代人にも分かり易い、不磨の傑作を残し、隠逸詩人の新スタイルを確立した先駆者となった。又、「歳月人を待たず」の名言を残している。隠遁生活の原型は先述したように伯夷・叔斉、老子、竹林の七賢、道教信者等により展開されていたが、彼らには政治的野心がちらついた。

　字は淵明、陶淵明に馴染みの方も多いかも知れない。自分の才能を公正に評価されなかった官人生活に見切りをつけ、都から田舎に戻る決意をした。その全貌を全文 340 字にわたる『帰去来兮辞』に意気軒昂に詠い上げた。全般的に自適の田園生活を送りながら隠士の生活、情景の描写、精神的解放感、心境を詠嘆的に筆先に込めて吐露した力作である。その序章 1 句、2 句の読み下しを耳にするだけで、陶潜の人生観と後代へのことづてが伝わる。

「帰りなんいざ

　田園将に荒れんとす、胡ぞ帰らざる」

　保証された役人生活に決別し、不安、悲嘆、苦悶といった悲観的心境に暮れることなく、故園で自己革新を図ろうとする姿勢が、次句に読み取れる。離職して第二の人生を模索する現代人への助言に聞こえる。

「親戚の情話を悦び、

　琴書を楽しみて以て憂えを消さん」

　都会を離れ、出生地にある人里の草庵に引き籠もったとはいえ、完全に世間から隔絶する訳ではなかった。妻、子供達と同居し、親戚、相識、元同僚であった役人等と交流しながら、新しい生活様式をさりげなく築いた。子宝に恵まれた陶潜は、5人の息子に学問を期待するが、思い通りにならず、これも天運と慨嘆する姿（『責子』）は、子煩悩な教育パパでもあった。世間との完全離断を図り、宗教的瞑想、思索をもって苦悩からの脱却、悟りを求めたのではない。従って、隠者固有の超俗感や困窮性は希薄に映る。現実生活に軸足を置き、家族、朋輩との関係を重視したので、人間味溢れる生活感覚であった。しかし、現代でも脱サラして、自適に琴書を楽しむ生活は容易でない。

　出家をせずに、社会的関係を維持しつつ雅俗を体現する陶潜スタイルは、唐代に再評価され、王維、孟浩然、韋応物、柳宗元、白居易等のそうそうたる追随者を輩出した。知識階層による生活スタイルの変革は、多くの優れた文芸作品誕生の誘因となった。後世に及ぼした影響の大きさを勘考してみると、知識層の画期的な生き方改革でもあった。

　自らも酒好きであったことを認め、多くの逸話が残された。仮想に基づき理想社会を描いた『桃花源記』、自伝とされる隠者の自分を描いた『五柳先生伝』、『帰園田去』等は、世間から追い払われた受動的悲観性ではなく、自ら希求する理想社会に生きる能動的楽観性を記した散文である。面白くて、興趣が湧く面目躍如の絶筆である。約1600年後の今読んでみても、陶潜の人生観が淡々と滲み、因襲を捨ててまで訴求する理想郷には憧憬の念を禁じ得ない。古今を問わず、形而上世界観を共有したがる志向性は、人の共通する特性ともいえる。

第8章　文芸編

　理想社会と描かれた桃源郷（境）は、『桃花源記』に由来する語である。話の趣旨を簡略してみた。「ある漁夫が道に迷い、桃の林を進むうちに異郷に迷い込む。そこの人々は争いごともなく平和に暮らし、漁夫を暖かく歓待した。話を聞くと、先祖は秦の時代の戦乱を逃れてきて、数百年来、外界との接触を一切断っている人々の村であった。暫く生活した後、漁夫は異郷を離れて故園に戻った。この体験を役人に話して、再訪しようと試みたが、二度と到達出来なかった」という話である。

　こうした論旨は、古代ユートピア思想の一典型とされる。この創作話から一つの含意を読み解いた。この話は秦の始皇帝の死後、世の乱れを避けて、移り住んだ一族郎党の平和で幸福な桃源郷での生活振りが核心となった。いわば、戦争避難民か、又は追手から万国に逃れた落人を暗示している。後世語られるように、始皇帝亡き後は、項羽と劉邦の覇権争いが数年続き、国土の荒廃と民衆の犠牲は甚大であった。想像するに、500年以上経った東晋時代でもこの時の悲惨な状況が、歴史を知る陶潜にはトラウマとなっていたようだ。

　五柳とは隠者の家の周りに5本の柳を植えたことに由来する。庭木や街路樹で柳は広く利用され、中国では多くの詩文に詠まれてきた。人の出会いと別れの場の風習として、特殊な意味を持つ木とされることに一因がある。離別は人生で悲しい出来事の一つで、昔は旅立つ人に送別する人が、柳の枝を折って贈る風習があった。しだれ柳をイメージすると分かるように、柳の枝は曲げても、しなやかな復元性で直ぐに元へ返るので、早く「元へ帰る」にかけて贈っていたとされる。柳を5本も植樹した深層には、陶潜自身も俗世との関係に区切りをつけ、都を離れて人里に隠棲したとはいえ、親朋、知己が自分の元へ帰ってくる期待、逆に自分が彼らの元へ帰っていく、複雑で逡巡する思いが交錯していたのかも知れない。

　日本でも馴染みの柳は、しなやかで細い枝葉の特徴から色々な熟語、言い回しに使われる。柳腰、柳の髪のように、男性より女性を連想した表現が多い。そうした関連から、特に堀端や川岸に生えるしだれ柳は、幽霊画の中では女の幽霊が現れる定番の組み合わせで、不気味さの演出に欠かせない。平安期の怨

霊が江戸期には幽霊に変幻し、誰も本物を見たことはない。しかし、想像力の
たくましい絵師は両足のない、髪の長い、青白い顔をした、両手の10本の指
を垂れ下げる女性のイメージが、しだれ柳と絶妙に重なり合うと感応し、空想
で幽霊を描いたのであろう。実体を知らない庶民は、芸術心に満ちる絵師の描
いた幽霊を本物であると、心理的に擦り込まれてきた。因みに、「柳の下にい
つも泥鰌は居らぬ」の諺は、中国では「守株」（『韓非子』、注）の故事と同じ
意味で、独自に生まれたようだ。

　柳に関しては残念なことに、故郷では柳を見る機会はめっきり減ってしまっ
た。

[閑話休題]

　韓非子の話題が出る度に忘れられない珍妙なやりとりが吹き出す。去ること
40年弱前、会社の後輩Y・Y君が自宅に遊びに来た際、書架に陳列されてい
た中国の古典シリーズを見て、「韓非子とはどんな意味ですか」と尋ねられた。
「七雄が覇を競った戦国時代後期、諸子百家の法家の一人として、儒家的徳治
主義から法治主義に基づく君主権強化を唱道して、最初の統一国家秦に天下を
取らせた代表的思想家である。聞いたことくらいはあるだろう」と答えた。す
ると、「銘酒、剣菱なら知っているが、韓非子は聞いたことがない」とボケて
返してきた。彼は理系出身で修士課程を修めた秀才だったが、中国古典、文芸
には全く関心がなかった。

　酒を飲みながら書き綴ったとされる『飲酒』と題する20種の連作を読むと
陶潜の詩境、詩味が堪能出来る。学生時代に学んだ最も有名な「其の五」を記す。
　結廬在人境
　而無車馬喧
　問君何能爾
　心遠地自偏
　采菊東籬下

第8章　文芸編

　　悠然見南山

　　　山気日夕佳

　　飛鳥相与還

　　此中有真意

　　欲弁已忘言

「悠然と見る南山」の南山は廬山（1474ｍ、江西省）を指し、故郷の南方に位置するので南山と称している。決して高峰ではなく、仏教、道教の古跡が多く宗教の聖地とされた。今は世界遺産に登録されている景勝の名山である。後述の白居易（中唐）、蘇軾（北宋の詩人で唐宋八家の一人）も廬山の諸峰を題しており、古来、名山の証左として揺るぎない。廬山の名称は、当山で廬（いおり）生活をする隠者が多いことに由来し、隠士、修行者には憧れの草庵の地であった。

　陶潜の達観した心境は想像でしか語れないので、彼の隠棲地と南山との地勢的関係を百名山に外挿してみたら、探しあぐねるまでもなく、存外印象とピッタリ合う光景を近くに見つけた。

　長野県の原村は八ヶ岳山麓の西方に位置し、菊栽培が盛んである。彼が草庵を構えた人境は原村のようなところであったと仮想した。もし、夕暮れ時に腰を曲げて菊を採り、腰を伸ばして、夕陽に照らされた八ヶ岳にねぐらを求める飛鳥を眺めれば、それは恰も陶潜の句境となる。陶潜自身は田園生活の真意を、謙遜気味に口を濁しているが、この地で本詩を誦すれば、彼の真意に寄り添えることは請け合いであろう。

第2項　王維（699 ？～ 761）

　唐時代に爛熟期を迎えた漢詩を3派に大別すれば、自然詩派、憂愁詩派及び社会詩派に括っても良いと思う。各派の代表はそれぞれ王維、李白及び杜甫だろう。各自、詩仏、詩仙、詩聖と尊称された大詩人である。これら3人は幸運にも盛唐期のほぼ同時代に長安を中心に活躍した一方で、最悪の安史の乱（755 ～ 763）に巻き込まれ、忽如人生が暗転する不運に見舞われる。この内乱で全

盛期の唐は次第に衰退に向かった。３人の境涯も予期せぬ三様の方向へ一気に流れるのだが、逆に彼等の才筆は特異性と永劫性を増した。三大詩人から遅れること僅か半世紀後、古来の詩文を総括するかの如く、幼児から麒麟児として詩才を発揮した白居易が登場する。彼も安史の乱が引き起こした事象に題を得て、『長恨歌』を生み出した。

　盛唐に開花した偉大な詩人達の人生に於ける光と影は、それぞれ独自の詩興、詩風を生み、又他の詩人の作品も、平安時代から現代に至るまで日本文学者に絶大な影響を及ぼした。文芸史上の巨星と敬称される清少納言、紫式部、鴨長明、西行、松尾芭蕉、夏目漱石等から枝葉の市井の好事家まで、その範囲は広すぎて捉えがたい。残された随筆、小説、歌集、絵画、俳句等には唐代の詩人達から受け継いだ詩心、歌心、絵心が核心として描かれている。

　奈良時代、『万葉集』を編纂した一人である大伴家持（717～785）は、盛唐期とほぼ時代が重なり、唐詩に触れる機会は少なかった。というのも、今でこそ文化は、通信技術の発展で一瞬の間に世界中を巡るが、高評の李杜の詩文でさえ、評価されて一般に普及するのは後代になることが普通で、更に日本に伝わるまでには相当の時間差があった。平安初期の柿本人麻呂、在原業平等も遙かに古い時代の『文選』(注) が文筆の指南書であり、唐代文芸人達の作品や白居易の『白氏文集』をどの程度書見したかは判然としない。もし一見していれば、大きな影響を受け、作風も変化したに違いない。

　唐との交流は遣唐使を媒体に進んだとはいえ、実際渡唐したのは16回であり、平安時代には９世紀の僅か２回に過ぎなかった。従って、唐代の文化の伝搬は限定的で、最新の文物入手は至難であった。平安中期に女流文学が勃興した点からも、唐代の書籍が貴族層に普及するには、最低100年の歳月を要したのではないか。盛唐期の文芸に触発されて、政治的安定を謳歌した平安期、王朝文人の能力は格段の進歩を遂げた。

　中国５千年の歴史を概観すると、古代に分類される唐王朝は西域経営に成功して、最大の版図を獲得した。国威を発揚し、国勢は強化され、文化は爛熟し、世界帝国として君臨した。玄奘が先述の大紀行を成就し得たのも、そうした背

第8章　文芸編

景があればこそであった。現在の治安を考えても同様で、国家の尊厳が保たれ、統治体制が整備され、経済が繁栄し、人心が安定しなければ辺境の地へ、更にその先の異国にまで単独の遊歴など出来るはずもない。

　漢詩を主体に通観してきたが、唐時代は西域との東西交流が進んだ。仏教、キリスト教を始め多くの宗教を受け入れ、文芸、美術に於いて黄金期を迎え、芸術家の活躍がこれほど脚光を浴びて評価された歴史は見当たらない。幸いにも目に余る苛政は少なく、繁栄した時代が長く続き、古代ではむしろ制度的に人民を保護、育成する善政といえる。総じてみれば生産、流通、交易が増えて産業が発達した。その結果、社会的資産が増え、国富が畜養された。歴史学的資料を多く残し、伝説、口伝に頼らない、実証性の高い歴史を後世への置き土産にした。只、盛唐期に起きた悲劇、安史の乱は異色の転帰を迎えた。

　唐代の優れた詩人は余りに多い。そこで、先の不世出の3詩人と白居易に焦点を当て、山での体験と作品に詠われた自然との間には時代を越えて共通性、普遍性といった双方向性が存在していることを精察してみた。

　王維は恵まれた環境に育ち、多才で眉目秀麗な人物と伝えられている。子供の頃から母の影響で広範に普及し始めていた仏教を篤く信仰した。静寂と情景描写に優れ自然詩の他、送別詩、宮廷詩も一流であった。簡潔に表現すると、瀟洒さと多芸な才覚を身につけた芸術家であった。垢抜けていてスマートさでは稀代の伊達男なのだ。彼の詩句に接した人ならば誰でもそう思うはずである。

　閑雅な詩情に溢れる作品はもとより、隠逸の詩人陶潜を再評価して、一大旋風を巻き起こした業績は大きい。彼のように温故知新の姿勢で旧作を評価しなかったら、陶潜は埋もれ木と化し、唐代の文芸興隆も色褪せていた可能性もあった。隠棲後、陶潜が琴書に耽っていても、どこか生活に困窮感が滲み出ているのに対し、王維の余生は徹底して芸術に費やされているのは、経済的ゆとりによるのかも知れない。なぜか彼の詩文には憂愁、悲嘆、苦悩が現れない。上品で温雅な心情が漂い、卑俗さは見当たらない。有名な五言絶句の『竹里館』は、彼の真意を暗示している。竹林精舎で修行する釈迦に憑依して、自然と対話するかの如き情景が浮かぶ。

独座幽篁裏

弾琴復長嘯

深林人不知

明月来相照

詩才一つに長けるだけでも偉大な資質なのに、承句では「琴をつま弾き、声を長く引いて歌う」とシンガーソングライターばりの楽才を得意げに披露した。従来の色彩、描線を用いた画風に対して、自由放縦に愛する遠景の山水を「破墨の法」で描く新生面を切り開く画才も発揮した。山水画法の画期性が評価され、明代には南宗画の祖と評価される画人でもある。手を使う四つの芸術を琴棋書画（琴・囲碁・書道・絵画）と呼ぶ。王維は囲碁の才能に卓越していたかは不明だが、琴棋書画は彼の才能を示す言葉に相応しい。晩年は座禅を教旨とする禅宗に帰依した。仏教の本質を瞑想による悟りであると突き詰め、それを視覚的に分かり易く描写する手法を山水画に見出したのかも知れない。

　文芸人としては自意識も過剰で、秀才が陥り易い自己陶酔型の性格と診断可能である。他方、難関の国家試験の科挙にも合格し、高官にまで出世した経歴から察するに元来、李白、杜甫より幅広い資質を纏った富裕貴族であった。只、彼は誰もの憧憬であった長安の煌びやかな生活に拘泥せずに田園生活を思慕し、自主的に気の合う友人達と芸術と信仰に明け暮れた。もっとも、彼の隠棲地は長安郊外にある広大な別荘地であり、日々の衣食住に不自由はなく、功成り名を遂げた成功者の擬態と周囲の目には映ったかも知れない。それでも、私淑した陶潜をお手本に、琴棋書画の世界を実践した。一つ決定的に異なる側面は、仏教を信奉したせいか、仏陀の遊行、説法を疑似体験して詠んだ節が窺える。

　竹里館とは竹林の中の建物を指し、起句の幽篁裏とは奥深く静寂な竹林の意味である。竹林精舎と祇園精舎は、地元の有力者から釈尊と彼の弟子のために奉献された最初の僧院で、二大精舎とされる。仏陀は遊行以外の説法は、これらの精舎で行ったと伝わる。仏教を篤信の王維は竹里館を竹林精舎に付会して、竹林内の僧坊で覚者となる真味を句中に投影しようと意図したのではないか。

第8章　文芸編

閑話休題

　小説を読んでいると、近代の著名作家で中国文学に強く影響されたのは、夏目漱石と芥川龍之介であろうと感じた。勿論、幕末から明治生まれであれば例外はいないし、彼等の文学的背景が、中国文化に依拠したのは当然であった。殊更、二人とも唐詩には並々ならぬ関心を持ち、文学の基礎として勉強し、作詩もした。しかし、唐代の一流詩人にはとても太刀打ち出来ないことを自覚して、作物の主体を近代小説に向けた。本音を吐けば、漢詩でも後世に口承されるような名作を残してほしかった。

　夏目漱石は漢学、俳句を学び、東大で英文学を履修して教職に就き、英国への西欧文学研究のため国費留学し、後に新聞社にも勤務した経歴を持つ。当時一流の知識人であるばかりでなく、人情・非人情社会の経験も十分積んでいる。英文学と中国の漢詩には造詣が深く、学者としての評価も高く、その上、才筆の冴えによる数々の作品は、近代日本文学史上の珠玉となった。

　漱石の作品では、処女作の『吾輩は猫である』が最高峰の小説だろうが、初期の『草枕』が次点となる作品と思っている。この中で詩、絵、彫刻の芸術的価値が俗世を離れて追求する最高の耽美であると、主人公に擬して本人の文学観を具象的に取り上げた。その証左に人事に執着する西洋流の思想、平等、自由、愛、正義と人生を理詰めに模索していく哲学的展開には彼自身食傷気味に見える。そして、東洋の詩歌には俗念を捨て、超然と出世間的心持ちになる境地が耽美的に描かれているので、敬意を払っている。彼の本音は次の表現に見て取れる。

「……惜しい事に今の詩を作る人も、詩を読む人もみんな西洋人にかぶれているから、わざわざ呑気な扁舟を浮かべてこの桃源に遡るものはないようだ。余は固より詩人を職業にしておらんから、王維や淵明の境界を今の世に布教して広げようと云う心掛けも何もない。只自分にはこういう感興が演芸会よりも舞踏会よりも楽になるように思われる。ファウストよりも、ハムレットよりもありがたく考えられる。こうやって、只一人絵の具箱と三脚几を担いで春の山路をのそのそ歩くのも全くこれがためである。淵明、王維の詩興を直接に自然か

248

ら吸収して、少しの間でも非人情の天地に逍遥したいからの願。一つの酔興だ。」
（『草枕』）

　このように、理想的時空を描きつつも詩文を離れれば現実の実態、生活や如
何、云々と話は続くのである。同作には中国の詩文の描く感興に憧れを抱きつ
つも、完全に心酔し切れない自分に腹立たしさを覚えたりするのか、揶揄嘲笑
する場面がある。

　「淵明だって年がら年中南山を見詰めていたのでもあるまいし、王維も好んで
竹藪の中に蚊帳を釣らずに寝た男でもなかろう。やはり余った菊は花屋へうり
こかして、生えた筍は八百屋へ払い下げたものと思う。」主人公は人情世界か
らの脱皮を目指す意思を願っても、隠棲地にある隠者ですら、人情・非人情世
界と縁を切り離す難しさを描いている。

　漱石が唐代の詩人達から薫陶を受けて形成した当初の芸術的感性、美的感覚
は画期的で、この上ない賛辞を送りたい。作品内で右記の２詩を例に挙げ、陶
潜や王維の作品に見られる生き方が人間関係を途絶し、非人情的と見做してい
た。反面、彼等の生き方は、漱石の造語とされる低徊（趣味）と絶妙に適合し
ていることを知ったに違いない。則ち、世間と距離を置いて興趣と詩美の世界
であれこれ模索し、気儘に遊ぶ志向である。そして、二人の詩人の高い詩情、
芸術性を尊敬する一方で、漱石よりは恵まれた環境に嫉妬する気持ちが、一部
揶揄する表現に繋がったのではないかと憶測してしまう。

　英国で近代文学を学んだ一方、東洋文学との相克に苦しみ、作風は後期にな
るに従って明確な変化が生じている。こうした変化の背景には彼自身の抱えた
固有の問題と、欧米列強の外圧によって性急に近代化を図ろうとする日本の社
会問題や矛盾が存在した。文人から脱皮し、社会派的思想が顕現してくる。

　出世間の芸術感から離脱し、社会と真摯に向き合おうと社会派へと方向変化
を遂げたのは、江戸の旧弊的制度、人情社会から明治の西欧的制度、国際社会
への馴致、脱皮が不可避であることを悟った末のことであろう。新しい文学観
による中期・後期の作品にも長編が多いが、観念的創作が目立ち、読者が本旨
を容易に読み解く構成と面白味には欠けているように感じる。物書きの大家も

第8章　文芸編

晩節には迷妄にはまっている。それでも、漢詩の頂点に立つ陶潜、王維等の芸術心が漱石の奥深い心底、胸のうちには最期まで収まっていたものと信じる。

（注）
文選：6世紀初頭、梁の昭明太子（501〜531）が周から梁まで約千年間の優れた文章詩賦の集大成として編纂。一級作品が多く、知識、教養、創作のバイブルとして愛読された。飛鳥時代に日本に伝来し、盛行した平安期には文学に多大な影響を与える。年号の改元時には『文選』に収載された詩文の文字から新元号の候補がしばしば考案された。

第3項　李白（701〜762）

　李白は王維、杜甫と並び、時を越えて語られる天才的且つ伝説的な詩人である。人口に膾炙される白髪三千丈、別天地等の誇大表現もさりげなく詠み、心に刺さる詩句を残した。しかし、同時代にありながら生い立ちから人生観、詩風に至るまで王維や杜甫とはかけ離れている。科挙に合格してエリート官僚の道を歩んだ王維のようではなく、流浪の旅路を長く続けたにも関わらず、杜甫のように宿痾や艱難を恨む気配を見せない。むしろ私淑した老子、陶潜と気質、思想が似ていて、恬淡と自然との共生を軸に孤高で奔放な人生を歩んだ。その一方、妻子への愛情は深く、家庭を顧みなかった訳でもない。時代を越えて、読者の共感を独り占めした詩風は、家族愛や人間味にも溢れ、理想社会を庶人が夢見ても描けない仙界に求めた志向性に起因している。

　李白は長江（揚子江）上流の四川出身とされる。豪商であった家庭の事情で西域での移住生活が多かったと伝えられ、後の遊歴志向は少年期の転勤生活で擦り込まれたようだ。彼の言い伝え、人生観、道教の信奉、自己過信、詩文等を総覧すると出自は漢族ではなく、中国と通商を盛んに行い、固有の文字を持っていた西域系のソグド人又は突厥がルーツと推測される。経済的、教育的に恵まれていたお陰か、麒麟児の如く少年の頃から詩才を発揮していたという。しかし、若い頃から仙界への憧れと同時に剣術、任侠世界に関心を持ち、25才前後から遍歴を始める。

　李白は「万古の愁」といわれる「愁い」が人生の基本となった。愁いの基因

には諸説あって、定かでない。李白は愁いからの解放を目指し、旅と酒と詩を友人に選択した。結果、愁いからの解放が実現したかは別にして、千余の詩文に結実し、そのうち200は酒に関係しているというから半端ない驚きだ。

「白髪三千丈、愁いに縁りて個の如く長し」(『秋浦歌』)が彼の愁いを暗示する一方、他の詩でも同じく、表現の巧妙さ故か悲惨さではなくどこか超然さを訴える。

いつの世の民衆も愁いに苦しみ、晴らすことに悶える。彼は詩作に酒の力を借りていたことは確かである。飲むだけでなく、酒そのものが歌枕と同義に近いくらい詩中に多用した。蘇軾(北宋の詩人)が「憂いを掃う玉箒」(『飲酒詩』)と詠んでいる。玉箒とは酒の異称を示す。酒を飲めば愁いを払い除く(掃く)ものと古来信じられていて、愁いを除くため、飲酒は有効な手段であったことを裏付けている。因みに、愁いは憂いと同義であり、心配や不安、憂鬱な気持ちの意では「憂」、情緒的もの悲しさの意では「愁」を使うことが多いとされる。厳密に使い分けるとすれば、李白には愁い、後段の杜甫には憂いが至適かも知れない。

生地四川を離れてからは、長江を下って南京に行き、知識層が憧れた科挙を目指すはずが、科挙を受験した記録はない。受験の機会を得られなかった理由は、出自(商人、異民族?)が影響したのか、本人に意思がなかったのか不明である。世界に例をみない画期的な官僚登用方法であった科挙も、四民に機会均等で身分による制度上の差別のない、公正な選抜試験では必ずしもなかった。

その後、人生の長きにわたり放浪した彼は、旅をむしろ自分を啓発、教育する好機と捉え、苦行ではなく、詩境を増幅する必須条件に据えたのであった。情報が限られていた時代の自己練磨には、旅が最良の成長機会となり、旅の先々で数々の名作が残された。歌枕紀行である。唐の版図を広く遊行しているが、往来の多くは長江、黄河等の水運を利用していた。意外と思えるけど、地勢的に中国は昔から水運が開け、移動には街道より舟行が安全で利便性に優れた。

第8章　文芸編

> 閑話休題

　少し、水運事情の背景について捕捉する。中国には有名な三大河川、黄河、淮河、長江が西から東に走り、黄海、東シナ海に注いでいる。日中の地勢的相違から、日本の河川は一般的に勾配が急で流路が短い。それに比し、大地を龍の如く東流する中国の長大で流域面積が広大な大河は、中・下流域では

千曲川水源地（甲武信ヶ岳）

氾濫の度に大幅に流れを変えた。結果、肥沃な大地と水害の相反する利害をもたらした。こうした特徴故に文明的、歴史的、経済的、文化的にこれら大河が、多様に歴史の舞台に顔を出した。天地を自由に動き回る大河（水）のダイナミックな「流れ」は、龍神へと神格化された。尚、龍は架空の生き物で、中国では権力の象徴、日本では水神様として信仰される。水を司る龍神は多くの神社で祀られ、「龍」と名の付く場所が心身を癒やすパワースポットに認知されもする。

　山と河川は一蓮托生である。殆どの河川は山間の水干に端を発し、小流（渓）となり、低きに流れ下って、支流を集めて河川へと変わる。水干は山の一つのスイートスポットとなっている。本邦の代表例では千曲川が分かり易く、甲武信ヶ岳の中腹に水源があり、山道添いなので容易に観察出来る。

　中国は治山治水が支配者の統治条件の一つとされるお国柄で、歴代皇帝は水運開発に注力した。そのため河川管理、運河建設技術が発展し、人や物資の移送には川と舟が重宝された。この状況を表すかのように、杜甫は自分の舟で遊歴していた詩を残した（『岳陽楼に登る』）。

　治水の功にかけては伝説の聖王とされる禹（夏の始祖）が有名だが、運河造営の歴史的第一人者は隋の二代皇帝煬帝といっても過言ではない。江南の物資を杭州から洛陽を経て北辺の北京まで運ぶために長江、淮河、黄河を巧みに開削、南北に連結した大運河（約1800㎞）は、今日にその偉業を伝えている。しかし、偉大な功績でありながら亡国の一因となってしまい、後世悪政の代表的事業と

された。隋の治世は 636 年、正史『隋書』（唐勅撰）に編纂された。隋を倒した唐は政権交代の常套手段に倣い、その正統性を誇示するために、煬帝は民衆を苦しめた暴君に描いた。現代では国防上及び経済上からも戦略的及び合理的な土木工事として、その評価を見直す動きもある。しかし、大運河建設、万里の長城改修、高句麗征伐のために莫大な費用を投じ、多くの人民の犠牲の上になし得た事業であった。400 年近く南北に分裂していた中国を統一した隋にすると、当時の内政、国際環境からして大胆な内治政策、社会構造の変革を遂行せざるを得ない状況であった。

自明の理であろう。煬帝は民心を癒やすことなく、高句麗との戦争で人民を徴兵し、各地に造営した華美な離宮の巡行を繰り返し、多数の美姫との荒淫に耽る乱脈な政治に走った。挙句の果て親衛隊の臣下に殺害され、亡国の君主となり、近年に至るまで陵墓すら発見されなかった。今でも中国では悪逆非道の暴君との見方が強い。

隋の中国統一は、「戦国の七雄」から抜け出し、初めて中国を統一した秦に符合する。秦による国家建設が為されなければ、現在の中国は数十の国家からなる欧州と同じ分国体制になっていたと想定される。隋も永年分断された中国を統一した点で偉業を達成した。両帝国は、数々の画期的偉業を達成したが、半世紀持たずに滅亡してしまう。その後をそれぞれ継いだ漢と唐は前王朝の残した体制を、適度に軌道修正して国家運営を図り、それぞれ 2 世紀以上続く長期帝国を実現した。歴史とは皮肉なもので、暴君、暴政のもたらした政治の反動として、後継王朝は革新的政策を施行せずに、前政権の遺産を果実として収穫した例が多い。

煬帝を擁護する気はないが、一つ善政を挙げるとすれば、彼は仏教に帰依し、天台宗の開祖である智顗を支援した。恐らく、煬帝が仏教保護を奨励しなければ、唐代の仏教隆盛はなく、留学僧の最澄等が天台宗を日本に布教する流れも変わっていたに違いない。最澄以降、広範に仏教が相承されていき、国民的宗教と化す遠因となった。

例外なく、どこの国でも川は多くの詩人によって詠い込まれた。李白の生涯

第8章　文芸編

にとっては、特別に長江は異彩を放つ存在となった。

　李白は漢族の名家出身ではなかったので、因循姑息のしがらみは少なかった。自由気ままの生き方を好み、道教への傾倒、仙界への憧れを強くし、無類の旅好きであった。若い頃から文才に恵まれ、旅先の街で高い評判を満たしていたが、中央政府に抱えられることなく、隠棲と地方遍歴を繰り返した。この間、気の合った先輩の孟浩然等多くの詩人、道士との交流を通して互いに切磋琢磨し合って、詩作の修練に余念がなかった。「春眠暁を覚えず」の起句で始まる名作『春暁』の作者である孟浩然を黄鶴楼（『黄鶴楼送孟浩然之広陵』）で送別し、杜甫は、酒好きの李白を彷彿とさせる「酒中の仙人」と詠っている。詩文上、盛唐期は逸材が数多く輩出した結果、一気に香しい百花繚乱の希なる時代が創造された。

　枕歌は中国発祥で、彼も先達の歩いた名所、旧跡を辿っては創作を重ねている。足跡はあまねく中国各地に及び、１千以上の詩、60余の文を残す偉業に繋がった。彼独特の詩的世界観と幻想的な詩風は、こうした背景、道士及び卓越した詩人達との交流、長い山中生活の影響によって培われた。彼と親交のあった杜甫の詩文も膨大で、彼らはそれを旅の途次に作り上げた訳で、そのエネルギーたるや超絶に値する。きら星の如く輝いた多くの唐代の詩人達の中にあって、両人の作品は質量共に別格であった。

　李白は逸話の多さでは他にひけをとらず、人生観、処世観、飲酒にまつわる話がまことしやかに伝えられ、興味を煽られる。巷間伝わるように一見協調性がなく、放縦に見えても、創造性と幻想性に満ちた言葉を操り、人心を魅了して止まない人物であった。果然、濁世を逃れ仙郷に詩才を遺憾なく発揮し、詩中に真意を伝えていた。ところが、道教に傾倒したものの、出家して道士を目指した訳ではなく、仙道を通じて仙人の疑似体験をして、詩境に取り入れた姿勢が強い。つまり、李白は芸術家であって宗教家、思想家や政治家ではない。このため、後々まで俗世との断絶に踏み切れず、安史の乱による混乱期には、誤判断で人生を狂わす事態に巻き込まれた。仙界に身を置きながら、人間味に溢れる詩人であった。

李白が転々と漂泊していた雌伏期にあっても、評判を聞きつけた地方有力者、豪商等からの手厚いもてなしが寄せられた。結婚もして家族を持ち、脱俗はしていない。決して奇人でも放蕩三昧に明け暮れた訳でもなく、社会が是認する隠棲文芸才子で、将来立身して大成する人物と評価されていた節がある。出る杭は打たれることなく、周囲は知る人ぞ知る雄飛する逸材と予感していた。

　元来、頭を垂れて人に追従するなどはもってのほかで、請われて当然という自負が、現実になる時が41才に訪れた。李白の評判を聞きつけた皇帝玄宗から声がかかり、皇帝側近の宮廷詩人（翰林供奉）に選任される千載一遇の幸運を掴んだ。有力者推薦による猟官運動の成果というより、李白の才能、評判が文芸に造詣の深かった玄宗の耳目をひき、芸術談義の相手には波長が合うと採用されたのだ。李白の自負心が最大に満たされた瞬間となった。皮肉にも科挙の受験すら叶わなかった一介の市井人が、皇帝側近の宮廷詩人に抜擢された。エリート官僚群を差し置いて、李白が皇帝から知遇を得て、最も近い立場で進講の機会を得たのである。

　唐代で李白ほど皇帝の懐に入り込めた詩人はいなかった。芸術肌で後半生を道教に傾倒した玄宗と李白とはケミストリーが合ったに違いない。科挙に合格していない彼は、秘書官のような政治に直接関与する常勤のエリートではなく、皇帝のお呼びがかかれば出仕し、他の追従を許さない詩歌を披露するか、講学に侍していた。いざ宮廷生活を始めると、因循な習慣、しきたりは自由度を奪い、プライドの高い側近官僚群と角を突き合わせての日常は、枯淡の境地で俗気を極力忌避したい彼には耐えられなくなり、しばしば抜け出しては酒房で詩作に耽っていたと伝承される。後に詩友となる杜甫が、後述の『飲中八仙歌』で李白を詠っている。飲中八仙とは唐代の有名な大酒飲み8人の隠士で、李白はその中の一人であった。

　半世紀近い玄宗治世の前半約30年間は、「開元の治」と称される王朝最盛期であった。「貞観の治」を築いた第2代皇帝太宗に肩を並べる名君と評されもした。版図の拡大、国力は最大化し、都長安は百万人が暮らす大都市となり、政治経済文化の中心地として、国際色豊かな大帝国の繁栄を築いた。それを伝

第8章　文芸編

える膨大な文物を一見しただけでも、爛熟の極みを感じる。

　日本人にとっては同時代の聖武天皇、鑑真、阿倍仲麻呂は玄宗と深い機縁を持っている上、楊貴妃とのロマンスで不動の人気を博してしまう。

　しかし、歴史は時に残酷なもので、長期政権にありがちな内訌の悪弊が、忍び寄っていたことに主役は気づかない。新元号に変わった頃、宮廷に傾国の美女楊貴妃を冊立し、これが帝国を揺るがす導火線となる。楊貴妃は傾国の女性と形容されるが、耽溺の愛は衰亡の主因ではなく、政治的に構造破綻する要因が積み重なり、専制君主の責任を放棄して、側近に政治を任せてしまう失態を天子は犯した。名君から一転暗君へと歴史の歯車は狂い始めた。

閑話休題

　日中の歴史を俯瞰していて、大きな違いに気づく。その一つに女性の政治との絡み、則ち最高権力者に及ぼした政治的影響である。勿論、中国の女性の方が政権との関与が深く、後世、傾国と称される女性の出現で君主が悪政に走り、国家が凋落、滅亡する話が実に多い。絵に描いたようにその女性は悪女とされ、れっきとした国史でも伝わり、幾多の文芸作品に題材として取り上げられた。例えば、楊貴妃である。無辜な楊貴妃は玄宗の寵愛を一身に受けたがため、悲運にも戦禍で命を落としてしまう。傾国の悪女に貶められた典型例であった。しかし、白居易の才筆により、著しい悔悟の情に駆られる玄宗の楊貴妃に対する悲恋物語を叙情的、叙事的な長歌（『長恨歌』）に纏め、悲劇の美女に見直された。

『阿Q正伝』（魯迅）に次のようなくだりがある。

「支那の男は本来、大抵皆聖賢となる資格があるが、惜しいかな大抵皆女のために壊されてしまう。商は妲己のために騒動が持ち上がった。周は褒姒のために破壊された？」

　商は殷（中国古代王朝）のことで、酒池肉林の成語で有名な殷王朝最後の王となる紂王が愛した妲己を指し、暴政のあげく周の武王に滅ぼされた。褒姒は周（西周、殷の後を継いだ古代王朝）最後の王となる幽王の寵姫である。殷、

256

周が滅亡した主因に妲己、褒姒が付会されている。こうした古代王朝時代に於ける記録の信憑性は疑わしくても、二人の女性は傾国の美女として刻印され続けてきた。その他、皇帝の寵愛を巡る多くの悪女が歴史に登場し、女性の権力志向の強さが示唆される。

　日本では最高権力者の天皇、将軍、関白等の寵愛を得た女性が国政に関与して、国を傾けた事例は見当たらない。豊臣秀吉の妻で大阪城を落城させてしまった淀殿が傾城の美女に該当するくらいで、伝説化するほど暴虐非道の悪政を誘引した悪女は伝えられていない？

　絶頂期から傾国期へと向かうこの時期を山に例えれば、緩い峠（鞍部）が該当する。峠を下り始めて間もない頃、李白は玄宗と運命的出会いを果たしていた。出会いからほぼ10年後に「安史の乱」が勃発し、玄宗は退位し、楊貴妃も殺害される運命にあることなどつゆだに思わない。自分の才能を認め、肌が合いそうな風流皇帝のために、多くのお抱え文人、芸術家がそうであるように、李白も貴妃を外連味のない美辞麗句な作品を残した。最高の権力者と愛妃との恋愛を直視し、華麗な文句で名を不朽にした。科挙を通過し官僚となった王維、張継、柳宗元、李商隠、王翰、高適、杜牧、白楽天等の唐代一流の詩人を尻目に、皇帝の御座所に一時近侍していた李白は、遅ればせながら強運の持ち主になった。『長恨歌』は叙情的、叙事的長歌だが、李白の作品は臨場体現により描かれたので随筆に匹敵する。

　伺候時、玄宗の信頼は厚くても、権力闘争渦巻く巨大な官僚機構の王朝内では彼の性格、行状が災いしてしまう。次第に讒言、妬み誹りの排撃に遭い、身を退かざるを得ず、僅か3年弱で長安を離れて、再び巡遊の旅に出立していく。在職の間、李白の人となりを知る興味深い逸話が多く伝えられている。

　ある日、川縁の酒家で酔い潰れていた李白の下に、入朝以来そりの合わない側近の高力氏（宦官）が皇帝の酒宴に臨席する旨を伝えるべく舟で迎えに来た。身を起こし、高力氏に靴を履かせた上、李白は、天子の命令を断ってしまった。後に、杜甫はこの時の状況を『飲中八仙歌』で詠った。講釈師の話同様、まる

第8章　文芸編

で見てきたかの如く臨場感溢れる。李白の人生を28文字で描写仕切ってしまう杜甫の筆力には恐れ入る。

　李白一斗詩百篇

　長安市場酒家に眠る

　天子呼び来たれども船に上らず

　自ら称す　臣は是れ酒中の仙と

　一斗詩百編とは、一斗（約２ℓ）の酒を飲む間に百編の詩を作成したという意味である。又、酒を醸して詩を作る詩人と評され、酒好きで酒豪であった。古今東西、酒好きの凡夫はどこにでもいるが、詩百編を作れる上戸は希にもいない。召請を拒んだ理由を、自分は酒の世界に住む仙人であると名言している。酩酊した凡夫がよくしでかす酒の席での軽弾みの失態ではなく、論理的に計算し尽くした告白であった。しかし、これが知遇を与えてくれた皇帝との永久のいとまごいとなった。

　名声を博する詩人とはいえ、又コンプライアンスが緩い時代にしても、皇帝お抱えの側近が公務中に天子の命令に従わず、酒の仙人と称して酒家で飲み続けた行為は、流石に御法度であり、不評、反発を買ったことは疑いない。現代感覚では明らかに公務員向きの生活、勤務態度ではない。日頃、宮廷内の生活に馴染めなかった彼は芸術、道教への志向の強い玄宗ならば価値観を共有し、理解してもらえると、過信した可能性はある。奸臣、側近官僚、宦官（去勢男子）等が実権を左右しがちの宮殿では皇帝の自由度は狭く、仙道に理解のあった玄宗といえども彼らの進言を拒めず、放逐止むなしの判断を下したのだろう。

　僅か数年前、天賦の才が玄宗の目に止まり、誰もが羨望する宮廷の要職に選任された幸運を、細心の配慮、自制しながら、栄進の道を歩む選択はせず、拘泥もしなかった。自由気儘、不羈な性分をして市中の酒場に居座り続けた姿勢は、李白の強烈な人間性と心に潜む深遠な闇という愁いに直結する。多少、李白に忖度して、彼の心情に耳を傾けると、本意が透けてみえた。

「自分は若い頃、科挙に合格して皇帝様の傍でお役に立つ仕事がしたいと切望し、憧れの都長安にやってきました。ところが、不条理なことに理由もなく、

受験の機会すら許されなかった。各地を放浪しつつ独学研鑽に励み、世間から
は前途有為な詩人と褒めそやされました。その効あってか、ありがたいことに
文芸の守護皇帝様が、私の愚作に目通し頂きました。このご縁がきっかけとな
り、お側で奉仕する役目を仰せつかりましたことは身に余る栄誉でした。いざ
宮廷での３年間にわたる勤務を体験してみますと、ここは自分の居る場所では
ないことに気づいた次第です。皇帝様は俗界を導く天子です。私は今酒中の仙
人となって詩を詠んでいます。普段なら相まみえることがない別世界の二人で
すが、詩文の縁あって対峙しています。しかし、この世は天子も道士も身分に
差のない、平等の存在であります。天子様からの臨席ご招待は光栄の至りです
が、この度は酒中の仙界に眠らせて頂くわがままをお許し下さい」

　こうして、李白は胸中の心情を吐露して、天子のお召しを拒否してしまった。
心安く身安き仙界では言葉と韻、自由と気儘に戯れ、最高の詩人李白も、百官
居並ぶ宮中では玉座の皇帝を前にして、その勢威に怖じ気づいていたのだ。思
いの丈を赤裸々に面と向かって申し上げられずにいた鬱憤を晴らすには、酒
房にいてお召しがかかったこの時が絶好の機会であった。宮廷内の酒宴で皇帝
と対酌しながら、胸襟を開き、心情を吐露する一場を体現する難しさを李白は、
了知していた。類似する古諺にも「思い内にあれば色外にあらわる」（『大学』）
とある。

　些細で理不尽な咎でも、死罪を科せられておかしくない古代にあって、この
対応は極刑も予想される危険行為そのものであった。しかし、不惑を過ぎてい
た李白は、躍然と俗物性を忌避し、恰も神仙的天命を熟知していたかの如く振
る舞った。仙界とは真逆の下界の長安から逃避したい気持ちに煽動されたかも
知れないが、当時はまだ平和で最盛の時代に於いて、玄宗と王朝への忠節心を
捨て去ったとは考えづらい。

　皇帝に啖呵を切った以上、又中央の役人との摩擦が強まる状況では退職し、
長安を離れて旅宿の生活に戻らざるを得なかった。その後、放浪中の彼が困窮
した話はなく、訪問各地で有力なパトロンがついたことは容易に想像される。
言葉を醸す力を駆使して、酒食に事欠くことがないほど、高名な職業詩人になっ

第8章　文芸編

ていた。短期間とはいえ、宮廷で皇帝一家との付き合い、公職の経験は、李白の詩文に深みと幅を極大化するに十分であった。

　栄光の長安を離れて遊行の途上、副都の洛陽でたまたま、同じく遊歴していた11才年下の杜甫と出会った。この出会いは、偶然起きたのではなく、「宮廷詩人」として高名を馳せた李白が、洛陽にいることを聞きつけた杜甫が、李白の立ち寄る酒房を探し当てて実現したと想像した。恐らく、杜甫はとかく話題の多い李白に憧れていて、親炙する思いが強かったに違いない。性格、詩風が好対照の二人でありながら、親交を結び、各地を遊歴し、友情は生涯に及んだ。実際は僅か1、2年の付き合いであったらしいが、両者はお互いを思いやり、再会を期すも果たせなかった。『史記』にある「両雄並び立たず」の成句は、この二人には当てはまらない。不遇に身をやつしながら芸術家同士、詩文への情熱、才能に敬意の念を抱き合っていたのだ。

　後輩杜甫は、先輩李白を含む8人の酒豪の嗜好、自由闊達な生き様を先の『飲中八仙歌』で巧みに描写し、李白への敬意を示した。八仙とは民間伝承された7人の酒豪に李白を加えた8人を指し、酒に絡めて自由奔放に振る舞った姿を、杜甫が七言古詩に描写した。李白のくだりは、杜甫が李白から直接話を聞いたのか、敷衍した噂話をヒントに作歌したのかは分からない。いずれにしろ、自分にはない李白の豪放磊落さに強い影響を受けたことは確かである。酒の好き嫌いは人間の素養、功績と没交渉であっても、昔から英雄、芸術家には外連味なく宿業の如く語られ、実像を解明する上で貴重な情報になっている。

　朝廷を離れて後、李白は長江沿いの街や人境で流浪を繰り返していた。そんな折、繁栄、爛熟の極にあった唐で、楊貴妃の養子になっていた節度使の安禄山が乱を起こした（755）。瞬く間に長安は安禄山の軍に占領され、玄宗は蜀（四川）に落ち延びたが、その途次楊貴妃を失い、退位した。この大乱は足かけ9年に及び、安史の乱と呼ばれた。太宗の後を継いだ第7代皇帝粛宗が洛陽、長安を奪還して、終結したのは763年であった。太宗は長安に帰還するも、復権することなく失意のうちに没した。この後、戦禍で荒廃した長安は衰微の一途を辿る。不朽の名作、杜甫の『春望』にその惨状、無念さ、絶望感が遺憾なく

260

語られた。

　李白も王維、後述の杜甫同様に戦犯、捕虜の辱めを受け、命からがらの体験をする羽目となる。彼らの詩文を比較精察してみると、国難をもろに体験した杜甫は、国と己の不幸を感受性豊かに実直に詠っている。これに対し、内乱の原因を作った玄宗の政治に多少なり関与した責任を感じたのか、李白、王維は政治的混乱から逃避したい胸の内が、詩歌の節々に滲み出た。更に李白は、同じく異民族系の安禄山に複雑な心情を抱いた面は捨て切れない。

　李白の国政との関与は、前述の宮廷詩人に選任された時と内乱後の２度あった。内乱勃発時、李白は廬山（江西省）で隠棲していたのだが、皇帝粛宗と反目していた弟の永王に招聘されて、彼の軍と行動を共にする政治的な誤判断をしてしまった。その後、永王は反乱軍と見做され、討伐された。当時55才だった李白も捕縛され、死罪判決を下されるが、嘆願により減刑されて夜郎（貴州省）に流謫となる。夜郎自大（『史記』）の故事で知られる夜郎であり、長江上流に位置する未開民族の住む辺地である。

　罪人として流刑地に向けて、思い出深い長江を護送船でゆらゆら遡っていく。さしずめ、森鴎外の名作『高瀬舟』を想像してもらえば分かり易い。李白は長江を約２千km上ったが、高瀬舟の罪人喜助は高瀬川を僅か10数km下った。両罪人が護送される背景と経過が好対照で面白い。

　嘗て皇帝お抱えの詩人であり、政治的犯罪性が弱かったこともあり、この移送は異例づくめであった。船着き場では李白を慕う地元の有力者から、数々の酒宴の歓待を受けていたというから驚きだ。盛唐期には唐詩が一般にも浸透し、李白が民間詩人として、どれほど敬愛されていたかを物語った。犯罪人ならぬ有名人が安全警護されながら、物見遊山ばりに水行を楽しめる囚人輸送は許されていたのか、李白仕様の特例であったのかは分からない。

　確かに、松尾芭蕉も各地を行脚した折、俳句好きのひいき筋から宿屋、飲食の提供を受けていたが、これは千載一遇に会えた大師匠への返礼ほどのもてなしに過ぎない。一方、流刑の身である李白が配所に向かう際、まるで観光客然としてあり得ない待遇を受けていたとは一概には信じられない。律令制が完

第8章　文芸編

成した時代だから、刑法は厳格に運用されていた認識に懐疑的になってしまう。無論、護送する役人もお上の許可を得て許したはずはない。噂に聞くこの名人を尊敬の余り、むしろ積極的に便法を用いて、哀れな境遇にはまった李白の自由な行動を黙許した気配すら感じる。こうした逸話から察すると、放縦不羈の大詩人の側面のみに止まらず、人徳者李白の顔が浮かんでくる。

　長江の中流部から上流部には旧所、名跡、壮大な景観、美観に恵まれた場所が多く、数多くの詩人に詠まれた歌枕の聖地でもあった。自然描写の達人であった李白にとっては、往来する度に芸術心をくすぐられ、秀作を多く残した。黄鶴楼（武漢市）、洞庭湖の畔の岳陽楼（岳陽市）、汨羅江に建つ屈子祠（湖南省）に立ち寄っていた。屈子祠は汨羅に身を投げた屈原（戦国時代楚の政治家、詩人）を祀っており、李白が最も尊敬した実在の人物である。思い出深い長江を上る船上に罪人として、配流先に向かう心情は如何なるものであったか。

　航行の難所とされる三峡を上っていると、幸運にも恩赦の沙汰を告げる使者が訪れ、忽然自由の身になった。この赦免は絶望の淵にあった李白に生気を復活させた。三峡を越えた長江の北岸には、三国時代蜀の劉備が没した白帝城（四川省）がある。李白がここから広陵にまで下る舟行を詠じた作（『早発白帝城』）では、李白の高揚した心情が察せられる。

「朝に辞す白帝彩雲の間　千里の広陵一日にして還る　両岸の猿声啼き住まざるに　軽舟已に過ぐ万重の山」

　玄宗の寵遇を受けた大詩人で、得体の知れない魑魅魍魎渦巻く官界で、権謀術策を巡らしたはずもない李白の理非を論じ詰めれば、無罪放免は是非もないまっとうな処断であった。それにしても不思議なことは、血気にはやる少壮期ならまだしも、既に酸いも甘いもかみ分ける老境の隠士であった李白が、混迷の政治的状況を読めないまま、なぜ火中の栗を拾いに行ったかである。つい真意を憶測したくなる。

　もう一度、李白の人生を反芻してみた。青雲の志を抱いて家郷を後にした際には、長安での政治的立身出世が脳裏を掠めていた。科挙は文才のある受験者に有利な試験で、狭き門ではあったが、合格すれば高級官僚として生涯の生活

は安泰となる。比肩なき才能に恵まれた彼は、功名を立てる時代の寵児たる資格を備えていた。しかし、彼は唐に征服された西域の異民族の出自で、受験する機会さえ与えられない屈辱を味わう。制度の不公正を嘆いたところで、立身する上で何の役には立たない。そこで、若気の至りか純真さ故か、道教に憑かれ、男気、剣術等を好み、25才頃から遍歴を繰り返しては、人生経験を重ねる。鬱屈した心を癒やすべく、優れた文士や道士との交流により、才筆に磨きをかけ、万古の愁いを詩歌に具現化していく。

　その甲斐があって、41才にして詩文の評判により、科挙を経ずして、一度は玄宗の側近に採用された。千載一遇の幸運は２年持たず、宮廷追放の憂き目に遭い、長安を去った。いや、自分の進路を自ら決断したとはいえ、再び諸国遍歴に陥った己を内省すると、忸怩たる思いに駆られたに違いない。誰もが賞賛する天分の詩才に加えて、自分には政治的手腕も備えているという独善的過信が、完膚なきままに否定された瞬間であった。それでも、一斗の酒を飲めば、百編の詩を詠む能力は健在であった。

　旅先の酒場で、長安の空に浮かぶ一片の月を眺めていたある夜、突然、兵馬の胎動が万国に響いた。安禄山の乱が契機となり、穏やかな老齢隠士の心が迷妄に陥る。先述の通り、反逆者として流刑の顛末を招いてしまうが、運良く無罪放免となった。運否天賦に操られた生涯であった。それでも、山、川、酒、月をこよなく愛し、瞬く間に詩に詠み込んでしまう天賦の才覚と人徳に対して、共に愁いを分かつ人々は時代を越えて敬慕し、憧憬を隠さない。

　お気に入りの推奨作は『独坐敬亭山』、『山中問答』及び『月下独酌』の３句であるが、百名山余話の趣旨に沿い、前二者を引用した。人の世から遊離した身でありながら陰鬱的ではなく、むしろ陽性にも露見する。自然と自己の気概、思想が融合した詩風は超俗的且つリズミカルで口ずさみたくなる軽快さが発揮される。飲酒による高揚感と内因性のモルヒネ様物質が脳内に増えて生じる爽快感が、相乗的に詩境を極大化していく。李白は形式に拘らず、技巧に走ることなく、自然体でゾーンに入った心根を朗詠すれば、だれかれともなく衆目を集める名作に変じてしまう。

第8章　文芸編

『独坐敬亭山』
　衆鳥高飛尽
　孤雲独去閒
　相看両不厭
　只有敬亭山

　山の上で生活している私は幸運にも、半世紀前に読んだこの作品と酷似する体験を日常茶飯にしている。草庵から山行すること1時間ほどで、離山（1256ｍ）山頂に登ることが出来る。頂上は低木に覆われているが、眼前に裾野を広げる浅間山を始めとして、四囲の名山（蓼科山、八ヶ岳、穂高岳、槍ヶ岳等）を遠望する

軽井沢町に佇む離山と浅間山

展望盤と望遠鏡が設置された離山山頂

には好立地である。不相応なほど立派な展望盤が設置されていて、好天時に大の字に寝そべり、紺碧の空に手の届きそうなくらい低く流れる孤雲を眺めれば至悦に浸れる。

　更に、一人頂に座し、浅間の山の端に沈む夕陽を眺めれば、敬亭山に座している李白の詩境の一端を垣間見る気分である。視界が澄み渡る条件さえ符合すれば、群れなす鳥は山上を飛び越え、一片のちぎれ雲は静に漂い、西の方に山行者を見詰める雄大な噴煙棚引く浅間山に会える。俗界を発ち、仙界を求めて登高する訳でなくても、登る度に詩仙の心境に少しでも分け入ることが許されるならばの想念に駆られる。哀しいかな凡人には、「浮雲遊子の意、落日故人の情」（『送友人』）に匹敵する巧妙洒脱な文句は浮かばない。来軽の折には是非一度遊歩して頂けたら幸いである。尚、離山は浅間山の寄生火山として誕生したが、噴火の危険性はない。

　時に詩中に詠じられた要語が、誰もが知る熟語として汎用されてきたのは、

読者が作者の神髄を嗅ぎ取ったからであろう。李白の面目躍如たる次の絶句は心に響く歌謡である。

『山中問答』

　　問余何意棲碧山

　　笑而不答心自閑

　　桃花流水窅然去

　　別有天地非人間

　この絶句からは人間の世界から遊離した、理想的空間を含意する「別天地」が人口に膾炙される。私淑した陶潜の『桃花源記』から、同義の桃源郷の熟語が生まれたことは決して偶然ではなく、洗練された言葉は、普遍的な要語として定着することが多い。美しい花と美味しい実をつけることで、昔から中国人が愛してきた桃と李（桃李）は多数の漢籍に描述され、優れた人材の意味にも汎用される。日本人にとっての桜と梅に該当し、これらの文字が女子の名前に広くつけられているのも、親の子への同じ願いが窺える。

　ここで李白の深層心理に分け入ってみる。穢土に於ける煩悩、苦悩からの解脱を目指し、仏のいる清らかな極楽浄土の世を説く仏道ではなく、彼はあるがままの現実を受け入れる無為自然を説く神仙・老荘思想の道教に強く傾倒した。浄土が想像上の仮想空間に対し、仙郷はこの世の実態であり、具現化された世界を別天地になぞらえた。確かに道教信奉者だが、仏教の影響を受けていた一面を山中問答から読み取れる。仏教の修行に即答式の問答があり、道教の隠遁も仏教同様に修行なので、問に対して仙人流に即答する技巧を凝らしている。

　前作では仙郷編として甲武信ヶ岳、金峰山、瑞牆山を紹介し、突発的に別天地の感触を得たトムラウシ山を取り上げた。更に、山稜の白砂青松が美しい鳳凰山、秀麗さと池塘で天上の楽園を彷彿とさせる火打山等も別天地の様相を醸していた。その場に身を晒してこそ味わえるのが別天地である。只、この仙郷と覚しき空間の別天地感覚は、小生の印象である。

　李白の芸術世界は仙郷、仙界、別天地、陶潜起源の桃源郷等の多彩な用語で基本的に表現される。視座を変えて、別天地を分かり易い具象として捉えると、

第8章　文芸編

カール（立山山崎、穂高岳涸沢、仙丈ヶ岳千丈、木曽駒千畳敷各カール等）の
景観は、要件を備えて余りある。だからといって、そこを訪れたから直ぐに、
別天地を知るほど短絡的なことではない。恐らく、詩的感応が最低要件となり
そうだ。それでも、条件的には天気晴朗、視界良好、百花繚乱又は錦の紅葉の
まにまにでも佇めればこそ、言を忘れて弁ずるにあたわない真意が現れないと
もいえない。

　淵明の既述の飲酒の作と比肩すると、まるで元詩から生活感を除外し、同じ
境遇にある隠者の心境のみを瓜二つの相似形で語っていることに気づく。李白
も詩人の至宝と崇拝している淵明に、一歩でも同じ興趣に湧く自分を近づけた
い一心さが伝わる。大詩人であった李白がどれだけ適従しても、遥か先方をい
く師の背中を見届けるのが精一杯の感がする。それくらい、文学隠士の元祖は、
絶頂の世界を極め、奥義を継承する難しさを教えている。

（『飲酒5』の後半5句）

　問君何能爾

　心遠地自偏

　悠然見南山

　此中有真意

　欲弁已忘言

後学が先覚を上回った点は、自分の抱く理想的空間を人間世界から切り離し
て、別天地と主唱したことにある。陶潜は結句で真意の意味を濁した。隠者の
日常を吐露することで、実践すべき身の処し方を示したが、真意は同調者が悟
るものと含意した。

　詩仙と敬称されるほどの人物だけに、挿話も多い。流浪癖のある芸術家の末
路には尾ひれが付け易いらしく、李白も流水に映る月影を掬おうとして溺死し
た話が伝えられている。真贋のほどは定かでなくとも、独酌して山月を詠じる
だけの酔興を備えた李白ならではの伝承である。逆説的にいえば、庶民が李白
に相応しい結末を期待した。

　因みに、夏目漱石は唐代の大詩人の影響を鮮烈に受けた作品を残している。

不磨の名作『吾輩は猫である』の中で、我輩が酒に酔った挙句に甕の中で水死する描写は、李白のこうした逸話にヒントを得て、結語にしたと推測してみた。江戸末期に誕生し、明治期の急激な社会変革を知識人として体験した彼の作品は、近代文明に一途に邁進する世相を批判、風刺する作風が特徴的である。これは英語を学び、イギリス留学の影響によるものだが、一方で教養、知識、文化、芸術的素養は幼少時に身につけた日本文学、漢籍が基礎となった。従って、漱石は近代の文豪と呼称されても、小説では英国ではなく、つい中国の詩句を引用する癖が出ている。

第4項 杜甫（712〜770）

　杜甫は712年、洛陽郊外で生まれた。この年は玄宗が皇帝に即位し、杜甫の生涯は唐王朝の繁栄と衰亡の舞台で踊らされていく。否、むしろ滅亡の惨状を契機に名作誕生へ転帰した。

　盛唐期に活躍した李白と杜甫は、後世、共に大詩人と評価され、李杜と並び称された。隠逸を好んだ天才型の李白とは真逆で、杜甫は科挙に合格して、政治官僚への執着が強く、名家出身者が抱く正統な生き方を志向した。

　杜甫は血縁的に政治家、宮廷詩人の流れを汲む名門の家柄であり、唐王朝への帰属意識が強い人物であった。祖父は唐初の詩人の杜審言、晩唐の詩人で叙情詩、詠史に異彩を放つ杜牧（803〜852）は遠い親戚にあたる。政治家を目指し、多くの人々が憧れた科挙に2度挑戦するも、諸般の事情で及第しなかった。結局、その才能は政治と対極にある社会派的文学に於いて発揮し、1600余の漢詩を残した。社会の不条理を詠じた主因は安史の乱であった。

　20代から10年以上各地を放浪しながら先輩詩人、李白、高適等と親睦を深めて、詩文の彫琢を積んでいく。李白等、仙界隠士と相性が良かったのは、杜甫は宮廷の保護を受けて全盛であった漢民族由来の道教の基本教理に同調していたからであろう。

　真っ向異なるタイプでありながら、杜甫は李白と殊更相性が良かったようで、尊敬し、親交を結んだ。後世、それぞれ詩聖、詩仙と尊称された両者の足跡は、

第8章　文芸編

実は似た者同士の観を呈していた。逆説的に、二人は似て非なる存在であった。

　二人の詩歌の特徴を概略すると、憂愁の念が流れていて、各所に発露している。只、杜甫の憂いが社会に淵源を持つのに対し、李白は個人主義的意味合いが強い愁いが特徴である。旅路に芸術心の涵養と創作の根幹を置き、修練の場をもっぱらとした点でも類似している。真意を効果的に伝えるため、必須な誇大文句も共通している。二年弱の付き合いにも関わらず、心の扉を開き、心底尊敬、啓発し合った二人しか分からない絆が浮かぶ。

　詩人といえば聞こえは良いが、詩文創作を職業として生活が出来た訳ではない。科挙合格を目指し、各地を放浪しては有力者、資産家等の庇護で汲々と暮らしていた。岩盤の階級社会が形成されていて、無産階級の多くは科挙に合格して高級官僚、有力政治家への道を切り開かない限り、風雅に日々を送ることは不可能に近い。名門の出であっても、一介の放浪詩人の杜甫の歌詞には、困苦辛酸を嘗めている状況が滲む。詩聖と敬称された大詩人も生きた時代を「旅に明け暮れ、病に苦しみ、白髪になるほどの艱難の憂き目を負った」(『登高』)と総括している。大方、芸術家の多数は死後に再評価され、名声を博するようになるのは古今を問わない。李杜もこの例に漏れない。

　悲嘆と慷慨の日々を送っていた杜甫44才の時、人生の一大転機となる先述の安禄山の乱に巻き込まれた。唐朝衰亡に繋がる戎馬による最大の混沌は、杜甫に好悪二律の運命をもたらし、戦乱による悲惨な体験が、杜甫をして稀代の聖詩人に祭り上げた。

　文士として長安で憂いの日々を送っていた杜甫は、敢然とこの国難に対し、長安を離れていた新帝粛宗の行在所に馳せ参じる愛国的行動に出たのである。国家存亡の危機に正鵠を射たこの義挙は、新帝を甚く感激させて、忠君の功績で中央の左拾遺(侍従)に任命された。李白が玄宗に見初められた年齢とほぼ同じ頃、杜甫も皇帝側近になる幸運を掴んだ。しかし、この幸運は瞬く間に不運へと変わった。失脚した宰相の罪を弁護して新帝の怒りを買い、無念にも休職処分を受けてしまった。その後、地方官に左遷、僅か1年で官職を離れて、放浪の旅に出てしまう。運命は皮肉なもので、杜甫が仕えた粛宗は、李白が仕

268

えた弟の永王を討伐したために、李白は僻遠の地に流罪となったのは先刻の通りである。なぜか、大文人二人の危機対応のちぐはぐさと時勢を読む甘さが目立つ結果となった。両人がこの運命の錯綜を知っていたかは不明だ。

　杜甫によく似た事例が前漢の時代に起きた。正義感から時の皇帝武帝に向かって、匈奴の捕虜となった将軍李陵を弁護して怒りを買い、宮刑（きゅうけい）に処せられた司馬遷（紀元前145頃〜紀元前86頃）である。彼は屈辱の刑にもめげず、精魂傾けて『史記』[注] 130巻を著わし、後に中国の「歴史の父」と敬称される。本人が正義の献言と信じていても、権謀渦巻く密閉された皇宮の官人の役職で、天子の意向に逆行する判断をして、処罰や左遷の憂き目を見たことは、政治的音痴の感は拭いきれない。文人の天賦の才は文字を操る上では長けても、権力者を操る上では逆に働いた。皇帝の怒りを買うことなく、彼らがそつなく対応していたら、杜甫は一役人で中堅の詩人として埋没したかも知れないし、司馬遷も『史記』を編纂し切れたか懐疑的である。両人は悲憤慷慨の終生を辿ったが、挫折、憤激を梃に誕生した業績が、没後正当に評価され、来世では溜飲を下げたであろう。

　杜甫と李白の新旧の皇帝との関係性は酷似し、異例の抜擢後に共に失職し、下野する顛末を迎えた。王朝を尊敬していた杜甫は一旦左遷されたとはいえ、愛する家族を貧窮の淵に追いやる危険性は回避すべきだし、又復活の機会は十分あり得た。官職を捨ててまで、故郷を遠く離れて、再び漂泊の詩人となることを選択した杜甫の情意は、皆目腑に落ちない。深謀百出の役人の職務に所詮不向きだったのか、文人と政治の相性が悪いのか、正解は闇の沙汰である。宮廷に身を置きつつ、政治的役割と文学的業績の二刀流をこなした王維や、後述の白居易が優々閑々の隠居生活を送ったのに対し、李白、杜甫は舟、馬、膝栗毛に頼る放浪を余儀なくされた。否、草枕生活を嗜好した。科挙を通過したエリート官僚と国家の認知を得られなかった文士との間には高くて越せない壁、深くて渡れない河の存在が立ちはだかった。

　詩文、思想に足跡を残した人物は、各時代の一流学殖者であり、多くが諸国遊歴を繰り返してはその才能を磨き、重用される機会を虎視眈々と狙った。春

第8章　文芸編

秋戦国時代（紀元前8〜紀元前3世紀）の諸子百家が万国を巡遊しては、巧言令色とも思われかねない弁才と自説を楯に諸国の君子に取り入ろうとした。一方、唐代の漂泊の知識人は科挙で任官の道を開くか、実力者に詩文の才覚を売り込んで官途に就こうと必死であった。試験選抜とはいえ、希望者が公平に受験機会を賦与されることはなく、現在の試験制度とはかけ離れていた。由緒正しき名門の師弟ならまだしも、有力者の助勢を得られない、つての弱い庶民は多少学才に優れても、仕官は茨の道だった。

　逆説的視座に立てば、科挙に失敗し悲嘆の淵にあり、その上予想外の国家及び自身の危機に直面した杜甫は、この乱を千載一遇の開運機会と捉えても不思議でなかった。格言にいう「七転び八起き」とは後世の我々が事実を認定してから言える諺であり、当事者は、当時転帰を知る由もない。国家に、人民に、支配階級に陰惨な傷痕を残した戦乱に巻き込まれ、幸不幸を一度に体験し、不朽の名作『春望』を描き、後に最高名誉の詩聖と尊称された詩人が杜甫であった。李白も安史の乱には影響を受けたが、戦乱の有無によらず詩仙として評価された可能性は高い。というのも、李白の詩は俗気が薄く、超俗的快感が強いのだ。

　内乱収束までの8年間の破壊と混乱、国土の荒廃、人民の塗炭の苦しみ、将来の不安と絶望は、杜甫の評価を絶対にした複数の作品に遺憾なく描かれた。律詩に冴えを見せ、社会に目を向けた叙事詩では杜甫の右に出る者はいない。詩風は沈鬱で、時代、国境を越えて、未だに多くの支持と色褪せない印象を与え続けているのは、文芸上初めて民衆の困苦と同調し、社会派的感性を主唱したからに他ならない。

　日本でもどれだけ多くの人々が『春望』の一句、二句のあり得ない無残な情景を心に描き、幾多の戦争、内乱による国土の荒廃ぶりを重ね合わせて、感情移入をしただろうか。約900年後、俳聖松尾芭蕉は平和な時代に旅をする身でも、戦争の悲惨さを共有して、『奥の細道』で杜甫の作品を引用して、同様の心境を吐露した。

　珠玉の名作、『春望』五言律詩は杜甫が虜囚の辱めを受けていた時の作で、人為の所業と不変の自然との対比で初句は始まっている。

国破山河在

城春草木深

感時花濺涙

恨別鳥驚心

烽火連三月

家書抵万金

白頭搔更短

渾欲不勝簪

更に五言律詩『登岳陽楼』では、国家と自己のいたたまれなさを詠う。

昔聞洞庭水

今上岳陽楼

呉楚東南圻

乾坤日夜浮

親朋無一字

老病有孤舟

戎馬関山北

憑軒涕泗流

　先述したように、長江沿いの岳陽楼は絶景絶佳の名所で、李白が流刑地に向かう途上で寄港している。もう２作、五言絶句を紹介する。

『絶句』

江碧鳥逾白

山青花欲然

今春看又過

何日是帰年

『復愁』

万国尚戎馬

故園今若何

昔帰相識少

第8章　文芸編

早已戦場多

　ここに挙げた4作全て、安史の乱に巻き込まれた彼の悲惨な境遇及び国家崩壊の非常事態時に於ける自己体験を詠んだ。連綿と悲嘆、悲憤の心情を盛り込む一方、さりげなく自然美と風雅さを解する騒人を彷彿とさせる。

　これ以外にも社会性を帯びた作品が多く、杜甫は社会正義を訴えて、暗に政権批判を詩中に込めた。中でも『兵車行』は、繁栄の裏で唐が抱えた厳しい国情を映す。国境防備と国土開拓は、歴代国家の普遍的課題であった。玄宗の後半生は政務に感心を持たず、唐を取り巻く政治環境は悪化の一途を辿っていた。この時代、西域では急速な拡大を続けるイスラム勢力と覇権を争い、歴史的に有名な「タラス河畔の戦い」（751）で敗れてしまう。この1年後に作られた本詩は、農民の男は兵士に徴兵された上に重税を課せられ、うち続く戦に苦しみあえぐ民衆の姿を描いた。更に3年後に勃発した安禄山の乱は、こうした背景が伏線となった。

　詩人は誰でも独自の詩境と詩風を作品に映す。王維、李白、杜甫も独自性に特色があり、革新的な作品を披瀝した。二番煎じを許さない不可侵にして、誰の追随も許さない芸術性に転化したことで愛されてきた。これまで陶潜を源泉にして王維、李白、杜甫を湧水に見立てて、彼らの詩歌の独自性と文芸観を紹介してきた。いたずらに彼らの作品の秀逸さを語りたいのではない。作品に込められている自然、人情、情動、審美性、景観、人間の生き様等の核心部は現在、我々が何かを求めて山に登ったりする気持ち、身の振り方とどこか共通した類似性が包摂されていると感知したからでもある。

　絶頂期にあった国家の安危存亡の危機に見舞われた3者でありながら、殆どかぶらない詩境と詩風で三様の作品を残したのは、偶然ではない。彼らの要諦を改めて再見する。

　王維は政治家、役人としても功名を立てた。不運にも反乱軍に連座して政治的危難に遭遇したが、高度な官僚の智恵で切り抜けた。余生も生活に困窮せずに大邸宅に住み、時に一人で孤高の境地に浸り、時に貴族達と社交的サロンを楽しんだ。仏教を信仰し、洗練された教養人らしく、文学的には純粋に自然主

義的傾向を投影した作品が目立つ。

　李白は道教思想に傾倒し、隠棲と漂泊に身を置いていたが、政治的野心を放擲することなく、国政への関心を持ち続けていた。俗世との断絶を試みた反面、隠棲にこと寄せて苦悩する姿が露見していた。この中間的存在を詩文では嫌みなく隠者の世界観として投影し、一般愛読者を虜にしている。王朝貴族との付き合いが上手であった王維と比較し、秀でた一芸をもって皇帝に気に入られても、上級官僚や宦官達の側近とそりを合わせて、宮廷内で職務を遂行することは、李白の処世術では所詮限界があった。

　文芸面での自然主義的傾向は特有で、景物を詠じるにしても一人称、二人称との関係性を絶妙に捌く技巧が卓越した。『月下独酌』は好例である。こうした技巧を詩に通じた玄宗は好んでいた。又、幻想的な表現は、老荘の無為自然思想に起因する。

　跳梁跋扈する宮廷の勤務は２年持たず、内乱時は反逆者の汚名を着せられ、死罪、流刑、赦免の裁断を受ける等、政治に絡むと碌なことが起きなかった。内省を拒む政治的音痴と芸術的才能が同床異夢にはまっていた。

　先祖に名族の多い杜甫は科挙の選抜に漏れ、王道を歩んで官職を狙う夢は叶わなかった。文筆学才共に優れていたが、時に利あらずして存外の悲運をかこつ身に晒された。自分の力では対処のしようもない戦禍の犠牲者に身を落とし、一人国家と自分の命運を見詰めては、悲嘆に暮れた。李白同様に、一旦任命された官職を致仕し、漂泊の人生を自ら選ぶ。王維と李白を足して２で割った人生模様に見える。

　その後は終生、文房四宝（硯、墨、筆、紙）を提げて、自然と社会を融合的に描写しまくった。資産も少なく、老病に苦しみ、親朋からの便りも届かず、孤舟で各地を漂泊する陰鬱な生活は李白とは対照的であった。芭蕉の言葉を借りれば、舟の上に生涯を浮かべ、馬の口をとらえて老いを迎える身となる。それでも草枕の旅人とはいえ、李白同様に名所、旧跡を求めて遍歴し得たのは、杜甫に私淑する支援者が多かった一面を示唆する。身の不幸を凌ぐ善意の後援が客心を錬磨し、自己体験を詩歌に活かすことに繋がり、不磨の名作を我々に

273

第8章　文芸編

届けた。

（注）

『史記』：前漢の歴史家司馬遷の編纂による紀伝体の史書。歴代王朝の編年の本紀12巻、列国史の世家30巻、個人の伝記集の列伝70巻、年表10巻、部門別の文化史の書8巻からなり、計130巻

第5項　白居易（772～846）

　白居易は中唐の詩人である。詩風は流麗、平易、その作品は庶民受けし、漢語文化圏で広く愛誦された。彼の詩文集の『白氏文集』は平安中期以降の貴族の教養書となり、核心的表現が多々引用された。殊に清少納言、紫式部等の女流文学に強い影響を与えた。『源氏物語』（紫式部）、１巻「桐壺」の導入では、桐壺帝と寵愛された更衣（こうい）の関係を玄宗と楊貴妃の恋愛の顛末に重ね合わせ、同様の悲劇を危惧する表現があり、『長恨歌』等を通じて唐王朝への強い意識と興味を連想させる。彼女等が中国の恋愛ドラマに素直に反応した一方、男性陣の筆には衝撃が感じられない。女性がファッションに繊細で敏感なことは、古今変わらない。

　清少納言、紫式部の活躍した平安中期は、中国の宋王朝（960～1279）の初期に該当するが、文化的には２世紀ほど前の盛唐、中唐時代の漢籍が知識階級の愛読書であった。古代の東西文化交流を考察すると、陸続きの広大なユーラシア大陸ではローマ、ギリシャ、長安、洛陽等の都市間を結んで頻繁に通商が行われていたのに比べ、海峡一つ隔てた日中の経済、文化交流は遅々たる状況であった。

　白居易は安史の乱が終息して10年後、地方官吏の子として生まれたので、玄宗時代の絢爛な文化は知らず、次第に衰微する時期に成長した。幼児から作詩を学び、麒麟児として詩才が煌めいていた。乱後に顕現化した国家の混乱と衰退により、彼の人生には暗雲がかかっていたが、勉学にいそしみ、29才で最難関の進士科に及第したことで、光明が差し始めた。

　中国史上、経済、文化的に最も繁栄した盛唐の繁栄を体感することのなかった白居易だが、成長するにつれて、半世紀前の国を傾けた玄宗と楊貴妃の恋愛

274

事情に異常な衝撃を受け、格好の文学的題材と捉えた。先ず、題詠に際し、資料、伝承の類を集め、想像をたくましく豊かにし、その才能を長編叙情・叙事詩の作歌へと向かわせた。

庶民の好む題材が最高の作詩家により彫琢を施された結果、不朽の名作及び名声を博する『長恨歌』へと繋がった。杜甫が政変と災禍に直接巻き込まれ、悲嘆で社会派的な作風に向かったのに対し、白居易はこの悲劇を皇帝と貴妃との演劇的情話ロマンに転化することに成功した。杜甫と白居易の背景は異なっても、同一事象を目にしても視点、感受性は真逆で面白い。

科挙の難関を突破後、エリート文人官僚として順調に昇進を続けた。中央官庁の翰林（詔勅の執筆等）、左拾遺（侍従）となり、皇帝に近侍する側近官僚として、儒教的理想主義の実現に情熱を傾けた。優秀な新進政治家であり、時代の寵児となるかに思われていた矢先、母と娘を相次いで失う不幸に遭った。身近な家族の死を転機に道教、仏教の教理に深く傾倒していく。

社会的、政治的変化に付随して、詩風も呼応するかのように遷移した。若い頃は政治浄化の熱意に萌えて政治批判の新楽府の詩を書いた。これは諷諭詩とされ、やがて感傷詩（『長恨歌』、『琵琶行』等）に変わり、ついには脱俗志向の強い、心情を吐露した閑適詩へと変化していく。白居易のように幅広い詩風を奏でた詩人は希であり、長寿と濃密な人生体験により生み出された。

やがて、側近政治家には避けられない権力闘争に巻き込まれ、中央の要職と地方の閑職を繰り返した。最後は政争の挙句、無実の罪を着せられて、当時、地の果てとされた江州（江西省）の司馬（下級官吏）に左遷されてしまう。この挫折により、流石に零落の淵に沈むかと思いきや、「余生を送るに心身の安寧が得られて、身の丈に合った適職に就ければ、これ以上の望みはない」と喝破する逆転の発想をするしたたかさが白居易にはあった。唐代の詩人の中で、一番怨み言を挟まずに人生を諦観した。

陶潜は啖呵を切って田舎で草庵生活に入ったが、白居易は僻地に追放された。それにも関わらず、恩讐の念は抱かずに、自己を現実の境遇に適合させ、柔軟な人生哲学を見事に体現した。閑職に就きながら、安住の地、廬山の麓に草堂

第8章　文芸編

を建て、老後を送ることを天命と悟った。陶潜より一段深化した隠棲を確立したのだ。

『琵琶行』、『香炉峰下、新卜山居草堂初成、偶題東壁』の二大名作は、かような背景下に残された七言古詩である。後者を記す。この詩を作成したのは45才前後でまだ若く、皇帝憲宗に献言を忌避されて江州司馬に左遷された時のものであろう。その後は中央と地方の赴任を繰り返し、悠々と洛陽に隠棲する。当時は長寿とされた古稀を迎えた訳だから、正しく「心泰く身寧きは是れ帰する処」と詠った理想の実現を予見していた。中枢のエリート政治家で、一流の詩人で、晩節を平穏に暮らしたのは王維と白居易であった。

　　『香炉峰下、新卜山居草堂初成、偶題東壁』
　　日高睡足猶慵起
　　小閣重衾不怕寒
　　遺愛寺鐘欹枕聴
　　香炉峰雪撥簾看
　　匡廬便是逃名地
　　司馬仍為送老官
　　心泰身寧是帰処
　　故郷何独在長安

　匡廬は香炉峰を北峰に持つ廬山の別名であり、当時から秀峰、仏教の聖地として認知度の高い名山をさらりと詠み込んだ。清少納言は『枕草子』（299段）で「香炉峰の雪は簾を撥げて看る」を借用しているのは有名だが、紫式部は自分以上に漢籍を知ったかぶる清少納言が許せなかったらしく、酷くこき下ろしたのは先述の通りである。百人一首に撰された清少納言の歌（夜をこめて鳥の空音ははかるともよにあふ坂の関はゆるさじ）に触れても、鶏鳴狗盗（『史記』（孟嘗君伝））の主意をさらりと引用し、選者の定家は彼女の尋常ならざる才知に驚き敬意を表したのは確かである。尚、遺愛寺は廬山の霊跡である。

　初めてこの詩を読んだ学生時代、功成り名を挙げた政治家・文人が長安での職を辞し、静寂な地方に山荘を建てて、閑雅の趣の中で余生を送っている、正

しく騒人に相応しい、羨ましい限りの隠遁生活を連想した。自分も社会の一線から身を退いた際、そんな隠居生活を送れればと脳裏に描いた思い出が蘇る。その後、白居易の生涯に触れて、作品は彼の人生そのもの、則ち自伝的叙事詩と感じ、感慨ひとしおである。

　人生の転帰を直截に草堂の生活ぶり、周辺の情感、任地に映える廬山の景観、至当な司馬の役職、心身の落ち着く場所、心機一転安住の新天地に供奉する前向きな心境を流麗に語り、人生の集大成を衒うことなく吐露した。栄光の長安から地方へ下った挫折は痛恨事なのに、やっと身の丈に合った落ち着く場所で充足感が得られたと詠じ、究極の真意の一面を吐露した。

　官職を辞任後、自適に隠居生活を始めた文人は陶潜を嚆矢とし、王維、白居易等に典型を見ることが出来る。しかし、何を目的に隠遁したかの核心は明確にしていない。陶潜も心の奥底に潜む真意を打ち明けようとするが、言葉にすることを意識的に忌避した。諸々の事例を勘考してみても、心底の本音は吐露されていない。屈折の裏返しなのか、本意だったか。

　立身を目指したエリート官僚は儒教、仏教に思想的基盤があり、対立軸にある隠士の精髄である道教（老荘）思想に完全転換するのは、憑依でもしない限り容易でない。則ち、国家、政治、学問、道徳等を軸足に置き、研鑽を積んできた官僚政治家にとって、無為自然、謙遜柔弱の処世哲学の受け入れは単純ではない。しかし、思想、宗教、理念、信条、流儀という固定的観念は原義的なものから経時的事象には柔軟に対応し、相克と融合により可変的観念へと導き、個人の心理的多様性を生かした。

　白居易には皇帝側近のエリート政治家として、中央で実績を上げ活躍した矜恃がある。個人の思いとは別に、衰退に向かう帝国の混乱は収まらず、何度も政争に巻き込まれて、左遷と復権を繰り返す経験を味わった。権力闘争に巻き込まれた背景には、強い権力志向や側近という立場が挙げられ、いつの世でも起きる至極自然の政治的動態であった。権謀に長け、宰相にまで上り詰めていれば、芸術家として記憶されることは低く、天寿を全うする運命とは別物だったかも知れない。最高権力者であり、一流の芸術家として二刀流を達成した傑

第8章　文芸編

物をまだ見出していない。

　彼の隠棲はむしろ疑似体験に近く、王維が広大な別荘地で世俗の労苦、名利から逃れ、余裕ある落ち着いた気持ちで、耽美な芸術世界に身を置く暮しぶりと重なる。陶潜のように人生を達観して、隠者の核心を追求するタイプでもないようだ。捕捉すれば、生活に困窮しない保証が王維と白居易には共通して見られ、李杜とは明らかな差違を映した。隠棲の先駆者である陶潜も、生活面では退官後に田園で農耕に従事していたが、同僚からの支援もあってか大いに困窮したという印象は受けない。古代でも文字を操れた公務員の食い扶持だけはちゃんと用意されていたようだ。

　限定した時代の少数の詩人を瞥見する限り、彼らは社会と遊離する際、決してすねたり、嫉視したり、愁然と落ち込んだりしなかった。強い誇負に支えられ、真摯な芸術心と創作意欲を失っていない。心理学的洞察は難しく、愁うことはなくとも、欣然と受容したとも断言し切れないし、能動的に天の与える新境地に身を任せていた感が強い。

　これまでそれぞれ陶潜、王維、李白、白居易の隠遁の輪郭を垣間見てきた。実際、どれほどの生活水準だったのかは詩文中で読み解くだけで、具体的に把握は難しい。只、王維は長安南郊に広大な別荘地を所有し、知人、詩人達とのサロン風の優雅な暮しぶりが伝わった。陶潜と白居易は偶然なのか、廬山（南山）を眺める隠棲地（現在の江西省）というから、かなり近い場所に隠棲していた。白居易は左遷先を「地の果て」と語っていることから、当時は中原の大都市である長安、落陽から見れば、人影もまばらな奥深い僻地であった。栄光の日々と落魄の身をさりげなく織り交ぜた文句で、凛々しく究極人生を締め括った。

　これまで東晋と唐代の代表的な漂泊、或いは隠遁詩人を取り上げたのには、理由がある。古代の詩人が未踏の山巓を極めようと登っていた気配はなく、多少出世間的意思から修行の意を滲ませつつ、俗世との距離を十分念慮しながら、新たな環境で理想的生き様を模索した。この姿勢は、詩文を介した彼等の無極の遁世哲学ともいえた。そうした環境に身を置き、それに酒が飲めればいうことはなく、天性の創作力は自在性を増した。僧侶、修験者が悲愴な覚悟で超俗

278

的に宗教的修行をすることと比較すると、文士が隠棲するか跋渉を選択するか
の趣意は、基本的に異なった。それでも、「道」の根本を求める精神、その貫
道するものは一つであった。

(閑話休題)

　地の果てと聞いて、思い出す場所がある。羅臼岳に登るには岩尾別登山口が
便利で、そこに「ホテル地の涯」が建ち、そこの脇道を抜けて登山道に入れる。
登山時、この奇怪なホテル名には異様な心象を持った。涯を解字すると氵は水、
厓は崖の意味で、水と崖の合成で水際、崖際を表している。偏と旁共に際を示
すのだから、命名者は余程最果て感を強く遡求したかったものと受け止めた。

　対極の詩句に「天際」（空の果て）があり、こちらは観念的に広大悠久の茫
漠を指すのに対し、白居易の訴えた地の果て（涯）は人間の身の置き所を指し、
顕然と捉えうる場景である。地の果てで終える生涯、則ち終活を詩境に映し出
す技巧には感心した。

第6項　隠棲（隠逸）

　ここまで高名な政治家、文人の隠遁生活を取り上げた。これは隠棲が山岳と
連座する関係を持ち、隠棲抜きには彼等の業績を語れないからである。紀元前
に文明社会がスタートした頃、人口密集地を除けば、庶民の殆どは自然豊かな
土地に散在し、自由な暮らしを営んだ。現在の視座からすれば、未開に近い状
況であり、動物が自由に移動するが如く、人の行動の軛は緩かった。農耕、牧
畜の発展と共に、水源がある平坦地は開拓と所有が進み、自由な移動と居住に
縛りがかかった。知識、教養があっても、規制の強い集団生活に馴染めない人々
には、生きづらい時代の幕開けとなった。社会的存在である人間が、社会的束
縛から解放を望み、一応の区切りを見出した便法の一つが隠棲であり、時代や
国により複数の形態が存在した。そのうち現代に通ずる隠棲の文化的パラダイ
ムは、陶潜を起源に考えた。

　分断された時代とはいえ、世間から逃避した陶潜は前代の猛者達と比べ、隠

279

第8章　文芸編

棲生活はかなり穏便で社会性を維持した。都市部から離れた点を除き、日常も人的交流を保った。家族と永久離別するでもなく、深い愛情を注ぎ、見た目からは陰惨さは薄い。

　一方、より厳しく、俗界との禁足を課した御仁もいた。陶潜の朋友の僧である慧遠（334〜416）は、廬山の東林寺に隠居した。世間との付き合いを絶つために、廬山の麓にある虎渓（渓谷）を決して渡るまいと誓っていた。ところが、来訪した陶潜と陸修静（道士）を見送る際、思わず俗界禁足の誓いを破ってしまい、３人ともに大笑いした話が残る。故事ともなった「虎渓三笑」の謂れである。隠者はそれなりに自己規律をきちんと遵守し、個性的な生き方を追求、実践していた。

　日本では女性が信仰上の修行場、霊場の山内に入ることを禁じる女人禁制、女人結界が近代まで維持された。逆に修行場、霊場で信仰に専心する人達も、俗世に自由に戻ることを許されなかった。修行したいのに入山出来ない女性、下山したら修行が台無しになる男性という、固定的な習俗や自由度の低い思考の枠組みの理非は、不問に等しかった。

　陶潜の詩語を拝借すれば、「地自ずから偏なり」、つまり当時としては生活インフラの整った市街地から離れた不便で、辺鄙な土地に引退した。しかし、日常生活を考えれば必須条件として、衣食住が確保される必要があった。最低限の生存条件を考えれば、掘っ立て小屋を建て、筵のようなしとねを敷き、狭い農耕地に穀類、根菜類を栽培すれば自給自足で食い繋ぐことは可能であった。彼は妻と５人の幼い息子達と同居し、田園に於ける自適の生活と閑雅な趣を楽しみ、衣食住に困らない環境にいたと思われる。俗世との関係も断絶することなく、詩友、知人との関係は強まったように見受けた。酒の好事家と広く知られ、酒代に窮した陶潜を忍んでは、知人から酒代を恵んで貰うことや、酒樽が届けられた逸話が残る。貧すれど、窮することなく、誰かが助けてくれる魅力と人徳を兼備していた。

　名作を後世に止めた中国文士の多くは、相応の名門出身でもあった。資力の弱い漂泊の文士はパトロンからの支援が頼りで、喪家の狗の如き宿なし乞食の

生活を強いられる。托鉢僧侶は喜捨を乞いながら修行に励めても、詩人にはどんな生活の智恵が働いたのか。

　孔子と孔門十哲の一人であった子路の関係を描いた中島敦の『弟子』に、子路が路傍で畑仕事をする隠者の老人と会った際の場面に次の一節がある。

　「老人は黙って一仕事してから道に出て来、子路を伴って己が家に導いた。既に日が暮れかかっていたのである。老人は雞をつぶし、黍を炊いで、もてなし、二人の子にも子路を引き合わせた。食後、いささかの濁酒に酔いの廻った老人は傍なる琴を執って弾じた。二人の子がそれに和して唱う。」孔子が活躍した春秋時代（前770〜前303）に農耕で生活の主食を得て、客人を招けば鶏をつぶし、琴を弾じて濁酒で接待するという、現在と余り変わらない生活様式を隠者もしていた可能性がある。

　陶潜、王維、白居易は曲がりなりにも国家公務員の役職を務め、有力な後援者が多く、私財は相応に保持していたと思われる。一方、官庁での供奉期間は短く、処士の李白は地方を遊行すれば地元の資産家、権勢家の支援を受けられたにせよ、安閑と暮らせるほど余裕はない。自らを酒中の仙人と豪語し、自由意志の赴くままに国中を放浪した彼は、生活必需品をどのように安定的に確保していたか興味がつきない。隠棲の場所は人里から離れた山麓であれば、水源、食料の確保が容易ではない。毎日、霞を食いながら詩作に苦吟する訳にはいかず、健康的な生活の担保を如何にして得ていたのか、古代の隠士に思いを馳せてしまう。

　隠棲や山の生活に関しては、民俗学の草分け柳田国男氏が、その研究と考察を著作『山の人生』に纏められ、大変興味深い示唆を与えている。明治期の事例を中心に直接、間接に見聞した世間と離れて山に入った人達の生活を精査したものである。山中で暮らした人の殆どは、困窮を極め、悲劇的な結末を招いている。専門家以外知ることのない、棄民に近いサンカ^(注)も取り挙げている。世界の秘境にはいまだに棄民同然の人々が暮らしているという。

　親と山中生活を3年間送った一人の放浪少年が語った衣食住の一端を概略して紹介する。

第8章　文芸編

「深山に住んでいると、火の使用はなく、食物はことごとく生で食していた。
タンパク源の鳥や魚は弓矢で射て捕えていた。春には草の根を掘って食べ、年
中食物には不自由しなかった。衣服は寒くなると獣の皮に木の葉を綴って着て
いた。住み処は岩の窪みや大木の空洞であったが、冬の雨雪時は火がないので
辛かった。寒さを凌ぐために川柳のひげ根を寄せ集めて布団代わりにした」

　梗概すると、縄文時代的な狩猟採集生活である。縄文人が生き延びたように、
恵まれた自然環境であれば、生存自体は可能であっても、とても健康的生活と
はいえない。人類の進化を語る上で、最も重要な要因の一つである火を使用し
なかった理由は、この親子は村人に煙に気づかれ、存在を気取られることを極
端に恐れたからである。どの時代にも他律的社会規範に拘束される生き方より
も、自立的不羈の道を歩もうとする人々がいるのは、人類が後天的に獲得した
多様性の一環であろう。

　柳田氏の考察を一部紹介する。「学問や智恵のある人が遁世するのとは切り
離して、拠り所のない弱い人間がその時の社会、集団にいられなくなった時、
選択肢は死ぬか山に入るかの二つしかないという。従って、生活の単調な前代
の田舎では存外遁世が多く、普通の生存様式であった」と自説を展開している。
これに同調したい気持ちがある反面、学問や智恵のある人が遁世する理由が何
かを知りたい。なぜなら、私が取り上げたこれまでの人物は全て学問、智恵の
領域では、ずば抜けて長けていると思うからである。

　究極の隠士とされる太上隠者の五言絶句「人に答ふ」の20文字が生活の一
端を教えてくれる。人から年齢を聞かれて答えた句とされる。

　偶来松樹下
　高枕石頭眠
　山中無暦日
　寒尽不知年

「そこらへんを彷徨い歩いていると、偶然マツの木の下に来た。世捨て人であ
る自分は枕になりそうな石を見つけて思うままに眠った。山中には暦などない
から、寒が過ぎて春が訪れたらしいが、何年の何月であるか分からない」とい

う意味合いである。反復するが、無為に自然に任せることを基調とする道教思想は、法律に従って作為的で知識、欲望を働かす儒教とは、生活の形態で相克の関係にある。道教には悟りの境地が散見され、仏教の教旨により近い。そういった点では仏教との習合が認められ、修行にも共通性がある。

　隠者の起源は万古に始まると考えて良い。同族内で生活していても、姑息の規範に馴染まず、当てもなく部族的集落を飛び出す人間は、一定の割合でいた。動物学的本能ではなく、自律的意思であり、単純な放浪というよりも、紀行による自己研鑽の意思を感じる。

　司馬遷は、『史記』列伝の最初に伯夷列伝を据えた。殷末周初の伝説的聖人とされる伯夷・叔斉兄弟の首陽山での隠棲生活と悲惨な結末が主旨である。彼らの隠遁は政治的・道徳的思想に依拠した。二人は、周の武王が悪逆非道の殷の紂王を弑虐したことは、子が親を、家臣が主君を殺したりすることと同義と見做し、理想的政治の根幹とした孝、仁に反する行為で天下を取った周の粟を食むことを拒否して、首陽山に隠れ住んでしまう。隠棲したとはいえ、食料に困り、山菜のワラビで命を繋いでいたが、最後に餓死した。隠棲の話になると、必ず引用されるのが伯夷・叔斉であり、国史に載る衝撃性が漢代まで約900年間延々と伝わっていた。

　・石ばしる垂水の上のさ蕨の萌えいずる春になりにけるかも（志貴皇子、万
　　葉集）

　天智天皇の皇子で、壬申の乱後、政治的不遇をかこっていた志貴皇子が隠棲中に伯夷・叔斉に身を置き換えて詠んだ寓意の趣が漂う。

　高校時代になぜか、山好きの高校同窓MM君が、蕨で命を繋いだ伯夷・叔斉の話をしていたことを思い出した。恵まれた環境に育った彼が伯夷・叔斉の話題を持ち出すとは思わなかったので、大人になると隠棲でもするかも知れないと当時は感じた。半世紀が過ぎ、彼も水の都・佐原を去り、花の都・東京で悠々余生を送っている。

　農耕生活が始まると生産力が高まり、生活が向上してきた殷周時代では、縄文時代のように野山での狩猟採集生活では、日々の糧の入手が段々困難となっ

第8章　文芸編

た好例である。本邦でも戦国時代以降、栽培した米、野菜を食せず、山中で木の実、山菜のみを食して修行する、通称木食上人といわれる僧侶が出現した。自給自足には厳しい山岳を生活の場に選び、修行に励んだ究極の一団であった。

　現世では、一度生を承りしものは自由奔放に生きて、その生を全う出来るはずが、社会性、集団性を拠り所に生きる場合は、集団内に設定される掟か決まり事の遵守を求められる。そこで問題となるのは、社会に網の目のように張り巡らされる法規制が、合理的妥当性を有していると、構成員が了解しうるか否かである。民衆が世間からの脱却を志向し、目論見なく無軌道に別天地を探索しても、願望する領域を見つけ出す確率は低い。

　俗世の条理に違背することなく、新しく社会的に流布した思潮が百家争鳴時代に一斉に起こり、その超俗的集団の代表が老子・荘子（老荘）である。後世、儒教と競合しながら道教として一大流派を形成した。中国固有の道教は本邦の神道に該当し、多くの皇帝から保護を受け、国教と位置付けられた時代もあった。自国で誕生する思潮は、国粋的に連綿と繋がり易い。

　後漢（25～220）の終焉に伴い、分断されながらも三国時代（魏、呉、蜀）、西晋、東晋へと漢民族国家が続いた。しかし、その後もめまぐるしく王朝が交代した。この混沌とした時代背景を映した壁画が見つかっている。竹林、山野に隠棲する新しいタイプの反俗的人々が、墓室の壁画に描かれていた。自然の中で琴を弾じ、酒に酔い、道を論ずる「清談」に放縦不羈の精神で興じる「竹林の七賢」^(注)である。この七賢は皆当時の支配階級の貴族であり、精神の解放を求めて隠棲を理想とする文人貴族が、大勢いたことは興味深い。隠者或いは隠士の原形は、竹林の七賢に由来し、陶潜が一般的に具象化し、王維、李白、白居易等が多様な完成形に導いた風に読み取れる。

　この間、詩体では五言詩、四六駢儷文（漢文の一体）の美文体が完成し、強い文学意識の芽生えが始まっていた。五言詩流行の一端を担ったのが、自ら田園に住んだ自然派で、田園の美を詠った陶潜であった。この系譜は南朝の六朝時代に流行ることはなく、唐代に再評価されて爛熟期を迎えた。

（注）

サンカ（山窩）：村里に定住せずに山中や河原で野営しながら漂白の生活を送っていた人々。

竹林の七賢：魏・晋時代の7人の政治家、貴族で老荘思想、神仙、酒を好んだ。

第7項　詩人概略

後世に偉大な功績を残した4人の詩人を10項目の背景、特性等ごとに分類してみた。

陶潜（63才）

　①出自　　江西省の下級貴族

　②芸術性　祖先の誇りと才能を自負し、清麗な自然描写と詠嘆のハイブリッド型

　③信仰　　道教、仏教に影響を受ける

　④官途　　13年間の中流の役人生活（県令）

　⑤隠逸性　隠逸の宗。理想を仙郷淹留説話（『桃花源記』）に求め、社会性が強い

　⑥詩風　　隠棲地の自適の生活。贈答詩、詠史、古い時代の擬古文。閑雅と風趣

　⑦家族愛　妻子を愛し、現代流の微笑ましい家庭を築いた

　⑧親交　　詩人の顔延之、謝霊運、僧の慧遠

　⑨酒　　　酒にまつわる自作、伝記が数多く残る無類の嗜好家

　⑩余生　　故郷の廬山で自然に任せて天命を全う

王維（61才）

　①出自　　山西省の小豪族

　②芸術性　詩、音楽、絵画で万能（琴棋書画）。詩仏と敬称される。陶潜の継承者

　③信仰　　篤信の仏教徒。悟りを求め、大衆の救済を願う

　④官途　　科挙に合格。地方勤務後、中央官庁に復帰し、尚書右丞に昇進したエリート

　⑤隠逸性　高潔な人柄で田園生活や友人と長安郊外の別荘で芸術、信仰に明

第8章　文芸編

　　　　　　け暮れる

⑥詩風　　自然派の筆頭。客観的、傍観的、静寂な叙景描写。送別詩、宮廷
　　　　　　詩も一流

⑦家族愛　亡妻後再婚せず。典型的モテ男なのに艶聞はない

⑧親交　　詩人の裴迪、孟浩然、阿倍仲麻呂等。面倒見が良い

⑨酒　　　友人の元二への送別詩（『送元二使安西』）は有名

⑩余生　　陝西省輞川の地で世俗を離れ、最後は禅宗に帰依し、悟りの境地
　　　　　　を求める

李白（62才）

①出自　　生年を含め不明な点が多い。甘粛省（四川省）の豪商

②芸術性　幼少時から詩文に天才ぶりを発揮。詩仙と尊称される大詩人

③信仰　　道教。放浪の旅や剣術を好み、遊侠心を志向

④官途　　科挙は未受験。玄宗に召されて翰林供奉に抜擢。高力氏との軋轢
　　　　　　で離職

⑤隠逸性　道教の仙界に憧れ、放縦不羈に諸国遍歴、山中生活を繰り返す

⑥詩風　　詩の幻想性を道教から、舞台を山中隠棲からそれぞれ転写。愁い
　　　　　　が起点

⑦家族愛　離婚と再婚生活で一男一女に恵まれる。遍歴、隠遁中も家庭を顧
　　　　　　みた

⑧親交　　詩人の孟浩然、杜甫、高適、道士の元丹丘、阿倍仲麻呂等

⑨酒　　　李白一斗、詩百篇、酒中の仙と杜甫に詠まれるほどの酒好き。八
　　　　　　仙歌の一人

⑩余生　　安史の乱に連座し死罪、流刑、赦免の数奇な運命を経て、江南の
　　　　　　地で病没

杜甫（59才）

①出自　　河南省の小豪族。宮廷詩人の系譜で祖父に詩人杜審言、遠戚に晩
　　　　　　唐の杜牧

②芸術性　最高の詩人詩聖と尊称される大詩人。李白と並称され李杜と呼ば

れる

③信仰　道教、仙郷への憧憬。人の誠実を信じ、社会派詩人の先駆けとも
　　　　いえる

④官途　科挙不合格、安史の乱後左拾遺、地方官となるが辞職。一時工部
　　　　員

⑤隠逸性　李白等隠士と交流。憂愁の下、成都、長江を中心に転々と諸国遍
　　　　歴

⑥詩風　律詩の完成者。社会詩、自然詩、憂愁詩、懐古詩の4期に変化し
　　　　た

⑦家族愛　名作「月夜」では妻子への愛情を綴っている

⑧親交　詩人の李白、高適とは一緒に旅をした同朋

⑨酒　　酒好きだが、老病に苦しみ禁酒（『登高』）

⑩余生　地方で田園生活。死の2年前孤舟で長江、湖北、湖南を彷徨。病
　　　　死

白居易（75才）

①出自　山西省の地方官吏

②芸術性　天才タイプで少年期に詩才を発揮。詩、酒、琴を三友とする

③信仰　儒教、道教、仏教

④官途　29才で科挙合格。皇帝側近、地方の閑職、刑部尚書を経験

⑤隠逸性　政争に敗北後、隠逸性が深化し、隠棲生活に入る

⑥詩風　ロマン的、理想的、社会的、個人的傾向に変遷。大衆に流行愛唱
　　　　された

⑦家族愛　家族愛が強い。しかし、母や幼い娘の死に衝撃を受ける

⑧親交　詩人・政治家の玄槇

⑨酒　　酒を友とし、飲酒に耽り、酔吟先生と号する洒落者

⑩余生　白氏文集を編纂、その功績を評価され、「文公」と諡。盧山で没

酒を項目としたのは嗜好品としてのみではなく、芸術、人物の特徴を論ずる

第8章　文芸編

上で不可欠と見たからである。特権階層では、酒は恐らく有史以前から飲まれていた贅沢品だった。唐代の酒は3種（米酒、ブレンド酒、ワイン）に大別出来る。米酒は更に清酒と濁酒に分類される。製法は現在と大差はなく、清酒は高価なため、一般人の口には入らず、濁酒が普通であった。酒好きの詩人は酒又は濁酒という表現を詩中に頻繁に用いた。食生活や文化の多様性に伴い、唐帝国ではワインを含め、多種のアルコールが飲まれていた。日本にワインが持ち込まれたのは、戦国時代以降だが、紀元前から西域との交流があった中国では、漢時代には既に飲まれ、西域版図の拡大につれて唐代には一般化していた。

　盛唐の詩人王翰の名作、『涼州詞』は「葡萄の美酒夜光の杯」の起句で始まる。西域に出征する兵士が、白玉の杯になみなみと注がれたワインを飲もうとする場面が描かれ、『登高』（杜甫）の第8句に「潦倒新たに停む濁酒の杯」とある。年老いて零落した身となり、好きな濁酒を止めた寂しげな心境を結句に結んだ。この律詩からは、杜甫の日々の晩酌は濁酒であり、流浪の身では清酒に手が届かない事情が伝わる。因みに、三国時代魏の曹操（155～220）が禁酒令を発令した結果、清酒は「聖」、濁酒は「賢」という意味深の隠語が生まれ、繁用された。杜甫の『飲中八仙歌』の中でも、酒豪の一人の左丞相は聖を楽しみ、賢を避けたと詠っている。富者は高級酒を好み、貧者は濁酒を仰ぐのは古今を問わないようだ。国際化の進んだ唐代は飲食も先進的で、中華料理の美食文化が息吹きつつあった。

『江南の春』（杜牧）の承句に「水村山郭酒旗の風」とあり、水郷地帯の村里でも酒屋が店前に酒旗をなびかせている春の光景を詠じた。杜牧は杜甫の遠戚にあたる晩唐の詩人である。歌詞からも、唐代には庶民の間に酒文化が広範に拡がり、食生活の豊かさが読み取れる。

　日本でも酒の歴史は古く、稲作伝来に伴って大陸から伝わった。『魏志倭人伝』によれば、3世紀頃には有力者、豪族の間では飲酒の習慣があったと伝わる。当初、酒は祭礼、儀式の必需品であり、後に薬用にも使用された。やがて、平安貴族は行事の後や食事と共に飲用し始める。それは美味しさや酩酊感の嗜好性を身に付けた結果である。

醸造技術の進歩で濁酒から清酒に変化したのは、江戸時代初期といわれ、以降旨い酒造り技術の改良が今日まで続いている。庶民でも酒を嗜むようになる大衆化は、人口が増え生産力が増大した江戸中期に始まった。日本各地の酒造所、酒屋では商慣習として、スギの葉を束ねて球状にした杉玉を軒先に提げて、新酒の仕込みが終わり、美酒が飲める広告としてきた。

[閑話休題]

酒にまつわる面白い話は誰にでもあるだろう。1990年の金融バブル崩壊から10年くらい経った頃、新潟出身の後輩社員ＭＹ君から聞いた笑話を一つ紹介したい。

「越乃寒梅」は、新潟の高級な銘酒である。彼は近くの酒屋で「越の寒梅」が通常価格の3割ほどの廉価で販売されていたのを見つけ、1本購入して飲んでみた。どうも味に違和感を覚えたので、再度酒屋に行って本当の「越乃寒梅」かを問うてみた。すると、店主曰く、「これは新潟越後の『越乃寒梅』ではなく、ベトナムの旧国名の越を模した『越の寒梅』ですから値段も安いのです」と答えたという。ブランド品をかたる偽物といえばそうかも知れないが、酒棚に色彩豊かに多々並ぶ、このような錯覚を起こす、紛らわしい銘柄を判別するのは至難である。

デフレ不況が進行し始め、日本が一番得意とした物作りを国内から海外に移転する構造転換が、大々的に起きた時期で、その一環で日本酒の醸造も米作の盛んな越の国に移っていた顛末を如実に示した。酒を介して、同名の越の国が絡む因縁がありそうな話であった。もっとも、今では一般に物作りはグローバル化し、一国独自の純粋ブランドは珍しい。

第2節　和歌

仮名は漢字に由来する日本固有の音節文字であり、一般的に平安初期に万葉仮名を基に出来たひらがな、カタカナが現在は繁用されている。この仮名の発

第8章　文芸編

明あってこそ和歌は日本文学の精髄たり得たし、又後世に広汎な影響を及ぼした。これまでは中国からの漢字で文事、詩歌を作成しており、奈良時代の『万葉集』、『古事記』等には多種多様な漢字の歌謡が編纂された。仮名の画期的出現で漢詩に対して、和歌という短歌が萌芽していく。これから取り上げるのは、狭義の和歌である31音（五・七・五・七・七）を定型とする歌である。仮名が出現したことで和歌は朝廷、公家、武家、寺社、知識層に於いて文芸の花形として急速に敷衍した。

　日本列島に新たに根を下ろし始めた日本人の先祖は、自らの歴史を刻むうちに、引き継いできたものから離れ、独自の文化を本能的に持ちたかったに相違ない。生活様式も朝鮮半島経由で中国から移入されたものが多く、いわば属国の立場であった。支配・被支配の直接的関係は微弱でも、対等な独立国家を樹立しようと、リーダーは考えたに違いない。人間でいえば自我の目覚め、国家的にはアイデンティティの主唱になる。大和政権までは文書類は全て漢字に依拠していたので、仮名の発明と使用は文化的桎梏の解除へと向かう。

　飛鳥（推古）時代に入ると遣隋使、遣唐使の派遣が盛行した。「白村江の戦い」（663）後、百済から撤退後は政治的、宗教的、文化的に唐王朝と政策の同調が図れ、平穏な外交関係を築いた。この間に日本も主権国家として、日本民族の尊厳、いわゆる民族主義的思想が確立し始めた。平安期に入ると、約2世紀にわたり国家的大事業であった役人、留学生からなる公式使節の唐王朝への派遣が、菅原道真の建言（894）により廃止されてしまう。

　門外感の身で和歌を親しみ嗜む至便な方法はないものかと思案の挙句、辿り着いた先に『小倉百人一首』を見出した。鎌倉初期の歌人藤原定家が、百人の詠み人の和歌一首ずつを撰したものである。天皇親政体制を確立した天智天皇、持統天皇親子の歌で始まり、天皇復権に挫折した悲運の後鳥羽院、順徳院親子の歌で締め括られており、政治的革新と没落を対極的に織り交ぜた意味深な撰集となった。恋愛が主体となった多くの相聞歌が選ばれ、定家自身も優艶な恋歌を寄せている。

　百名山にかこつけて百人一首に登場頂いた訳では毛頭ない。但し、1（0？）

290

から始まり無限の拡がりを示す数字にあって、人間には百は多からず少なからず理解し易い数字に映る。数え切れない多くの山或いは歌の中で幾つを選んで提示したら、最高の効用を発揮しうるのかを短慮してみた。ベスト１、３、10は巷間幅広く耳にするが、流石に少ない。20、50は馴染みが薄い。200、500、１千となると脳内で整理し切れない。百が感覚的に同時に実感としても心地良い。百云々（撰、名水、名滝、銘酒、名城、名湯、等）の類がキャッチコピーで汎用されるのは、現在でも「丁度良い」数字なのである。

藤原定家は小倉山の小舎に籠もり、名歌の撰集以上に何首選ぶべきか呻吟した。もし、独断で百人一首を撰集したならば、選者の能力は正しく至宝であり、百撰の先駆者としても不磨の輝きを放つ。

惚れ込んで純粋に心打つ和歌を本書に取り上げたのではなく、古人が抱いた山の認識を知る一助と考え、歌人の残した山を詠った佳作に焦点を当てて点描した。現代とはかなり異なる山への視座が窺えた。相聞歌が多い百人一首であり、多くの山が恋愛に絡めて詠われた。

百人一首で、現在の百名山を詠ったものは次の２首である。
　・田子の浦にうち出でて見れば白妙の富士の高嶺に雪は降りつつ（山部赤人）
　　　（原歌を定家が改作している。自然を客観的に歌う叙景描写が秀逸）
　・筑波嶺の峰より落つるみなの川恋ぞつもりて淵となりぬる（陽成院）
　　　（皇統ではいわくつきの陽成院だが、恋歌の技巧は秀逸。みなの川は男女ノ川）

日本一標高が断トツに高く、見目も秀麗な富士山はいにしえより日本人に一番広く深く愛され続けた名峰で、修行、修験の霊場でもある。数知れない詩歌、書、画の対象として描かれ続けている。最近では大勢の外国人が登る山としても高名を馳せる。

『万葉集』にある前者の原歌は、大半の高校生が教科書で習っている。純粋に富士山頂に降る雪景色を詠う実景歌であり、一首で和歌の虜にする名作といえる。富士山を詠んだ歌は数多く、後述の西行が東国を旅した折に詠んだ、彼自身一番のお気に入りと告白した歌がある。

第8章　文芸編

　後者は屏風歌と思うが、筑波山の叙景を絡めて日々強まる叙情的恋心を技巧的に訴えている。実際、求愛の心に囁かれて、しんどい登高中に作詩する情動は湧くものではなかろう。
　一方、百名山の中で標高1千mに満たない山は、開聞岳と筑波山の2峰で、筑波山は最下位である。『日本百名山』の著者深田久弥氏は、1千m以下の山の採択に不満な人があることは十分承知し、推挙の理由を明示している。一つは、奈良時代初期に出た『常陸国風土記』の中に出ている神話に基づき、古い歴史の山であることを挙げ、加えて万葉の時代から宗教的登山とは趣を異にし、多くの大衆が遊楽登山をしている事実も根拠としている。百名山では筑波山が詩歌に詠まれた頻度はかなり高い。実際、『万葉集』に撰集された数は富士山よりも多い。
　この山には幸運が幾つか重なっている。関東平野を一望出来る位置に忽然と艶麗な双耳峰を形成し、恋するかの如く見詰め支え合う男体山と女体山の頂が四囲から望める。創世神話に基づき、山頂の筑波山神社本殿にはそれぞれ伊弉諾尊、伊弉冉尊が祭神として祀られていて、恋歌にうつつを抜かした

伊弉冉尊を祀る筑波山神社本殿（女体山頂）

平安貴族は、筑波山の話を聞いただけで想像力たくましく絶好の歌枕と捉えたに違いない。

　山を特徴付ける普遍的な形状、歴史的背景、人との絆の強さによって、魅力が増幅されることはある。因みに、この他、二峰性の百名山は雨飾山、谷川岳、塩見岳、水晶岳、鹿島槍ヶ岳等複数あり、決して珍しくはない。只、二峰性とか双耳峰と聞けば、印象が強まり名峰と同義に響いてくるから不思議である。「山高きが故に貴からず、樹あるを以て貴しと為す」（実語教）という故事は、山は単に高いからといって貴くはないように、尊ぶべきはその実質であるとの

意味である。この譬えから推断しても、筑波嶺は愛され、名山に値する資格を得てきた。

　大町桂月氏の『秋の筑波山』は、「東京の人士、若し土曜日より泊まりがけにて山に上らむとならば、余は先づ筑波登山を提出せむとする也」で始まる。叙事、紀行、修養に関して多く書いており、地域の歴史、民俗に触れながら各地を巡遊した氏の筆先は、山への情愛に満ちている。徐々に登山興味が惑溺し、筑波山には何度か家族とも登っている。詳細に関城趾の荒廃を典故に挙げ、勤王忠節の士を修辞している。

　登山を通じて、歴史の懐古が湧くのは、自然の情動と考えている。上手く論理的に説明は出来ないが、山中で記憶が蘇るような邂逅があると、なぜか懐古に浸ってしまう。本書もそんな懐かしさが基盤となっている。

　百名山選定の基準に山の品格、山の歴史、山の個性の３点を挙げている深田氏が、標高が一番低くても筑波山を選考したことは、妥当性を欠くとはいえない。確かに、百高山なら単純に上位100超の標高が高い順の山を掲げ、その他付随的要素を加味して選定する分かり易い基準設定も至当である。名山と敬称される以上、人との歴史的・文化的色彩の関わり合いに比重が強まるのも止むを得ない。

[閑話休題]

　筑波山について付記する。入山入口の筑波山神社境内に国歌（君が代は千代に八千代にさざれ石の巌となりて苔のむすまで）の歌詞が刻まれた碑があり、結構大きなさざれ石が陳列されていた。それまでさざれ石は国歌斉唱で聞くか歌うかしても実際の石を見たことはなく、初見であった。ほぼ同じ原歌は『古今和歌集』に撰せられ、大王が長く栄える旨を原意とする。尖塔形を

さざれ石（筑波山神社）

第8章　文芸編

した個々の石の塊は、透明の石英が結晶化した水晶のようで、この巌が恒久的繁栄とどう繋がるのか一考、一考又一考と逡巡しつつ帰路に就いた。

　現在の解釈は、水晶のように堅くて、透明性が高くて、表面がすべすべしたさざれ石に苔が生えるには永い時が必要であり、善政を敷いている現在の大王の寿命、治世が永く続いてほしいという願いを込めたものに帰している。国歌の特徴として、専制的王政国家では君主や国王を礼賛する忠君愛国的傾向が強く、王政復古を果たした明治政府が、大日本帝国憲法下で天皇の治世及び永続を目的にして、この歌詞に楽曲をつけて、初等教育の場で儀式用唱歌として公布した意図は明白である。しかし、低学年の子供には歌詞は難解で、小学校時代から何度国歌斉唱したか分からないが、歌詞の本意を教えられた記憶がない。主権在民の新憲法下の戦後教育では天皇賛歌を映す「君が代」を国歌とすることについては異見がある。国民への丁寧な説明は省き、斉唱を通じて事実上の国歌容認を意図したかに思える。

　元々、明治維新には国威発揚、民族的アイデンティティの発信を図る国歌という発想が薄く、富国強兵、欧米資本主義への移行過程に於ける政治的、社会的変革が急務であり、国家戦略に整合する国歌をゼロベースで創作していくのは不可能であった。欧米列強の帝国主義が東アジアを席巻し、非力な幼弱国家が魔手から逃れる最善策は、強力な国家統合であり、それを成就する中央集権的天皇制と理論的正統性の確立であった。明治新政府にとっては、古代に達成した統治上の成功体験を近代に応用する以外に妙策はなかった。

　百人一首では、百名山以外で固有名称が峻別出来るのは香具山、三笠山、宇治山、稲羽山、手向山、逢坂山、小倉山、有馬山、大江山、三室山、初瀬山、吉野山の12座である。全て低山で、歌枕として知られる。
　・春過ぎて夏来にけらし白妙の衣ほすてふ天の香具山（持統天皇）
　　　（香具山は耳成山、畝傍山と共に大和三山と称され、歌枕である）
　・天の原ふりさけ見れば春日なる三笠の山に出でし月かも（阿倍仲麻呂）
　　　（三笠山は春日山の一部で、春日大社の神域でもある）

- わが庵は都のたつみしかぞ住む世をうぢ山と人はいふなり（喜撰法師）
  - （謎が込められた法師独自の世界観を垣間見る）
- 立ち別れいなばの山の峰に生ふるまつとし聞かば今帰り来む（在原行平）
  - （在原業平の兄であり、任国因幡への出立に際しての留別の挨拶）
- このたびは幣も取りあへず手向山紅葉の錦神のまにまに（菅原道真）
  - （宇多上皇の信任が厚かった菅公の快作。東大寺境内の手向山神社に句碑が建つ）
- 名にし負はばあふ坂山のさねかづら人に知られでくるよしもがな（藤原定方）
  - （恋愛、旅路の歌枕として詠われた逢坂山だが、今は面影薄く情趣もない）
- 小倉山峰のもみぢ葉心あらば今ひとたびのみゆき待たなむ（藤原忠平）
  - （皇室に忠誠を誓い、最強側近藤原氏の忖度、腰巾着振りが如実）
- 有馬山猪名の笹原風吹けばいでそよ人を忘れやはする（藤原賢子）
  - （温泉地で有名な有馬山は恋愛でも名所であった）
- 大江山いくのの道の遠ければまだふみもみず天の橋立（小式部内侍）
  - （盗賊の酒呑童子が住んだとされ、行人の難所であった大江山）
- あらし吹く三室の山のもみぢ葉は竜田の川の錦なりけり（能因法師）
  - （題詠の作であり、業平の屏風歌を連想してしまう）
- 憂かりける人をはつせの山おろしよはげしかれとは祈らぬものを（源俊頼）
  - （初瀬山は大発瀬山、小発瀬山の2山を指し、長谷寺を包み込む）
- み吉野の山の秋風小夜ふけてふるさと寒く衣うつなり（藤原雅経）
  - （李白の『子夜呉歌』の風趣を思わせる味わい）

名山という印象とはかけ離れた低山であって

激しい山おろしが吹くと詠われた初瀬山

295

第8章　文芸編

も、古来より親近感、史跡、桜や紅葉の名所、伝説などの観点から題詠には好材となった。身近な山が歌を詠む時の典拠ともなれば、見聞したことがない旧所、名跡、地名等の歌枕を活用して主役に据える場合がある。実際、奈良・平安貴族の行動範囲は狭く、実際見聞体験がなくとも、題詠の際には仮想現実的に臨場感豊かに連想し、作歌された。種々の歌言葉を駆使して、洗練された物語的な巧緻な和歌を深化させた。この時代に和歌が類型化されたのは、歌枕と屏風歌から生まれた作風に影響を受けたことと関連する。

第1項　柿本人麻呂（生没年不詳）

　飛鳥時代を代表する万葉歌人の柿本人麻呂は三十六歌仙の一人である。律令制が確立しない時代であり、天武・持統朝にかけて活躍したとされる。宮廷歌人で、位階の官位は従六位以下と高くはなかった。『万葉集』には4千500首以上の和歌が収載され、柿本神社（奈良）に祀られている。後世、山部赤人と並び歌聖と尊称されたので、日本の杜甫と称したい。

　柿本人麻呂を取り上げたのは長歌、短歌に魅せられた訳でも、特有の山を題詠したからでもない。彼が活躍した時代は、最盛期を迎えつつあった唐と対等の国交樹立が切迫していた情勢にあり、持統朝の宮廷が要望した中国詩に対抗出来る独自の文化として、和製詩歌創造の嚆矢となったからである。漢詩が王維、李白、杜甫等によって完成する僅か半世紀前のことである。「文選」、その他の古楽府 [注] の水準をお手本として、唐に追いつき追い越せと、国家的威信に枢要な文化面で先導的役割を演じていたのが人麻呂であった。国家草創期の政治的牽引役が藤原不比等ならば、文芸面の立役者は人麻呂としても過言ではない。言葉を生業とし、又天皇に仕えた歌人を彷彿とする『万葉集』の2首を紹介する。

　　・しきしまの大和の国は言霊の助くる国ぞま幸くありこそ
　　・大君は神にしませば天雲の雷の上に廬せるかも

　国威では歴然と差のあった最先端の唐王朝と対峙して、和歌を通して、地味な彼の国家への貢献に関して、敬意を表した次第である。

・あしひきの山鳥の尾のしだり尾のながながし夜をひとりかも寝む（百人一首）

和歌好きなら知らない人がいない名作を残した。

（注）
古楽府：漢詩の一体。唐代の新楽府に対する

第2項　喜撰法師（生没年未詳）

　平安初期（810〜824）頃の歌人で六歌仙^{（注）}の一人である。紀貫之が「古今和歌集」でその名を挙げて論じているのみで、出自（山城？）、伝記は未詳である。高貴な身分、家柄の良い歌人でも記憶されない場合が多い中で、一首（二首？）で後世に名を残した幸運な歌人となった。出家し、法師と称された伝説的僧侶で、悟りを胸中に秘める隠士の風情を感じる。

　・わが庵は都のたつみしかぞ住む世をうぢ山と人はいふなり（百人一首）

　宇治山（416ｍ）に隠棲した仙人と世間の評判が立っていたことに不満げなニュアンスが残るも、悟りの境地で世間との適正な距離を保って生きる洒脱感が漂う。秀でた人物であっても、僧門に帰する前までは俗人であった。脱俗し、仏法を説く身となったが、彼を知っていた都人の目には、キテレツな遁世人と映ったのであろう。それでも彼は俗衆に嘲られ、爪弾きにされることはなく、歌人として敬愛された人柄も兼備していたようだ。隠遁しても、俗界の風聞が気になり、心理的に葛藤していることは人間臭さの証左といえる。

　六歌仙に選出されるほど優れた歌人とはいえ、伝わる歌が少なく、有力な故実も見当たらない。それでも歌の真意は、読者に痛いほど伝えている。「九仞の功を一簣に虧く」事象が多い世の中で、真逆にして法師は一首の作品で六歌仙に列せられる栄誉に浴している。しかし、寡作の歌人にありがちな真価も憶測の域を出ないし、その絶大な才筆を知り得ないことは遺憾の限りである。

　寡作にして後世に名を残した点では、現存する作品が僅か6首しかない盛唐の詩人王之渙（688〜742）と似通っている。彼は黄河のほとりにあった三層

第8章　文芸編

の鸛鵲楼に登り、不朽の五言絶句『登鸛鵲楼』を残した。

　白日山に依りて尽き

　黄河海に入りて流る

　千里の目を窮めんと欲し

　更に上る一層の楼

　宇治は京都から指呼の近さにありながら、平安初期には自然豊かな未開地であり、そこの憂き山（宇治山）に移り住んで俗事に惑わされず、深奥な歌境に浸り、悟りの世界に身を置く法師に対して、俗衆は何か不満でもあるのかと半信半疑の目を向けていた。

　最盛期を迎えた平安中期には、貴人達がこの地に憩いとなる別荘地、遊楽の里として、多く移り住んだというから、自己の感性で桃源の地を探し当てた喜撰法師には先見の明があった。「桑田変じて海と成る」という故事は世の変遷を譬えて示すが、当該の事情は『源氏物語』の最後の10巻（宇治十帖）にも垣間見える。機会があれば宇治山（喜撰ヶ岳）を訪れ、喜撰法師のよすがを忍んでみたい。

（注）
六歌仙：平安初期の6人の和歌の名人。在原業平、僧正遍昭、喜撰法師、大友黒主、文屋康秀、小野小町

第3項　在原業平（825〜880）

　平安初期の歌人。六歌仙、三十六歌仙の1人。第51代平城天皇の第1皇子、阿保親王の第5子。臣籍降下して在原朝臣姓を名乗る。官位は従四位で没した。艶で上品、派手な美貌の皇孫にして、放縦不羈の情熱的人生を全うする。『伊勢物語』の主人公と同一視されるくらい伝説がかった貴人であった。業平の恋愛中心の実作和歌がふんだんに使われ、業平一代記の様相をなす物語構成は、読者に虚飾ではなく実像を抱かせる。

　高貴な女性達との禁断の恋、皇子達との親交、東国への漂泊といった虚構の部分をもっともらしく読み解いていくと、伝説化される人物の実像が浮かび上

がる。当時、物語の人物が流浪しながらの東下りは、伝説化されるに足る常套の虚飾要件であった可能性が高い。しかし、虚像化された彼が、実像の何層倍に誇大化されたからといって、罪業が深まるという訳でもない。愛、恋、流離、友情、落魄、再見等が主筋の定番物語は、虚実習合して構成され、文頭表現の「昔、男ありけり」で始まる傑作に生まれ変わった。和歌を筋立てに編成した希有な文芸作なので、後世に語り継がれてほしい。実在のロマン的一歌人が自らの詠歌を基盤に尾ひれをつけられ、話を盛られて伝説的巨人に祭り上げられていく過程は、神話の誕生に酷似する。

　歌が人生そのものと形容される業平と次項の西行を取り上げた理由は、次の３点に尽きる。

　①両歌人とも数多い秀作を残した

　②両者の出自、身分、生き様に雲泥の差がありながら、歌に天職を見出した

　③共に辞世の歌に画期的衝撃を感受した

　仏法の影響によるものか、人生は無常、生あるものに死を一体とする達観、悟りが込められている。実際、業平が仏教にどれほど心酔していたかは不詳だが、彼の和歌は教理と離れた人生の諦観を認識していたことが示唆される。若くて才気溢れる絶倫期に詠んだ業平の歌は珠玉の輝きを放ち続けている。

　・ちはやぶる神代も聞かず竜田川からくれなゐに水くくるとは（百人一首）

　藤原高子（清和天皇后）の文芸サロンに於いて、錦秋の紅葉が流れていく竜田川の絵を題にして詠んだ屏風歌とされる。史上最高峰の和歌と評価されても不思議ではない。

　この和歌は百人一首に撰集されている。六歌仙と尊称され、伝説的歌人だけにこの歌の技巧と難解さは衝撃的であった。歌よりも落語（「千早ふる」）の方が有名になるほど、真逆の領域で高い知名度を得た。庶民がこの歌を理解するには教養という障壁が高すぎ、落語にある定型版の知者役の長屋の大家と店子の細民との娯楽的やりとりに変換して、馴染ませたのだろう。それにしても、寄席の小話に作り上げた作者の脚本力は尋常ではなく、落語の傑作の一つに仕上げ切っている。

第8章　文芸編

　業平は情熱的で恋愛譚にまつわる歌、伝記に彩られることが多いが、人の気持ちを思いやる情味に篤い歌もある。自身皇孫であるが故に宮中での権力闘争に敗れて、皇位を継げずに失意の底にあった惟喬親王（義理の甥）に同情して詠んだ歌は心に訴える。

　　・世の中にたえて桜のなかりせば春の心はのどけからまし（河内交野に随行時）

　　・忘れては夢かとぞ思ふ思いきや雪ふみわけて君を見むとは（小野の里訪問時）

　第55代文徳天皇は第1皇子の惟喬親王ではなく、最大の権勢を誇った藤原良房の女（むすめ）明子との間に生まれた第4皇子の惟仁親王を皇太子（清和天皇）に立て、次の皇位を良房に約束した経緯がある。王朝政治に於ける藤原氏による、女を天皇に嫁がせ、皇位継承のある男子を産み、自分が外戚として摂政、関白で執権を行う摂関政治の形態が整った時期である。摂関政治の基底は後宮生活にあり、道長の時代に絶頂を迎える。皇位を絶たれ、病のため29才の時、落飾して比叡山麓の小野の里に隠棲せざるを得ず、惟喬親王は不遇の運命を辿った。

　平安期の大長編小説『源氏物語』の主人公、光源氏のモデルは藤原道長、或いは紫式部の亡夫ではないかと取り沙汰される等、諸説ある。私は、惟喬親王と業平を合体したハイブリッド型人物を仮想して物語化したと推測している。惟喬親王出生の境遇は光源氏に似ていて、業平の卓越した資質と多感な性格を織り交ぜて、紫式部は光源氏像を描いたのではないか。

　業平の人生を総括した臨終のメッセージが、僅か31文字の字句に枯淡と諦観の境地で伝えられている。

　　・終にゆく道とはかねて聞きしかど昨日今日とは思はざりしを

「鳥の将に死なんとするや、其の鳴くや哀し、人の将に死なんとするや、其の言や善し」（『論語』、泰伯第八）という孔子の弟子の曽参の遺訓がある。このように、臨終の人の言葉には本音と真実が込められていることは、古人も周知していたのだ。こうした昔の今生の暇乞いの訓戒は、高尚な道徳的響きに聞こ

え、現在では実際その精神は、遺産相続に関する俗物事項を規律する遺言という言葉で民法に反映された。

> 閑話休題

ここから暫し、鳥にかこつけてメジロ（目白）と鳥関連の話をしたい。メジロと聞いて同年代の男性には、共鳴なさる方も多くおられると拝察する。

「鳥の将に死なんとするや、其の鳴くや哀し」に関連した自らの体験談がある。田舎で暮らした素朴で貧しい時代の思い出話である。現在とは一般的に趣味、嗜好が随分違い、昔は多くの家庭で声の良い雄のメジロを籠鳥として飼っていた（現在は鳥獣保護法により捕獲禁止）。日中は軒先に籠を吊るして、あの独特の美しいさ

ベランダ前の楓の樹液を吸うメジロ

えずり（チィ、チィ、チェイ、チェイ等の空音の繰り返し）を楽しんでいた。今でこそ廃れてしまったメジロの鳴き合わせは、古来有名である。花の蜜を好み、梅や桜の花が咲き始めると、蜜を求めて集団で鳴きながら飛び回るので、春先は特に観賞し易い鳥である。背面が緑色、喉は黄色、腹部にかけて白色となり、目を取り巻く白色のリングが個性的で名称の由来となった。見た目が美しく、仕草も可愛いので子供に限らず大人にも人気が高かった。

日本全土に留鳥として棲む。屋久島の宮之浦岳から下山時、ヤクササの間からメジロとウグイスがさえずり続けていたのには驚いた。温暖な南西部の島しょの林に両鳥が、本土より高密度に棲んでいるとは露思わなかった。密生ササの中にいて、姿は殆ど見ることもなく、鳴き声はやけに身近に聞こえ、人を恐れる気配がない。手つかずの自然が多く残り、鳥獣類保護の恩恵を受けている島々は、別世界であった。

本土でも人里の林に小さな群れで行動するメジロは、鳴き声が聞ければ発見

第8章　文芸編

し易い。通常、強い縄張り意識があり、求愛行動の一環で雄は雌を呼び寄せ、それを主張するために高音で頻繁に昼間さえずる習性を持つ。通常、夜間の鳴き声は聞いた試しがない。

　私も小学生の頃、メジロを数年間飼っていた。必須栄養のすり餌と水を毎朝換えて与えていれば飼い易く、10年弱の寿命がある愛しい小鳥である。昼は陽の当たる軒下に吊り下げ、夜は部屋内に入れて電光が眠りの妨げにならないように、籠に風呂敷をかけて暗室化していた。ある夜、8時前後だったと記憶しているが、普段鳴かないはずなのに2度鮮明に大きく（チェイ、チェイ）鳴いたので、夜にも珍しく鳴くものかと気にもせずに、籠内の状況は確認しなかった。翌朝、給餌しようと風呂敷を下げたら、小鳥が籠底に横たわっていた。前夜まで異常は認められず、天寿を全うしたのか、急病に臥したのか死因は分からない。今際の鳴き声にどんな意中が込められ、何を伝えたかったのか、知る術がなかった。それ以降、メジロの飼育は止めた。高校生になって、先述の「鳥の将に死なんとするや、其の鳴くや哀し」を学び、琴線に触れる心情を覚えた。声を出せる動物、鳥類は鬼籍に入る前に遺言を残す本能があるのかも知れない。今際の鳴き声には何かのメッセージが含まれ、それは哀しい鳴き声であろう。

　メジロとよく群れをなして、随伴している小鳥にシジュウカラ、ゴジュウカラ、ヤマガラ、エナガ等がいる。方丈の間のベランダからも、冬から春先にかけてこの野鳥軍団が葉を落とした樹枝、梢を伝い、鳴きながら次々と飛び渡っていく光景が頻繁に見られる。軽井沢は自然保護活動が進んでいるせいか、動物以外にも豊かな自然には沢山の種類の鳥類（オオルリ、コルリ、ミソサザイ等）が生息し、樹間や渓流沿いに心地良いさえずりを楽しめる。四季を通して、一歩林に踏み分け、耳をそばだてれば野鳥の声が届き、樹間に視線を送れば姿を捉えられる。動物、鳥類の宝庫となっている涵養樹林地の散策が趣味の身には、癒しと安らぎをもたらす福音になっている。一方、自然の美しかった故園が、開発により姿を変えつつあるのは忍びない。

　普段、当たり前に聞き流している野鳥（シジュウカラ等）の鳴き声に原初的な言葉と文法規則が存在し、自然界では同種間、異種間で連絡手段として使用

されている研究が、昨今注目され始めた。動物行動学の先端領域で、動物言語学が新たに提唱されている。一定の規則を持つ言葉によるコミュニケーションは、人間独自の進化による能力という解釈に一石が投じられている。実際に人と動物との意思の疎通に関する事例が報告され始め、言語学的な領域で科学的検証が進んでいる。

この報道を目にし、60年以上前、畳に寝転びながら興味津々読了した動物文学の代表的著作である『シートン動物記』に、カラスの鳴き声と意味（言葉）が数十種紹介されていたことを思い出した。シートンは博物学に造詣が深く、観察眼や記録には信頼が置ける。彼の観察記録から約百数十年経った現在、軽井沢の森で科学的実証が進められている報道に触れ、人間が自然を正しく理解し、動植物との均衡の取れた共存には欠かせない考証研究と評価した。

他の種同様に野生児だった人間は、進化を遂げた結果、高度な文化により生物界の頂点に立ち、今では自然界から遊離した生存域に生活している。しかし、僅か数万年以前には弱肉強食の熾烈な競争環境に身を晒されて、各動物との距離には強い緊張を強いられていた。そうした捕食、捕殺の食物連鎖の経緯を重ね、人間絶対優位の順位を固めてきた。従って、この反動は殆どの動物、鳥類は人を殊更警戒する習性に帰結した。もっとも、懸隔の地で永年天敵との遭遇を回避し得たアホウドリやキーウイ等は生存戦略が甘く、人や犬等との接触が原因で絶滅の淵に追いやられた。人間が介在すると、滅亡しかけない生物が地球上には沢山いて、人間の尺度で管理するのは難しい。我々の存在を特異的と見るか、あくまで自然界の一部とするかによって、自然との調和を図る手段は異なる。いずれにしろ、生物多様性に関しては、人為的な尊重に重きを置くか、ダーウィン流に自然選択に任せるかの判断は容易でない。

一方、異常なくらい人を避け、警戒する習性の鳥類にも人を受け入れた異例の伝記が残っている。一話目は孔子の場合である。遊行中に野山で遭った野生の雌雉が孔子の「仁」を慕って、なついて近づいてきたというのである（『論語』郷党篇）。二話目は鳥の声を理解し、会話が出来たとされた人物の存在である。私が知る限り、孔子の門人の公冶長とアッシジの聖フランチェスコ（1181

第8章　文芸編

〜1226）の二人である。誠実、勤勉、公正に人として理想の道を極め、社会
に生涯を捧げた人物には、人と鳥との間に垣根がなく、双方の意思を汲み取れ
ていたという古人の見立てである。いつの日か、超人的能力も科学的に究明さ
れるかも知れない。

第4項　西行（1118〜1190）

　恐らく、西行は日本人が一番好きな歌人の一人であろう。約2300首の和歌
を残しているが出家後、漂泊し、隠逸生活で詠んだ歌が殆どとされる。日本人
の心に刺さる歌が多く、人麻呂、貫之に次いで3人目の歌聖と敬称されてもよい。

　俗名佐藤義清。代々、武官の検非違使などを務める武勇の家門に誕生し
た。若くして鳥羽院に仕え、兵衛尉に昇進したが、23才で突如出家してしま
う。真言信徒として高野山に30年以上身を置いた。歴史の歯車次第によって
は、同年の平清盛に比肩する御仁に違いないが、武士の世が訪れる直前に遁世
を志向してしまう。なぜ家門を捨てたかは定かでない。仏道に帰依する心の発
揚、諸行無常の響き、陰謀蠢く政治への嫌気、悲恋の顛末等の諸説を憶測して
も、真意は遠い。悩み苦しむ心の中を発露したのは歌のみで、陶潜同様に真意
を歌に込めた。

　平安末期は社会の混乱、疫病、不作等が重なって末法思想が流行し、浄土教
等が広まった。実際、厭離穢土で出家を決意して、山中で浄土を求めて念仏三
昧をするようになると、聖や修行者の中には野垂れ死にする例も発生した。

　しかし、西行にそうした傾向はなく、欣求浄土を志向せず、社会性を保ちつ
つ、作歌と勧進行為に軸足を置いていた。則ち、出家遁世後は高位の僧綱を求
めて修行に励むというより、二刀流の半僧半俗の勧進聖の活動が伝えられた。
世間と完全断絶するのではなく、寺院の経済的基盤を支えるために京都の貴族、
公家及び地方の有力者の館を訪れては寄進、寄付を集めており、社会的活動に
熱心であった。鎌倉時代の一遍上人（1239〜1289）が遊行して、衆生に念仏
を勧めて救済を図る活動とは異なり、西行は直接庶民救済を図る遍歴ではなく、
有力武士、公家、富裕層に勧進を行い、寺院、伽藍等の建立、修繕等に注力し

た。出家隠棲後も社会的責務を欠かさなかった生き方であった。

遍歴した長途の旅は陸奥、北陸、安芸、四国に及び、途次隠逸の草庵生活を幾度か送った。これを可能にした背景には、至高の和歌を詠む才覚と宮廷警護の北面武士の経歴であった。この評判と実績があればこそ、源頼朝や奥州の藤原氏との面会が叶い、勧進を行えたのである。嘗て朝廷に仕えた官人としての信任は厚く、卓抜の歌人ともなれば、諸国の有力者にとっては、和歌の手ほどきを受け、もてなしたい人物であった。隠棲趣味とも解される和歌を数多く詠じていても、芭蕉の歌枕を意識しての文学的紀行とは性格が異なる。いずれにしろ、行脚の旅は、西行の真実と伝説を後世の我々に留め置く契機となった。この意味では李白の隠棲、遍歴の形態と似ている。

富士山頂の巨大噴火口

彼の歌は、『山家集』、『新古今和歌集』等に多く載る。

東国に旅した折には源頼朝と面会し、一夜を語り明かしたとも伝わる。西行は春の夜の夢の如く滅亡したおごれる平家一門を見ており、代わって台頭した猛き源氏の棟梁と対座しての心境いかばかりかと慮る。出家した聖歌人と見做されながら、清盛、頼朝といった権門の長と良好な関係を維持出来たのは西行の武人、僧侶、歌人としてその人間性が敬愛されていたからに他ならない。東国への旅路で詠んだ自讃歌に富士山を絡めていた。当時、富士山は日本一の名峰と意識されていたかは不明だが、己と対等の存在に据えて、衒うことなく堂々と詠じた。

・風になびく富士の煙の空に消えて行方も知らぬわが思ひかな

風になびく富士の煙とあるので、噴火活動を調べてみた。平安時代（8世紀末〜12世紀末）は活発に繰り返されていて、史書に記されたものでも三大噴火（800、864、1707）を含め、計10回ある。1083年の噴火後は約300年間記録がなく、西行が見た噴煙は火山灰を持続的に放出していた小規模噴火による

305

第8章　文芸編

ものと思われる。宝永の大噴火（1707）を除けば、現代人には噴煙棚引く富士山の印象は全くない。

　弓馬に長け、比肩なき歌才に恵まれた若き西行は、世間慣れしない皇女、女御達の心を捉えないはずはない。それでも、厳しい官位制度に阻まれて、理不尽にも叶わぬ恋がきっかけで、心が折れたかも知れない。氏姓皇族の業平のように根っからの風流趣味の貴人であれば、失恋如きで出家遁世はしないし、逆に己を奮い立たせて恋愛マスターに変幻し得た。武家の家柄とはいえ、宮中警護の番犬で身を終えることを許さない矜恃は、西行をして歌道に一意専心させた。結果、彼の選択が正答となったことは歴史が証明した。

　百人一首に撰せられた彼の恋愛観を窺わせる、技巧的に修辞性の高い恋歌が残されている。

　・嘆けとて月やは物を思はするかこち顔なるわが涙かな

「かこち顔」とは嘆いている、恨みがましい顔という意味であろう。かこち顔で世間に知られた有名な戦国武将がいる。若き頃の徳川家康である。1573年、三方ヶ原の戦いで武田信玄に一敗地にまみれ、命からがら浜松城に潰走した。その折、将来の成功に向けて自分の惨めさを当人及び後世の一族への反面教師、家訓として伝えるために、床几に腰掛けてかこち顔をした家康を絵師に描かせ、肖像として残した。共に武門の出身ながら、真逆の人生を辿った歌人西行と重き荷を背負って歩んだ将軍家康は、かこち顔を介在として他生の縁で結ばれた。

　出家後は旅と詠歌が生活の基本となったが、僧侶の位階に関わらず、上人として不羈の生涯を望んでいた。これは詠歌と西行歌風の創成を優先し、歌境の障壁となる俗事的要素を仏法の教え以外には求めなかった。

　西行の和歌に触れ、完成の域に入った感を強く抱いた。詩文が全盛期の盛唐に遅れること約400年にして、日本固有の和歌が中国の文雅に追いついた意味である。彼の軌跡を辿ってみると、背景は異なっても盛唐の王維と通有する風流、人生観を拝察した。仏教的悟りと恬然無極の芸術性が光背となり、輝きを増した。

　歌を多く残したため、西行は史実として語られるが、肥大した伝説も招いた。

306

偉人は多くの伝説を残しているが、数多いる伝説的五大人物を挙げるとしたら日本武尊、聖徳太子、空海、西行、豊臣秀吉と任じている。前３者は確証度が低い古代の時代に活躍した逸材であるのと比べ、西行は歴史的蓋然性の高まった中世初期に活躍した才人である。従って、気ままな古人の軽挙妄動により、史実の欠片もなく歪曲された可能性は低い。

　伝説、伝承の説話の類は空想的、奇抜な創意で誕生するというより、近似な故事、故実を修辞的に物語化したと思える。意図や目的を希求する当該領域の関係者が特定の有名人、偉人、権力者、時には罪悪人等にこじつけて大衆受けする形態に潤色し、伝説化の促進を図ったように理解している。

　・願はくは花の下にて春死なむそのきさらぎの望月のころ

　西行のこの辞世歌に共鳴された人は多い。願い通りに人生の顛末を歌に結実した究極の作であろう。歌道を喝破し、社会の束縛から自由を得た達人にのみ許された、恰も自己世界の実現を果たしたが如く詠じられた。後に芭蕉は、自分が受け継いでいる俳句の伝統は、「西行の和歌における、その貫道するものは一なり」（『笈の小文』）と表し、最高峰の歌人と認知した。

　一般論として、歌聖、詩聖、俳聖と尊称された文雅の士の作品を一旦でも読むと、それ以降の秀作に触れても感動も湧かず、共鳴も弱く、記憶に留めがたい陥穽にはまる自分がいる。人類の智恵、芸術性は多面的であっても、当該分野で全盛を迎えた後には革新的進歩が起きることは珍しく、大きく局面が変わらないと新生は起きない。古代ギリシャのソフィスト、中国の諸子百家の活動は後世に影響を与えているも、当時の知識、智恵を上回る革新的智恵や発想は誕生していない。則ち、自然科学、数学等の知識の積み重ねを除けば、人間の文事上の智恵は、経時的に捉えると思いのほか増えていない。

　先に触れてもいるが、近代に至るまで日本には人材登用手段として公正な試験制度はなく、政官界で門閥系以外の無名の士が出世した例は希有である。例外は豊臣秀吉くらいであろう。名門、富裕層以外では教育、習い事の機会は殆どなく、文盲率は低いのだから、況んや、芸術世界での突出は考えられない。百人一首の中で、官職に就かなかった詠み人はいるのだろうか。『万葉集』に

第8章　文芸編

は詠み人知らず、防人、無名の民の歌謡が多く撰集されていても、そうした歌人ですら短歌、長歌を作成するだけの教育環境に恵まれた知識、上流階級に属していたに違いない。洋の東西を問わず、無産階級出身者が、芸術で名を成すことには至難が付きまとう。

　西行は武門の家柄とはいえ、風流家人の影響を受け、皇族に仕えた経緯から世が世ならば一大権勢を振るえた可能性もあった。しかし、殿上人にはなれず、個人的事情、政治的背景などから道心が強まり、若くして出家した。理想とする歌人の歌枕^{（注）}を求めて諸国行脚し、当代一級の芸術家との交流を通じて歌境を開拓していた。畢竟、文化人として最先端の芸術の道を歩み、至高の完結を見た功績は比類ない。

　平家の公達、平敦盛を一ノ谷の合戦で討ち、武人として勲功を立てたにも関わらず、後に出家してしまう熊谷直実（1141 ～ 1208）と対比的に考察すると、血生臭い刀槍の世の中に早々と見切りをつけ、文雅の道を極める道を選択した西行の生き様は清々しい。平安末期から鎌倉初期は武士政権への揺籃期で、後代の武士道確立前には武士の心情も千々に揺れていた。

（注）
歌枕：詩歌、俳句を詠む際の典拠とすべき枕詞や諸国の名所・旧跡の類

第5項　歌人概略

　後世に偉大な功績を残した4人の歌人を10項目の背景、特性等ごとに分類してみた。同時代の中国の文人に比し、当時の日本では個人情報を文字や絵画で残す文化が醸成されておらず、記録、伝承類の不足は否めない。

柿本人麻呂
　①出自　　不詳。姓は朝臣がつき、五位以上の官位の家柄
　②芸術性　様式、表現の上で革新的で、和歌史変換の契機となる。三十六歌
　　　　　　仙の一人
　③信仰　　不詳。伝来の仏教に影響を受けた可能性は高い
　④官途　　官人ではあるが、官位、役職は不詳。宮廷歌人

⑤隠逸性　出世間的傾向は弱い

⑥歌風　　口承から記載への転換。歌聖と称される。雑歌、挽歌、相聞歌と
　　　　　幅広い

⑦家族愛　妻をこよなく愛し、交わした歌が石見相聞歌として残る

⑧親交　　不詳

⑨酒　　　不詳

⑩余生　　石見で死亡と伝わり、柿本神社に祀られる

喜撰法師

①出自　　伝承では貴族の末裔。山科出身

②芸術性　寡作で六歌仙に選出される高質なレベル

③信仰　　仏教に帰依して醍醐山で出家

④官途　　宮廷歌人

⑤隠逸性　宇治山の庵で隠者風の生活を送るが、社会性を維持

⑥歌風　　濁世から逃避した陰鬱さを与えない

⑦家族愛　不詳

⑧親交　　宮人からも一目を置かれていた

⑨酒　　　不詳

⑩余生　　不詳

在原業平

①出自　　皇孫（平城天皇皇子阿保親王の五男）

②芸術性　歌こそ人生の生き様。恋愛、女性への情熱が芸術性を醸す

③信仰　　仏教の影響というより失意、挫折が流浪の動因

④官途　　従四位まで昇進（近衛権中将、蔵人頭）。中枢の太政官ではない

⑤隠逸性　隠棲の意識は低く、挫折、自由奔放な気質で漂泊

⑥歌風　　恋情、恋愛の歌風は特異的である

⑦家族愛　妻子の話は不明

⑧親交　　二条后高子、惟喬親王、伊勢斎宮

⑨酒　　　不明

⑩余生　　辞世歌から類推すると、平静と安穏の日々に見える
西行
　①出自　　宮中警護担当の六衛府の武官の家柄
　②芸術性　道心と和歌の絶妙な融合
　③信仰　　仏道に帰依する心が強く、諸国遍歴の契機となる
　④官途　　鳥羽院の御所を警護する北面の武士で兵衛尉となるが、官位は低かった
　⑤隠逸性　仏教的無常観、下級官吏の悲哀もあり、旅と草庵生活を繰り返す
　⑥歌風　　歌枕に憧れ、諸国行脚。西行歌風を確立
　⑦家族愛　出家時、縋る娘を縁側から蹴り落として家を去った逸話が残る（『西行物語』）
　⑧親交　　空仁、源季政、待賢門院堀河、藤原俊成、平忠盛、藤原定家
　⑨酒　　　飲酒歴は不明
　⑩余生　　辞世歌通りに河内の弘川寺で病没

第3節　俳句（松尾芭蕉）

　ここまで漢詩、和歌を取り上げ、次に俳句に話を向けるのは、月山登山で目にした俳句の訴求する境地に感銘したからであり、無闇矢鱈に尺を広げた訳ではない。

　俳句と聞いて、いの一番に思い浮かぶのは松尾芭蕉（1644〜1694）である。小学生の頃、学校で学んでいなくても、巷間に知れる一句や二句を口にしていた記憶がある。俳句は五・七・五、計17音を定型とする短い詩で、短歌と共に短詩型文学の二大潮流とされる。

　群馬との県境を越えて軽井沢町を旧中山道が

芭蕉句碑（旧軽銀座）

縦断し、見晴台から峠道を下った麓に二手橋がある。橋を渡り、400 mほど進むと江戸時代からの老舗「つるや旅館」前に出て、旧軽銀座メインストリートへと続く。この間にショー記念礼拝堂とはす向かいの位置に「芭蕉句碑」が建っている。この句碑は、1843年当地の俳人小林玉蓬によって、芭蕉翁150回忌に建てられた。各地に芭蕉の句碑は見られ、偉大さが偲ばれる。

・馬をさへながむる雪のあした哉（『野ざらし紀行』、『甲子吟行』の一句）

旧軽銀座を経て見晴台への峠道は、定常の散策コースなので、通る度に必ず口ずさみ、俳聖芭蕉にはいつも敬意を払っている。芭蕉に私淑する俳人が江戸から遠く離れた軽井沢宿にもおり、俳句が立派な文化として根付いていた。只、遺憾なことに俳聖は軽井沢宿を歩いていない。雪の朝に風情漂う旅館の窓辺から、通り過ぎる馬子と馬の姿を詠めば同感であったろう。

芭蕉の俳論は精髄とされる「不易流行」を基本に「さび、しをり、細み」等で語られる。俳諧に於ける不易流行は、『論語』にある温故知新と意味合いは近い。

漂白の俳人と評される彼は、『野ざらし紀行』の旅を皮切りに、末年に至るまで何度も遊行し、『奥の細道』[注]として纏められた俳諧紀行中に、蕉風俳諧が萌芽したといわれる。旅に随順して新境地を獲得した面も多いとはいえ、加齢による衰えと庶民向けの俳風を意識した側面もある。「軽み」の作風と代表される「秋深き隣は何をする人ぞ」の句は俳風理念を昇華した晩年の句境とされる。素人から見ても、『奥の細道』で詠まれた一連の句と比肩して、明らかに異なる句境を感じる。漂浪しながら旅に新しい句境を発見した芭蕉は、10月12日、大阪の旅舎花屋で生涯を閉じた。この辺の事情は『枯野抄』（芥川龍之介）が参考になる。

・旅に病んで夢は枯野をかけ廻る

一朝一夕に机上で確立された俳諧ではなく、修行僧、行者、聖が山野を跋渉しながら修行、開眼、民衆への教化を目指したように、辛苦の旅路に俳諧の向上、蕉風俳句の確立、展開、庶民への俳句浸透を希求した姿が浮かぶ。

百名山登山に関連して、驚嘆したことがある。曽良と陸奥紀行中、腰が曲がりかけていた芭蕉が1週間かけて、出羽三山（羽黒山、月山、湯殿山）に麓か

第8章　文芸編

ら自分の足で登頂していた事実である。霊場の月山には1千年以上前から、信者による登拝が行われ、登り口は7口ある。現在、基本的に山（参）道は確保、整備されているので、芭蕉が曽良と登った7月は、天気さえ良ければ道に迷い、転落等による事故の危険性は低い。が、晩年の芭蕉が修験者同然の装束で笈を背負い、錫杖を突きながら、草鞋履きで石畳やガレ場の礫地を上り下りするのに難儀したのは想像にかたくない。広く知られた擬死再生（注）の道を辿る願いに突き動かされての決行だったに違いない。出羽三山は、修験道に於ける擬死再生の舞台とされていた。現世を意味する羽黒山から来世の極楽浄土にあたる月山に登り、生まれ変わって（再生して）、湯殿山に戻る仮想の体験修行である。

擬死再生の舞台月山の優美な稜線

　奥の細道は彼の集大成となったが、趣意は創作に留まらず一貫して鎮魂、信仰の旅路でもあった。しかし、芭蕉の句には仏法性、修験性を紡ぐ言葉は少ない。宗教の教義と自分の句境との溝渠は埋めずに、俳諧の基本を実践している。淡々と霊場、名所、旧跡を訪れてはそれぞれ名句を残した。その内でも月山を17音で読んだ句は、時を越えて月山に登って、体感を共有し合えた身として、彼の快作の一句と評価している。月山登山の経験者ならば、この句に込めた芭蕉の胸中を明察するのではないか。月山山頂から僅かに下った見晴らしの良い平坦地に、月山を詠んだ句碑が建立されている。

・雲の峯幾つ崩れて月の山（月山）

・涼しさやほの三か月の羽黒山（羽黒山）

・語られぬ湯殿にぬらす袂かな（湯殿山）

　これら3句は蕉風俳句が確立されつつあった時期のもので、旧来の歌枕を意識した型式から自然と一体化した直截的感動、意趣を句中に昇華させている。

　旅に視座を据えて、修験道の聖地として隆盛を誇っていた出羽三山に挑ん

312

だ背景には、35才頃から、中国の老荘思想、李白、杜甫、蘇軾（北宋の文人）、白楽天、寒山（唐代の天台僧）等及び本邦の西行等の影響が挙げられる。江戸時代も一流の文人にとっては、唐・宋代の文芸の勃興、華麗さを閑却しがたく、憧憬対象として輝き続けていた。明治に入っても同じで、高質の文化は一流の文芸人により継承されている。

『奥の細道』の旅立ちの冒頭を読むと、李白と杜甫の人生を自分に重ね合わせて、書き連ねていることは一目瞭然である。李白の「春夜桃李園に宴する」詩を参考に、時に馬で、時に舟子となって、扁舟で一人万里の旅に明け暮れた杜甫の生涯を連想して、本書の掴みは構成されている。存外、旅に明け暮れた芭蕉は、李白と杜甫に似通った境涯に仮託したとも見做せるし、偉大な先達を尊敬する余り、意識的に遍歴していたかも知れない。古人の麗筆を基に自作を創作した背景には、爛熟した文芸の水準を一段超えて、新規性の高い作品を生み出す苦慮があった。

　唐代の二大詩人の作品は当然にして、生き様も憧憬の対象であり、私淑していたのであろう。その他の詩人も旅を好み、遍歴し、技巧の円熟を追求する場合が多く、自己の詩境を最大化して、独自の詩風を完成させていく。

　畢竟、芭蕉は唐代の漢詩、日本の和歌に影響を受けていた。しかし、それ以上にその文事の風雅な業績の神髄を生み出した芸術家の漂泊の姿に、一番刺激を感じていた。知的技巧や思弁によって句は作れても、旅という実践が伴わない作には、言霊が宿らないことを直感した。文雅の士として自尊心を持ち、己の詩風、流儀を確立するには、たとえ旅路に屍を晒しても、古人と同列の生涯を送る意思を堅持し続けたのだ。

　漂泊の紀行文である『野ざらし紀行』、『奥の細道』には、隣国の偉大な先人李杜の後塵を拝さない決意のほどが示された。近代の救急医療体制であれば、旅先で病んでも、適正治療を受けられるので、客死する事態は椿事ですらある。しかし、江戸初期では旅路で倒れ、野垂れ死にが珍しいことでなかった事情を顧慮すれば、長途の道中は決死行であった。命を賭する旅路と覚悟しつつ、先覚が揚々と挑戦、確立した履修修練を忌避する選択肢はなかった。

第8章　文芸編

　私が月山を詠んだ句を最高作品の一つと評価した根拠は、単純明快である。芭蕉自ら完登し、僅か17音の句で月山の深層を知悉した感覚に陥るほど、山の核心を鋭く捉え描き切っているからである。実際この俳句の凄さは、峯（山）を主体に雲と月を同列に対称性のある自然美と見做している点にあ

穂高連峰の絶好展望ポイントの河童橋（上高地）

り、雲と月を置き換えても立派な句になる。山月諷詠の極致の作である。

　古来、歌人の多くは山岳を舞台にして、佳作を残しているものの、景観を眺めるか、屏風歌の場合が多く、登ることは少ない。近代になって、作者が実際に山行して、その体験を作品に残すようになる。嚆矢となったのは夏目漱石で、欧米文化に触発された好例といえる。漱石は富士登山の経験があり、多くの作品（『三四郎』、『硝子戸の中』、『虞美人草』、『行人』等）に富士山で見聞した言葉を自信ありげに駆使した。一方、芥川龍之介も18才の時、友人らと槍ヶ岳に登っており、遺作となった『河童』では穂高山にも登った旨の表現がある。

　日本の山岳を世界に先駆けて、文字で紹介したのは、英国宣教師のW・ウェストンである。彼がロンドンで発刊した『日本アルプスの登山と探検』(1896)が端緒となった。イエス様の教義を説くよりも、山岳の魅力に取り憑かれた牧師の教本は、その後日本国中に拡散した。彼が宣教師であり、山と宗教との関連性が、多少なり因果付けられたことに安堵している。

　月山に限らず、登山の前に山岳情報を得るのは基本ルーチンであり、自分の登攀能力と当該情報がマッチすれば、安全登山の担保となる。最重要情報は観天望気(注)である。

　私は月山には9月上旬、ほぼ晴天の下、予定通り登下山した。しかし、下山時に西側斜面から、予兆なしにガスが一気に湧き始め、瞬く間に上昇し始めた。そのまま稜線を流れ落ちれば滝雲となり、峰を乗り越えなければ旗雲と呼ばれる。そのまま厚い雲に長時間巻き込まれれば、ホワイトアウト状態で視界、方

向感覚を失いかねない。幸い、山上から雲の流れを正確に視認し、天候は悪化しなかった。このように頻繁に起こる雲、ガスの気象変化がこの山の特徴であり、俳聖も実際遭遇した可能性が大きい。或いは、近在の修験者や宿坊の僧侶から同じような気象情報を聞き、句中に巧妙に詠み込んだかもしれない。

詩歌、俳句の類は風流心を高める花鳥風月、情動、歌枕等をルールに従って詠む場合が多く、自然現象を正確に理解して対象を強調することは、自然摂理の乏しい時代には難しく、婉曲的に用いると誤解を生じかねない。李白の四言絶句に『静夜思』がある。その承句に「疑ふらくは是れ地上の霜かと」とある。又、日本人に愛された張継の七言絶句『楓橋夜泊』には「月落ち烏啼きて霜天に満つ」の起句がある。霜は降るとか降りると表現されるが、実際は気温が氷点下になると、空気中の水分が地表や物に接して氷片を形成したもので、雪や霰のように空から降って、空中に満つるものではない。

芭蕉は風雅に連なる広範な芸術性を視野に捉えながら、先哲の歌枕巡りを意識して、漂泊を続けた。中でも約千年も前に漢詩を完成させた杜甫、李白、約500年前に和歌の極意に近づいた西行の漂流には目を見張ったに違いない。かような生き様に共鳴し、実践した後世の文芸人も多い。夭逝した石川啄木、林芙美子等の自伝的小説にはその影が色濃い。啄木は「予はあくまで風のごとき漂泊者である。天下の流浪人である。……」と自己を評している。明治から大正時代にかけて文人、詩人をして漂泊、放浪が必然の研鑽の道と信じ込ませていた。

芭蕉を10項目の背景、特性等ごとに分類してみた。

①出自　　郷士・地侍級の農民
②芸術性　19才から北村季吟に師事。江戸移住後に蕉風俳諧が萌芽し、漂浪中に確立
③信仰　　35才頃から老荘、李白、杜甫、白楽天、蘇軾等に感化を受ける
④官途　　藤堂藩侍大将の子小姓として3年間出仕。将軍家とは無関係
⑤隠逸性　山家、山中、山里という山関連の言葉は多いが、遁世的よりは漂泊型

第8章　文芸編

⑥詩風　11年の漂泊を経て不易流行、さび、しをり、細み、軽みの蕉風に完結

⑦家族愛　5人の兄姉妹があり、母郷の伊賀上野の兄の実家に頻繁に戻る

⑧親交　素堂[注]、蕉門十哲を含む多くの弟子、全国の俳諧後援者との強い絆

⑨酒　酒を詠んだ句は多いが、逸話は少なく、節度ある飲み方

⑩余生　旅の心労と老衰にめげず詩風完成に邁進。弟子に看取られ大往生

（注）

奥の細道：1689年、芭蕉が門人曽良と江戸から奥州、北陸の名所、旧跡を巡り、大垣に至る150日間の紀行を俳句と一緒に記したもの

擬死再生：山岳宗教の修験道の教義で修行の一つ。儀礼的な死とその後の再生。出羽三山では羽黒山を現世の御利益、月山を来世の極楽浄土、湯殿山を生まれ変わりの舞台としてなぞらえて体験すること

観天望気：空の状況を観察して、経験的に天気を予想すること

素堂：山口素堂、江戸中期の俳人（「目に青葉山ほととぎす初鰹」）

第9章　山道編

　山道の特徴は多彩である。軟質の土壌だと背丈以上に掘れていて、開聞岳では人が歩くだけでこんなに深く、U字溝状に掘れるものかと驚いた。一般に山体をジグザグ状、格子状に拓かれたものや、巻き道、又石段、木段等が敷設されてもいる。なだらかな稜線上の道は景観に優れ、渓流歩きも登山の醍醐味となる。少し毛色の変わった体験談を紹介する。

第1節　暴羆馮渓
〔ぼうひひょうけい〕

　孔子の言行録を弟子達が纏めた『論語』述而篇に孔子最愛の弟子顔回、忠勇の子路とよもやま談義をしている下りに「暴虎馮河」（ぼうこひょうが）の話が載っている。虎を素手で叩く事や黄河を徒歩で渡る事の意で、命知らずの無謀さを戒める成語である。孔子を私淑して儒家を大成した孟子は思慮分別がなく、血気にはやる勇気を「匹夫の勇」とも表現した。

　暴羆馮渓とは暴虎馮河を虎の代わりにヒグマ（羆）を、黄河の代わりに危険な渓流を挿入した造語である。本邦の自然界には虎は生息しないし、虎に遭遇して徒手空拳を披露することも、黄河にあたる利根川を歩いて渡る血気の勇にはやる人も知らない。従って、暴虎馮河の事例は発生しない。しかし、北海道の登山ではヒグマのうろつく山中を跋渉する。幅の狭い穏やかな渓流が、増水時は幅が広い激流の谷川（渓）に豹変する。

　暴羆馮渓は幌尻岳登行時の実体験に基づく。天候悪化で登頂を断念し、前夜宿泊した幌尻山荘から川沿いに下り、無謀に近い徒渉を馮河になぞらえて馮渓と表現した。晴天なら静穏で無難に渡河可能な額平川が、夜来の降雨により水嵩を増して激流となって流れ下っていて、危険を覚悟で徒渉しながら下った場面である。命に関わる難儀が二つ待ち受けていた訳だが、こんな状況でも、案外無防備に山道を歩き、徒渉している。日高の秘境、幌尻岳を目指す登山者が

317

第9章　山道編

まさにこれに該当し、暴虎馮河を暴羆馮渓と作り直した背景である。もっとも、これは幌尻岳に限った話ではなく、どこの山と川にも当てはまる。

　幌尻岳は、暴羆馮渓の新語を生み出すほど強烈な印象と恐怖を感じた山であった。改めて二つの恐ろしさの元になったヒグマと徒渉について詳述する。

　登り口から額平川添いに約６kmの山腹を削った広いヌカビラ林道と約２kmの徒渉を繰り返すルートが、幌尻山荘まで続く。この川は天候さえ良ければ、普段川幅が狭く、水深も浅いので、登山者は危険なく徒渉出来る。

　一つ目の恐怖とは、黒っぽい毛で全身を覆う巨大な体に小さな可愛い目が、リュックを背負いステッキをつき、一定の歩様で往来しているトレッカーを山側の茂みから、無音で見据えているヒグマである。山道は勿論、全域がヒグマの棲息域で、登山者は彼らの縄張りへの侵入者なのだ。一般的にヒグマは視力が弱く、遠距離の対象物を捉えられないといわれる。しかし、犬の７倍の嗅覚を持つとされ、音にも敏感で、山中ではこちらより先にあちらは、こちらに気づいているのだ。

　よくよく体験を思い返すと、少なくとも３頭の視線の先を、無防備に近い様相で歩いてしまった。それは林道上の３カ所に残されたヒグマの真新しい糞が確証となる。しかし、豹や虎が樹陰に身を潜めて獲物を捕えるように、普通ヒグマは人を捕食の優先対象とはしない。共存する運命がヒグマと人との間に訪れて以来、暗黙裏に無視し合える距離の維持が、双方にとって至当であると解釈していた。それでもウイン・ウインの相互依存性は低く、ヒグマが人をどう認識しているかの心根は、読解不能である。因みに、豹は毛が抜け変わり、斑文が華やかに美しくなることを豹変という。今時は考え方や態度が一変する意味に使われる。ヒグマは、強そうに見えない二足歩行の生き物を獲物と見做す本能が、回帰する蓋然性がないとはいえない。豹変ならぬ羆変には気をつけたい。

　林道とはいえ、幾重も連なる山腹に開削された道は、羊腸の如く何度も曲がりくねり、100mから200m先の見通しがきかず、曲がったすぐ近くに徘徊している熊と鉢合わせになる心理的恐怖が二つ目である。夜明け前、日没後の暗闇であれば、登山者には更に不利で不安が高まる。日高山系のヒグマ生息数は、

318

知床に次いで多いという事実が危険性の証左である。

　熊と聞いて誰もが姿、形は描けても、一人で熊出没リスクの高い山路に身を晒す不安な思いを共有出来るだろうか。熊は繁殖期を除いて、１頭で生活し、仔熊は雌が１頭で育てる。孤独を指向する獣で群れる行動は取らず、雄雌の依存性も全く低い。縄張り意識が強く、臭い付け、爪掻き、樹木に背を擦りつけて個体の大きさを示すマーキング行動等で生存域の確保を図っている。その領域へ挨拶なしでリュックを背負い、心ばかりのお守りに熊鈴と熊撃退用スプレーを携帯して、続々と侵入してくる木樵でも仙人でもない山行者をどう捉えているか。生息に不可欠な自然領域をジワジワ狭められているのはヒグマであり、愛くるしいテディベア人形や木彫りの熊への感情移入をもってしても、環境保全への償いは一部でも叶いそうにない。

　幌尻岳を実例に挙げ、ヒグマの恐怖を述べた。実際は先に登った生息密度が世界で一番高いとされる知床半島の麓に位置する羅臼岳、斜里岳には熊注意の忠告、熊にまつわる地名（熊の湯、熊見峠）が散見され、ひたすら出くわさないことを願い、息せき切って歩いた。今、思い出しても心拍数が上がる。

閑話休題

　礼記（儒教の経典の一つ）にある虎に関する成語「苛政は虎よりも猛し」を一つ付言する。今から２千年以上前の話で、苛酷な人民を苦しめるむごい政治は、人を食い殺す虎よりも恐ろしい、という意味である。当時の中国大陸には昔から熊よりも恐れられた虎が、広範囲に生息し、人命の被害が頻発していた。文禄・慶長の役で朝鮮に出陣した加藤清正の虎退治は有名であるが、虎を余り知らない日本兵にとっては草むらに潜み、一撃で人を倒してしまう虎の脅威は尋常でなかった。今でこそ生息数が激減し、保護地域の一部でしか見られない。私が感心したのは命を奪う虎よりも、日常の施政に誤りがあればもっと恐ろしい害が人民に及ぶと説いている儒教の示す核心である。

　二つ目の恐怖である馮渓の場の徒渉については、初作の描写を一部抜粋した。

第9章　山道編

「天候の回復を確認して、11時に下山を開始した。二人のガイドが付き添っていた団体客には、管理人が同伴して水先案内人となった。個人の3人は団体客の後ろに付かず離れずについて行く。昨日と比べ、徒渉地点の沢幅はほぼ倍に広がり、水深は全て膝上に達し、急流と変貌していた。飛び石の多くは水面下で川底は見えない。跳奔の渓流と描くべきか、一夜にして危険な状況に一転した。徒渉の難度を上げたのは増水、急流、濁水の3点に集約出来た。このため、団体客は徒渉に手間取り何度も停滞した。腰上まで漬かる速い流れの中では足元が不案内で身動きが取れない。急流を複数人で渡ろうとすると、一人でも立ち往生すれば、他の人も水圧でバランスを崩して流されそうになる。更に腰上以の水位がある場合にはストックは使い物にならず、むしろ邪魔である。至難の徒渉でも全員を無事ダム取水口まで導いてくれたのは山荘管理人であった。長さ約180cm、直径約5cmの金剛杖様の棹一本で流れに対する。最後部を歩いていたかと思うと、次のポイントでは先頭にいる。即ち彼は叫喚渦巻く沢にわずかに顔出ししている石を義経の八艘飛びよろしく伝い、時に水中を流れ下って追い越していた。忍者の水練の術のようだと、同伴者と感じ入った。幅のある水量の多い川中では長い棹を水底に刺し、自分を固定させるとともに徒渉者の支えにも利用していた。水深がある流れのきつい地点では、ガイドと一緒にロープを張って、万が一に備えた安全策を講じていた」

　こうした彼の助勢で全員大過なく下山出来た。ここの徒渉ルートで遭難する登山者は以前から多く、目印の設置、増水時の渡河自粛等安全登山への対策、注意がされている。それでも、私の体験2年後にも経験豊富な地方の山岳会のメンバーが、複数人徒渉中流されて溺死する事故の悲報が届き、万感胸に迫った。普段温和しくても豹変した流れを渡る際は、命を最優先に先人の遺訓である馮河を参考に、無謀に勇気を奮って渡る行為は避けるに如くはない。

増水時牙を剥く額平川の徒渉（幌尻岳）

閑話休題

　現在生活している軽井沢町は、鳥獣類保護地域内にあり、例年ツキノワグマが春から秋にかけて町中に出没する。その度に緊急有線放送を耳にするし、目撃地には熊注意の看板が立てられる。又、人と熊との共存を目指し、町からの委託でツキノワグマ対策に携わるＮＰＯ法人「ピッキオ」では、ベアドッグとハンドラーが活動している。熊への理解促進で、ツキノワグマウオッチングも春先に企画される。それだけ生息数が多い軽井沢でも、町を取り囲むように広がっている山々、森林を20年以上にわたって遊歩していても、幸か不幸か一度も見かけていない。ツキノワグマは大人とほぼ同じ大きさという認識に基づき、双方にリスペクトする気持ちがあれば、傷つけ合う事態にはなるまいと信じている。それでも、入山時は熊との邂逅を常に念頭に置いている。触らぬ神に祟りなしか。

　熊について説明をしたい。ヒグマは世界中で何種かに分類される。食肉類とされるが、食性は雑食性で、樹木の実、蜂、蟻等の昆虫の他、鮭などの魚類も好んで食べる。地上最大の肉食獣のシロクマ（北極熊）がアザラシ、オットセイ等を捕食する映像をよく目にする。シロクマは頭胴長約2.8ｍ、体重800ｋｇになる。1980年、スウェーデン出張時に立ち寄ったアンカレッジ空港で見た剥製は、これより巨大な迫力で迫り、正しく最大・最強の肉食獣に驚愕した記憶がある。それ以降、直行便が増え、アンカレッジを経由する便が激減し、立ち寄ることがなくなってしまった。今、あの剥製はどうなったのか無性に知りたい。

　北海道の褐色から黒色までの体毛を持つエゾヒグマは、頭胴長約2ｍ、体重300ｋｇになる日本最強の肉食獣である。形態は頑強で四肢は太い。顎が発達し、犬歯は大きく、足裏の幅、大きな鉤爪を見ても牛、馬でも倒せる猛獣である。狩猟の対象であり、家畜への被害、時に人を襲い、農作物を荒らす有害獣として捕獲が行われてきた。尚、この数年、道東で乳牛を特異的に襲っていたヒグマ（OSO18）が、2023年夏に駆除された報道があった。

　一方、自然環境保護の観点から、無差別な駆除には反対意見も多く、人とヒ

第9章　山道編

グマとの共存は深刻な課題となっている。本州にいるツキノワグマは体長の大小を除けば生態は似ており、冬は樹洞或いは地中に穴を掘って冬ごもりをする。

　熊を神の使い、神獣と崇める民族は多い。日本では熊は古代から狩猟獣でありながら、その強さと大きさから神霊が宿る生き物として神聖視する二律背反の風習が伝わっている。毛皮、肉、胆嚢といった経済的価値と神霊への恐れが表裏をなしている。マタギの狩猟儀礼は丁重で、仕留めた後は必ず熊祭をし、又、嘗てアイヌは熊自身を神と見立て、育てた小熊を弓矢で殺した後に歌舞で霊を親元に返すという熊祭（イヨマンテ）を行っていた。熊送りの風習はユーラシア大陸から北アメリカ北部の狩猟民の間に広く見られるので、世界的に古くから人は熊を神獣と見做し、特異な扱いをしてきた。共通に幅広く伝承されてきた儀式は、一斉多発的に各地で誕生したとは考慮しづらく、どこかに風習の原点があり、そこから伝搬してきたと考える方が妥当である。これは、人類の移動に伴う文化、文明の東漸説にも合致する。

第2節　一期一会

　山道及び山頂部では、数え切れない人と自然との一期一会の出会いをした。日本の山を愛する多くの外国人登山者との出会いには、登山への強い目的意識を感じ、山と人との付き合い方で新たな啓発にも繋がった。中でも山道で見かけた最も芸術的な二人の姿が、未だに脳裏を掠める。一人は宮之浦岳のオカリナ奏者、もう一人は光岳の画家である。二人に共通する点は、芸術心を通じて山（自然）と対話、融合する姿勢であった。

　宮之浦岳に登頂した2015年は百名山登山開始後3年目で、58座目にあたった。ある程度登山経験を積み重ね、中級者向けの山なので不安は全くなかった。それでも、利尻島の利尻岳同様、宮之浦岳は屋久島にあるため、旅程に苦慮し、空路を利用しても1座登破に2泊3日を要した。

　初めて訪問した屋久島は魅力溢れる多様性に富み、1993年に一部が世界自然遺産に登録された。ほぼ円形の周囲約132kmの島には、2千m近い高峰が連

なり「洋上のアルプス」と美称される。隆起して出来た石灰岩質の島は海から一気にせり上がり、年間を通して大量の雨、風浪に浸食されて特異な景観を形成した。動植物相には固有種が多く、ヤクスギ、ヤクシカ、ヤクザルは知名度が高い。幸い1日の登下山で、これら3種と遭遇も果たせ、流石に自然環境保全、風致の維持が徹底している島と感動した。併せて事前に聞かされていたためまぐるしく変化する天候に関しても、登り出しの晴天、中腹の曇天、山頂の強風とガス、下山の雨へとフルメニューを体験した。

　登り口から約4時間10分かけて登頂した時点では、強風が吹き荒れる山頂部は霧状のガスに覆われ、ホワイトアウト状態であった。石灰岩の巨石の間に標柱が立ち、三角点がやっと確認出来た。数名の登頂者が、霧状のガスで濡れるのを避けるために岩陰に身を潜めていた。そのうちに若い白人カップルが現われたので、挨拶代わりに英語で話しかけてみた。オーストリアから来たというので、インバウンドも遂に洋上のアルプスにまで及んだかと、図らずも時勢に恐れ入った。観光目的ではなく、本国では宮之浦岳は有名な山なので登山目的で訪日し、屋久島に来た由。本場の登山に興味があり、話したかったが、天候が悪すぎて下山を優先した。

　なぜ彼らがこの山を登りに来たかをヤクザサが繁る岩場の山道を下りながら、憶測を巡らした。アルプスが国土の3分の2を占めるオーストリアでは、日本観光の目玉の一つに登山があり、宮之浦岳が洋上のアルプスと紹介されていると思った。オーストリアは海のない内陸国で、洋上のアルプスのキャッチコピーに触れた人の中には羨望の念、好奇心を抱く人がいてもおかしくはない。外国人観光が、受動型の物見遊山から能動型の体験登山に変貌している証左と割り出した。海外からのトレッカーに出会ったのは当山が初めてで、後に雌阿寒岳でお目にかかった若いドイツ人カップル、穂高岳で巡り会った金髪のフランス人カップルが、日本の名峰に登りに来た目的はそれぞれ異なっていた。それでも、百名山を目指す登山先進国の山愛好者の真意は、深層で繋がっていると確信した。しかし、富士山ですれ違った外国人大ツアー客については、言を忘れてしまった。ほぼ9年経過しても、富士登山人気は相変わらずで2024年から一部

323

第9章　山道編

規制（一日当たり入山者数、入山料徴収、登山口等）が施行され始めた。

更に安房岳、投石岳の西側斜面の山道を下り、投石平手前の西方に開けた露岩帯に近づくと、岩に腰掛け、千里の目を極めんとする一人の青年がいた。この周辺は、遙か遠方に屋

富士山を目指す外国人登山者は急増している

久島原生自然環境保全地域の屹立する峰、尾根の広がる豁然たる光景が楽しめる展望所である。ガスと風は弱まったものの、洋上までの視界は遮られていた。勃然、青年はバッグから気鳴楽器のオカリナを取り出し、峰々に向けて粛然と吹き始めた。曲名は高音の音色が美しい「EL Condor Pasa」と直ぐ分かった。まさにアンデスの民族音楽の調べを奏でていた。下界の喧噪にかき消されるはずもなく、春風に入り交じった玉笛の音色は、心癒やすように皎々たる原生林に満ちていた。オカリナ奏者を初めとし、これまで山中で器楽奏者に会ったことも又曲を聴いたこともなく、大変感動した。イタリアで創製され、日本で発展したオカリナは、平地よりも高地の結界でこそ、真価を発揮すると素人解釈した。悦に浸る奏者には挨拶もせずに、歩速を緩めて背後を素通りした。

　投石平から帰着地までは巨木で覆われた薄暗い樹林帯が続き、景観は望めない。この間、先ほどのオカリナ奏者が、どんな心境から音色を飛ばしたかを考え続けた。心にストレスを感じていたのか、音楽好きであることは間違いない。山上で演奏したい欲望に駆られるのは理解出来ても、重くて嵩張る楽器を携行するのは敬遠したいだろうし、その点、笛とかオカリナであれば問題ない。とはいえ、山行者が往来する山路脇で演奏披露するには、よほど自信があるか、専心しないと難しい。修行とか探勝をする他に、芸術心を背負って入山する人がいるのかと、新しい山行様式の一端を知らされた。

　光岳は100座目に登頂した忘れられない記念すべき山であった。数日前から易老渡が登り口として復旧したお陰で99座目の聖岳に前日登り、一宿一飯の世話になった聖平小屋で夜明けを迎えた。当日は嘗て経験したことのない光

岳への、高度 2500 m 前後の稜線大縦走を予定した。午後 2 時までに光小屋必着の条件を課していたので、未知の山道を無事登破出来るか不安を抱えながら、薄暗い早暁 4 時 30 分に小屋を出立した。海上であれば順風満帆と形容されるように主要山巓の南岳、上河内岳、茶臼岳、希望峰、光岳へと連なる骨太の尾根、更にその間、時折現れる池塘群、亀甲壌土の間を縫って静かに山行した。これまで歩いた稜線とは何かが違う印象を抱いたが、実はこの稜線は、稜線に沿った地殻変動で形成された二重山稜といわれる。山道は比較的広い凹地状に拓かれ、間には小さな池や池塘が存在した。

　一つ難点を挙げるとすれば、好天に恵まれた一方、稜線の大半は疎林帯が続き、頭部、首筋を照らす強い日差しに苦しめられた。希望峰から仁田岳を左方に分けて暫く進むと、樹林越しにイザルガ岳とその奥に光岳を展望出来る数少ないポイントに出る。南アルプスの最深部に佇む光岳は麓からは捉えにくく、稜線からも山頂部の僅かな山容しか望めない山であった。

　遙か遠く左前方に光岳の山体を確認し、安堵することこの上なかった。どの山に登ってみても、それまで見えなかった山頂を視認した際は、とても安心する。遠近によらず距離感と推定の登攀時間が推定出来、登頂の目途に確信を持てるからである。

　9 時 35 分過ぎ、予定通りいけば、登頂まで数時間ほどと踏んで歩いていると、山道脇に三脚台を据えて、光岳のスケッチをしている 60 代くらいの人に気づいた。当日初めて会う人であった。一見、山登りというより光岳の写生に来た

稜線上にある仁田池

山道から微かに展望出来た光岳

第9章　山道編

という感じで、リュックとは別に、画材道具を入れたバッグを傍に置いていた。真剣に写生画面に画筆を走らせていたので、軽く挨拶を交わしただけで通り過ぎた。チラッと覗くと、イザルガ岳から光岳の山嶺が鉛筆で薄く描かれていた。この時間に易老渡から登ってくるには時間的に難しいから、多分、茶臼小屋から訪れたものと推測したが、こんな早い時間にこの山中で、絵描きをする異次元の好尚さに驚いた。登山ならまだしも、ここの稜線まで到達すること自体難行だし、世間に殆ど知られてない光岳を選定して、写真ならまだしも、画筆を走らせる執心に敬服した次第である。

　文化芸術は熟語化している山水花鳥風月と、不可分の関係性で結ばれている。殊更、山岳は古来絵の対象として、その形象を線や色で描き表し易く、視野に刺さる趣を与えるので多くの絵師が写実的、抽象的名画で残している。素人が山岳に憧憬しても、南アルプスまで足を延ばして絵の趣味を堪能するのは我慢強い意志が必須である。一瞬の出会いであったが、芸術への感懐を知りたくもあった。

　私の隣人に画集2冊を出版しているHTさんがいる。元々、絵描きに興味があり、古稀をきっかけに仕事を辞めたと聞いた。自由になった時間を趣味のスケッチ旅行に当てて、本格的に絵の創作を始めている。こういう活動には美挙という言葉が似合う。誰にも深く蠢く芸術心があり、絵画や音楽だったりするが、実際叶えるのは容易でない。羨ましい限りの悠々適々歳々の日々を送られている。油絵も描くようだが、水彩画を主にして故郷、軽井沢、沖縄、海外の旅行先等各地の四季折々の至当な自然の美・景物（山、川、海、空、街並、神社仏閣、城郭、樹木、花々等）中心にテーマ選別して、毛筆を運んでいる。「落書き」のような絵だと本人は謙遜するが、筆技には感銘を受けた。画技の熟達は尽きない宿題であっても、何を描くかのテーマ発掘には悩まされるという。芸術心を満

HT画伯の描いた剱岳

たす領域を探勝するのも懊悩に違いない。拙著進呈のお返しにと、画集と剱岳の絵を頂戴した。居間の壁にかけて毎日愉しんでいる。

第 10 章　峠編

第10章 峠編

　峠は山に付きものである。言葉の響きが強く、一旦聞くと忘れない。日本に峠が幾つあるかご存じだろうか。おおよそでも知っていれば、その方は山岳の相当の通人である。都道府県別では、長野県が一番峠の数が多いと報道で知った。民俗学者の柳田国男氏によると、全国に大体1万あるという。既述の通り、山の数は約1万7千とされ、北海道、新潟県、岩手県、長野県、福島県が上位5であるので、恐らく峠も山の数に比例して多いと推定される。

峠の石の風車（碓氷峠）

　地名の峠が馴染み深く、山又は坂の上りから下りにかかる境を指す。その他、接頭・接尾文字に使われ、店名、人名、成語、熟語等の定番語となっている。碓氷峠、箱根峠、天城峠等は全国的に知名度の高い地名は存外それなりの理由が明解で、峠には歴史性、旅情が色濃く漂う。さように、人生の琴線に触れる情話が生まれ易いことも特徴となる。元来、語義は「膝栗毛」の旅を余儀なくされた古人には、艱難の意味合いが強い。極限、絶頂の時期を指し、「峠を越える」とは辛苦から放たれ、平常に戻る期待感が現れる。

　旧中山道から碓氷峠を上った頂上は群馬と長野の県境となる。そこを跨ぐように、先記の熊野神社と熊野皇大神社が並存する。階段を上り切った門前に一対の「峠の石の風車」が奉納（1688）されている。追分節に「碓氷峠のあの風車たれを待つやらくるくると」と歌われて有名になった。碓氷峠の秋から冬にかけて吹く風の強いところから、中山道を往来する行人が石の風車として、親しみを込めて詠んだとされる。

　山岳では山の用語として、同義に近い乗越、鞍部、フランス語由来のコル等

の呼称が通常使用されていても、登山未経験者にはピンとこないかも知れない。自身、山登りを始めてから随時知った。微妙な地形上の違いはあるかも知れないが、乗越では常念乗越（常念岳）、乗越浄土（木曽駒ヶ岳）は広くて、快適遊歩の印象を持った。尚、馬の鞍の形に似て付けられた鞍部は「たおり」といわれ、『万葉集』にも歌われている。

「あしひきの山のたおりにこの見ゆる天の白雲」

　コルは単独峰には少ない。山脈、連峰、山系では登り始めて尾根に突き当たると、頻繁に目にするし、長い稜線を歩けば複数箇所見られる。しんどさを払拭する素晴らしい景観、気持ち良い休憩、登頂への里程の目安になっている。因みに、初めてコルに出会ったのは、皇海山の不動沢からロープの張られた山道をジグザグに上り詰めた尾根であった。これが鞍部、コルという地形だと気づき、知識と山行が融合したエポックの一つとなり、コルに出会う度に皇海山が思い浮かんだ。

　百名山中で自ら身を置いた有名な峠としては、中里介山の小説名でも広く敷衍した『大菩薩峠』、南アルプスの女王、貴公子とそれぞれ敬称される仙丈ヶ岳、甲斐駒ヶ岳の登山起点となっている北沢峠、塩見岳の起点でもある峠としては日本最高所（2580 m）の三伏峠、やまなみハイウェイが走り、久住山の登り口としてパーキングエリアの設備が整った牧ノ戸峠、日本武尊も越えたとされる恵那山の神坂峠等が脳裏に鮮明に刻印された。古代、殆どの峠は越えるのが危険であり、平安時代の信濃守藤原陳忠は京に戻る途中、神坂峠で馬もろとも谷底に落下したと伝わる。

　近世では1584年初冬、当時実質的に天下人となった豊臣秀吉と折り合いの悪かった富山城主、佐々成政（1539〜1588）が、雪深い越中から信州に通じる立山横断路にある峠道（ザラ峠、針ノ木峠）を踏んで、浜松に居城を構えていた秀吉の好敵手徳川家康に取り

辛くて寂しい南アルプスの三伏峠

第 10 章　峠編

なしを頼みに行ったという実話が残った。家康は小牧・長久手の戦いで秀吉に
ひと泡吹かせていて、成政にしてみれば彼以外に仲介役はおらず、決死の峠越
えを敢行せざるを得なかったのだ。私の地理感では、ザラ峠を越えてから信州
に入るためには黒部川を渡り、後立山連峰の針ノ木峠を越す必要があり、どの
ルートも険難そのものである。今でも厳しい登下降を強いられる峠道を語る上
で、良き凡例となる話である。

第11章 郷愁編

第1節　炭焼き場

　山道を昇降している間は無為ではなく、肉体の酷使とは別に必死に何かを考えていて、物思いや記憶に浸る有為の状態となる。殊更、登頂を無難に果たした下山中は、余力が乏しいはずなのに興奮して心身が漲る。恰も、記憶の詰まった玉手箱が弾けて、苦楽の入り交じったその日の出来事や山行とは無縁な思い出までが、次々と噴出してくる。登山者なら誰でも体験する交感神経の発揚は妙趣に富み、つい悦服のまにまに身を任せてしまう。

　安達太良山での話である。登頂後、圧巻のコースとなる牛の背の尾根を歩き、生々しい爆裂火口跡を見せる沼ノ平を左手に覗きながら、鉄山の巻き道を経てくろがね小屋に下った。小屋脇からは、嘗て馬車道として利用されていた幅広の道を下り、小屋から1時間ほどで「あだたら渓谷自然歩道」に合流した。ここからは湯川沿いに木道、木段で整備された歩道を右岸、左岸と橋を渡りながら、せせらぎに染み入るヤマゼミの鳴き声を心地良く静聴して標高を下げる。15分前後歩くと、左岸の一角に20坪ほどの炭窯跡を見つけた。すると、ここの自然歩道の周辺は広大なナラ、カシ、クヌギ等の灌木帯に覆われ、山間地の産業として炭を生産し、馬車で麓に搬出していた光景が浮かんだ。今や馬車道は安達太良山への主要山道に姿を変えていた。

　最早、火が入らない窯跡に思わず邂逅して、強い懐郷の念に駆られた。今は昔、中学生の頃までは、故園にも同じ形態の炭窯があって、炭は人々の生活を支えた主要な熱エネルギー源（燃料、種火）として利用されていた。現

走馬灯の風物"炭焼場"

331

第11章 郷愁編

在はエネルギー源といえば、電気、天然ガス、石油、石炭、原子力、再生可能エネルギー等でほぼ100％を占める。だが、往時の田舎は薪、茅と炭等の地産地消の植物系燃料に半分以上依存した印象が残る。特に秋から冬にかけて木枯らしが吹き荒れる頃、木炭を焼く白い煙が村はずれの山林から立ち上っていた。炭焼きと一体の存在が、手拭いで頬被りした炭焼き職人である。焼いた炭を窯から取り出した後は、襦袢も手拭いも煤けていた姿が忘れられない。焼かれた炭は10kgほどの炭俵に詰められ、雑貨屋の店先に堆く積まれ、田舎町の歳末の風物詩になった。会津で焼かれた炭も同じ光景を映していたのであろう。

炭焼き職人の心情を直截に詠った白居易の詩が残っている（『売炭翁』）。

「憐れむべし、身上の衣正に単なるを

　心に炭の賤きを憂え、天の寒からんことを願う」

木炭は樹種と焼く温度の高低によって区別される。私の地元では自生していたクヌギ材を使用することが一般的であった。同じ地層の下総台地で産出される佐倉炭も、クヌギを蒸焼きにして製した良質の黒炭で桜炭とも書かれた。桜炭は明治から昭和の文芸作品に頻繁に描かれた。

半世紀前、実家ではかまどで種火につけられた炭は十能で運ばれ、備え付けの火箸で炬燵や火鉢にくべられていた。灰の上には必ず三脚の五徳にかけられたやかんが、真っ赤な炎に熱せられ、ゆったりと湯気を噴き上げていた。餅は五徳に餅網を乗せて焼いていた。このように室内では炭火は暖房に、湯沸かしに、手っ取り早い焼き物、煮物料理等に合理的に使用されていた。殆どの家庭が同様の生活様式であった。今、炭火は鰻屋か焼鳥屋でしか目にする機会がなく、古き生活の風情は失われた。

人類が生存するにはエネルギーが不可欠である。現代のエネルギー事情を勘考すると、汎用性の高い電気は一番使い勝手が良く、電気なしには経済社会は回らない。問題は電気を何からどう作るかであり、まだ化石燃料に依存している。安全で地球環境の保全に最適なエネルギーを創出するには、エネルギー革命が求められる。石炭、石油、ガス、原子力から地熱、水力、風力、太陽光といった再生可能エネルギーへと変化する過程で、環境優先の持続可能社会の構

築には、どういったミックスが理想なのかが問われ続ける。

第2節　清水（湧水）

第1項　百名山の清水

　百名山山行の途次だけでも、清水と俗称されているものには泉源清水（妙高山）、弘法清水（磐梯山）、雷清水（苗場山）、錫杖清水（岩木山）、八甲田清水（八甲田山）、御成清水（岩手山）、岩清水（羅臼岳）、駒の小屋清水（越後駒ヶ岳）、一服清水、銀玉水（朝日岳）、横峯清水（飯豊山）等、甘露泉水（利尻岳）の湧水、その他池山小屋入口の水場（空木岳）等を含めれば数知れない。これらの清水、湧水の美味しさを直接堪能し、慮外の水不足の際には、喉の渇きを潤し活力を頂いた。思い返してみても、清水の恩恵抜きでは百名山登破も危うかった。このうち、雷清水、錫杖清水、駒の小屋清水は、前作で名水として紹介した。

　私以外にも、清水に天佑神助の思いを傾けた方々も多いと拝察する。渇きを潤す短期的な効用に加えて、清水（泉水）には生きる元気、意欲、若返り、無病、不老等への人々の篤い信仰に似た願いが関わる。広義に捉えれば、龍神信仰に近い。なぜ、信仰にまで言及したかは、清水との出会いに命と直結する危険性と回避の両面を体験し、水と命の相関を認知したからである。仏陀の苦悩と悟りの如く、乾きの苦悶と潤いの安楽はまさに表裏一体を示す。凡人でも仏陀に化身することなく、喉の渇きを癒やす手段が、水の潤いである真理を本能的に見抜ける。

　清水の元は地下水、土壌水、河川水である。これらが水源となって岩肌、地層、地中から滲み出し、湧き上がってくる。いわゆる、岩清水、湧水、伏流水の形態をなす。

　ここで改めて空気、食料、気温と並び、生命活動に必須の一つ水について小考した。地球は水の惑星と呼ばれ、水なし環境ではこの惑星に生命は誕生しなかった点は重要である。地球外生命探索時の基本的要件は、水の存在可否とされる。

第11章　郷愁編

　地球上では常温の液体の純水は無味、無臭で、天然では海水、陸水（氷河、地下水、土壌水、湖沼水、河川水）、大気中の水蒸気等として存在する。一定の水の総量の構成比は、海水が殆どを占め、氷河、地下水、湖沼水、土壌水、水蒸気、河川水と続く。様々な存在形態をとる水は、循環も複雑な系で相互に干渉し合っている。

閑話休題

　命に欠かせない水だが、前6世紀、ギリシャには万物の根源を探求する自然科学（哲学）的思索により水、火から根源、時間の観念を導いた偉大な哲学者集団がいた。ギリシャ植民地のイオニアのタレス、ヘラクレイトス等である。彼等は都市国家名に因んだミレトス学派を形成し、万物の根源を探求した。最初の哲学者とされ、ミレトス学派の始祖とされるタレスは万物の根源、本質は水と考える学説を立てる。彼は「人は同じ川には入れない」という不朽の意味深い言葉を残した。又、ヘラクレイトスは「万物の根源を火」とし、火で起こされる生成消滅の現象を「万物は流転する」という学説を唱えた。この辺の形而上学的思想は仏教にも相通じる。殊に、純粋密教に出会い、自然科学者のように森羅万象に関わる真理の概念を把握した空海に見て取れる。

　私は学生時代から今日まで不思議な縁で、煩悩の基因ともなる究極の課題である「時間」と「死」に対峙する際、必ずこの稀代の逆説的名言を座右としてきた。タレスの言は『方丈記』の頭書の無常観に近く、洋の東西を問わない普遍的思慮に重なる。しかし、真理の解明は別にして、生きる上で軛及び轅となる危険性もなく、虜囚の身に晒された気もしない。川の流れ、湖のさざ波、磯の波、どれも絶えずして、しかも元の水にあらず。

　タレス、ヘラクレイトスが活躍した時代は、老子、孔子が遊行していた頃で、その後、ギリシャでソフィスト、中国では諸子百家の思想家集団が出現した。彼等は多士済々な弁舌、思弁、詭弁を弄し、お互い相会うことなきと双生児と評された東西の一線上の地勢に於いて、同水準の文明・文化を繚乱の如く花開かせた。

第2項　故園の清水

　故郷である多古町及び水戸部落については紹介したが、多古から芝山へは水戸を通る一本の道が走っていて、水戸から1km先に小集落の千田がある。先述したように、千田の荘は現在の多古町にほぼ該当し、千田は千田の荘の名残であろう。村の辺縁に位置する千田は坂の麓にあり、一角に樹林内から冷えた清水がこんこんと湧く水干があった。小さな流れは水量を増しながら小川となる。小川を挟んで水田が扇状に広がり、2kmほど下って多古橋川に合流する。

　広大な水田地帯を流れる川の特徴は、傾斜が緩く太平洋に注ぐまで流れが驚くほど遅い。従って、大雨が降ると貧弱な低い堰堤を越えて、一帯は水害が起き易い。水田地帯の真ん中に位置し、数m高い丸い丘に広がる島部落は、何度も大雨で湖面に浮かぶ島と化し、自然に水が引くまで完全孤立の様相を呈した。水害でこの場景が現れる度に、1582年、羽柴秀吉が水攻めで備中高松城を水に浮かぶ孤立無援の状況に追い込み、開城させた戦いを思い出す。山国で発生する流れが速く、上流の土石類を押し流す土石流災害とは対称的である。

　平坦な土地柄であっても、丘や小山では樹林帯で蓄水された水脈が走り、伏流水が湧き出す場所があった。地元で谷津といわれる一帯では、こうした湧水箇所が多く見られた。山岳地帯で湧き出るどの名水と比肩しても、甲乙つけがたいほど軟水系の清水は、甘く美味しかった。

　小学生の頃、夏休みに1回は、千田の清水の湧く水源に遊びに行った。水飲みに行った訳ではなく、チョロチョロ流れる清水の周辺で、甲幅3cmほどの朱赤褐色のサワガニを見つけては小さな悦に浸っていた。サワガニは水質の良い淡水でしか生きられず、望ましい環境保全の証左でもあった。決して捕まえたりする訳ではなく、夏場特有の湿気を帯びた暑気と喧しい蝉の鳴き声から逃避したくて、サワガニが棲む清流に冷涼と静寂を求めていたかも知れない。

　不思議にも、この水場に高さ30cmほどの四角い石が置かれていた。小さな町の鄙でありながら、物心ついた頃から、千田の清水にはこの石に関して面白い伝承を聞いていた。鎌倉幕府初代征夷大将軍源頼朝（1147～1199）についてである。

第11章　郷愁編

　反平家の蜂起に失敗した頼朝が安房から下総へ家臣等と移動してきた際、思いがけなく千田に寄り、腰掛石に座りながらここの清水を飲んだという落人伝説である。頼朝は安房に逃れて以来、千葉氏等の助勢を得て、疾駆の如く鎌倉に帰還したのではなく、逃避行の初期は存命に関わる窮状に晒されていた。これは根拠のない流言ではなく、史実に近い口承伝説ではないかと次節で推察した。

第3節　源頼朝

　これからの話は、源頼朝が石橋山合戦の敗北後に辿った安房、上総、下総（千葉県）に於ける逃走経路と伝説の詮索である。一般論として、合戦に敗れた敗軍の将を想像すると、大方末路は悲劇的顛末を辿る。しかし、落人の頼朝はいとも簡単に味方を引き連れ、短期間に鎌倉に凱旋復活したかの如く、頼朝の死後に書かれた『吾妻鏡』（鎌倉幕府の歴史書）で描かれた。しかし、実際の敗走路の詳細は懐疑的な面が多い。そこで、安房から武蔵を経て鎌倉まで、頼朝に関わる伝承を検証して、頼朝再興の実態を推定してみた。

　1180年8月、以仁王の令旨を受けた源頼朝は幽閉先の伊豆で300名ほどの手勢で挙兵し、伊豆の目代を討って平氏打倒に乗り出した。しかし、石橋山の戦いで平氏方に惨敗を喫し、軍兵は散り散りに箱根山に逃げ込む呈であった。この時、暫し隠れた「しとどの岩屋」という洞穴が残っている。その後、小舟で安房に逃れた。頼朝は石橋山の戦いで敗れ、海路安房に逃れたことは間違いない。但し、実際の上陸地と鎌倉に入るまでの経路が特定されておらず、頼朝伝承が千葉に多い一因となった。

　一説では頼朝一行は、内房と外房の分岐となる洲崎（館山市）で舟を下りたという。ここには「矢尻の井戸」があり、水不足に悩んだ頼朝が矢を大地に突き刺すと、清水が湧き上がったとの言い伝えが残る。更に、近くに頼朝が戦勝を祈願した洲崎神社が建ち、信憑性を高める。

　外房沿いの太海海岸（鴨川市）にある仁右衛門島には、頼朝との謂れが濃い話が伝わる。安房へ落人として逃れた際、島の住人だった平野仁右衛門に助け

られた恩賞にこの島と周辺の漁業権を与え、平野家は代々島主として世襲して、明治時代に現在の名前に改称された沿革がある。訪れたことのある島内には頼朝が潜んだとされる洞窟が残され、この一帯は敗軍の将を擁護する源氏ひいきの土地でもあった。史上、洞窟に２度も身を隠した天下人を知らないが、通観すれば頼朝の生涯は、乾坤に浮かぶ挫折と栄光の繰り返しとなった。

　吾妻鏡によれば、以降、頼朝は捲土重来を期し上総、下総、武蔵の有力武人を味方につけて短時日に再起に成功し、平家との本戦に向かった。歴史は時の勝者によって、政権の正統性と権威を裏付けるように書かれることが常套であり、頼朝もその例に漏れなかった。

　頼朝は少数の家臣と安房に落ち延びた時は、敗走千里の前途に暗雲が漂い、一筋の光明も見出せない情勢であったはずだ。実際の落武者の逃走ルート、実態が正確に判明している訳ではない。平家の政治に不満、怨嗟を抱く勢力が坂東８カ国には多数存在していたとしても、彼等が平氏に反旗を翻して矢折、刀尽きて落ち延びてきた頼朝を源氏の棟梁とはいえ、無条件に擁護したとは考えにくい。参向を促す書状を有力な坂東武士に送っても、容易に同意が得られるとは限らず、短兵急に助勢、救援の手を差し伸べるほど時代の先を読めた武士がいたのかと疑念も湧く。参会に同意した後でも、翻意して討ち取って平氏方に差し出せば、相当の恩賞に与れると考える勢力がいても、不思議ではない。関東の勢力地図では上総、武蔵は平氏方の国司歴任地であり、安房、下総、相模（鎌倉）が源氏方と概観出来る。源家の棟梁とはいえ、少数の家人しか連れていない頼朝が、他国の領主と対等に渡り合えた状況ではなく、まさに窮地に陥っていた。ところが、九死に一生を得、幕府政治という中世への扉を開けた。

　今でこそ安房、上総の地域は道路網が整備され、短時間で往来が可能となっているが、小学４年生の時、バスで行った房州見学を思い出すと、事情は違う。御宿町を過ぎた辺りから海沿いの道は舗装もされず、下総の田舎者からみても悪路という感想しか残っていない。興津から小湊に至る岩石海岸沿いの県道は、海にそそり立つ絶壁を開削した桟道に近く、砂利道でうねるように中腹をトラバースしていた。太平洋から吹き付ける風は絶えず強く、風衝の崖の一角が「お

第 11 章　郷愁編

せんころがし」と呼ばれていた。風の強いに日に崖道を歩いていた若い娘、おせんが吹き飛ばされて、海に転がっていったという悲劇の伝承が地名の由来と聞いた。約800年前の道路環境は推して知るべし。実際、房総の半分は標高400m以下の低山が占め、人の侵入を拒む深い渓谷、森林が覆う幽邃境であった。現在は旧道に限らずバイパス道の整備が進み、快適、安全に海辺をドライブしながら外房の景観を楽しめる。

　改めて、安房から千田の清水に至る頼朝らの逃走劇の一部始終を私なりに推理した。

　伊豆での敗戦後、遠隔の安房に逃げ、一緒に挙兵した義父の北条時政等と数日後に安房で再会したが、敗残の将がどれだけの兵力を維持していたか明確でない。能の七騎落[注]では7名とされるが、後世の作話の殆どは史実と乖離し美談、縁起、感興等に重きが置かれてしまい、信憑性は薄い。諸般の事情から、雑兵合わせて20名以下と推定する。

　最初に仁右衛門の助力を得られ、これは福運としか言いようがない。源氏の地盤であった鎌倉では直ぐに追っ手がかかり、退勢の挽回を図るのは至難であった。幸い、隠れ屋として数日間潜んだ仁右衛門島の洞穴で敗北の傷心を癒し、英気を養えた。先ず、当面の逃走計画を安泰なものとし、捲土重来に向けて四囲の敵味方の分析を行い、戦略を練り、決断する余裕が得られた。それでも、士卒は少なく、見知らぬ土地での活動は限られた。幸い、海に向けて開けた周辺の地形は鎌倉に近似し、野宿でも過ごし易い初秋の時期も神助となった。緊急支援としては仁右衛門等からさしあたり必要な路銀、小舟、地理情報、気象に明るい漕ぎ手、飲食物、衣装束等を受けたはずである。

　9月13日に陸路上総に向かったとされる。しかし、この段階で有力者の千葉介、上総介等の参向は得られておらず、慎重を期せば海路の選択が妥当であった。1週間以内に上総介は2万余騎の大群を率いて参会してきたが、これは誇大表現と見てよい。

　敗軍の将が有力豪族を味方につけ、安全なルートの担保は容易ではなく、慎重に検討を重ねた。約940年前、援軍の保証がないまま、頼朝主従が陸路を辿っ

て安房から上総、下総に入ることは危険な賭けであった。安房方面に逃げた情報は知られており、逃走路を通報されれば、追捕の手に討ち取られる可能性が高い。敗走中はいつも、父義朝の悪夢もよぎった。

　衆議の一決は得られず、慎重居士の頼朝の一団は、二手に分かれて進む決断を下す。一組は頼朝、供回り７名で九十九里浜添いの海路をとり、北条時政配下の主力は陸路上総、下総へ進む。下総を目指した理由は、源氏の味方と見られた千葉氏の支配地だったからである。古代から稲作開発の進んだ下総の千田の荘で合流し、その後芝山方面に進む手筈とした。地元の有力武士団との交渉、助勢獲得の先導役は時政が担い、適宜情勢を頼朝に報告する。頼朝の存在を隠蔽する戦略であった。

　ここで頼朝主従７名の個々の主要な役割を簡単に触れておく。３名は頼朝の親衛警護、１名は祐筆、１名は先導役、１名は繋ぎ（交渉）役、１名は輜重等の雑務役の武士、計６名が随従した。鎧武者姿では目につき易いので、当時流行った修行者の一団に変装した。笠を背に草鞋を履き、被髪に頭巾を載せ、法衣の鈴懸姿で金剛杖を片手に跋渉するスタイルとなる。平安末期の戦乱、疫病、飢饉等を契機に末法思想が敷衍し、宗教改革が鎌倉期に勃興し始めて、修行僧の遊行を庶民は仰望と捉えた。時政の一団は甲冑鎧姿のままで、第三者から見れば頼朝の影武者の役割を果たした。武士が僧侶に変装するなど不名誉であり、公の記録では省かれて当然であった。歴史の特徴的改竄は、事実と無関係に必ず勝者は威光を放ち、敗者はより惨めな姿で描写される。例外もあり、敗者への敬慕が強く、果たした功績が大きい場合には、逆に誇大評価された。菅原道真、源義経等が当てはまる。

　頼朝一行は天気晴朗で波の穏やかな有明の刻、武運長久を祈る仁右衛門一家に見送られ、あまの小舟２艘に分乗して島を離れた。

　頼朝の次子鎌倉幕府３代将軍源実朝は、頼朝が絶頂の1192年開幕の年（諸説あり）に鎌倉で生まれた。兄の２代将軍頼家が伊豆に幽閉後、図らずも11歳で将軍に就いた。京文化に憧憬を抱きながら育った若き将軍は、政治的ではなく、一門や朝廷に籠絡される運命を辿った。しかし、一流の歌詠みとして多

第11章　郷愁編

くの佳作を残し、これ以降、日本史上、彼を凌ぐ文芸に秀でた将軍は出現しなかった。

・世の中は常にもがもな渚漕ぐあまの小舟の綱手かなしも（百人一首）

平和を願う気持ちと鎌倉海岸の輝きを鮮やかに描く歌人実朝を一面連想させ、他面無情の哀感と沈痛な響きが歌詞に帯びる。20代の頃の歌で、この時既に自分の生涯は黄昏に近づいている予覚でもあったのだろうか。武家の棟梁ではなく、歌人の心情が覗く。漁師の舟に乗り、命を賭して次の戦に向かう父と、30年後父の造った平和の時代、海に浮かぶあまの小舟の光景に詠嘆する息子は、実に対照的である。

60年振りに鶴岡八幡宮を訪れた。当八幡宮は、源氏の氏神とした八幡神を祀り、1180年に頼朝が現在の地に基礎を築いた神社である。

皮肉にも、実朝は氏神として祀った鶴岡八幡宮本宮前の大石段で、甥の公曉の兇刃に倒れてしまい、頼朝の系統は絶えてしまった。大石段脇には公曉が隠れたイチョウの巨木があったが、2010年3月に強風で倒れ、根株だけが残った。数年後、ひこばえ（根株から出た若芽）が生え、今も成長を続けている。

鶴岡八幡宮（大石段の左手にイチョウの巨木があった）

仁右衛門島から舟で下総へ向かう海上路は、砂浜と懸崖に沿って太東岬まで漕ぎ、それから日本有数の長大な弧状砂浜海岸の九十九里浜（約60㎞、刑部岬から太東岬）沖を北上していく。九十九里浜は頼朝が6町（1町109m）を1里とし、99里あった計算に由来する伝説がある。頼朝が内陸部を進行すれば、九十九里浜との接点は薄く、伝説の出所の確度は低い。単調な砂浜沖を孤舟に揺られつつ、浜の距離を気にしていた頼朝であった。出航から2日かけて、漁師の手漕ぎ船1艘で海岸沿いに北進し、現在の横芝光町の波の穏やかな遠浅の浜辺に夜上陸した。平将門の乱平定を祈祷する目的で、この浜は成田山新勝寺のご本尊である高雄山神護寺護摩堂の不動

明王が上陸した地とされる。

　一行は近くの河口に移動した。九十九里海岸に流入する一番の大河、栗山川である。ここで頼朝は漕ぎ手に謝意を述べ、安房に帰らした。当時、海岸沿いに人里集落はまばらで、周辺は闇であった。水先人はおらず、地理に不案内の状況では夜明けを待った。星空の下、一晩川縁の芦原に潜み、陽の昇らない早暁に出発した。

　頼朝は伊豆に幽閉中厳しい監視下に置かれていた。板敷きの薄暗い部屋で、ほぼ20年間父の菩提を弔い、読経三昧に明け暮れた。源家嫡流の血筋を継ぐ細面で色白の優男は、源氏再興の素振りを見せずに雌伏した。禍あれば福あり、この間に頼朝は日本の支配者に相応しい人格、人望、統率力を養う力を身に付けた。反平家の烽火は彼を一時、敗残者へと追い込むが、これが契機となって、秘められた潜在能力が一気に開花し、新国家体制の頂点へと雄飛していく。リーダーとしての資質は、武威で能動的に時代を先導したのではなく、受動的に支援御家人の要請に応える、宥和、調整型であった。これは親衛隊等の武力を持たず、神輿に担がれた将軍の権威を示し、天皇と似た源氏の権力構造となった。

　陸路を進む北条時政との合流地は、西北にあたる千田の荘で、そこから芝山方面に抜ける計画であった。この一帯は古くから人が住み始め、有力氏族の支配する肥沃で文化的発展を遂げていた。既述のとおり、下総台地には数多くの古墳が分布し、中心の芝山古墳群には6世紀築造とされる前方後円墳の殿塚古墳・姫塚古墳があり遺物、副葬品と共に多くの埴輪が出土した。一級の出土品は芝山町立芝山古墳・はにわ博物館で寄託展示され、来館者に古代のロマンと無常を感じさせる。ロマンとは写実的に描きづらく、抽象的に無限の想像を掻き立てる自由といえる。

　恐らく、この地は4世紀前後から入植が進み、同族共同体が形成され、その

浜辺に建つ不動明王像

第 11 章　郷愁編

後は中央集権的律令制の下、稲作主体に農耕社会が発展した。やがて武士となる在地勢力は互いに覇を競うようになり、10世紀中盤の将門の乱が起きるまで中央の政争に巻き込まれずに、比較的平和な時代が続いた。領地が荘園に変わり、実質的に武士が領主となり力を強めていくと、中央政界でも政治的に権勢を誇る地位に就き始めた。代表的存在が源氏と平氏で、他の有力武士団は天下の帰趨を凝視しながら、一所懸命の保身を図っていた。

先祖との対話は素焼きの土の埴輪

九十九里海岸沿いは、葦繁る湿原が10kmに及ぶ幅で続いていた。従って、隠れるには好適でも、一旦迷い込めば自分の存在位置を見失う危険が生じた。頼朝一行は河口から護岸されていない川縁を進むが、直ぐにむせ返る湿原の罠にはまってしまう。8月末とはいえ、陽が昇るにつれ炎天の如く残暑が厳しく、発汗と喉の渇きも増すばかりとなる。山川を挟んで広がる広大な湿原が進路であり、一面は葦類が背丈以上に茂り、葦漕ぎでの歩行に難渋した。更に、ぬかるみに足を取られ、思うように進めない。

すると、少し幅の狭い川が左から合流してきた。Y字形に分流する多古橋川である。多古橋川添いに道を変えて進むと、先方にぽっかりと樹林に覆われた丘陵を捉えた。多古平野の真ん中に鎮座する「島」と呼ばれる湿原に浮かぶ小丘で、随一の高所である。既に高さ20m前後の台地が左手に湿地帯を囲むかのように見えていたので、足場の悪い河岸から左方の山中に道を変更し、鬱蒼とした灌木の林に入った。誰もが不案内の土地のために、千田の荘への道を知らなかった。只、集落に入ったことで、目的地に近づいた確信を持てた。

先述の如く、海岸沿いに定着した農民、村落は少なかった。しかし、台地の麓には人家が目立ち始め、集落近隣の水田には黄金色の稲穂が輝いていた。一行には領民に怪しい集団と気取られて、公儀に通報されて追捕を受ける懸念が付きまとった。修験者らしい風体で歩いていたので、領民と遭遇している間に、

一帯に知れ渡ることを恐れていた。それでも油断は禁物で不審な素振りを察知すれば、いつでも緊急遁走出来る手筈を整えていた。1日かけて浜辺から集落のある地域に入り、山に低湿地が入り込んだ谷津の一角で夜を迎えた。谷津を選んだ訳は、飲水に適する清水を求めてのことだが、日も暮れて探し当てられなかった。

翌日早朝、人目につかない、人が通れる道を探して出立した。山国の森林とは違い、下総台地の山林は桁違いに平坦で歩き易い。それでも柴刈りのされていない山中での身の動きは、自由にならない。澄み渡る秋空が天涯につき、方向視認には好適であったが、現状と今後の行程を鑑みて食料、水不足が懸念となっていた。そこへ、運良く旅人から得た情報として、少し先の千田の荘に清水が湧いているという朗報が先導役から届いた。これは目的地とした千田の荘ではなく、現在の千田部落であった。何も知らず、一行が安堵したのはいうまでもない。

聞いた話に従って進むと、峠の一本道に出た。幼少の折、越すに越されぬほど怖かった千田の坂上（峠）に出た。左に下りていけば芝山、右折して300m下れば清水がある。頼朝は安全を確認して、麓に向かった。清水の湧く場所は右手の深い森の一隅にあり、水の流れで直ぐに見つかった。

水場の傍に30cm角の石が置かれていて、頼朝は石に腰掛けて汗を拭いた。雑用係の家人は毒味がてら利き水をし、かわらけ（素焼きの器）にこんこんと湧いている水を汲んで差し出した。かわらけを受け取った頼朝は一口含み、「美味なり」と一言発し、乾いた喉を癒やした。高貴な御仁は匹夫のように、手で水を掬って直接飲んだりはしない。

残暑厳しい時期であり、人目を避けて悪路を逃げ延びてきた一行の喉は渇いていた。誰もが渇仰の際で味わう名水の潤い同様、冷たい千田の清水も渇きを癒し、エネルギーが体中に満ち溢れ、苦境脱却に志気が上がったのは申すべくもない。謀反人で敗者となり、追手や落人狩りの魔手から逃れ、又いつ謀殺されるとも限らない恐怖の真っ只中の情況では、早急に信頼の置ける実力者の庇護と助勢が喫緊の課題であった。味方か敵かを嗅ぎ分ける警戒の嗅覚を駆使し

第11章　郷愁編

ながら、慎重に有力支援者との接触を図った。

　それというのも、彼には初陣となった平治の乱（1159）で平氏方に敗れてしまった。父子共々、東国に落ち延びて再興を図ろうとした矢先、父義朝は尾張で家人長田忠致の裏切りで無念の死を遂げ、頼朝も美濃で捉えられ京都に護送された。斬罪に処されるべき運命は、首の皮一枚で命を繋ぎとめた。伊豆に配流後は、20年にわたって厳しい幽閉生活を送っており、生命の保証がされていた訳でもなく、最悪のトラウマを体験していた。古来、大将級の戦争落人の末路は悲惨となるのが相場であった。しかし、頼朝には人徳と統率力が備わっていて、運良く、歴史的運勢を開けた。千田の清水が、頼朝再興に功徳の水となったのはいうまでもない。

　一同は半時ほど止まり、英気を養った。修験姿の一団が湧水の場にいる情報は、村人に直ぐ知られ、近くの田圃の畦道から不審な挙動も見せず静観していた。主従一行は言葉を交わさずに軽く一礼して、その場を離れ、峠を登り返して行った。後にこの一行が源氏の棟梁であることを知った村人は、頼朝が腰掛けた石を大事に扱い、清水に立ち寄る行人に当該の情景を語り継いでいった。恐らく、こんな流れで頼朝の伝承が千田に生まれ、私の村一帯で広まったと推量した。ここの清水と腰掛石は10年以前は残っていたが、遺憾ながら現在は数年前から始まった圏央道縦貫工事により見る影もなく姿を消したと聞いた。歴史（人の業）は歴史（人の業）の中に埋もれていく好例だと実感した。

　時を待たずして時政からの吉報が届き、頼朝は数日後、大群を引き連れた上総氏、千葉氏の参向を得て初めて「安堵」した。因みに、安堵の語源は、頼朝が挙兵の参加者に対し、所領の保証を与えた約束に由来する。所領の安堵により武家の支持を取り付け、平家打倒に成功したとされる。彼の政策が的を射た一つであり、幕府の屋台骨を支える豪族、後の御家人達の気持ちを理解する素地となっていた。

葛飾八幡宮（市川市）

344

頼朝は安房、上総、下総の反平氏の武士等を味方につけ、この後下総国府台に参会した。その折、葛飾八幡宮を参拝し、戦勝と武運長久を祈願した。

　その際、頼朝の馬が前足をかけ、蹄の跡を残した「駒どめの石」と呼ばれた石が、境内に置かれている。この石を見た際、郷里の腰掛石も同じサイズの形状だと蘇った。因みに、当神社の主祭神も鶴岡八幡宮同様に応神天皇(八幡様)で、弓矢、武道の神として信仰されており、源氏の氏神として尊崇された。

　更に平家の独裁的支配、圧政に不満を抱き改革を望んでいた有力な東国武士団を陣営に引き入れ、態勢を整えて10月に父祖伝来の地鎌倉に入る。これから巷間伝わる源平合戦を経て平家を討滅し、1192年には征夷大将軍に補任され、初めて鎌倉に武士の政権となる幕府を開く経過は、日本史上の圧巻となった。

駒どめの石

(注)
七騎落：頼朝が石橋山での敗北後、安房国に逃げ落ちた時、敗走者が源氏に不吉な8人の数を嫌い、土肥実平が息子の遠平を下船させ7人で落ちたとする話

第12章　動植物編

第12章　動植物編

　今回の百名山登山は、基本的に登頂を最優先事項としたので、登るにつれて増えていったそれ以外の山の魅力（植物、動物、池塘、滝、樹木、渓流、苔等）に関しても意識していたものの、切迫する登山環境下、時間をかけて注視することは難しかった。それでも、可能な限り経験値を積み重ね、写真等に記録した。中でも、自然界で必死に命を繋ぐ動植物には感銘を受け、纏めた。

第1節　山（高原）の花

　山岳の魅力の一つに、高山植物（花類）を挙げる人が多い。むべなるかな、私も百名山登行中に百種以上の花々に出会った。初見のものが多かったが、山の個性を特徴付ける花だけに学習し、身についた。実感として、厳しい生存環境の中、意外に様々な花が咲き誇り、その生命力と輝きに衝撃を受けた。同じことが動物や鳥にも当てはまった。

　そもそも、植物とは「地球上の生物は動物、植物、菌類に大別されるが、細胞壁を有し、独立栄養で光合成を行うことが出来る生物をいう」（『日本大百科全書』）とある。生物の中で「最期に生き残るのは植物」だと植物最強説を主唱した学者の記憶があり、自然界を俯瞰していると、寿命の長さと繁殖力の強さの観点からあながち無謀な学説ともいえない。

　私も山中で遭遇した植物類は、強いものが多いという忌憚なき印象を持った。理由は単純である。弱々しく佇む植物ですら、年々歳々同じ表情で妖艶な花々を咲かせるパワーを秘めているからである。「疾風に勁草を知る」（『後漢書』）という慣用語がある。直訳すると、「強風が吹いて初めて強い草が分かる」という意味で、艱難に陥っても、意志の強いことが分かる譬えで使われる。そう考えると、通常目にする高山植物で弱いものは、なさそうである。そんな植物の中、大地を支配する最強種属は、竹、笹の類との個人的見解を持った。竹、

笹類は平地、森林限界を超えない高地の双方で強靭な繁殖力を発揮し、山一面を覆っている。広大な林床はかなりの名山で目にしてきたが、剣山、石鎚山、宮之浦岳の笹は圧巻であった。まさしく、風、雪、雨への耐用に優位性を示し、「疾風に勁草を知る」代表格であった。

　この節で伝えるのは広義の植物全般ではなく、単純に高山帯で花を咲かし、登山者の目を惹きつける狭義の草又は木を対象とした。一口に山の花と絞ってみても、山によって種類、大小、色彩、花紋、花数等、それぞれ捉えどころがない多様性に満ちていた。

　今、花にとりわけ心惹かれる思いに駆られたのは、美しさや詩情だけではなく、自然の中にあって環境が厳しさを増せば増すほど、その適応性を発揮して歳々、相似た姿を現すからといえる。山の花は進化、生存の競争過程で温暖且つ肥沃な大地を捨て、艱難の孤高の山塊に身を任したのだ。その結果は人生色々同様、大群落を形成し成功した花もあれば、楚々と咲き続ける草の丈に合った謙虚な花もある。山の花は千差万別の生存環境に適応して生きている。

　俗世を離れ、清らかな理想郷を求めた隠士も、ある者は仙郷淹留の別世界を開き、ある者は詩文によって千古不磨の神秘で幻想の芸術を後世に伝承した。孤独を好む隠士でさえ、時に寄せ集まって喧喧諤諤と清談を交わす生き様を演出した。この集団は、山の花々（百花）が山中の花園で繚乱して咲き乱れていると譬えられよう。

　山の花は沢山紹介されていたので、登山開始当初から種類や色彩が気になっていた。勿論、初めは殆どの花の名前を知らず、よしんば心当たりがあっても、山域では心身共に愛でる余力がなかった。登行中に山道、山腹に咲く花を見つけ、時間をかけてでも足止めし、先ず名称を調べようとする余

白、黄、紺、紫等の花々で彩られた白馬岳の花園

第12章　動植物編

裕が、心ばかり生まれ始めたのは2年目以降であった。花との絆も山との触れ合いが深まるに比例して、忘れがたさが増していった。

　初年度の2013年8月のお盆明けに四阿山、妙高山を山行した際、結構な数の花に接する機会に恵まれた。しかし、名前の確認すら覚束なく、その後、植物図鑑、辞書、花に詳しい篤学の好事家からの耳学問に頼りつつ見識を補填した。

　登山中に意識して観察した花の種類は、100種以上であろう。だが、全ての種類、名称は定かでない。それでも、一見して自信を持って名前を言える花が30種程度に増え、ちょっとした花談義なら苦にもならず出来るのだから、登山の効用も馬鹿にならない。栽培植物の中にはケバケバシイ色彩の花も多く、好き嫌いの志向が出易いが、嫌いな山の花は一つもなかった。むしろ、生え方や進化のけなげさを褒めてやりたいくらいだ。サスペンスドラマで殺人の手段として有名になったトリカブト類ですら、晴天下では紫紺の花びらは美しく魅力的だ。

　緑葉を持たずに光合成を放棄したギンリョウソウ（平ヶ岳）の腐生植物への進化は、ユニークとしか言いようがない。ギンリョウソウは厳密には植物の定義から外れるかも知れない。なぜ、日差しの入らない樹陰、影地でしか生育出来ない選択をしたのか不可解だ。

　山中で初めて知った好きな花を敢えて10種列挙してみた。私にとって花の選定基準は、1に見た目、2に色彩、3に香りを挙げた。山道に咲いた花で見

究極の生き方をするギンリョウソウ（平ヶ岳）

鏡平の池近くの山道に群生したシナノキンバイ（鷲羽岳）

た目が良くて、危険なく近づけたら匂いを嗅いでみた。「花に清香有り、月に陰有り」(『春夜』承句、蘇東坡)と詩にも詠われているが、これは平地の花であろう。平地の花に比べて、山の花は媚びない気品と高雅さ故の矜恃からか、濃厚な色彩は比較的少なく、香りも極めて薄い。尚、本来誰もが感動する代表的な花の群落とはあいにくすれ違いが生じ、今次の選択では脱漏の憂き目を見てしまった。多くは、山道斜面にへばりつくように咲いた小群生の花々であった。

第1項 ヒメサユリ(朝日岳、飯豊山)

　別名オトメユリとも呼ばれるユリの一種で、高さ30〜50cm、淡紅色の花をつける。名前を聞いただけでも気品を感じ、可憐で清楚な雰囲気を醸す。観賞用にも栽培される。

　ヒメサユリ(姫小百合)との初見は朝日岳で、2度目が飯豊山であった。その際のそれぞれの情景を『弧翁百名山に往く』から一部抜粋した。

「10時11分に再び稜線に入り、漫歩と花園の醍醐味を味わえる。天空の稜線はダケカンバ、低木、笹などに囲まれたザレ場、岩場が交互に現れる。両脇の草木の間に楚々と優雅に咲くピンク色のヒメサユリを初めて見た。稜線沿いに点々と群生している。山形、新潟、福島県境に跨がる奥深い当山、浅草岳、飯豊山などの限定地域にしか咲かない固有種という。花香を堪能するのは復路に回して前進する。」(朝日岳)

気品溢れるヒメサユリ(飯豊山)

「朝日連峰は長大で奥深く、**鬱蒼**と天然林に覆われて自然が保存されている。更に魅力を高める要因はおいしい湧水、紋様豊かな雪渓、天空の稜線及びヒメサユリである。」(朝日岳)

ヤマユリ

第12章　動植物編

　尚、稜線上に咲いたヒメサユリを嗅いでみたが、微香すらしなかった。

　再見は更に奥深く、東北のアルプスとの称号を持つ飯豊連峰に於いてであった。朝日岳の尾根散歩でヒメサユリの虜となっていたので、当日は登頂に約9時間、宿泊小屋まで約11時間を要する厳しい山行にも関わらず、いつどこで発見出来るかという期待が一層膨らんでいた。

「種蒔山、切合小屋へは上り下りの稜線歩きが続き、梯子、鎖、ロープのかかる緊張を強いられる岩場も越していく。一方、お花畑の山として名が知られ、道端に静謐に楚々と咲く花（ヒメサユリ、クルマユリ）があれば、岳人の視線を否応なく釘付けにする群生して咲く花（イワハゼ、ニッコウキスゲ）もある。盛期を終えた花があれば、今を盛りと又はこれからがピークと咲き誇る花もある。心身共にゆとりのない山行を続行しながらも、多様な花々に心癒やされる瞬間を意識したのは、飯豊連峰の旅が最初となった。山と高原で目にした100種類以上の花の中で、一番のお気に入りはヒメサユリである。」（飯豊山）

　ヒメサユリは百名山の2座に生育していても、登高が限られた開花時期と絶妙に符合しないと観察が出来ない。偶然ではあったが、幸運にも両座でその好機をものにした。それにしても、ユリは美の星の下に生まれている。故郷の森や林にも白くて美しいヤマユリが沢山咲き、夏の風物となっていた。今では大分減ったが、初夏になると強い芳香を漂わせる。夏場に東関東自動車道を走行していて、法面（大栄周辺）に咲いているのを見つけて驚いた。

第2項　リンドウ（月山、八幡平、常念岳、飯豊山、五竜岳）

　リンドウ（竜胆）は文字通りリンドウ科の多年草で、本州から九州に分布し、昔から庶民に愛されてきた。普通、花の色が青紫か紅紫で見つけやすく、忘れがたい印象を残すが、トウヤクリンドウは珍しく淡黄緑色である。

　月山を9月初旬に姥沢ルートから登った際、リフト乗り場の周辺から暫くの間、リフトに沿って点々と紫色に咲くリンドウの花を見つけたのが最初となった。鮮やかな彩りだったので、下山時にスタッフに尋ねると、エゾオヤマリンドウと教えてくれた。オヤマリンドウは本州の亜高山帯に生え、花は葉の付け

根につき、花弁はあまり開かない。エゾリンドウとは花の付き方が違うのみで、これら亜種のリンドウの判断は難しい。ミヤマリンドウは午前に登った姥ヶ岳周辺に見られると期待したが、時期的に遅かったせいか見られず落胆した。

常念岳のトウヤクリンドウ

リンドウの多くは夏から秋に盛期を迎え、ハルリンドウは春に咲く。残念にも、登山期への配慮を欠いてしまい、百名山では一度も目にしなかった。リンドウ科の花は、紫系の花びらが目立つので、その後八幡平の湿原に延びる木道脇に点々と咲いていた他、かなりの山の登下山時に観察した。

視界不良の条件下、飯豊の星と愛称されるイイデリンドウを運良く、飯豊

札なしでは見逃したイイデリンドウ

山神社手前で見つけた。雑草に隠れてしまうほど背丈は低く、小さな花弁である。辿ったルートでは山頂尾根の狭い範囲にしか生えておらず、濃霧のせいで札がなければ見過ごしていた。

花の形と色がよく似ているキキョウ科のチシマギキョウとイワギキョウも多くの山道で見かけ、素人目では時にリンドウと鑑別誤認があったのではないかと懸念した。

第3項　タカネナデシコ（苗場山、聖岳、悪沢岳、光岳）

女子サッカーのナデシコジャパンですっかりお馴染みの花となって久しい。タカネナデシコ（高嶺撫子）はナデシコ科で、カワラナデシコ（河原撫子）の高山型の変種とされる。カワラナデシコは秋の七草の一つとして有名らしいが、

第12章　動植物編

春の七草ではナズナ、セリまでしか名前が浮かばない。

タカネナデシコは「高嶺に咲く撫子」の意味で、河原撫子に相対しての命名とされる。一般的に高嶺の花とは、男性から見て話しかけることすら叶わない、則ち手の届かないほ

悪沢岳のタカネナデシコ

ど魅力的女性を指す。深窓のご令嬢とでもいうべきか、具体的に誰だとは特定し得ないが、上品で艶な雰囲気を感じる女性は確かにいる。自分とは縁遠い存在であり、それが無念至極だ。

花びらは深く切れ込み、鮮やかなピンク色の艶やかな花を咲かせる。日本女性に求める理想像をこのナデシコの持つ美しさと艶やかさに外挿し、「撫子」が日本女性を表す美称としたのであろう。一瞥しても凝視しても、タカネナデシコは上品で清楚でありながら、艶やかさを併せ持つ美花に違いない。

山に登るまで、ナデシコ類を見た覚えがなかった。ところが、山中で初対面するや、意外に早く、他の花と惑うことなくタカネナデシコを峻別出来た。生えている山が多く、花園に咲いていても色彩、花びら、草丈、一塊で咲いていること等の特徴から簡単に見分けられた。近い範囲に見つければ、須臾の間佇立して眺め、コマクサ同様に何故僻遠の地に自らの命運をかけたのだろうかと、ひとかたならぬ存在感に特別な感情を移入していた。タカネナデシコを見たうちで一番印象深い山道は、聖岳から光岳に延びる縦走路であった。百名山を語る上で、エポックな99座目、百座目になる記念すべき両座であった。

山好きなら誰でもご承知のように、南アルプスの百名山は麓からでは殆ど見渡せず、深森林に覆われた高峰と付随する深くて神秘的な渓谷を特徴とする。とりあえずと挑んでみても、一座ずつ登るのは非効率に思えるので、複数座の縦走計画を立てる場合が多い。体力的に厳しい私は、10座を数える南アルプスの百名山のうち、単座登頂したのは鳳凰山と塩見岳のみで、その他は苦心惨憺の末、2座ずつ組み合わせて最短日数で登攀した。

聖岳、光岳の縦走は、千秋楽の掉尾を飾るものであると同時に難儀な苦登となった。一方で多彩な山の花とはこれまでにない邂逅を果たし、集大成ともなった。登り口の易老渡から尾根の一角である薊畑への登りは、南アルプスでも屈指の長丁場となっていて、薊畑の分岐周辺には広大な花園が広がっていた。今、振り返ると、花を愛でるこうした余裕が生じたのは、目標完遂に確信を抱けたからであろう。

改めて、回り道でも良いからタカネナデシコにもう一度会いたいと願っても、やはり高嶺の花である。古稀を過ぎ、逢い引き場所まで辿り着けない不敏さに慨嘆する。

第4項　ナナカマド（鳥海山、巻機山、吾妻山、立山、五竜岳、穂高岳、塩見岳、赤石岳）

この木はバラ科で、落葉小高木と分類される。多くの人が知っているナナカマド（七竈）でも、その名を聞いて白い花を最初にイメージする人は少なく、大方は真っ赤な紅葉が目に浮かぶだろう。通人は除き、野生のナナカマドを見る機会は少ない。

万朶に白花を咲かすナナカマド（塩見小屋）

昔からその紅葉の見事さ故に庭園、公園、街路に人間の美観と価値観に添うように植樹されてきた。従って、人工的に剪定管理した低木がナナカマドと思い込んでいる節がある。

自然木を知らなかった私も誤認識し、誤ったイメージを覆した一人である。実際、自然界に生えているナナカマドは、予想外に高さ10ｍ超、樹径20cm以上にも成長する大木となり、6〜7月には白色の5花弁が万朶となって咲く。又、秋には実が葉と同じく真っ赤に色づき、落葉後も暫く垂れ下がる。

この紅葉と赤い実を至近に接したのは、鳥海山の鉾立登山口近くの登路であった。6時過ぎの出発時は薄靄のせいか、10ｍはあろうかと思われる大き

353

第12章　動植物編

なナナカマドが道に沿って並んでいるだけで、紅葉した色彩感は感じなかった。ところが、帰路午後2時過ぎに差し掛かった折に見た真紅の紅葉と葉の間に赤く熟した実は、鮮烈さの一語に尽き、思わず見惚れてしまった。中間の山道に生えていたナナカマドは3m前後の樹高で、同じ山でも気温、降雪量、風力、地味（ちみ）といった条件の違いによる生育への影響を改めて知った。

　ナナカマドが白い花をつけると初めて知ったのは、南アルプスの塩見岳であった。予期せぬ出会いであった。7月中旬に鳥倉登山口から三伏峠経由で塩見岳に登った折、頂上直下にある塩見小屋の庭に何本かの大きなナナカマドがあり、今を盛りと白い花が爛漫と咲いていたのである。葉の形からナナカマドと判断するも、小形の白い花が枝葉の半分を覆うかのように、派手な咲き方は念頭になかったので非常に驚いた。誤認してはいけないと思い、登頂後、小屋のスタッフに確認して担保を得た。意外な発見に帰路の長さも忘れ、咲き乱れるナナカマドに見送られて下山の途についた。

　もう1座ナナカマドに記憶が呼び覚まされたのは、9月下旬に登った立山からの下山路に於いてであった。真砂岳手前から大走りコースに入り、盛期を過ぎて枯れ野の様相を呈する雷鳥沢の河原には、風に揺らぐ髭のチングルマ、色褪せたコバイケイソウ、真っ赤に色づいた10本ほどのナナカマドが、秋色濃い詩情を醸していた。覚えず、一句詠んだ。

「七竈秋を知る風雷鳥沢人目も草も枯れなお映える」（弧翁）

第5項　コマクサ（草津白根山）

　コマクサ（駒草）はケシ科の代表的高山植物で、高さ15cmまでしか成長しない多年草である。多くは火山帯の日照の良い、風衝の砂礫地によく群生する。只、周辺を観察してみると、悪条件を忌避してか、競争相手となる植物は極めて希である。7～8月に淡紅

砂礫帯に独占的生存権を確保したコマクサ

色の名前の由来ともなった馬の顔に似た花をつけ、花好きからは「高山植物の女王」とまで尊称されている。確かに女性が髪の毛をカールさせたような独特な花の形、薄桃色仕様は可愛らしく上品さがある。

　しかし、私にはなぜか、噴火を繰り返す危険性の高い、高山の礫地という劣悪な生息環境を選択し、何を目的にかような花を誕生させたのか、特異な進化又は自然選択の形態と映る。この草は、自分の生えている地域一帯に排他的独占権を確保している。他の植物からの侵攻的挑戦がないので、生存のために命をかけて守ろうとする縄張り争いが礫地では起きない。生物の進化は未解明な点ばかりだが、コマクサもその一例である。

　北海道、本州中北部の高山に生育しているので、花期と天候が折り合えば、百名山だけでも10座以上で観察が可能であった。ところが、条件が合わず、一度も遭遇する機会がなかった。コマクサ群生地として有名な草津白根山には4度登っていたが、花期を失してコマクサを見ていなかった。

　満を持して2017年7月21日、コマクサの検分を目的に渉猟した。コマクサは「から釜」の斜面と遊歩道両側の砂礫地一面に群落を形成し、1時間かけて心ゆくまで堪能した。コマクサの群生地は広い火口原の中にある。当時、私も含めて全ての山行者は、この周辺で噴火が起きる可能性は極めて低いとの認識で探勝していた。

　不慮にして、不幸な火山噴火が起きた。それから半年後の2018年1月23日であった。鏡池周辺で予兆もなく水蒸気爆発が起き、複数人を巻き込む死傷事故となった。それ以来、草津白根山への入山は規制措置され、から釜で大繁栄していたコマクサの状況は、知る由もない。噴火物を浴びた周辺の植物群は累々と屍を晒し、今でも復活していないだろうが、コマクサは砂礫地に張り巡らした強靱な根から往時と変わらない姿で復活していると信じる。なぜならコマクサにとって、噴火は想定内の現象で、生存を揺るがす危機的現象ではないからである。

　個別の植物に干渉して僭越な気がするが、コマクサの生態に特別興味があり、少し踏み込む。姿、形、色、大きさ等から見た目が良く、愛されるキャラとなっ

第12章　動植物編

たが、最悪環境で種を永続的に維持出来るか、憂き目はないのか疑問符がつく。最悪環境とは高山、低温、寒冷、低酸素、滋養分の低い土地、根も張りづらい礫地、渇水、大雪（霰、雹）、強風等を指し、本来自然から与えられるはずの恵みを極端に得にくい条件を指す。例外を挙げれば、光合成を行う面と陽光を存分に浴びる強みはある。『孟子』に一暴十寒（いちぼくじっかん）という故事がある。たまに好条件になっても、普段が悪条件ならば良い種子も成長出来ない意味である。常識ではそう考えるのが普通である。だが、この草は持続的逆境に光明を見出した。生物界では強いものが生き残るのではなく、環境に適応するものが生き残るというダーウィンの適者生存説は、進化の核心を教えた。この説に従えば、劣悪環境に適応しているコマクサは生き残れる進化を遂げている。保護下のコマクサを掘り返す行為は許されないが、生き抜く智恵の一つは、1mに及ぶ根を礫地に張る力という。

　日本と同種のコマクサは千島、カムチャッカ、樺太、シベリア東部にまで分布を広げ、コマクサ属は世界で約20種、東アジア、北米にも生息しているのは、適者生存資質の何よりの証左となっている。

第6項　トリカブト（北岳、聖岳、光岳、常念岳、水晶岳）

　トリカブトはキンポウゲ科の多年草であり、植物界最強の毒を持ち、ふぐ毒に次ぐ強さとさえいわれる。この猛毒は古くから知られ、アイヌは熊狩に矢毒として用いた。古代中国でも少量ならば神経痛の薬に使用し、降圧作用及び強心作用に気づき、漢方では生薬として利用していた。「美しい花には

常念岳山道脇に咲くトリカブト

棘がある」という言い伝えに倣えば、美しいトリカブトには毒性、薬効、薬理のトリプル作用がある。見事な紫碧（青紫）色の花を多数開き、傍を過ぎる行人を振り向かせる。何か曰くありげに、人との関係を暗示する。高山帯に分布

し、世界に約300種、日本にも30種が北海道を除く全国の山地で見られる。

　述懐すると、最近でこそ少なくなったが、一時ＴＶのミステリー番組では、トリカブトの絡んだ殺人事件が頻繁に放映されていた。密かに飲食物に混入したトリカブトを人に摂らせて、瞬殺出来るものかと懐疑的に見ていたが、真偽のほどは定かでない。

　名前は、花の形が烏帽子（冠、兜）に似ている点に由来する。烏帽子とは奈良時代以降、元服後の男性が略装につける袋形のかぶりもので、中世末期まで庶民にも広く用いられた。世間でも親しみ易い言葉となり、山に関連するものでも形が似ていると烏帽子岳、烏帽子岩、烏帽子沢等と幅広く命名された。

　目を引く色と形から、素人でもトリカブトを発見するのは容易で、一旦覚えれば再見時に見落としは先ずない。私の初見は、８月中旬に広河原から大樺沢ルートで歩いた北岳であった。北岳は第２位の高峰であり、間ノ岳との縦走を目指していたので、稀少固有種のキタダケソウ観察は意識の片隅にあったものの、往路では３千ｍを超す山の厳しさが先行してしまい、花を意識する余裕はなかった。花々との触れ合いが始まったのは、間ノ岳からの復路の巻き道で、八本歯のコルに向けて北岳山腹の山側、谷側を埋め尽くす千草の花園を下った際であった。北岳の映像を観る度に当時の臨場が蘇る。

　トリカブトはその後も山行中、頻繁に見かけ、稀少植物とは縁遠い感じであった。これを明解に裏付けたのが、聖岳、光岳の縦走路に数多く繁茂していたトリカブトの群落であった。聖岳の薊畑近隣から始まり、聖平、南岳に至る山道には群生しており、センジケ原前の静高平周辺にも一目で気づくほど咲いていた。この縦走尾根の自然が、本草には別天地に違いない。

　山岳の花には妙趣があり、時折再見したい気持ちが湧くが、現今の身上を直視すれば、身震いして終わってしまう。固有種や山地限定の草木は、登山難度の高い山に多い気がする。飯豊山（ヒメサユリ）、赤石岳（マツムシソウ）、聖岳（タカネナデシコ）、どの山を選んでも半端ない気力、体力、持続力が求められる。嘗て山頂を目指していた時は、歩様はしっかり前に進んでいたのに、山に対峙する意欲が弱まり、今は空足を踏むばかりである。

第12章　動植物編

第7項　ニッコウキスゲ（苗場山、至仏山、霧ヶ峰、飯豊山）

一輪でも存在感優位のニッコウキスゲ（飯豊山）

　思いつくままにハクサンイチゲ、ハクサンコザクラ、ワタスゲ、ミヤマキンポウゲ、シナノキンバイ、チングルマ、ニッコウキスゲ（日光黄菅）を挙げた。これらの花の生態を表象する共通の言葉は何かと問われて、山の好事家はどの言葉を連想するだろうか。解答がある訳ではなく、"大群落"を形成する意味で回答したい。群落を一度でも花期に観賞した経験者ならば、格別にニッコウキスゲを推す理由を敢えて問わないだろう。

　この花は6花弁の橙黄色のユリ形の花、大きくて立派、密生して数が多い、花期が長い、原野を覆い尽くすほどの広さに咲く等、他を圧倒する優位性を誇る。一面に開花する尾瀬ヶ原湿原、霧ヶ峰高原の壮観さは決まって放映され、阿蘇山、久住山のミヤマキリシマと双璧の競演をなす。

　花だけの観察では黄色いユリと見做しがちだが、本草はワスレナグサ科（旧ユリ科）に属する。本州中部・北部の海岸低地から高層湿原に生え、6～7月に独占的に大群落を形成し、日当たりの良い傾斜地では他の花と混在しても、一目置かれる存在感で咲き誇る。

　只、私が山行時見たニッコウキスゲは、傾斜地に咲いていて、複数の花と混成した小群落であった。多数のユリ科の花、例えば、ヒメサユリ、クルマユリ、クロユリ等が、脱俗した隠者のように消極的に静謐な佇まいを好むのに対し、一般的にニッコウキスゲは俗世間との接触を好み、その存在を広報する志向性が強い印象を持つ。恰も、今を生きるとばかり積極的に現実を受け入れ、人を魅了すべく万朶に咲き続ける生態を披瀝する。もっとも、場所によっては、一株静かに咲くニッコウキスゲも多い。

　苗場山では富士見坂と雲尾坂の鞍部に斜面に沿って花の群生地がある。ニッ

コウキスゲ、クルマユリ、タカネナデシコ等が咲いていた中で、ニッコウキスゲが断トツの個性と存在感を主張していた。彷彿とした面影でしかない山の花のよしなし事を、机上で書き綴っていても、集団力の力強さにより、この橙黄色の花はいつも先頭に立っている。

　自然界での生命の生存競争の辛辣さは、それぞれの進化と消滅が証左となり、我々に生命の不可解さを問いかける。強者、弱者、敗者の三位一体的発想で観察すると納得し易いが、強者劣敗は結果論であって、命の現場ではどれだけの因子の差配の下で、生死と繁栄をかけて熾烈な闘争が持続的に繰り返されているかは、天知る、地知る、神知るのみで、我は知らない。今を生きる意味では、ニッコウキスゲは他の追随を許さない。

第8項　チングルマ（トムラウシ山、西吾妻山、五竜岳、鹿島槍ヶ岳、薬師岳、光岳）

　名前だけ知っていても、本格的に山登りを始めた還暦過ぎまでチングルマ（稚児車）の実物を見る機会はなかった。しかし、比較的平坦な場所で、山道脇の至る所に群落を作り、小さな白花を咲かすので、直ぐに気づいた花でもあった。ところが、初めてチングルマを見た山が、どこであったか記憶が定かでない。

秋色に化粧したチングルマ（西吾妻山）

　図鑑、辞書等には、バラ科の落葉小低木で代表的な高山植物とある。高さ10cmほどで、クローバーのように地面を這って群生する。6〜8月頃、約10cmの花柄の先端に径2〜3cmで白い5花弁を1個つける。花期後の秋には赤く紅葉し、花柱が伸びて薄褐色の髭のような羽状の長い毛が生え、微風でもなびく。季節により面相が激変するので、異種と見違えてしまう。本州の中部以北から北海道の高山の多湿地に生育する。幸い、花期と登山期が重なったので、白花

第12章　動植物編

と髭の双方に触れ合う機会に恵まれた。生息は樺太、千島列島、カムチャッカ、アリューシャン列島に広く及ぶ北方系の植物である。和名は実の形から子供のオモチャの風車である稚児車が転訛したものとされ、語感が良く、忘れにくい。

　前作でチングルマを記録していたのは、8月初旬に登ったトムラウシ山である。大雪山系の中間に位置し、変化に富む複雑な地形を持ち、幾つかある登り口まで遠い上に山頂までの距離がとても長い。静かな山旅、広大な花園を楽しめる魅力溢れる山と紹介される。実際、ヒグマ出没の危険性もあって、幌尻岳に比肩する総合的に難度の高い1座であった。広大な花園とは山頂直下に広がるトムラウシ公園である。

　当初、チングルマの生態を知らず、北海道の中央部の高山帯で繁栄している光景を目にして、少し違和感を抱いた。その後、北方系の植物であることや、日本の中央部の高山帯に群生することを知り、氷河期以前に北方から日本列島に進出し、北海道のチングルマは本家筋に該当するものと憶測した。事実、大雪山からトムラウシ山にかけての縦走路周辺には日本一の大群落が見られる。元々、日本は大陸と地続きだったので、分類学的には動物も植物も北方系か南方系かに大別することが出来る。登る前からトムラウシ山では、氷河時代の生き残りといわれるナキウサギを生息場所の露岩帯で発見しようと努めた。しかし、ガスに視界を遮られ、探す時間も限られてしまい、望みが叶えられず、千載の恨事として残った。

　トムラウシ山から戻って6日後に登頂した五竜岳からの帰路で姿、形、色もすっかり変貌した髭のチングルマを実見した。五竜山荘からアルプス平へと連なる遠見尾根の道沿いにはヤマモミジ、ダケカンバ、シシウド、ミヤマキンバイ、赤い実をつけたナナカマドが秋色を彩っていた。その中に、風格を漂わせて扮装したチングルマが、点々と各所で白髭をかざしていた。高山植物の代表格と標榜されるだけあって、巍々たる山体、峨々たる山頂を有する険難な峰にも、たとえ群落を成せなくても存続に必須の境域を確保していた。

　10月初旬に登った鹿島槍ヶ岳の冷池山荘から布引岳に通じる巻き道の山側及び谷側の崖面にも、髭姿のチングルマがビッシリ生えていた。雑草魂を地で

行くように、高山の礫地を覆ってしまう不死身のチングルマの草魂には驚嘆した。

　薬師岳と黒部五郎岳には、一部残雪が残る6月に登った。両座に無事登頂し、太郎平小屋から折立に下る稜線上では、道沿いに群生して咲くチングルマの花びらは笑顔に見え、遠方から絶え間なく聞こえるカッコウの鳴き声は、遊子に別れを告げる響きであった。

　聖岳と光岳を結ぶ2500m級の縦走路に南岳（2803m）があり、山腹の巻き道には多くのお花畑が広がり、チングルマ、トリカブト、マツムシソウを始めとする花の庭園であった。

　因みに、太郎平小屋から折立に向けての山稜は、百名山登行中に於いて、満足度ベスト3に入る尾根遊覧であった。他の尾根は爺ヶ岳から鹿島槍ヶ岳へのルートと悪沢岳から千枚岳へのコースを選り抜きたい。

第9項　タカネマツムシソウ（北岳、赤石岳、悪沢岳、光岳）

　山地の草原に自生する、草丈60cmほどのマツムシソウ（松虫草）はスイカズラ科の多年草である。葉は羽状に分裂し、8月～10月に長い花柄の先に、艶やかな淡紫色の頭花を上向きに開く。花の径は10cm近くあり、他の花と共生しても、群がり咲くので目立つ花弁となる。北海道から九州のほぼ全国的に分布する。これだけ聞いても、麗容で気品のある美花だと想像する。

上品な印象漂うタカネマツムシソウ（赤石岳）

　高山帯に生えるのはタカネマツムシソウ（高嶺松虫草）とされ、色つきや大きさが微妙に異なるらしい。私は3千m級の百名山で見たので、タカネマツムシソウと確信している。

　全ての花を知らなくても、一目見た瞬間にタカネマツムシソウは、山の花では美しさベスト10と認定した。人は長い間、情趣を抱かせる花鳥風月といっ

第12章　動植物編

た自然の景物と接触してきた間に、受容し易い美しい対象を動物行動学的に擦り込まれている。

タカネマツムシソウとの最初の触れ合いは、トリカブトで紹介した北岳の花園であった。峻険で難登を強いられる高峰でありながら、急崖に張り付くように広がっている花園の間を抜けるように桟道がかかっていたお陰で、タカネマツムシソウを含む多種の花々を楽しめた。惜しむらくは、足元が不安定な急崖の狭い道であり、前後左右に自由に身動きが取れず、腰を据えて観察は出来なかった。それでも、桟道がなかったら、花々云々どころではない。

トリカブトが、聖岳から光岳の縦走尾根の各所に群生していたと先述した。タカネマツムシソウも同じ群生地に共生していて、同様の環境を志向する相性の良さを感じた。お互いを認知し合う相識である。「美しい花には棘がある」と揶揄されても、この花は棘を含んだ目つきはしないし、心を癒やす柔和な優しさで訴えかけてくる。勿論、毒などない。

印象を概略すると、高山の岩場に群れをなして咲く一面、色は豪華さの薄い淡紫なので遠くから気づかせるほどのインパクトは弱い。他面、贅沢なくらい花が大きいため、お花畑では紫紺のトリカブト等と混生していても、存在感に遜色はない。

因みに、山の花の色は大別すると赤、白、黄、青、紫の５色が主力で、中間色で桃色、橙黄色等が加わる。一部の種類を除けば、紅葉のコントラストに見られる派手さはない。花色では鮮烈さに劣るタカネマツムシソウだが、大きな花冠は気品と優雅さを備える貴婦人の着るフリル付きの社交ドレスのような華やかさが漂う。

北アルプスでは霧氷、霜が覆う時期になっても、日向に１輪、２輪タカネマツムシソウがひっそりと咲いている。その姿には花の寿命を見切り、どこか零落しても剥落しない気品と矜恃が窺える。四季のある地域では草木は秋から冬にかけて、自然のうつろいに任せて、なせるままに錦の紅葉に模様替えして、人の心を魅了してきた。只、美しい紅葉も落葉後の憫然たる姿は堪えがたい。季節を通じて所期の習性を変えず、全うする花がマツムシソウである。

第10項　イワベンケイ（北岳、白馬岳）

　この花はベンケイソウ科の多年草で、草丈30cmほどに成長する。葉の特徴が肉質、肉厚であり、見た目で他の草との違いが分かる。大きな群落を作ることはなく、北海道、本州中部以北の高山帯の岩礫地に一塊となって点在する。

イワベンケイ（白馬岳）

　トリカブト（北岳）の欄でイワベンケイ（岩弁慶）について一部記述した。本花は本節で紹介する山の花の中では、少し見劣りする感は否めないが、山の花として不思議な印象を残した。なぜ、見劣るかは弱集団性と岩礫帯の狭い生息領域に起因する。なぜ不思議かというと、それまで見てきた花々の色感と量感とは異質であり、更に名前の迫真性に圧倒されたからである。見た目ではサボテンの類かと誤認させる肉厚な緑葉が密生し、茎の先に座るかのように咲く黄色の密集小花が繊細な美しさを特徴とする。

　名前の由来は、姿、形、生命力のたくましさから弁慶を連想したとされる。没落していく源義経に最後まで忠義を尽くし、衣川で豪壮無比の討ち死にを遂げた弁慶である。命名者には弁慶とこの花のどこが似ているなり、共通性があってイワベンケイと名付けたかを尋ねてみたい。正直言って、私もこの花が発する独特のオーラを一目見て感じたことは確かであった。

　源頼朝（11章第3節）に触れて、突拍子もない話題と驚かれた方々もおられたと拝察するが、本書は百名山登攀に関連して派生した思いの丈を筋立てて展開している。従って、一介の山の花であるイワベンケイが、頼朝と抗争した義経の腹心の配下弁慶に例えられたのも派生の一つである。本草が、勇名を馳せた弁慶の呼称を付与されて首肯しているかは分からない。

　花が周知の人物や物になぞらえて、命名される例は結構ある。武勇の天才で知られる義経は頼朝とは腹違いの弟で、頼朝以上に数奇な運命を送った。鞍馬

第12章　動植物編

寺で天狗から剣術の指南を受けたという伝説も残り、頼朝の挙兵に応じ、平家を追討して武勲を立てた。最後は権力闘争の末、頼朝に敗れ自害した悲運の英雄として今でも愛惜、同情されている。義経への敬愛は判官贔屓という言葉で残った。義経の愛妾であった静御前は、歌舞の名人で容姿艶麗、清楚な美人とされる。頼朝と義経が不和になって後、捕らえられた静御前は鶴岡八幡の神前で義経への慕情を歌いながら舞ったと伝わる。山地に自生するヒトリシズカ（一人静）は、白装束で舞う静御前の容姿になぞらえて名付けられた。誰の命名かは別にして、花の名には心の琴線に触れる物語がある。

鶴岡八幡宮舞殿

　頼朝、義経、弁慶、静御前、全員鎌倉時代草創期の歴史を彩った立役者であった。真偽のほどは不明だが、よしなし事の一事から派生した事柄がきっかけとなり、連綿と伝わる事象に出会え、温故知新にも似て快哉事である。

第2節　動物・鳥類

　平地でも薄暗い樹林帯の山中に一人身を置いている時、突然動くものが目に入るとか、耳慣れない音を聞けば、一瞬立ち止まり肝を冷やす経験を誰でもしているのではないか。しかし、非日常感の強い山岳地帯では、それは比肩すべくもなく身の毛が弥立つ恐ろしさに増幅される。そんな折、こちらが先に恐怖の対象を把握するか、又はその原因を認知し、即応態勢に入れた場合には、極度の緊張から速やかに解放される。こうした緊張、急迫を強いられた原因は突如現れる動物、鳥、落木、落石、風音、人語だったりする。中でも、近くに人がいないと思い込み、突然人の声を耳にして驚倒したことが何度かあった。森林では人の声は伝わりづらいと思っていたが、樹林内では存外遠くの声がよく

通る印象を持った。『鹿柴』(王維)の起句、承句に「空山人を見ず、但だ人語の響きを聞くのみ」と詠われ、彼の客観的感性に感服した。

畏怖、驚愕に晒された事態とは逆に、感謝したい出会いも枚挙に暇がないくらい多かった。出会いは多岐にわたり、中でも印象深く興味の湧いた動物と鳥類を本節で取り上げた。因みに、好奇心はあっても絶対避けたかったヒグマ及びツキノワグマとの遭遇はなく、幸運であった。これまでも、百名山以外の山地でも、半端ないくらい熊生息地域を動き回りながら、彼らと遭遇しなかったのは前世の縁によるものか、熊被害を聞く度に胸をなで下ろす。

今回、取り上げたシカ、キツネは嘗て神聖視され、特定の神社では特別の存在として祀られている。しかし、自然界では厳しい生存環境に置かれている。

第1項　ライチョウ（妙高山、薬師岳、黒部五郎岳、鷲羽岳、聖岳）

北海道のエゾライチョウを別にして、ライチョウ（雷鳥）は親しまれている鳥である。氷河時代にやってきて、温暖化に伴い、冷涼な高地に生息地を移したとされる。本州の中部地方の高山地帯に分布し、同じ地域で暮らす留鳥である。数が極めて少なく、1955年、国の特別天然記念物に指定され、絶滅危惧種として保護されている。季節に

ハイマツ帯の山道に現れた雄ライチョウ（鷲羽岳）

よって換羽し、ハイマツ帯、お花畑で歩き回りながら植物質の餌を採食している。主に日本アルプスの限定された高地に生息する鳥だけに、登山をしない人が、野生のライチョウを見つけるのは難しい。観光地の立山室堂平の周遊コースを散策中に、運が良ければ会える可能性がある。

ライチョウは保護鳥類の代表的存在で、生息数の減少が心配されている。環境庁も手を拱いている訳ではなく、研究者と自然繁殖の道を模索、対策を施している。2020年に北アルプス生息の本鳥19羽を中央アルプスに放鳥したとこ

第12章　動植物編

ろ、木曽駒ヶ岳周辺で、7月までの調査では3組のペアの巣で雛20羽が孵化したことが確認された。中央アルプスでの自然繁殖は約50年ぶりとの由。その後も順調に回復し、1924年の調査では120羽以上が確認された。雛はサル、テン等の天敵に襲われ易いので、命を落とす危険性が高く、自然淘汰をすり抜けて成鳥になる道は厳しいが、こうした取り組みが成功に帰し、増数に向けて一条の光となることを期待して止まない。

　ライチョウとの初の遭遇は、8月の妙高山であった。燕温泉コースの4合目を過ぎた辺りのアーチ状に覆われた照葉樹林の中で、やや暗いガレ場を登っていた折であった。5mほど先の岩の上に「クッ、クッ」と鳴きながら雌が突然姿を現し、私に気づいて忽焉と藪内に消え去ってしまった。ライチョウは高山の見晴らしのきくハイマツ帯、草地に生息しているという先入観を持っていたので、深い森の中で発見して意外な気がした。だが、これ以降目撃したライチョウは、2500m以上の高山の開けたハイマツ帯、開けた山道或いは雪渓であった。天候はガスが覆っているか、薄曇り状態で遠望出来る良好の視界時は少なく、猛禽類等の攻撃を避ける進化の証ではないかと合点した。上から襲う猛禽類への対応は進化しても、地上を歩く人への警戒感が緩いのが気になる。高山に登るサルが雷鳥を捕食する事例も報告されている。

　妙高山以降、ライチョウと邂逅したのは薬師岳、黒部五郎岳、鷲羽岳、聖岳の4座であった。

　隣人のＳＦ氏は、私と同年代の山好きな通人である。北・南アルプスのような厳しくタフな山を学生時代から多くこなし、今でも難しい山にテントを担いで登っている。彼が剱岳に登った際に撮ったライチョウの写真も濃いガスに包まれ、暗い山道に身を潜めていた姿であった。

第2項　オコジョ（燧岳）

　オコジョを見たのは、後にも先にも燧岳の俎嵓（まないたぐら）の山頂以外にない。これこそ動物との一期一会の縁といって然るべきだろう。

　オコジョはその姿、挙動から神秘的な動物とされる。日本では北海道、東北、

関東、中部地方の高山に分布しているので、燧岳の山頂近辺にいても不思議ではない。イタチ科であるが、子供の頃から田圃で見慣れていたイタチは赤褐色なのに対し、やや小型で背が鮮やかなチョコレート色、腹部が白色をしているので、一回見ただけでも見分けられた。なぜ、あの日、あの時間、あの場所で出会いをしたのかと首をひねった。私に対峙したオコジョの天運を知る術はなく、他生の縁と記さざるを得ない。

　理由は判然としないが、オコジョは山の神の使者と伝えられ、人に憑くという民俗学的話も伝わり、古い時代から人間と密接に共生してきた証左となった。私とオコジョとの出会いも然りである。畢生、巡り会わないと思われたこの小動物との接触は、俎嵓への登山行為によって偶然達成されたにしろ、時が変遷しても網膜に映った一瞬の画像が褪せる気配は微塵もない。

第3項　ニホンジカ（甲武信ヶ岳、雲取山）、カモシカ（雲取山）

　軽井沢近隣の山を渉猟している感じでは、ニホンジカよりはカモシカに遭う頻度が高い。前者が私を見るや否や、慌てふためくように逃げ去るのに対し、後者は一定の距離に近づくか当方が不審な行動を取らない限り、身じろぎ一つせずにこちらを凝視し、人への警戒感は殊更緩く感じる。人に対する警戒度が根本的に違っている。現在でも狩猟対象にされている前者に対し、戦後天然記念物に指定された後者は保護対象に扱われたことで、人との距離感は対照的になった。

3mまで近づけた野生のカモシカ（離山）

　元来、ニホンジカは人里にも沢山生息して、馴染み深く神聖視された時代もあった。神話では、シカは馬同様に神の乗り物に供された。藤原氏の氏神である春日大社には、常陸からシカに乗ってきた四神の一つの武甕槌命が奉祀されている。開けた草原、低木林、山地の平坦地や緩やかな傾斜地を好み、直ぐに

第12章　動植物編

身を隠せるように林縁で頻繁に見られる。しかし、彼等の生きる環境が狭められ、人間社会との関係に変化が起きている。本土では生息地の開発が進んだ結果、人間社会との接近で農作物、森林への食害が問題となってきた。永年、シカは人間、熊等に捕食されてきた恐怖から、独特の高く透き通る声を警戒伝達手段として発達させた。臆病な性質にも関わらず、夜間には集団で舗装された道路にまで姿を現し、自動車接触事故の大きな一因ともなっている。これは動物に罪がある訳ではなく、獣道と人工の道路が交

みじろぎもせず私を凝視するカモシカの母子（離山）

錯しているために起きる事故で、動物に交通安全教育を施すことも出来ず、運転者が注意、回避する以外に防ぎようがない。夜間と早朝に餌を求めて歩き回り、一般道路、高速道に入り込むこともあり、夜道の走行には特段の注意を要する。

　因みに、花札では猪鹿蝶として、絵札にも描かれる身近に愛された獣であり、百人一首では、紅葉との調和により秋の風雅な趣が詠じられている。

・奥山に紅葉踏みわけ鳴く鹿の声聞く時ぞ秋は悲しき（猿丸大夫／百人一首）

　山中でニホンジカを初めて視認したのは甲武信ヶ岳であった。7月中旬、登り口の毛木平から千曲川支流の西沢に添った源流遊歩道を緩やかに上って、滑滝に着く前であった。淡々と苔床にカラマツ林が続く山道を進んでいると、50m先で突然1頭のニホンジカが私に驚き、斜面を駆け上っていった。再度の出会いは5月初旬、雲取山から三条の湯に向けて下っていた際、カモシカと合わせ2回出現し、自律神経を逆なでされる心地であった。

　二度ともよく似たシカとの突然の遭遇であったが、自然界では人と動物双方とも緊張感に縛られている。忘れていけない点として、野生動物が人間を察知する能力は、人間が動物を察知する能力の比でないことを指摘したい。

第4項　ホシガラス（吾妻山、幌尻岳、鹿島槍ヶ岳）

　日本各地の高山に生息し、針葉樹の種子や昆虫を餌としているホシガラスは、鳩くらいの大きさで、「があ、があ」と鳴きながら、樹上低く目立つ飛翔スタイルで飛び回る。鳴き声で登山初心者も容易に観察出来る。名前の示す通りカラス科に属し、全身は暗褐色でも胸のあたりは白斑模様である。飛行中も枝に止まっている時でも、白斑は目立ち確認し易い。燕雀ほど小鳥でもなく、鴻鵠ほど大鳥でもないのに、ホシガラスの存在感は際立つ。

　どの山でホシガラスを最初に見つけたかは明確でないが、中部日本以北のハイマツ帯で見かけた。但し、心残りは、一度も山中で写真に収められなかった。殊更、鮮明に脳裏に焼き付いているのは、８月に登った西吾妻山の下山途中であった。火山で形成された山で、頂上部の広大な湿原には池塘が点在し、詩情溢れる雰囲気でも、この鳥は空気を読めずに鳴いていた。

　西吾妻山以外で明瞭にホシガラスの飛翔、鳴き声に接したのは、８月下旬に登った幌尻岳と、10月初旬に登った鹿島槍ヶ岳であった。この２座ともハイマツ帯の長い稜線歩きがあり、その間に何度もホシガラスが鳴きながら、独特のスタイルで飛び回るので頻繁に目にした。樹上高く舞うのではなく、斜面に沿った低空飛行である。

　幌尻岳では北カール稜線上の岩の上に松かさの食べ残しを数回見つけたので、エゾリスの採餌跡かと思い込んでいたが、実はこの食べ残しは、ホシガラスの仕業であることを下山後に知った。鹿島槍ヶ岳の場合も種池山荘から冷池山荘までの縦走尾根はハイマツ帯が多く、この間に何度もホシガラスを目撃した。同時に山道近くの平たい岩の上には何カ所かマツの実が食い散らかされていて、どこの山でも食性と存在感は共通していた。

第5項　ホトトギス（武尊山、常念岳）

　ホトトギスほど異称、美称、尊称を含め、多くの呼称（時鳥、霍公鳥、子規、不如帰、杜鵑、沓手鳥、蜀魂、夕影鳥、たまさか鳥……）を持つ鳥を知らない。たまさか鳥が示唆するように、たまにしか見ない鳥であったのだろう。実をい

第12章　動植物編

　うと、武尊山で初めて「キョッ、キョッ」と鳴くのを聞くまで、この鳥の実際
の鳴き声を聞いておらず、当然姿も見たことはなかった。只、この鳥は典型的
な聞き做しが有名なので、一般人の知名度が高い。聞き做しとは、鳥のさえず
りなどの節回しを、人の言葉に聞きなす遊び心を指し、いつ頃から始まったの
か定かでなく、コノハズク、ホオジロ、ツバメ等が知られる。全国共通という
よりは、地域によってかなりの違いがある。

　ホトトギスの代表的聞き做しが、有名な「東京特許可局」である。6月に
登った常念岳の下山中にこの節回しを初めて耳にして、ホトトギスと確認した
体験は衝撃的であった。「キョッ、キョッ」と聞こえる鳴き声が7、8回連続
すると、人の耳には「東京特許可局」と聞こえてくるから不思議である。人
に邪魔されない生息地でホトトギスは、真の解放感に酔いしれ、あるがままの
生態を晒していた。かような自然の奥深さと本鳥の情味を図らずも堪能するご
利益があった。

　同じホトトギス科（旧称）に属するカッコウとは姿、形、大きさ、色、飛行、
棲息域等が酷似し、見つけても一瞬には見分けがつかない。両鳥とも春から夏
に東南アジアから日本に渡り鳥として飛来し、托卵するという営巣本能を有す
る等、多くの共通点がある。しかし、下総台地で生まれ育った私には、両鳥と
接触した記憶が皆目なく、高原の留鳥として認識していた。山の上の生活では、
例年6～7月に自宅周辺で特異な声を聞くようになり、渡り鳥と確認した。た
とえ、姿を捉えなくても、鳴き声が決定的に違い、誰でも容易に種類の違いは
判別出来る。

　昨今、新しい発見をした。高原の渡り鳥とばかり思い込んでいたホトトギスが、
実は上総地区にも生息している事実を図らずも知ったのだ。六月中旬、上総地
区の標高100ｍ前後の丘陵ゴルフ場でホトトギスの鳴き声を何度も聞き、あっ
けなく高原生息説が忽然と覆されてしまった。当該地区は戦後道路整備と土地
開発が進み、緑豊かな環境はかなり毀損した。しかし、決して姿を見せぬホト
トギスが、樹間に生息している知見を得て喜んだ。ゴルフ場の方にカッコウは
鳴いているか問うてみたが、「ない」との返答であった。少なくとも、ホトト

ギスが千葉の中央部にいる事実を確認した。

　ホトトギスは文学ではウグイス、雁と共に和歌、俳句に頻繁に詠まれる鳥である。現代人には想像出来ないくらい、昔人がこの鳥に強い愛着、関心を持って接して、題詠の対象、鉄板のネタ、流行として扱っていた。中国でもホトトギスに関わる逸話は多く、我が国でも不気味で不吉、死、霊魂との結び付きを連想させる話が各地に残る。古人は数多の呼び名、題詠や伝承を伝えた一方、今人は本鳥との関係を失っている。

　・ほととぎす鳴きつる方を眺むればただ有り明けの月ぞ残れる（藤原実定／
　　百人一首）
　・野を横に馬牽むけよほととぎす（松尾芭蕉）

　例年、初夏に沢山のホトトギスと次に紹介するカッコウが、近隣に渡ってきて、２ヶ月弱止まる。しかし、その生息形態には微妙な違いを感じる。鳴く場所から判断すると、後者が人の生活圏で鳴いているのに対し、前者の方は人見知りする傾向が強く、一段奥まった決して姿を見せない森林帯で鳴いている。実際、カッコウは木の天辺で鳴く姿を須臾の間、垣間見せる。鳴く時間帯では、カッコウがほぼ朝夕の定時に「カッコウ、カッコウ」と鳴くのに対し、ホトトギスは午後が多く、時に真夜中に「キョッ、キョッ、キョッ、キョッ」と４回程度、日中より遠慮気味な鳴き声を聞く。昔は自然が豊富で今より遙かに沢山のホトトギスが人里に棲み、明け方でも特異な鳴き声が、歌人、詩人の興趣を掻き立てたのであろう。

　古来、山奥の深閑とした深い森で、誰もが寝静まった深夜の暗闇から、得体の知れない鳥の意味不明の鳴き声を耳にした当時の村民が、不吉で縁起の悪い鳥を妄想してもおかしくはない。もし、ホトトギスが多少なりとも明確に人間の目に触れ、全国共通に認知された存在であれば、評価は全く異なったともいえる。人前には顔を見せず、孤高たる処世の姿が誤解の根本にある。

　因みに、「カッコウとホトトギスとは、昔ありし姉妹なり」と『遠野物語』で紹介されたように、古い時代から同種の鳥と見做されていた。

第12章　動植物編

第6項　カッコウ（黒部五郎岳）

　カッコウ（郭公）という名は、ユニークな鳴き声に由来して呼称され、誰にでも知られる存在になった珍しい鳥である。スズメ、カラス、ウグイスも分かり易い独特で固有な鳴き声を発するが、鳴き声そのもので命名されてはいない。もっとも、チュンチュン、カーカー、ホーホケキョウといえば、誰でも鳥の名前を言えるので、代名詞にはなっている。別称も多く、カッコウドリが訛って閑古鳥と当て字されたともいわれ、荒れ廃れた、もの寂しさを醸す表現に現在も引用される。初夏の清々しい早朝に聞く場合が多く、閑寂というより心地良い自然の目覚まし時計に例えたい。

　カッコウの鳴き声を美声、悪声で分けるとすれば、間違いなく美声である。寂寥感を漂わす鳴き声ではなく、律動的で澄み切った声量は心を打つように、かなり遠方まで響き渡る。一般に鳥は朝鳴くことが多いとされ、これは鳴き声を遠くに届かせられるとの説による。只、私の場合は、山行中に啼鳥を聞いたのは午後が殆どであった。

　カッコウとの忘却しがたいシーンが蘇る。早朝薄暗いうちから、黒部最深部の黒部五郎岳に孤登し、ガスに巻かれながらも太郎平小屋まで無事戻って安堵した。当日中に帰宅したかったので、一呼吸置く間もなく、登山口の折立への帰途についた時であった。暫く緩やかな開放感満ちる稜線が続き、薬師岳、有峰湖を右後背、左下方にそれぞれ展望しつつ、周期的なカッコウの鳴く旋律に歩様を輪唱させて、心弾ませ尾根歩きを堪能した思い出である。

　カッコウとホトトギスは近い先祖から進化しているので、鳴き声以外の生態はよく似た特徴を有している。初夏から2ヶ月間ほどは住み処の周囲でも、カッコウの鳴き声を樹間から早朝と夕方に聞いていた。私にとって、野生のカッコウが身近にいるのが珍しく、声を聞くや否や声の方を凝視して、何とか姿を見ようと、更には写真に収めようと努めた。しかし、人への警戒心が異常に強いので、こちらに気づいたら直ぐに飛び去ってしまう。殆ど飛び回らず、厚い葉が茂る樹間のカッコウを鳴き声だけを頼りに探すのは、結構難しく、明瞭に捉えた機会は数えるほどしかない。約30mの距離からの観察では尾が長く、両

翼も細長く少し垂れた独特の格好をしていた。一定時間、樹陰で鳴いた後、次の場所に移動するために見晴らしの利く木の天辺に止まり、方向を低く定めて瞬時に飛び去ってしまう。従って、鷹類に似ているとされる飛翔スタイルは、まだ観察出来ていない。接触機会を得ながら、両鳥とも写真に撮ることはいまだ実現していない。

第7項　ウグイス（磐梯山、宮之浦岳、大山、空木岳）

　ウグイス（鶯）の鳴き声を知らない日本人はいない。ホトトギス同様に別名（春鳥、春告鳥、花見鳥、歌詠鳥、経読鳥、匂鳥、人来鳥、百千鳥等）が多く、歴史的に人との接点、絆の強さは自明である。春の季語として文学的に多用され、成語、隠語の多面性も圧巻といえる。経読みとは「ホーホケキョ」を仏法であるホケキョウ（法華経）と聞き做し、経読鳥へと転訛した。

　低山帯から高山帯の低木林に生息し、春から夏にかけて市街地でも美しいさえずりを聞かせる。しかし、藪ウグイスの言葉が示すように明色ではなく、地味な羽毛で藪内を警戒心高く動く小鳥なので、注視しないと発見は難しい。5月には雨天でなければ、連日草庵を囲むドウダンツツジから濁りのない澄明な「ホーホケキョ」の啼音を聞ける。美声とは釣り合わず、地味な、人目を引く色合いの鳥ではなく、写真に納めたいほど執着しない。

　百名山の中で一番啼音を耳にしたのは、恐らくウグイスと思う。基本的に春から秋にかけて登山をしたせいで、山中でも鳴き声を聞く機会が多かった。正確ではないが、この鳥は午前よりも午後に頻繁に鳴いていた印象が残る。理由の一つには、鳴き声を聞き入れる心の余裕が、深く関与していたのは疑うべくもない。登坂時の肉体的苦悶と非日常の緊張感は、ウグイスの囀りさえ拒絶し、下山時は真逆に精神的解放感と高揚感が、過敏なほどに耳朶を柔和に変えた。

　事実、藪ウグイスの声は磐梯山、宮之浦岳、大山、空木岳、等々、全部共通して午後しか聞いた記憶がない。それと、北アルプス及び南アルプス山行中にはウグイスの声は耳にしておらず、高山の棲息域は狭いのではと回顧している。少し自分の認識とずれていたのは、宮之浦岳のヤクササの間から間断なくウグ

第12章　動植物編

イスとメジロの鳴き声を聞き、驚きを隠せなかった。両鳥は本土からの飛来なのか、誰かの持ち込みで繁栄を遂げてきたのかと、来歴に思いを馳せた。

晩唐の詩人で、杜甫の遠い親戚筋にあたる杜牧については先述した。彼の『江南の春』の起句に「千里鶯啼きて緑紅に映ず」とある。赴任先の自然豊かな長江南岸の田園地帯で聞いた藪ウグイスの啼音は、どこまで行けど途絶えずに、木々の緑と赤く咲く花々を叙情性豊かに詠った秀作である。

年々歳々花は相似て、人は同じからず。さて鳥は如何と気にもなるが、疑いなく鳥も相似ている。花鳥は風月同様に身近な自然の賜である。花を見、鳥の声を聞くのは風雅な楽しみの一つとなり、知らぬ間に人の心に刺さる。

第8項　ホンドギツネ（伊吹山、両神山、大峰山、大台ヶ原）

キツネは哺乳類の中で、オオカミと共に世界中最も広く分布しているとされ、生存力に優れた動物である。日本にはキタキツネ、ホンドギツネの2亜種がいる。俗習に顔を出すのは後者である。

動物として、キツネは民俗界の帝王と呼んで差し支えない。これは本邦のみならず、世界的にも人々の伝統的文化にキツネにまつわる数多くの風俗、風習が伝承、又は説話化されている。子供の頃聞いて、今でも忘れないほどのインパクトが残り、改めて何話かを読み返しても人生

稲荷信仰の象徴　一対の狐の石像

訓となる良い寓話が多い。代表例を挙げれば、日本では狐火、狐憑き、狐の嫁入り等が列挙される。昨今読んだキツネの短編は、『今戸狐』（小山内薫）、『ごん狐』（新美南吉）の2話である。共にあり得ないことなのに、キツネは人の感性を見抜いて騙し、悪戯をする動物として書かれている。なぜキツネが古今東西を問わず、昔から共通した特性を有する動物に描かれたのか不詳であるが、生活圏が重複し、競合的関係性が原因だった可能性が高い。本当にキツネは人

を化かす擬人的行為をしたのか、どんな経緯から寓意物語の主役に躍り出たのか分からない。

　一方、稲荷神社には五穀を司る稲荷神の使いとして、魔除けの狛犬の代わりに社頭や社殿の前にはキツネの石像が一対置かれている。これは稲荷信仰の名残であり、諸産業に携わる一般人の強い信仰心を物語る。

　ヨーロッパではキツネは古く『イソップ物語』（ギリシャ）、『狐物語』（仏）等では総じて狡猾、狡智に長けた動物、或いは擬人的に詐欺師の如く描写され、教育、教訓的な好材となった。これとよく似た中国の故事である「虎の威を借る」狐の話は、日本人の多くが知っている。この故事は戦国時代の諸子百家の一派である縦横家が、戦国七雄の諸侯を遊説していた際に述べた策略・策謀を示し、前漢末に編纂された戦国策に載った。この話は虎（王様）の権威が狐（宰相）の奸智によって歪められているという内容で、例え話で王様を諭した寓意故事である。

　人とキツネとの生存域は元来重複していて、お互い雑食性であるために、極めて強い競合関係が継続した。キツネは脅威である人を避けつつも、つかず離れず生息範囲を共有した背景には、相互依存を選択した進化が関与する。良質な皮衣を手に入れる機会が増えても、家畜を襲うキツネは、人間にとって厄介な害獣に映ったに違いない。一方、キツネは捕え易い家禽を奪うために、危険を承知で智恵の限りを尽くして、人との化かし合いで活路を見出そうとした。人とキツネの智恵比べは、生死を賭けた戦いとなり、キツネが反面教師になった可能性が高い。人とキツネはどの地域で共存しても、人の方では共通して寓意の主役にまでキツネを押し上げ、逆説的にキツネの生き様から教訓を学んでいた。

　キツネは遺伝的形質に従い、精一杯正直に生きているのに、人間がずる賢い、錯覚を引き起こす動物として、理由もなく不当に断定している姿勢には大変不服だろう。キツネこそ人との共存を願っているのだ。キツネに異議申し立てを許せば、「天帝が自分を百獣の王にしたのだ。その王を誤認するのは天帝の命に逆らう」とでも弁明するだろうか。キツネに代表されるように、事実と関わ

第12章　動植物編

りなく動物に不名誉な表現を使用又は評価を下すのは、動物に対するヘイトクライム、いじめ、又は言葉の暴力に近い。動物愛護、共存を主唱するならば、これからはもう少し科学的検証に基づき、彼等が持つ名誉、尊厳への配慮が必要である。

　イギリスでは家禽を殺す害獣の被害防止対策で、大規模なキツネ退治を行ったのが端緒となって、騎馬で犬を駆使してキツネを手捕りにする狐狩りをスポーツとして確立した。そのために、欧米ではキツネを狩る目的に特化した猟犬まで生み出した。キツネは今でも狂犬病伝搬を恐れられ、害獣として駆除されるに止まらず、スポーツハンティングの対象や毛皮目的に狩られている。古来、時に神霊の化身とされ、時に人間に変身し、民間説話の主役を演じるほど人との深い関係を持ち続けた。だが、依然、狩られる立場であり続ける愛嬌豊かで賢すぎるこの獣は悲しい。

　キツネは雑食性であるが、通常ノネズミ、ウサギを主食とする。しかし、捕食動物の少ない苛烈な環境では、農園に入り込んで果実やブドウまで食べ、適応力の高さは熊と並んで出色である。人と自然との中間で媒介役を好演する反面、空腹に襲われると自制心を捨て去り、人との許されざる境界線を越えて養鶏場や農園に侵入して、駆除されてしまう弱点を矯正出来ない。

　分類学上、イヌ、キツネ、オオカミはイヌ科に属する哺乳類である。同じ先祖を持ちながら、いつの時点かは特定出来ないが、人の食べ物に惹かれたオオカミの一派は自然を捨て、人に飼養されるイヌに進化する道を選んだ。人にすり寄らないオオカミの一派は、自然の中で孤高に生きる道を生存要件として選択した。キツネは人と自然との中間の領域で生きる道に進んだ。

　生物進化は系統樹で可視的、体系的に理解し易い。だが、人との関係性、親密度を決定づけた要因が何であったかは依然解明されていない。イヌ、ネコ、キツネ、オオカミのように、人類と永い接触を続けた結果、人との新たな関係性を築き上げた。その中で千里眼を駆使して、未来を見越す決断の是非が、各種の運命を左右した。

　現在ではイヌは大繁栄し、キツネは狩られ続ける恐怖と添い寝し、オオカミ

376

は絶滅の危機に陥り、保護されるまで数を減らしている。『シートン動物記』に「狼王ロボ」の生涯が描かれている。彼の最期は自然界に棲み、人間に妥協しないオオカミが選択した孤高の生き様、矜持がありありと描かれた。本邦にも明治期までニホ

人間の給餌を狙う野生のキツネ（伊吹山）

ンオオカミが生息したが、絶滅したとされ、実に悲惨な自然保護瑕疵の傍証となった。

　百名山では５月下旬に登頂した伊吹山で人慣れし、野生本能を失いつつあるキツネに会った。

　人と自然との中間に生存権を選択したキツネも、嘗てのイヌの先祖同様に環境次第で人との距離を狭める可能性があるのではと、伊吹山のキツネのように、人によしみを抱かせる習性を目の当たりにすると感じる。人間も動物も進化の最終形態にある訳ではない。強いものが生き残るのではなく、環境に適合するものが生存するという、適者生存のダーウィン流原理が働けば、キツネも古い習性から脱皮し、環境適応型の狡智が新たに生まれるかも知れない。その時は人間との真の共生を求められ、相互の受容性が問われる。

第9項　イノシシ（浅間山）

　獣との出会い頭の恐怖の筆頭は熊で、次点はイノシシに違いない。昨今急増している獣害は、見事にこれを証明する。猪突猛進はイノシシのように、一直線上に向こう見ずに目標に向かって、激しい勢いで進むことを意味する成語である。同じ意味の猪突豨勇(きゆう)が中国語にあり、日本流の猛進に変化したのだ

餌を求めてうろつくイノシシ（旧軽井沢）

第12章　動植物編

ろう。通常、山中ではイノシシが人を察知すれば、一目散に逃げ去り、こちらに向かってくる危険性は低い。しかし、野生動物特有の本性から、危険を感じた時や子連れの場合は、防衛本能で襲ってくる危険性が高い。又、狭い一本道の山道で出遭ったら、まさしく猛進されて牙でつっかけられてしまう。自分目がけて突進はされなかったが、猛進して去るイノシシを初めて見たのは、百名山で最初の足跡を頂に残せた浅間山（前掛山）からの下山中であった。

軽井沢地域にはイノシシが想像以上に多く生息している。餌を求めて町内を人も恐れずに徘徊していて、子連れも合わせて何度目撃したか分からない。熊とは異なり、出会っても刺激せずに対応すればやり過ごせるので、今ではイノシシ慣れした。

山中では人を見て逃げるイノシシも町中では人慣れしていて、その図々しさに驚かされる。人の食べ残し等を目当てに時間、場所を問わず住宅地にしばしば侵入する。私の体験では、日中より夜間の方が人を見ても逃げないし、声で威嚇しても無視され、憎らしいほど悠然とイノシシのペースで行動していた。もし、対峙してしまったら、敢えてけしかけたりせずに、その場を静かに離れる方が賢明だろう。暫く見合っていれば、通常はイノシシの方から去っていく。

閑話休題

2013年3月、関東甲信越を中心に大雪が降り、軽井沢町内でも一晩で積雪100cmほどの豪雪となった。当地でこれだけの降雪は記録になく、朝起きた時、目にした一面の銀世界には驚嘆したのみならず、生活に支障が出る不安を覚えた。例年30cm弱の雪を想定した町の除雪対策では全く追いつかず、

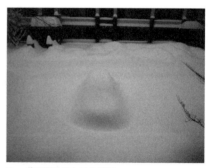
スッポリ雪に埋もれた愛車

2日間社会基盤が機能不全に陥る。信越道は通行止め、国道18号線が大渋滞して、道路網が完全途絶する事態であった。この大雪で知った豆知識は、記憶

に新しい。50cm以上の降雪で自家用車は完全に埋まり、1m降れば、雪山同様に人はラッセルしないと前に進めなくなる雪の凄さである。

厚い雪で走れない車は放置しておいても構わないが、人は生活のため活動せねばならない。どんな具合であるか、町中の生活導線の状況を見回った。初日でも夕方になると、歩道上ではなく、車道上に人が通行可能な雪の回廊のような幅1mの通路が造られ、最小限の往来は確保されていた。地域の住民がボランティア活動で雪かきをして開いた道である。当日、軽井沢駅周辺で通行可能な道路は1本もなく、道路脇には数十台の車が放置されていた。

この豪雪により、思いも寄らぬ被害を仄聞した。各所に緊急使用目的で拓いた雪道内でイノシシによる傷害事故が、2件起きたというのだ。嘘のように聞こえるが、イノシシの本性を知る実物教育となった。

傷害を起こした当日のイノシシの行動を想見してみた。このイノシシは奥山にいたのではなく、麓に棲み、町内で何度も餌をあさった経験のあるアーバンイノシシと考えると、事故と話の辻褄が合う。

普段、林縁で暮らしている体高70cm前後のイノシシが朝、山中の寝床で目覚めた。生来未経験の大雪にスッポリ埋もれ、視界は利かずいつものように動けずに焦ってしまう。昨日来、丸一昼夜餌を取れずに腹ぺこなので、夜明けにはどうしても採餌せねばならない。雪に覆われた山中では餌にありつけないので、当然麓の町中に向かう。薄暗い雪中では先が見えず、不安で上に出ようとしても、軟らかい新雪では潜ってしまう。結局、モグラが地中を潜行するスタイルで雪洞を掘って進む羽目となる。雪に埋まりながら何百mか鼻と牙でかき分けながら進むと、忽然と薄明かりが差す直線状のミニ回廊に突き当たった。人が歩くために造った幅50cmの通路である。これ幸いにと回廊に入り込んで、どこかに出口があるはずと軽快に邁進する。嗅覚は優れていても視力が弱いイノシシは、数十m先に人が通路内にいても、察知に遅れてしまう。たとえ気づけたにしても、細い通路でUターンは出来ない。予期せぬ遭遇による驚きと興奮から本能的習性に火がつく。更に加速して猪突猛進をした結果、体当たりして牙で人を傷つけたものと推理した。

第12章　動植物編

第10項　ヤクシカ（宮之浦岳）

　ヤクシカは屋久島のみに棲むニホンジカの1亜種で、日本のシカの中では最少である。登山をしていればニホンジカ、カモシカとの遭遇は想定の範囲であった。宮之浦岳を登るに際しては、東京から遠く離れた離島であるので、旅程に悩んだ。天気

人との距離感を知るヤクシカ（宮之浦岳）

を予想し、いつ島に渡り、どこに宿泊し、どの手段で登り口に行き、登山、下山し、どこに再宿泊し、いつ島を離れるかといった一連のロードマップの作成に苦慮した。百名山の中には、山行イメージが十分描けないまま、多少準備不足で挑戦した山が数座あり、宮之浦岳もその一つとなった。

　天候が安定しない雨の多い屋久島であった。淀川(よどごう)登山口に向かうタクシー車内で、運転手から「宮之浦岳は天気が良くても、5回登って1回しか頂上からの展望は得られない」との気象状況を聞いていた。無事登頂したものの、期待に反し、ホワイトアウト状態の頂上には多少落胆しつつ、下山を開始した。約75分後、投石岳山腹の露岩の山道を登り返していると、山道の下方から濃い茶色の毛をまとった1頭のヤクシカが目の前に現れ、私を恐れる素振りも見せず、一瞥してゆっくり横切った。ヤクシカは日本鹿に比して小ぶりであり、人との距離感を弁える共生適応力の高さを示現していた。

　このように至近で人を一瞥しても、全く恐れる気配もなく、悠然と霧中に姿を隠したヤクシカは、まるで奈良の野生シカに近い。決定的違いは人に近づいたり、餌をねだったりしないことだ。両者の心理的余裕が、理想的アングルで顔をこちらに向けるポージングをして、写真を撮らせてくれた。もし、これほどの近さで本土のニホンジカやカモシカと遭遇したなら、一体どれほどの狂態で尻を向けて走り去っただろうかと思う一面、当方の仰天振りも半端なく肝を潰したものと苦笑した。突然の逢着でも双方が落ち着いて無言の挨拶を交わせたのは、先方は登山者が危険を与えない存在と認知し、当方も攻撃性のない、

温和なヤクシカと受け止めたからである。朝方も淀川登山口に向かっている途中、人や車を恐れず、路面にたむろする数匹の温和しげなヤクザルの群れに会っていたので、これが人間と野生動物が共生する理想的環境だと実感した。動物との一期一会であった。

　共存、共生の理念は人間の論理であって、野生動物側に了知される可能性は低い。生息数が増加すれば、生存領域は拡大し、人の生活圏への蚕食が起きる。島の殆どを山岳地帯が占め、海岸沿いの狭い耕作地では実際、動物による農作物への食害が起きている。自然と人為の均衡が図れて、共生が強制に繋がらない両者繁栄の生存権確保を願う。願うばかりでは叶えられない難題である。

第13章　登頂一覧表

第13章　登頂一覧表

登頂順に百名山の概略（2018年時点）を登攀一覧（1～4）に編纂した。

登頂順	名称（百名山番号）	標高(m)	都道府県	登頂日	天候	日程
1	43 浅間山（前掛山）	2,524	群馬・長野	7/27/'12	晴	日帰り
2	42 四阿山	2,354	群馬・長野	8/20/'13	晴・雨	日帰り
3	33 妙高山	2,454	新潟	8/28/'13	晴・ガス	日帰り
4	65 両神山	1,723	埼玉	9/27/'13	晴	日帰り
5	40 赤城山（黒檜山・駒ケ岳）	1,828	群馬	10/10/'13	曇・ガス	日帰り
6	30 谷川岳（トマの耳）	1,963	群馬・新潟	10/14/'13	晴・ガス	日帰り
7	61 美ヶ原（王ヶ頭・王ヶ鼻）	2,034	長野	10/17/'13	晴	日帰り
8	24 那須岳（茶臼岳）	1,915	福島・栃木	10/19/'13	晴・ガス	日帰り
9	63 蓼科山	2,530	長野	10/27/'13	晴・ガス	日帰り
10	62 霧ヶ峰	1,925	長野	10/30/'13	晴	日帰り
11	38 皇海山	2,144	栃木・群馬	11/2/'13	晴	日帰り
12	73 天城山（万二郎岳・万三郎岳）	1,406	静岡	11/9/'13	曇・ガス	日帰り
13	99 開聞岳	924	鹿児島	4/14/'14	晴	日帰り
14	98 霧島山（韓国岳）	1,700	宮崎・鹿児島	4/15/'14	晴	日帰り（前泊）

補記：
1）天気は終日を通してのもので、晴、霧、靄、ガスは状況により適宜使い分けた。
2）日程は当日、登り口から下山口まで戻った場合は日帰り、山中泊を1泊とした。尚、登山日前の宿泊は前泊とした。
3）登頂時間は休憩も含めて出発してから登頂（最高地点）するまでの概算で、原則5分単位に切り上げた。
4）標高差は登り口から山頂までの概数（50m単位）を目安として記載した。
5）登下山難易度は自己の印象を独自に次の5段階で評価した。
①大変難しい　②難しい　③稍難しい　④普通（難易の境目）　⑤易しい
6）登山レベルはアクセスから登頂するまでリスクを総合的に判断し、初心者、初級者、中級者、上級者、ベテラン向けの5段階で評価した。
7）尚、御嶽山は暫定評価した。（噴火警戒レベルが1となり、9/21/'18に御岳ロープウェイ飯盛高原駅から登頂した）

登山口	登頂時間	標高差（m）	頂上部	山頂景観（晴時）	登下山難易度	登山レベル
天狗温泉	4時間	1,200	すり鉢状の細長い砂礫の火口縁	四阿山、北アルプス、八ヶ岳、富士山、草津白根山等	稍難しい	中級者向
菅平牧場休憩所	3時間	950	狭い稜線の岩場	浅間山、草津白根山、北アルプス等	稍難しい	中級者向
燕温泉	4時間10分	1,250	雲上の岩石庭園	火打山、雨飾山、北アルプス等	稍難しい	中級者向
日向大谷	4時間	1,500	剣ヶ峰と称される岩峰	雲取山、甲武信岳、富士山等	稍難しい	中級者向
黒檜山登山口	1時間25分（黒檜山）	500	低灌木に囲まれた広場	谷川連峰、武尊山、皇海山、日光白根山等	普通	初級者向
天神平駅	2時間	700	頂稜の岩場	巻機山、至仏山、燧岳、赤城山等	普通	中級者向
美ヶ原高原美術館	1時間（王ヶ頭）	100	平坦な広場	北アルプス、八ヶ岳、浅間山、四阿山等	易しい	初心者向
山頂駅	55分	200	火口縁の岩石群	至仏山、燧ケ岳、磐梯山、日光白根山等	易しい	初級者向
7合目	2時間	600	岩塊に覆われた広い火口跡	北アルプス、八ヶ岳、浅間山、霧ヶ峰等	普通	中級者向
車山肩駐車場	40分	100	平坦な高原広場	蓼科山、八ヶ岳、浅間山、北アルプス等	易しい	初心者向
皇海橋	2時間30分	800	頂上樹林の広場	展望不良	稍難しい	中級者向
天城高原ゴルフ場	2時間10分	600	頂上樹林の広場	展望不良	易しい	初級者向
かいもん山麓ふれあい公園	2時間45分	700	狭い岩石群	東シナ海、錦江湾、薩摩半島、硫黄島等	稍難しい	中級者向
えびの高原	1時間30分	500	火口縁にそそり立つ狭い岩石群	新燃岳、高千穂峰等	普通	中級者向

第13章　登頂一覧表

登頂順	名称（百名山番号）	標高(m)	都道府県	登頂日	天候	日程
15	93 剣山	1,955	徳島	5/7/'14	晴	日帰り
16	94 石鎚山（天狗岳）	1,982	愛媛	5/8/'14	晴・ガス	日帰り(前泊)
17	97 阿蘇山（高岳）	1,592	熊本	5/21/'14	晴	日帰り
18	96 祖母山	1,756	大分・宮崎	5/22/'14	晴	日帰り(前泊)
19	95 久重山（久住山・中岳）	1,791	大分	5/23/'14	晴	日帰り(前泊)
20	36 男体山	2,486	栃木	5/30/'14	晴	日帰り
21	21 安達太良山	1,700	福島	6/17/'14	晴・ガス	日帰り
22	22 磐梯山	1,816	福島	6/18/'14	晴・ガス	日帰り(前泊)
23	37 奥白根山	2,578	栃木・群馬	6/25/'14	ガス・雷・雹・雨	日帰り
24	39 武尊山（沖武尊）	2,158	群馬	6/26/'14	晴・ガス	日帰り(前泊)
25	67 甲武信ヶ岳	2,475	埼玉・山梨・長野	7/16/'14	晴	日帰り
26	68 金峰山	2,599	山梨・長野	7/18/'14	晴・雨	日帰り
27	69 瑞牆山	2,230	山梨	7/22/'14	晴	日帰り
28	32 苗場山	2,145	新潟・長野	7/25/'14	晴・ガス	日帰り
29	29 至仏山	2,228	群馬	8/4/'14	晴・ガス	日帰り

登山口	登頂時間	標高差(m)	頂上部	山頂景観(晴時)	登下山難易度	登山レベル
剣山リフト西島駅	30 分	250	笹が覆う広大な平坦地	高知湾、石鎚山、大山等	易しい	初級者向
山頂成就駅	4 時間	950	やせ尾根の岩峰	阿蘇山、大山、瀬戸内海、太平洋等	難しい	上級者向
仙酔峡	2 時間 5 分	700	平坦な岩石群	阿蘇五岳、九重山、祖母山等	普通	中級者向
一の滝	3 時間 15 分	1,100	灌木に囲まれた平坦な広場	祖母・傾山群、九重山、阿蘇山等	稍難しい	上級者向
牧ノ戸峠	1 時間 50 分（久住山）	900	長い頂稜部の小ピークの岩場	九重連山、阿蘇山、祖母山等	易しい	初級者向
二荒山神社中宮祠	3 時間 45 分	1,250	山頂広場の巨岩上	中禅寺湖、戦場ヶ原、日光白根山等	稍難しい	中級者向
山頂駅	1 時間 10 分	350	乳首のような岩峰	吾妻連峰、磐梯山、飯豊連峰等	普通	中級者向
八方台	2 時間	650	岩峰の狭い岩場	吾妻連峰、安達太良山、飯豊連峰、猪苗代湖等	普通	中級者向
山頂駅	2 時間	800	岩塊の狭い岩場	男体山、皇海山、武尊山、至仏山等	普通	中級者向
武尊牧場スキー場	3 時間 50 分	1,000	低灌木に覆われた平坦地	谷川岳、奥白根山、至仏山、赤城山等	稍難しい	中級者向
毛木平	4 時間 10 分	1,050	細長い尾根の岩場	富士山、八ヶ岳、金峰山、奥秩父の山塊等	普通	中級者向
金峰山荘先の林道	3 時間	1,000	花崗岩の積み重なる岩場	甲武信ヶ岳、瑞牆山、富士山、八ヶ岳、南アルプス等	普通	中級者向
瑞牆山荘駐車場	2 時間 35 分	800	花崗岩の岩峰	金峰山、八ヶ岳、南アルプス、富士山等	普通	中級者向
第 2 リフト町営駐車場	4 時間 15 分	1,100	山頂湿原の頂上樹林	展望不良。、山頂湿原から巻機山、谷川連峰等	稍難しい	中級者向
鳩待峠	2 時間 40 分	800	平坦な広場に岩石が転がる	燧ケ岳、尾瀬ヶ原、谷川岳、日光白根山等	普通	中級者向

第13章　登頂一覧表

登頂順	名称（百名山番号）	標高(m)	都道府県	登頂日	天候	日程
30	7 十勝岳	2,077	北海道	8/22/'14	曇・ガス	日帰り（前泊）
31	5 大雪山（旭岳）	2,290	北海道	8/23/'14	雨・ガス	日帰り（前泊）
32	10 岩木山	1,625	青森	8/29/'14	晴・ガス・雨	日帰り（前泊）
33	11 八甲田山（八甲田大岳）	1,584	青森	8/30/'14	晴・ガス	日帰り（前泊）
34	18 蔵王山（刈田岳・熊野岳）	1,841	山形・宮城	9/3/'14	曇・ガス・霧	日帰り
35	16 月山	1,984	山形	9/4/'14	晴	日帰り（前泊）
36	13 岩手山（薬師岳）	2,038	岩手	9/7/'14	晴・ガス	日帰り（前泊）
37	12 八幡平	1,613	岩手・秋田	9/8/'14	晴・ガス	日帰り（前泊）
38	64 八ヶ岳（赤岳）	2,899	長野・山梨	9/13/'14	晴・ガス	日帰り
39	28 燧岳（俎嵓）	2,346	福島	9/16/'14	曇・ガス・雨	日帰り（前泊）
40	23 会津駒ヶ岳	2,133	福島	9/17/'14	晴・ガス	日帰り（前泊）
41	27 巻機山	1,967	新潟・群馬	9/23/'14	晴・曇	日帰り
42	78 仙丈ケ岳	3,033	長野・山梨	9/26/'14	晴	日帰り（前泊）
43	77 甲斐駒ケ岳	2,967	山梨・長野	9/27/'14	晴	日帰り（前泊）
44	59 乗鞍岳（剣ヶ峰）	3,026	長野・岐阜	10/2/'14	晴・ガス	日帰り
45	58 焼岳（北峰）	2,455	長野・岐阜	10/3/'14	曇・ガス	日帰り（前泊）

登山口	登頂時間	標高差 (m)	頂上部	山頂景観 (晴時)	登下山 難易度	登山 レベル
望岳台駐車場	3時間10分	1,100	尾根上の岩場	大雪山、トムラウシ等	普通	中級者向
姿見駅	1時間40分	700	ザレ場の平坦地	十勝岳、トムラウシ等	普通	中級者向
百沢スキー場	4時間10分	1,400	ごろごろした岩石群	八甲田山、岩手山、北海道等	稍難しい	中級者向
酢ヶ湯温泉	2時間20分	700	広いザレ場の平坦地	岩木山、岩手山、青森湾等	普通	中級者向
蔵王レストハウス	1時間30分 (熊野岳)	200	稜線の広大なザレ場	朝日連峰、飯豊連峰等	易しい	初級者向
月山リフト上駅	2時間30分	550	月山神社の奥	鳥海山、庄内平野等	普通	中級者向
馬返し	4時間15分	1,450	お鉢の火口縁の一隅	360度の展望。八幡平、早池峰山等	稍難しい	上級者向
茶臼口	2時間30分	550	頂上樹林の平坦地	展望不良。八幡沼の展望台から広大な湿原	普通	初級者向
美濃戸口	4時間35分	1,800	そそり立つ鋭く狭い岩峰	浅間山、富士山、北・南アルプス等	難しい	上級者向
尾瀬御池	2時間50分	850	灌木に囲まれた狭い岩場	至仏山、平ヶ岳、会駒等	普通	中級者向
駒ヶ岳登山口	2時間55分	1,200	樹間に開かれた平坦な広場	燧ヶ岳、日光白根山、男体山等	普通	中級者向
巻機山登山口	3時間25分	1,400	稜線上の広い平坦地	谷川岳、至仏山、平ヶ岳、会駒岳、燧岳等	稍難しい	中級者向
北沢峠	3時間15分	1,150	カール稜線上の狭い岩峰	甲斐駒、北岳、間ノ岳、富士山等	稍難しい	中級者向
北沢峠	3時間45分	1,200	花崗岩砂礫の広場	仙丈ケ岳、北岳、鳳凰山、富士山等	稍難しい	上級者向
畳平	1時間10分	400	岩峰上の狭い広場	南・北・中アルプス、八ヶ岳、御嶽山等	易しい	初級者向
焼岳登山口	2時間50分	900	溶岩ドーム上に砂礫の平坦地	北アルプス、御嶽山、八ヶ岳、木曽駒等	普通	中級者向

第13章　登頂一覧表

登頂順	名称（百名山番号）	標高(m)	都道府県	登頂日	天候	日程
46	70 大菩薩嶺	2,057	山梨	10/10/'14	晴	日帰り
47	74 木曽駒ヶ岳	2,956	長野	10/11/'14	晴	日帰り（前泊）
48	35 高妻山	2,353	新潟・長野	10/17/'14	曇・ガス	日帰り
49	34 火打山	2,462	新潟	10/18/'14	晴	日帰り（前泊）
50	88 荒島岳	1,523	福井	10/25/'14	晴	日帰り（前泊）
51	44 筑波山（男体山・女体山）	877	茨城	11/10/'14	晴	日帰り
52	91 大峰山（八経ヶ岳）	1,915	奈良	4/22/'15	晴・霧	日帰り（前泊）
53	90 大台ケ原山（日出ヶ岳）	1,695	奈良・三重	4/23/'15	晴・曇	日帰り（前泊）
54	71 丹沢山	1,587	神奈川	4/30/'15	晴	日帰り
55	66 雲取山	2,017	東京・埼玉	5/1/'15	晴	日帰り（前泊）
56	100 宮之浦岳	1,936	鹿児島	5/14/'15	晴・曇・ガス・雨	日帰り（前泊）
57	89 伊吹山	1,377	滋賀	5/21/'15	晴	日帰り（前泊）
58	92 大山（弥山）	1,709	鳥取	5/26/'15	晴	日帰り（前泊）
59	79 鳳凰山（薬師岳・観音岳）	2,840	山梨	6/1/'15	晴・ガス	日帰り
60	76 恵那山	2,191	長野・岐阜	6/5/'15	曇・雨	日帰り
61	14 早池峰山	1,917	岩手	6/11/'15	晴	日帰り（前泊）

388

登山口	登頂時間	標高差 (m)	頂上部	山頂景観 (晴時)	登下山 難易度	登山 レベル
上日川峠	1 時間 50 分	550	頂上樹林の平坦地	頂上部は展望不良。稜線から富士山、南アルプス等	易しい	初級者向
千畳敷駅	1 時間 30 分	450	広大なお椀形の花崗岩大地	御嶽山、南アルプス、富士山、北アルプス等	易しい	初級者向
戸隠牧場	3 時間 55 分	1,150	頂稜部の狭い岩場	戸隠連山、黒姫山、飯綱山等	難しい	上級者向
笹ヶ峰登山口	4 時間 10 分	1,150	広い砂礫の台地	妙高山、焼山、戸隠連山、高妻山、北アルプス等	稍難しい	中級者向
旧勝原スキー場	3 時間 5 分	1,200	低灌木に囲まれた広場	白山、北アルプス、御嶽山、乗鞍岳等	普通	中級者向
筑波山神社	2 時間 30 分 （女体山）	700	両峰共狭い岩場	赤城山、富士山、関東平野等	普通	中級者向
行者還トンネル西口	3 時間 20 分	800	細く狭い岩場	熊野から吉野までの 3600 峰	普通	中級者向
大台ケ原駐車場	30 分	150	円みがかった広い平坦地	展望台から太平洋、大峰山系	易しい	初心者向
秦野戸川公園	5 時間 5 分	1,500	広い平坦地	富士山、丹沢山系、湘南等	稍難しい	中級者向
後山林道	4 時間 50 分	1,400	盛り上がった岩礫の台地	富士山、丹沢山系、大菩薩嶺等	稍難しい	中級者向
淀川登山口	4 時間 10 分	1,050	花崗岩が寄せ集まった狭い岩場	開聞岳、桜島、口永良部島等	稍難しい	中級者向
伊吹山登山口	3 時間	1,200	広大な石灰岩台地	琵琶湖、比良、鈴鹿連峰等	普通	中級者向
夏山登山道駐車場	3 時間 30 分	950	溶岩円頂丘の淵	日本海、中国山系等	普通	中級者向
青木鉱泉	6 時間 25 分 （観音岳）	1,700	稜線上に花崗岩が積み重なる岩場	南・中央・北アルプス、富士山、八ヶ岳等	難しい	上級者向
神坂峠	4 時間 5 分	1,400	頂上樹林で尾根上の平坦地	南・中央アルプス、御嶽山等	稍難しい	中級者向
河原坊登山口	3 時間	850	巨大蛇紋岩の台地	岩手山、八幡平、北上山地等	普通	中級者向

第13章　登頂一覧表

登頂順	名称（百名山番号）	標高(m)	都道府県	登頂日	天候	日程
62	75 空木岳	2,864	長野	6/17/'15	曇・ガス・雨	日帰り
63	56 常念岳	2,857	長野	6/22/'15	曇・ガス	日帰り
64	25 越後駒ヶ岳	2,003	新潟	7/3/'15	曇・ガス	日帰り
65	4 雌阿寒岳	1,499	北海道	7/9/'15	晴	日帰り（前泊）
66	2 羅臼岳	1,661	北海道	7/10/'15	晴	日帰り（前泊）
67	3 斜里岳	1,547	北海道	7/11/'15	晴	日帰り（前泊）
68	26 平ヶ岳	2,141	新潟・群馬	7/20/'15	晴・曇	日帰り（前泊）
69	87 白山（御前峰）	2,702	石川・岐阜	7/23/'15	雨	日帰り（前泊）
70	45 白馬岳	2,932	長野・富山	7/28/'15	曇・ガス	1泊2日
71	6 トムラウシ山	2,141	北海道	8/5/'15	ガス・強風	日帰り（前泊）
72	西吾妻山	2,035	山形・福島	8/11/'15	晴・ガス	日帰り
73	81 北岳	3,193	山梨	8/20/'15	雨・曇	1泊2日（前泊）
74	82 間ノ岳	3,189	静岡・山梨	8/21/'15	ガス・雨	日帰り（前泊）
75	9 後方羊蹄山	1,898	北海道	8/27/'15	曇・ガス	日帰り（前泊）
76	8 幌尻岳	2,052	北海道	8/29/'15	晴・曇	日帰り（前泊）

登山口	登頂時間	標高差（m）	頂上部	山頂景観（晴時）	登下山難易度	登山レベル
池山林道終点手前	6時間	1,500	花崗岩が並ぶ砂礫地	木曽駒、南アルプス、富士山、乗鞍岳等	難しい	上級者向
一ノ沢林道駐車場	5時間40分	1,700	巨岩が重なる狭くて不安定な岩場	槍ヶ岳、奥穂高、上高地等	難しい	上級者向
枝折峠	4時間45分	1,300	平坦な砂礫広場	燧岳、至仏山、八海山、中ノ岳等	稍難しい	中級者向
雌阿寒温泉駐車場	2時間10分	800	火口淵の広い平坦地	雄阿寒岳、阿寒富士、大雪山、十勝岳等	普通	中級者向
羅臼岳登山口	5時間5分	1,450	不安定な狭い岩峰上の岩場	知床連山、斜里岳、オホーツク海、国後島等	難しい	上級者向
清岳荘	4時間20分	1,000	広いお椀型の砂礫地	オホーツク海、羅臼岳に連なる知床半島等	難しい	上級者向
平ヶ岳入口	6時間55分	1,750	湿原台地の頂上樹林	眺望不良。木道からは燧ヶ岳、会駒等	大変難しい	上級者向
別当出合	4時間25分	1,500	巨岩の転がる岩場	日本海、能登半島、北アルプス等	稍難しい	中級者向
猿倉	6時間5分	1,700	非対称稜線上のなだらかな砂礫地	劔岳、鹿島槍、五竜岳等	難しい	中級者向
短縮登山口	5時間10分	1,500	岩峰上の狭い岩石群	大雪山系、十勝岳等	難しい	上級者向
北望台	1時間55分	300	頂上樹林の平坦地	眺望不良	易しい	初級者向
広河原山荘	6時間15分	1,700	岩峰上の細長い平坦な岩場	富士山、南・北・中央アルプス等	難しい	上級者向
北岳山荘	1時間20分	1,700	岩稜帯の一角	富士山、南・北・中央アルプス等	稍難しい	上級者向
真狩登山口駐車場	4時間20分	1,500	火口縁の切り立った岩石帯	道央全体の眺望	稍難しい	上級者向
シャトルバス待合所	6時間30分	2,100	カールを形成する稜線上の広い平坦地	三つのカールや日高山脈、大雪山系等	大変難しい	ベテラン向

第13章　登頂一覧表

登頂順	名称（百名山番号）	標高(m)	都道府県	登頂日	天候	日程
77	1 利尻岳	1,721	北海道	8/31/'15	晴	日帰り（前泊）
78	15 鳥海山	2,236	秋田・山形	9/7/'15	曇・ガス	日帰り（前泊）
79	72 富士山	3,776	静岡・山梨	9/12/'15	晴	日帰り（前泊）
80	46 五竜岳	2,814	富山・長野	9/15/'15	晴・ガス	1泊2日
81	31 雨飾山	1,963	新潟・長野	9/20/'15	晴・ガス	日帰り
82	54 槍ヶ岳	3,180	長野	9/24/'15	曇・雨	1泊2日
83	49 立山（雄山・大汝山）	3,015	富山	9/29/'15	晴	1泊2日
84	48 剱岳	2,999	富山	9/30/'15	晴	1泊2日（前泊）
85	55 穂高岳（前穂高岳・奥穂高岳）	3,190	長野・岐阜	10/7/'15	晴	1泊2日
86	47 鹿島槍ヶ岳	2,889	長野・富山	10/9/'15	晴	1泊2日
87	41 草津白根山（探勝歩道最高点）	2,150	群馬	10/27/'15	曇	日帰り
88	50 薬師岳	2,926	富山	6/6/'16	晴・曇	1泊2日（前泊）
89	51 黒部五郎岳	2,840	岐阜・富山・長野	6/7/'16	曇・ガス	日帰り（前泊）
90	57 笠ヶ岳	2,897	長野・富山	6/11/'16	晴	日帰り（前泊）
91	17 朝日岳	1,870	山形	6/21/'16	曇・晴	日帰り（前泊）

登山口	登頂時間	標高差（m）	頂上部	山頂景観（晴時）	登下山難易度	登山レベル
利尻北麓野営場	4時間15分	1,500	稜線上の砂礫の平坦地	利尻全島、礼文島、本道、サハリン等	難しい	上級者向
鉾立登山口	4時間20分	1,200	巨大な岩石が積み重なった岩場	岩木山、月山、蔵王、日本海等	稍難しい	中級者向
河口湖駅五合目	6時間50分	1,700	火口淵の一角	日本一のパノラマ展望	難しい	上級者向
アルプス平	5時間35分	1,700	岩稜線上の細長いガレ場	鹿島槍、唐松岳、劔岳、白馬岳等	難しい	上級者向
雨飾高原キャンプ場	3時間25分	850	笹と低低木に囲われた岩場	妙高山、北アルプス、日本海等	普通	中級者向
槍平小屋（新穂高温泉発）	4時間10分	2,150	周囲が絶壁の狭くて不安定な岩場	穂高連峰、北・南・中央アルプス、白山、八ヶ岳等	大変難しい	ベテラン向
室堂	2時間10分（雄山）	600	雄山は岩峰上の狭い広場、大汝山は巨大な岩礫帯	劔岳、鹿島槍、五竜岳、槍ヶ岳等	普通	中級者向
雷鳥沢ヒュッテ	6時間	750	緩斜面のガレ場の広場	立山、後立山連峰、槍ヶ岳等	大変難しい	ベテラン向
岳沢小屋（上高地発）	6時間15分（奥穂高）	2,000	石段付きの固定された岩峰	槍ヶ岳、北・中・南アルプス、八ヶ岳、白山等	大変難しい	ベテラン向
扇沢	6時間45分	2,600	稜線上の広い砂礫の平坦地	五竜岳、唐松岳、劔岳、立山連峰等	難しい	上級者向
山頂駅	35分	200	最高点は火口縁の砂礫地	四阿山、浅間山等	易しい	初心者向
折立	6時間30分	1,600	頂陵部の重なり合う岩場	黒部五郎岳、水晶岳、鷲羽岳、槍ヶ岳等	やや難しい	中級者向
太郎平小屋	4時間30分	1,700	岩稜尾根上の平坦地	薬師岳、槍ヶ岳、穂高連峰、鷲羽岳、笠ヶ岳等	大変難しい	上級者向
新穂高温泉	7時間45分	2,200	岩稜尾根上の平坦地	槍ヶ岳、穂高連峰、鷲羽岳、黒部五郎岳等	大変難しい	上級者向
古寺鉱泉	5時間10分	1,600	土肌が露出した広い平坦地	磐梯山、安達太良山、飯豊連峰等	難しい	上級者向

第13章　登頂一覧表

登頂順	名称（百名山番号）	標高(m)	都道府県	登頂日	天候	日程
92	53 鷲羽岳	2,924	長野・富山	7/1/'16	晴	1泊2日（前泊）
93	52 水晶岳（南峰）	2,986	富山・長野	7/2/'16	ガス・晴	日帰り（前泊）
94	19 飯豊山	2,105	福島	7/15/'16	曇・ガス	1泊2日（前泊）
95	82 塩見岳（西峰・東峰）	3,052	静岡・長野	7/20/'16	晴	日帰り（前泊）
96	84 赤石岳	3,121	静岡・長野	7/27/'16	晴・ガス	1泊2日（前泊）
97	83 悪沢岳	3,141	静岡・長野	7/28/'16	晴	日帰り（前泊）
98	60 御嶽山（噴火警戒レベル2）	3,067	長野	8/2/'16	晴・曇	日帰り
	60 御嶽山（噴火警戒レベル1）	3,067	長野	9/21/'18	晴・曇	日帰り
99	85 聖岳	3,013	静岡・長野	8/9/'16	晴・ガス	1泊2日（前泊）
100	86 光岳	2,591	静岡・長野	8/10/'16	晴	1泊2日（前泊）

登山口	登頂時間	標高差 (m)	頂上部	山頂景観 (晴時)	登下山 難易度	登山 レベル
新穂高温泉	11 時間	2,200	巨石が転がる岩稜帯	水晶岳、槍ヶ岳、薬師岳、黒部五郎岳、立山、剱岳等	大変難しい	上級者向
三俣山荘	3 時間 10 分	2,300	険峻な岩尾根の岩場	鷲羽岳、黒部五郎岳、薬師岳、雲ノ平、剱岳、立山等	大変難しい	上級者向
川入野営場	8 時間 30 分	2,000	ハイマツ尾根の平坦なザレ場	朝日連峰、磐梯山等	大変難しい	上級者向
鳥倉林道ゲート駐車場	7 時間 5 分（東峰）	2,200	西峰は平坦なガレ場、東峰は円錐形の岩場	赤石岳、悪沢岳、聖岳、北岳等	大変難しい	上級者向
椹島	8 時間 30 分	2,300	岩が転がる平坦なザレ場	荒川三山、聖岳、光岳等	大変難しい	上級者向
荒川小屋	3 時間 10 分	2,300	尾根上の岩場	赤石岳、聖岳、富士山等	大変難しい	上級者向
田ノ原	15 分（遥拝所）	950	（山頂付近の状況不明）	乗鞍岳、白山、槍・穂高連峰等	やや難しい	中級者向
飯盛高原駅	3 時間 50 分	950	噴火で御岳神社山頂奥社は破壊され、復旧作業中であった	乗鞍岳、白山、槍・穂高連峰等	やや難しい	中級者向
易老渡	7 時間 20 分	2,200	平坦な岩場	赤石岳、光岳、富士山等	大変難しい	上級者向
聖平小屋	8 時間 15 分	2,000	山頂樹林帯の岩場	展望不良。20m 離れた展望所から南アルプス山系	大変難しい	上級者向

擱筆

　百名山登山後も思い出は強まることこそあれ、通り過ぎる気配はなかった。
　思い返せば、百名山 100 座目となった光岳には 2016 年 8 月 10 日（山の日）に登頂した。あっという間に 8 年目を迎えるこの間、登山の機会はめっきり減る一方であった。反転するかのように、百名山に触発され、知るべくして何も知らない山の姿を再考している自分がいた。新たに、見たこと、感じたこと、考えたこと、則ち派生的心象を「孤登の翁」の評価尺度で気ままに編纂し、今回紹介した。
　これまで、「人はなぜ、山に登るか」という命題を抱えて、登山を考えていた。もっとも、これは登る前に考えたのではなく、登った後に逡巡した末の結語であった。その後も山好き、登山経験者等からの感想、思い、意見を拝聴し、これら情報を参考に自分の場合と比べてみた。知り得た限り、整合性のない反応は一つとしてなかった。皆、独自の又は私と共有する情意を持ち、楽しく追想談に興じてくれた。まさに、「今を生きるに、山に登るに如くはなし」に収斂する印象を分かち合えた。しかし、悔しいことに今百名山級の山に登れるかと問われれば、これは元気あっての物種で、年相応に及び腰になっている姿が今を語る。

・乞い願うこの世のほかの思い出に今ひとたびの駘蕩の峰（弧翁）

浄瑠璃寺近くの薮の中三尊を探索中のMS君（京都）

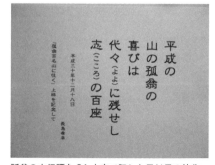
弧翁の山行譚を 31 文字で記したTN君の快作

尚、本書の編纂、上梓に際し、多大の協力、助言を賜った友人、知人、関係者にはこの場を借りて、深謝致します。とりわけ、共に大学同窓で奈良・京都の古跡に詳しいＭＳ君及び和歌に堪能なＴＮ君からは達見を頂戴し、本稿の各所で引用致しました。又、高校学友で読書人のＫＭ君からは創作指南を受け、歳を感じさせない、名スキーヤーのＴＫ君には一緒に滑る度に山スポーツの妙味や古代史の話を賜り感謝致します。

ＴＫ君と（野沢温泉スキー場）

参考資料
① 『日本百名山』（深田久弥著）　1999年　新潮社
② 『弧翁百名山に往く』（平山喜代志著）2016年　幻冬舎
③ 『日本百名山地図帳』　山と渓谷社編　2006年　山と渓谷社
④ 『日本百名山　山あるきガイド上、下』　2010年　ＪＴＢパブリッシング
⑤ 『日本史辞典』（京都大学文学部国史研究室編）1980年　東京創元社
⑥ 『草枕』（夏目漱石）
⑦ 『枕草子』（清少納言）
⑧ 『徒然草』（吉田兼好）
⑨ 『劔岳　点の記』（新田次郎著）
⑩ 『河童』（芥川龍之介）
⑪ 『平安京にうたう貴族の春』日本歴史展望第3巻（村井康彦）1981年　旺文社
⑫ 『方丈記』（鴨長明）
⑬ 『源氏物語』（紫式部）
⑭ 『浅間山とともに未来へ』（浅間山ジオパーク推進協議会）
⑮ 『図説　中国の歴史　3　魏晋南北朝の世界』（岡崎敬）1977年　講談社

397

擱筆

⑯『図説　中国の歴史　4　華麗なる隋唐帝国』（日比野丈夫）1997 年　講談社
⑰『歴代天皇紀』（肥後和男編）1976 年　秋田書店
⑱『やまとごころとは』（田中秀道著）2010 年　ミネルヴァ書房
⑲『一冊でわかる論語』（寺尾善雄著）1997 年　成美堂出版
⑳『峠に関する二、三の考察』（柳田国男）
㉑『阿Ｑ正伝』（魯迅）
㉒『山の人生』（柳田国男）
㉓『山月記』（中島敦）
㉔『弟子』（中島敦）
㉕『秋の筑波山』（大町桂月）
㉖『高瀬舟』（森鴎外）
㉗『寒山拾得』（森鴎外）
㉘『遠野物語』（柳田国男）
㉙『初めて見たる小樽』（石川啄木）
㉚『多古町ぶらり散歩』（多古町教育委員会発行）2020 年
㉛『東洋史辞典』（京都大学文学部東洋史研究室編）1974 年　東京創元社
㉜『霧島ジオパーク公式ガイドブック』霧島ジオパーク推進連絡協議会発行）2014 年
㉝『シートン動物記』（E. Seton）
㉞『佐原の大祭』（佐原の大祭実行委員会）2023 年
㉟『空海の風景』上巻、下巻（司馬遼太郎）1975 年　中央公論社

【著者紹介】

平山喜代志（ひらやま きよし）

千葉県出身

1951年1月5日生まれ

1973年　埼玉大学経済学部卒業

1973〜2010年　会社勤務（現 MSD 製薬）

現在：晴れれば歩き、降れば書見を一義とし、健康で自適の生活を目指している。

百名山心象風景
随想　百の頂に蘇る日本

2024年11月22日　第1刷発行

著　者　　平山喜代志
発行人　　久保田貴幸

発行元　　株式会社 幻冬舎メディアコンサルティング
　　　　　〒151-0051　東京都渋谷区千駄ヶ谷 4-9-7
　　　　　電話　03-5411-6440（編集）

発売元　　株式会社 幻冬舎
　　　　　〒151-0051　東京都渋谷区千駄ヶ谷 4-9-7
　　　　　電話　03-5411-6222（営業）

印刷・製本　中央精版印刷株式会社
装　丁　　川嶋章浩

検印廃止
©KIYOSHI HIRAYAMA, GENTOSHA MEDIA CONSULTING 2024
Printed in Japan
ISBN 978-4-344-69160-5 C0026
幻冬舎メディアコンサルティング HP
https://www.gentosha-mc.com/

※落丁本、乱丁本は購入書店を明記のうえ、小社宛にお送りください。
送料小社負担にてお取替えいたします。
※本書の一部あるいは全部を、著作者の承諾を得ずに無断で複写・複製することは
禁じられています。
定価はカバーに表示してあります。